《20世纪的文学批评》系译者根据法国巴黎出版广场所属贝尔丰出版社1987年出版的 Jean-Yves TADIÉ 著，*LA CRITIQUE LITTERAIRE AU XXème SIÈCLE* 的法文原著译出。

ⓒBelfond，un département de Place des Éditeurs，1987.
　　Tous droits réservés.

本书中文版由法国巴黎出版广场贝尔丰出版社授予河南大学出版社独家出版发行。版权所有，不得复制。

20 世纪的文学批评

（修订版）

(法)让-伊夫·塔迪埃 著

史忠义 译

河南大学出版社
·开封·

著作权合同登记号:图字16—2008—72号

图书在版编目(CIP)数据

20 世纪的文学批评/〔法〕让-伊夫·塔迪埃著;史忠义译.
—开封:河南大学出版社,2009.4
（新世纪经典译丛）
ISBN 978-7-81091-015-6

Ⅰ.20…　Ⅱ.①塔…②史…　Ⅲ.文学评论－西方国家－20世纪　Ⅳ.I106

中国版本图书馆 CIP 数据核字(2009)第 032398 号

ⓒ Belfond，un département de Place des Éditeurs，1987.
　Tous droits réservés.

书　　　名	20 世纪的文学批评
著作责任者	〔法〕让-伊夫·塔迪埃　著　史忠义　译
责任编辑	张　珊
责任校对	张　珊
封面设计	马　龙
出　　版	河南大学出版社
	地址:河南省开封市明伦街 85 号　邮编:475001
	电话:0378-2825001(营销部)　网址:www.hupress.com
排　　版	郑州市今日文教印制有限公司
印　　刷	河南省瑞光印务股份有限公司
版　　次	2009 年 4 月第 1 版　印　次　2009 年 4 月第 1 次印刷
开　　本	787mm×1092mm　1/16　印　张　18.75
字　　数	315 千字　　　　　　　定　价　32.00 元

未经许可,不得以任何方式复制或抄袭本书之部分或全部内容。
版权所有,侵权必究
(本书如有印装质量问题,请与河南大学出版社营销部联系调换)

目 录

2009年版译者序 ·· (Ⅰ)
(1998年版)译者序 ·· (Ⅰ)
导语　亚历山大港的灯塔 ·· (1)
第一章　俄罗斯的形式主义 ·· (9)
　　形式方法的理论 ··· (10)
　　散文体的分析 ·· (13)
　　蒂尼亚诺夫与诗体的分析 ···································· (21)
　　蒂尼亚诺夫与文学进化 ······································· (23)
　　布拉格团体 ··· (24)
　　罗曼·雅各布森 ··· (26)
第二章　德意志的文学批评：罗曼语文献学 ··············· (32)
　　贡道尔夫 ·· (32)
　　库尔蒂斯 ·· (34)
　　奥尔巴赫 ·· (43)
　　施皮策 ··· (49)
　　弗里德利希 ··· (56)
第三章　主体意识批评 ·· (59)
　　阿尔贝·贝甘 ·· (65)
　　乔治·布莱 ··· (70)
　　让·鲁塞 ·· (75)
　　让·斯塔罗宾斯基 ·· (80)
第四章　客体意象批评 ·· (87)
　　加斯东·巴什拉尔 ·· (87)
　　让-皮埃尔·里夏尔 ·· (92)
　　吉尔贝·杜朗 ·· (97)

《宇宙与意象》……………………………………………（105）
　　诺思罗普·弗莱………………………………………（108）
第五章　精神分析批评……………………………………（111）
　　弗洛伊德………………………………………………（111）
　　夏尔·博杜安…………………………………………（116）
　　夏尔·莫隆与精神批评………………………………（121）
　　对作品进行精神分析…………………………………（127）
　　作家的精神分析………………………………………（130）
第六章　文学社会学………………………………………（132）
　　一、创立者……………………………………………（133）
　　二、社会批评…………………………………………（145）
　　三、接受美学…………………………………………（149）
第七章　语言学与文学……………………………………（157）
　　一、语言学……………………………………………（157）
　　二、风格学……………………………………………（167）
　　三、修辞学的复兴……………………………………（171）
第八章　文学符号学………………………………………（176）
　　安贝尔托·埃科………………………………………（177）
　　罗兰·巴特……………………………………………（179）
　　A.J.格雷马斯,格雷马斯与普洛普……………………（181）
　　格雷马斯的《结构语义学》……………………………（183）
　　"如是"团体和朱莉娅·克里斯特瓦…………………（186）
　　前苏联的符号学与尤利·洛特曼……………………（191）
第九章　诗学………………………………………………（194）
　　一、散文体裁的诗学…………………………………（195）
　　　　1. 小说诗学………………………………………（195）
　　　　2. 其他散文体裁的诗学…………………………（214）
　　二、诗的诗学…………………………………………（219）
　　三、阅读的诗学………………………………………（227）
第十章　生成批评…………………………………………（231）
　　重提朗松………………………………………………（231）
　　吕德莱…………………………………………………（233）
　　文学作品的传记………………………………………（235）
　　具体研究之一例:《年轻的命运女神》的生成…………（238）

文前评介 …………………………………（240）
　　生成学与诗学 ……………………………（240）
　　删节的类型学 ……………………………（242）
　　草稿内容的精神分析 ……………………（244）
　　生成批评与版本 …………………………（244）
结束语　大海和贝壳 ………………………（248）
外国人名译名对照表 ………………………（253）
参考书目 ……………………………………（273）

2009 年版译者序

　　法国著名学者朱莉娅·克里斯特瓦 2009 年 2 月 24 日在以《一个欧洲女人在中国》为题的北京演讲中，谈到了文化的多样性和多语言问题。克里斯特瓦提到了一项国际公约，即 2005 年 11 月，经过法国继而欧洲提议，以及加拿大的大力支持，联合国教科文组织通过了一项关于多样性的公约，该公约成为一个国际文化法得以形成的重大步骤。这项公约名为《保护和推动文化表达多样性公约》，在倡议"本着构建人民之间桥梁的精神，鼓励文化间相互交流以发展文化互动"的同时，肯定了每个国家"保持、采纳和执行与实现这一目标相符的政策和措施的主权"。

　　克里斯特瓦说，从今往后的欧洲已经成为一个使用多种语言的政治实体，这些语言的数量与国家数量持平，甚至更多。在她看来，这种多语言现象是文化多元化的基础。我们首先需要保护和尊重这种多语言现象，以保护和尊重民族的特性，但同时也需要交流、交融和交叉。对于每个欧洲的男女老少而言，这都是值得思考并深入研究的新生现象。

　　演讲者以为，欧洲语言的多样化正在创造千姿百态的个体，他们不仅能够向全球化语境下所要求的必须同时掌握"全球化的英语"的双语制挑战，也能够向拥有悠久历史的"法语区"这一观念提出挑战。一类全新的人，一个"复调的主体"即多民族欧洲背景下知晓多种语言的公民正在逐渐涌现。未来的欧洲人可能会因为使用三语、四语、多语而成为心理上实质为复数的独特的主体。

　　一个人之所以成为外国人而与当地人相区别，是因为他使用另外一种语言。从今以后，当一个欧洲人从一个国家到另一个国家，用自己的语言与其他国家的一种甚至多种语言去交流时，就会是这种情况。

作者说，在欧洲，他们将无法回避、他们已经无法回避这种外国人的境遇，它附加在他们的初始身份之上，并成为他们生命的一种或多或少长久的衬里。正是经由他人的语言，我们才可能唤醒对民族语言全新的热情，使之不仅仅被看做流星、怀旧的民间创作或学院式的遗迹，而成为一种重新涌现出来的多元性的重要标志。

　　作者谈论的是欧洲的新现象和自己的切身体验。其实，中外许多大学者的经历早就证明，通过他者的迂回而进行自我探寻、自我丰富、自我多元化是成就大学问和宏阔视野以及坚实的世界观的难得机遇。

　　许多学者也都从全人类的发展视野强调过跨文化融合的重要性，如列维-斯特劳斯。遗憾的是，两千多年来，国与国、文化与文化交往中的负面价值观始终伴随着正面价值观，所以跨文化对话和交融就尤其任重而道远。笔者去年不揣浅陋，亦曾写过一篇《跨文化对话是当代哲学的重要命题》（即将由《跨文化对话》刊出）的拙文，强调跨文化对话和交融是不同民族和不同国家在人文层面和文化层面的更深刻、更广泛、影响更深远、更切中人们的精神生活、思维方式和生活方式的对话。跨文化对话可以重新建构人类与自然、民族与民族、文化与文化之间的和谐关系。我们面临的种种威胁和现象都凸现了跨文化对话的必要性、紧迫性和长期性。跨文化对话是惠及全人类惠及子孙后代的大事情。人类发展史的各个阶段都需要这样的对话和交融。

　　跨文化对话和交融中各个民族的共同语言即翻译。翻译事业需要有扎实的根基、长期的历练和负责任的态度。扎实的根基自然是指语言功底要牢靠。历练则包括知识学养的历练、不断拓展阅历的历练。当前语境下态度问题显得格外突出。笔者的水平有限，但近年在看稿和改稿过程中，发现错译、误译和文字不通的现象比较普遍。究其实，三方面的原因都有。不少稿件出自高等学府的师表之手，折射了高等学府和研究机构学风不甚扎实的一个侧面。这是不少人都有感受的。

　　笔者要求自己对翻译采取很认真很负责的态度。这次重新校订《20世纪的文学批评》及其他译稿时，也持这种态度。在具体翻译的思考和处理方面，大概有几个词需要说一说。

　　一个是 figure 一词。这个词通译为辞格，这无疑是对的。20世纪60年代热奈特和罗兰·巴特等人重新研究修辞学问题时，巴特突出修辞学与符号学的区别，试图以符号学取代传统的修辞学。热奈特则一方面强调传统辞格的局限性，一方面突出实际修辞现象的无限性以及当代修辞学研究仅浓缩为几种修辞现象如隐喻和换喻等悖反现象，赞赏深入的科学研究并身体力行。为了反映与传统修辞学的这种观念上的区别，1997年翻译此书时，我遂把热奈特的前三部著作分别译为《修辞形象卷一》、《修辞形象卷二》和《修辞形象卷三》。那时我刚回国不久，对国内学术情况了解甚少，为了不致闹出笑话，我就"修辞形象"这种译法是否恰当还征询过黄宝生先生的意见，得到了他的肯定。几年前研究中西比较诗学，有幸拜读蒋寅先生的《古典诗学的现代诠释》一书。书中讨论 image 一词的汉译并谈到了语象和物象概念（中华书局，2003，第29页）。这使我联系到了 figure 一词。从我能够逐渐领悟这个词的语义起，它就兼具辞格、更加广义的语象和物象的意义。热奈特的《修辞形象卷三》至少已经特别明显地使用其"语象"意义，因为它把叙述学的种种现象都包括在语象范围内。于是，我在拙著《中西比较诗学新探》中写下了这么一段话："法语中（广而言之西语中）另有一个词一再被国内批评界所忽视，而它恰恰兼有语象和物象的意思。这个词就是 figure。figure 通译为辞格，辞格即语象。我曾把 figure 译为修辞形象。不过蒋寅先生的语象概念可能还包括修辞形象以外的其他东西。西方现当代修辞学界一方面强调修辞形象是无数的，绝不限于现在总结出的几十种，一方面研究的重心又集中在几种修辞现象上面。figure 还表示由文字表达的或尚未由文字表达的原初物象。"（河南大学出版社，2008，第271页）。"语象"是广义的 figures 的最好表达。但如果把"修辞形象"全部改成"语象"，则关于新修辞学与传统修辞学不同时针对修辞形象思考的集中性和深度就大大地淡化了。几经斟酌，我把几个书名改成了"语象"，思考部分还用"修辞形象"，前两次出现时，让两者产生一点互释作用。这样处理可能更好一些。

　　第二个词是 lieu 的译法。这个词除其本义"地方"和复合词形式 lieux communs（陈词滥调）被译出外，其诗学意义上的词义一直译不过来。我们长期以来一直把握不了这个词的确切含义。我在研究中国古典文论中的意境概念以及中西时间和空间的各自特点和表达方式时联系到了这个词。lieu 在古代是一个与 figure 并列的修辞学概念或诗学概念，表示"位"，"位"是空间概念。因此，一种"位"也是一种狭义的"意境"。一种"位"又是一种类型，所以 lieu 也有"类型"的意思。这两种词义都延伸到了当代。用 lieux communs 表示陈词滥调时，兼用了它的狭义的"境界"概念和"类型"概念。这些与中国古典文论有相通之处。lieu 没有发展出中国古典文论中那种大意境概念。现当代法语一般是用 espace、monde、univers littéraires 等词来表示意境概念的。有时也用 extase 或 rêverie 表达意境状态，但它们的直接词义是"入神"和"文学幻想"。所以我们不能妄断说西方没有意境概念。

第三个词是把 critique génétique 改译为"生成批评"，以便与 étude de sources（源泉研究）区别开来。我原来译的"渊源批评"本想表示同样的意思，但容易与"源泉研究"相混淆。近年来，"生成批评"的说法已很通行，遂改之。

河南大学出版社总编辑张云鹏先生也是文艺学的博士生导师，感谢他对几部拙著和拙译的厚爱。责任编辑靳宇峰和张珊先生的细心以及质检部门（我并不知道几位先生的尊姓大名）的一丝不苟使我有机会重新思考一些细节问题并避免了一些错误。美编先生的敬业精神也为拙著和拙译增色不少。我谨向他们表示诚挚的谢意。

虽然笔者尽心了，但因学养有限，错译误译之处难免，恳请方家学者和广大读者不吝赐教，笔者在此预表谢意。

史忠义
2009 年 3 月 1 日
于北京清河

(1998年版)
译　者　序

　　我很高兴译完了让-伊夫·塔迪埃的《20世纪的文学批评》一书。

　　让-伊夫·塔迪埃生于1936年,是法国巴黎新索邦大学的文学教授,法国当代著名的文学批评家、诗学家、普鲁斯特的研究专家之一,曾在英国牛津大学任教多年,后回到法国继续从事教学、研究和批评工作。

　　正如塔迪埃所说,20世纪的文学批评堪与文学创作平分秋色。岂止平分秋色,20世纪文学批评之活跃强劲、之多姿多彩、之深刻全面,简直要使文学创作相形见绌了。

　　20世纪文学批评的首要特点是它的创新性。从世纪初俄罗斯的形式主义到德意志的罗曼语文献学,从日内瓦学派的主体意识批评到巴什拉尔及其弟子们的客体意象批评,从精神分析批评到文学社会学和接受美学,从20世纪60年代的语言学热潮到结构主义,从文学符号学到文本批评,从修辞学和诗学的全面刷新和深化到蔚为大观的生成批评,新理论、新思想、新方法层出不穷,各领风骚,其新颖性、趣味性和深刻性,令人目不暇接。在这一股股后浪推前浪的批评潮流中,形式、符号、技巧的分析占据了主导地位。这与19世纪以内容为主的文学批评形成了鲜明的对照。在19世纪的内容批评达到一定深度的基础上,重点探讨文学的内在规律,应该是无可厚非的。俄罗斯形式主义,特别是雅各布森,把语言学的概念全面引入文学批评,罗兰·巴特把作品当做一个完整的符号体系,巴赫金把文本放在历史空间中着重从诗学方面进行分析,热奈特建立起完整的叙述学等等,都是这方面卓有成效的有益尝试。其实,内容批评在20世纪仍然占有相当重要的位置;况且不少形式批评的杰作最终又回归到内容,从形式角度突出内容的统一性以及内容与形式的统一性。

20世纪文学批评的另一特点,表现在批评家们和研究人员强烈的总结意识。无数的批评论著和博士论文,都力图从共时研究和贯时研究两个方面建立一种完整的体系、一种学说、一种方法论,或者对某一领域进行系统的总结。各种批评思潮的理论著述,自然属于这种努力的范畴。而库尔蒂斯的《欧洲文学与中世纪的拉丁文化》、奥尔巴赫的《摹仿论》、施皮策的《风格研究》、阿尔贝·贝甘的《浪漫主义之魂与梦》、巴什拉尔的系列意象研究、蒂泽的《宇宙与意象》等则堪称为不朽的文献类巨著。作为马克思的后裔,库尔蒂斯为他的代表作倾注了20年的心血。他同时又是反纳粹的战士。施皮策在风格研究方面先后发表过八百余篇论文,真可谓矢志不移。

20世纪文学批评的第三个特点,表现为批评论著知识含量的渊博性。文学批评已不单单是某一作品的单向分析。学者们相继运用各种人文科学,如哲学、美学、艺术、社会学、心理学、语言学、人类学等,甚至医学、计算机科学等自然科学,苦心孤诣地建立一门文学科学。

塔迪埃这部著作也存在着明显的缺点,作者根本没有涉及东方。主要原因可能是作者不熟悉东方,著书前又未对东方的文学批评做一些调查和研究。其次还因为20世纪基本上是西风东渐,东方的文学批评不如西方的那么活跃。就我国的实际情况而言,几十年极左思潮的干扰,使正常的文学批评难以开展。20世纪80年代以来,文学创作空前活跃,而文学批评则相对滞后。新书虽然层出不穷,然而缺少像《文心雕龙》和《管锥编》那样的大作和传世之作。近年来的经济大潮客观上又对文学批评和文学研究造成了一定程度的冲击。即使这样,对于像《在延安文艺座谈会上的讲话》这样提出了文艺要为工农兵服务、文艺工作者要改造世界观、普及与提高等重要论点、影响了我国文学艺术界整整50年的重大历史事件以及受其启发而诞生的批评观只字未提,不能不说是本书的一大缺憾。

我国曾经是一个伟大的文论大国,但是近代由于种种原因,我们落后了。21世纪上半期,随着华夏民族的全面崛起,我国的文学批评和文艺理论的研究,也应该有长足的发展,也应该推出一些学说、思想和方法。我们有世界上最多的批评工作者、研究人员和文学教授,中华民族的文学批评、文艺理论和方法论,理应在世界现代文化和现代文明中占有重要的位置。重建文化大国是未来50年几代人的重大使命之一。

理论相对于实践而诞生。人类的文学活动永远不会停息,那么理论的思考理应不断地发展。科学性、发展性和开放性是理论体系和理论实践的生命线。而理论要成为活的理论,恰恰不能等于一种理论,不能等于静止的理论,而应该持续不断地开创空间和革新空间,使理论思考与其对象保持一定的距离,客观地上升为普遍真理。

文学家和批评家们在跨学科研究方面已经取得了丰硕的成果。所谓跨学科研究,就是要跨越单一学科的限制,引入多种学科的概念和知识进行总结。而跨文化研究似乎还是20世纪文学研究的新阶段。各国学者正在这一领域里辛勤耕耘。我们所说的跨文化研究,是把西欧和北美的文化当做一种文化,那么跨文化研究绝不仅仅意味着中国文化或东方文化与西方文化的比较,而应该囊括世界各种文化在内。把跨文化、跨学科研究与共时和贯时研究结合起来,把中国文学、中国文论放进世界文学发展的总潮流中进行总结,这一领域无疑是光明的。它呼唤着强烈的总结意识,呼唤着强烈的精品意识和坚韧不拔的毅力,也必将推出一批批博大精深的文献性巨著。

繁荣文艺批评和文艺理论还应该挖掘古典文论。世界各国的古典文论,超越民族空间和历史时空,是全人类的共同财富,是世界文明的重要组成部分。以新的视点、从新的视角切入,古典文论一定会带给我们许多新的启发,衍生出新的理论思考。

毫无疑问,在繁荣文艺批评和文艺理论的过程中,对于经实践证明属于伪科学的奇谈怪论,我们一定要给予深刻的批判。20世纪曾经出现过否定文学批评、否定历史、否定创作主体,甚至否定文学创作的虚无主义的极端思潮。对于这些思潮的实质,我们只有在深化理论研究的基础上,才能认识得更清楚一些。

译者相信,只要我们团结起来,瞄准理论挖掘、总结研究和批评实践诸方面,在不远的将来,一个强大的华夏民族的批评实体,必将屹立于世界民族文化之林,坚实而深刻的华夏民族的文艺理论,必将为世界现代文明添姿添彩。

译者斗胆把几十年来的批评实践概括为"全方位的多元批评"(la multi-critique ou plutôt les multies-critiques),以此呼唤新的文艺理论和方法论的诞生。

所谓"全方位的多元批评",要求对作家或作品的各个方面都进行深刻透彻的批评,反对枯燥无味、几十年一贯制的单向批评。具体到某位作家和某部作品时,又要力求突出批评对象的特色,抓住批评对象的实质,评出特色,反对平庸的批评,力求使批评生动活泼。"全方位的多元批评"还要求在众多的批评领域里,把批评对象置于整体或系统中进行考察、挖掘和总结,并提出理论上的新见解。

在译法上,我力求忠实塔迪埃的原著,并使译文简明易懂,以便文学圈以外的一般读者们读得慢一些也能读懂。文学批评语言、文学理论语言本来就比较难懂,如果译者又刻意追求深奥、艰涩,追求"阳春白雪",其译作就可能无人问津了,那是有违作者和译者的初衷的。

在具体处理上,有两个词似乎需要略加说明。

"stylistique"一词通译为"文体学"。20世纪70年代末,郭林阁先生曾经编撰过一本《文体学教程》,国内不少外语院校也曾开设过"文体学"的讲座或课程。我以为"文体"一词的概念是模糊不清的。从字面看,似乎又可以指文章体裁或文本体裁,那么"体裁理论"或者"文类"一词比"文体学"的意义要明确得多。其实,"stylistique"是"风格学"的意思,包括基本分析方法、写作手法和文风的训练。在传统的风格学分析中,西方采用统计学的方法,即详细统计某作品与"规范语言"的差异,差异即风格,所以又称"差异风格学";热奈特在《修辞形象卷三》阐述他的叙述学理论时,也继承了西方的统计学传统,对普鲁斯特《追忆逝水年华》一书的种种文学现象,进行了详细的数字统计。我国自《文心雕龙》以来则一直沿用印象主义的方法论,即读者或批评家主要凭借自己的印象并附之以若干范例分析来评判某作家或某作品的风格。现代风格学的内容大大地丰富了。理论家们首先借用语言学的概念,区分了"语言风格学"和"话语风格学",然后又相继提出"结构风格学"、"动机风格学"和"环境风格学"(语境风格学)等概念,使我们对这一词汇的意义产生了某种迷失现象。

"figure"一词的原意为"形象",在文学理论语言中经常指修辞手段、修辞法或修辞格,或语义学中"形式"与"意义"的差异,可以概括为"语象"。该词还表示文字世界以外现实生活世界的"物象"。热奈特以为,语象的主要部分修辞形象是无限的,而学术界总结的辞格数量是有限的。20世纪学术界重点研究的修辞手法(辞格)又局限为最常见、最具新意资源的那几种。为了突出热奈特三部著作的新意,我把它们分别译为《修辞形象卷一》、《修辞形象卷二》和《修辞形象卷三》。热奈特是在修辞学的大前提下研究叙述学的。塔迪埃在《20世纪的文学批评》中,把《修辞形象卷三》列入诗学范畴,因为叙述学从全新的角度揭示了散文体裁的一些基本规律。

由于译者的理论修养不够,译作中错误之处在所难免。诚恳希望专家学者们和广大读者给予批评指正。

  最后，我谨把这部尚不成熟的译作献给我的母校陕西省渭南市白渠渡小学、渭南市下吉中学和西安外国语学院，聊表一个学子对辛勤耕耘的园丁们的一片敬意。

译　者

1997 年 5 月

于北京

导语　亚历山大港的灯塔

　　20世纪里，文学批评第一次试图与自己的分析对象文学作品平分秋色。我们时代的许多评论家，从夏尔·杜博（Charles Du Bos）①到罗兰·巴特（Roland Barthes），从雅克·里维埃（Jacques Rivière）②到莫里斯·布朗绍（Maurice Blanchot）③，同时又是杰出的作家。然而，自巴特以来的文学批评既是读析又是著作，并非因其风格的优美，而是艺术作品的地位发生了变化。当做品解体失去昔日的神圣和含义的单一性时，她需要注释者以期传达她的意义和形式：阐释成为文本的构成部分。现代思潮一度曾极力摈弃上帝的思想和人的思想：在巴特和他的一些朋友们看来，作者已不存在，洋洋大观比肩而立的文本更多地属于批评界，其次才属于作家。我们将介绍这种奇异的观念进化。它始于一向理性的文学史界。20世纪初，居斯塔夫·朗松（Gustave Lanson）④建议把历史科学应用于文学。即不再一本书一本书地构建枯燥无味的编年史和徒劳无益的"光荣榜"，而专心留意过去最重要如今魅力依旧的理论和方法，从对过去的批评中，保留依然具有生命力的东西，使方法的概括和作品的分析服务于未来，有助于读书。这就需要进行艰难痛苦的主观选择——须知自然科学也不排除观察人员的个人系数。某种缺漏由其他成分弥补：样品寓示整体，通过少数作家而窥全貌。

---

　　① 夏尔·杜博（1842—1939），法国文学批评家。本译作中除注明"原注"者外，其余均为译者注，不一一说明。
　　② 雅克·里维埃（1886—1925），法国作家、文学批评家。
　　③ 又译作布朗肖、布朗修。
　　④ 居斯塔夫·朗松（1857—1934），索邦大学教授，法国文艺批评家、文学史家。

那么，应该开展什么样的批评呢？阿尔贝·蒂博代（Albert Thibaudet）①在其杰出的《批评生理学》[*Physiologie de la critique*，新批评杂志，1930；又见《关于批评的思考》(*Réflexions sur la critique*)一书，伽利玛出版社，1939]一文中，把批评分为口头批评、专业批评和艺术家的批评三大类。第一类指会谈、通信、日记等，于是他把蒙田（Montaigne）和德·塞维涅夫人（Mme de Sévigné）包括在这一类，他还把报纸归于该类。"人们已经不在沙龙里谈论当天的新书了，而是在报纸上。准确地说，报纸是当天 24 小时或 12 小时的日书"。专业批评则是指"教授们"的批评，他们在新闻界不成功，因为新闻"并不是每个批评家都擅长"的职业。

艺术家的批评最终囊括了整个文学史。特别是 20 世纪，艺术和语言已经互为对象，意识和潜意识各领风骚，大概没有一个作家不从事批评。从普鲁斯特（Proust）到布托尔（Butor），从瓦莱里（Valéry）到博纳夫瓦（Bonnefoy）②，从马尔罗（Malraux）到 D. H. 劳伦斯（D. H. Lawrence）③或福克纳（Faulkner）④，莫不如此。然而，第三类批评首先表达了属于作者的理论、作者的美学、作者的诗艺，然后反映在其他方面。另外，艺术家并非每周都能发表批评文章，其评论珍品常常揭示出他的某位不为人知的同类或某位弟子。这十分重要，马尔罗就曾把福克纳和 D. H. 劳伦斯介绍到法国。《人间条件》(*La Condition humaine*)的作者本人在为路易·吉尤（Louis Guilloux）⑤的《黑血》(*le Sang noir*)所写的序言中曾经这样说："我不相信作家们的批评。他们谈论的作品很少。偶尔为之，必是出于爱或是出于恨。有时是为了捍卫他们自己的价值观……一位专业评论家则真正投入，他要谈论很多书，不得不排出优劣顺序。"总之，作家像谈论自己一样谈论他的"家族"：波德莱尔（Baudelaire）、热内（Genet）⑥、福楼拜（Flaubert）是萨特（Sartre）的兄长，而与以他们为题写出洋洋博士论文的学者或者发表

---

① 阿尔贝·蒂博代（1874—1936），法国文学批评家、文学史家，柏格森（Bergson）的学生。1925 年起在日内瓦大学教授法国文学，直至逝世。他是《新法兰西杂志》(la *Nouvelle Revue francaise*)的经常撰稿人。
② 博纳夫瓦（1923— ），法国诗人、翻译家，发表过几本论文集。
③ D. H. 劳伦斯（1885—1930），英国诗人、小说家、散文家。
④ 福克纳（1897—1962），美国小说家。
⑤ 路易·吉尤（1899—1980），法国小说家。
⑥ 热内（1910—1986），法国作家。

长篇连载的记者无此亲缘。最后,作家们的批评构成一部艺术品,他们以一种风格再现另一种风格,把一种语言转化为另一种语言。他们的精彩之笔,常常不是理智地而是直觉地把他们的职业同行推到我们面前:于连·格拉克(Julien Gracq)①在《安德烈·布勒东》(André Breton)、《偏爱》(Préférences)和《读与写》(En lisant et en écrivant)里即是这样;叙事诗作家莫里斯·布朗绍,不管其表面如何,也是一位与众不同的批评家,他让自己酷爱的作家卡夫卡(Kafka)和马拉美(Mallarmé)喷射出一股黑色之光,然后把这束光投射在文学的其余部分,使后者表面光彩照人,宛若一块黑色的大理石,从而构成纯粹消极观念和死亡迷的一幅尚嫌不足的画面。

布朗绍在《洛特雷阿蒙与萨德》(Lautréamont et Sade,1963)卷首对批评的定义承继了康德(Kant)的思想:批评与"探索文学经验的可能性相关,这种探索并非纯理论上的,它是文学经验形成的触角,通过其创作,或检验文学经验的可能性,或提出质疑,并且从中形成它自身"。批评属于作品,延续作品,它与原作并不吻合,而是"可能与不可能"的混合;批评中交织着"破碎的肯定"、"无尽的担忧"和"冲突"。批评把作品的内部世界展示出来,按照布朗绍的说法,即显示一个空洞而活跃的空间。批评围绕文学构成"一片高质量的真空"、"一个回声区",使作品中"沉默的、不确定的真实"有机会表达自己:"因此,由于它虚心而执著,并不狂妄自居,那么,就创造性而言,批评并不凌驾于作品之上,而可能是作品得以实现的必要手段,或者用比喻的语言说,是作品的主显节②。"关于批评的这种观念,与把文学看做消极物、看做虚无的理论有关。莫里斯·布朗绍极其诱人的思想,介于海德格尔(Heidegger)③和马拉美之间,其实质脱离批评,更接近哲学或者文学本身。这种"灾难性的文字",最终使文学和批评变成了言之无物的空壳。因之,它是当代思想——包括正反两个方面——的源泉:否认价值观念,拒绝客观世界,否认上帝,也否认自我。④ 然而,奇怪的是,美国

---

① 于连·格拉克(1910—),法国作家,历史、地理教授。
② 《圣经》中三王朝圣和耶稣基督显灵的日子,又称三王来朝节。
③ 海德格尔(1889—1976),德国当代颇有争议的大哲学家。
④ 关于布朗绍,见乔治·布莱(G. Poulet)《批评意识》(La Conscience critique)第219—232页。托多罗夫(T. Todorov)在《批评之批评》(Critique de la critique)第66—74页里,从不同的角度批评了布朗绍的"虚无主义意识和相对主义意识"。——原注

的"解构主义"的信徒们,没有膜拜布朗绍,却把德里达(Derrida)当做他们的参照系。

再现作家们的批评史,无疑等于从一个新的、特殊的视角撰写文学史,架构另一部专著。

相对于"口头批评"的提法,我们更喜欢"记者的评论"、"新闻界的批评"、"电台的评论"、"电视的评论"等术语。正如蒂博代指出的那样,它们不提或很少提及过去,却承担着谈论当今数百部作品的艰巨任务,并且深知其中的大部分注定是过眼烟云。因之,它们的批评有如下特点:要写得快;要提出一种赌注式的选择;帮助理解某作品的要点,并不无遗憾地放弃对作品的深刻分析,甚至放弃通读全文的奢望。如果想一想某篇匠心独具的杰作、某个精心制作的节目——那里凝聚着研究者、探索者或谈判者的心血——将随着它们评论的作品一起消失,那滋味绝不好受,除非批评家把自己的文章汇集成册。以前雅卢(Jaloux)、昂里奥(Henriot)、康普(Kemp)都曾这样做过。这样的例子日渐减少:或者因出版商更犹豫,或者因读者更轻率,或者因记者本人更少雄心。这种批评,通过评介新书,维持着文学生活:须知数百名作家内,方能产生一名伟大的艺术家;而所有作家的生存,全仰仗人们的评论。他们可以相对陌生,却不能全然不为人知。新书可以浩如烟海,然而总得卖出些许才是。

文学新闻——如《纽约书评》(*New York Review of Books*)、《时报文学副刊》(*Times Literary Supplement*)、《文学半月刊》(*Quinzaine littéraire*)、《文学期刊》(*Magazine littéraire*)、《读书》(*Lire*)等——或以日报副刊形式,或以周报形式,存在于所有大国。财经类报纸也常常辟有文学专栏。广播和电视的书籍专题节目,其影响有时很大,特别是后者。这一现象早有人描写过。巴尔扎克(Balzac)的《关于巴黎新闻界的论文》[(la *Monographie de la presse parisienne*),"任何批评家身上都存在着一位不太出色的作家的影子";学院派批评家,"躲进拉丁区的高楼大厦和图书馆深处","这位老人饱经沧桑,对当代不屑一顾";"摇头者"、"滑稽者"、"谄媚者"等卓见或分类依然有效],卢瓦松-布里黛[Loyson-Bridet,马塞尔·施沃博(Marcel Schwob)①的笔名]的《日课经本的逸闻》(*les Moeurs des diurnales*),弗朗索瓦·努里西埃

---

① 马塞尔·施沃博(1867—1905),法籍犹太裔作家。

(François Nourissier)①的《该打的狗》(les *Chiens à fouetter*,朱利雅尔出版社,1956),贝尔纳·皮沃(Bernard Pivot)的《文学批评》(les *Critiques littéraires*,弗拉马里翁出版社,1968),雅克·布雷奈(Jacques Brenner)的《法国自战前至当代的文学生活概貌》(le *Tableau de la vie littéraire en France d'avant-guerre à nos jours*,吕诺·阿斯科出版社,1982),埃尔韦·阿蒙(Hervé Hamon)和帕特里克·罗特芒(Patrick Rotman)合著的《文化官僚》(*Les Intellocrates*,朗塞出版社,1981),皮埃尔·布尔迪厄(Pierre Bourdieu)的《院士族》(*Homo Academicus*,子夜出版社,1984)等作品,让-保尔·阿隆[Jean-Paul Aron,《现代派》(*Les Modernes*),伽利玛出版社,1984],贝尔纳·弗朗克[Bernard Frank,《削价商品》(*Solde*),弗拉马里翁出版社,1980]和其他许多人都为文学新闻史作出了贡献。贝特朗·普瓦罗-德尔佩什(Bertrand Poirot-Delpech)在他的《1972—1982年的专栏文章》(*les Feuilletons 1972—1982*,伽利玛出版社)的卷首简介了文学新闻史的梗概。我们曾计划专辟一章,这将又是洋洋大观的一部书。

  我们决意把作家们的批评和传播媒体的批评留待以后,旨在专心于科学的批评,亦即蒂博代所说的"教授们"的批评。人们并非总是厚爱它:记者们指责它累赘,在世的作家们或指责它过誉他们,或抱怨受到忽视,读者们则不满它那艰深的语言。然而,科学的批评承担着两种不可替换的功能:其一,使文学的整个过去保持现实性;其二,因为对所处时代的作品的了解,亦因为对人文科学的了解,给文学以更准确、更具技术性、更科学的描述和阐释。即使蝴蝶专家因为蝴蝶的美而倾心于它们,他对蝴蝶的描述却并不追求美,而追求准确和全面。② 我们一开始就指出,受相邻学科如语言学、精神分析学、社会学和哲学的影响,20世纪的文学批评和文学理论发生了巨大的变化。构成文化本身的

---

  ① 弗朗索瓦·努里西埃(1927—),法国作家,1977年当选为龚古尔学院院士。
  ② "如果我看鸟类学,"荣格尔(Jünger,德国作家,曾参加过第一次世界大战,第二次世界大战期间在德军驻巴黎司令部供职。——译者注)说,"以前的科学家因其视野的全面而著称。现在,学者们代之以一大堆吓人的数字,寓世界于数字之中,愈来愈追求近似到毫米的精确度。他们使用仪器以测定鸟类的声音,患着如今我们大家的通病:永远求助于机器"。[于连·埃尔韦耶(Julien Hervier):《和欧内斯特·荣格尔的谈话录》(*Entretiens avec Ernst Jünger*),伽利玛出版社,1986,第63页。]——原注

对话产生了种种新方法，从而结束了只有一种评论方法的观念。文化对话还使作品变成了某种"浓缩的"新闻，如马尔罗笔下的巴黎；使人们重新阅读已被遗忘的作品——我们指的是巴什拉尔（Bachelard）的《洛特雷阿蒙》（*Lautréamont*）和让·鲁塞（Jean Rousset）的《巴罗克时期的法国文学》（*La Littérature à l'âge baroque en France*）。

我们在叙述中注意了方法和时间上的顺序，保持方法和流派的承继原貌，但是这些方法既可以共处，也可以对立。我们也没有局限于法国——在人们频繁往来、思想和科学跨越国境的时代，怎么可以忽视俄罗斯人、德国人、意大利人、英国人和美国人的贡献呢？可是，这里亦需要选择：史学如果企图反映所有人和所有作品，其结果必然无限冗长。我们冒着无知、不全面和武断的风险，作出了一些抉择，优先介绍具体作品批评方面的理论。事实上，谈论某作家的研究专家，即使是其中的最杰出者，不啻编写一部批评版本的著述目录。而我们并不想介绍它们的内容，亦不着意于客观的了解，而重在提供工具，推荐方法。如同用一种语言写作无须掌握所有的字词一样，分析一种方法，也不必介绍所有的名家。由局部而至总体：施皮策（Spitzer）、奥尔巴赫（Auerbach）、库尔蒂斯（Curtius）三人足以使我们对德国的文学科学和罗曼语文献学有所了解。

我们亦没有论及戏剧批评，后者已逐渐自成体系并独立于文学批评；同时，当代戏剧语言全面更新，导演与作家并驾齐驱，作用发生了变化，这或许是个错误。雅克·施雷尔（Jacques Scherer）、皮埃尔·拉尔托玛斯（Pierre Larthomas）、阿娜·乌拜尔斯费尔德（Anne Ubersfeld）、贝尔纳·多尔特（Bernard Dort）的著述，足以说明我们淹没了多少戏剧流派。对于比较文学，我们亦采取了同样的态度。如今，在大学校园里，该学科已拥有自己的系室、研究专家和方法：影响研究［德代杨（Dedeyan），博蒂（Body）］、文化对照［艾金伯勒（Etiemble）］、神话研究［特鲁松（Trousson），布吕奈尔（Brunel）］、关于翻译的思考［G. 斯坦纳（G. Steiner）的《巴贝尔之后》（*Après Babel*）］等。我们只有请读者参阅皮·布吕奈尔、克·皮舒瓦（Cl. Pichois）、阿·卢梭（A. Rousseau）的《比较文学》（*La Littérature comparée*）一书（阿尔芒·科兰出版社，1983）。该书作了很好的总结。

至于文学史，亦应为其立史。在本书所研究的时期之前，居斯塔夫·朗松已于世纪之交严密地重新确立了文学史的原则［见安·孔帕尼翁（A. Compagnon）：《文学的第三共和国》（*La Troisième*

République des lettres),瑟伊出版社,1983]。这些原则并没有太大的变化,只须使它们与演进的历史本身相适应:当吕西安·费弗尔(Lucien Febvre),其次是乔治·杜比(Georges Duby)或艾·勒鲁瓦-拉杜里(E. Leroy-Ladurie)承继拉维斯(Lavisse)、朗格鲁瓦(Langlois)和塞纽博斯(Seignobos)时,新的历史呼唤新的文学史。文学史领域不乏大师,如让·梅斯纳尔(Jean Mesnard)关于帕斯卡尔(Pascal)的专著、勒内·波莫(René Pomeau)关于伏尔泰(Voltaire)、莱格(Leigh)关于卢梭(Rousseau)、雷特(Raitt)关于梅里美(Mérimée)和维利埃·德·里勒-亚当[Villiers de l'Isle-Adam,与皮-乔·卡斯泰(P.-G. Castex)合作]、以皮-乔·卡斯泰为首的巴尔扎克学派[昂布利埃尔-法尔饶(M. Ambrière-Fargeaud)、阿·米歇尔(A. Michel)、皮·西特翁(P. Citron),等等]、邦卡尔(M. Cl. Bancquart)关于阿纳多尔·法朗士(Anatole France)的研究……理论、诗学亦得益于文学史。① 没有后者,它们乃是空中楼阁,或言之无物,或无的放矢。

　　重在方法的体例也阻碍我们聆听某些亲爱的前辈的声音,如阿尔贝·蒂博代、雅克·里维埃、夏尔·杜博等,无法感受他们的印象,欣赏他们细腻的心理分析,赞美他们的先驱者的活动。然而,我们将看到他们对主体意识批评和日内瓦学派的影响。自柏拉图和亚里士多德起,哲学家对文学的认识也颇多贡献。德洛兹(Deleuze)②关于普鲁斯特或卡夫卡的论著,萨特、米歇尔·塞尔(Michel Serres)③、克罗齐(Croce)、海德格尔等人的著述,留待我们讨论文学之哲学时论述。

　　各种方法的此番较量,各个流派的相互对话,说明描述某种文学体裁或某部作品的形式和意义的方式绝不止一种,恰恰相反,根据所遇困难的性质,巴什拉尔或弗洛伊德(Freud)、施皮策或斯塔罗宾斯基(Starobinski)、利法泰尔(Riffaterre)或热奈特,可能更有效。表达一种思想、体现一种乐趣的批评也是一种文学体裁;它的读者不多,然而读诗者又有几人?热爱文学,亦即欣赏发现的乐趣,"最终发现和澄清真理"的欢乐,发掘陌生园地的欢乐,只有批评才能揭示这块有时甚至令人生厌的园地。批评是第二意义上的文学,批评在我们的时代里无限

---

　　① 文学史亦见于杂志,如《法兰西文学史杂志》(*la Revue d'histoire littéraire de la France*)、《法国研究》(*French Studies*)等。——原注
　　② 德洛兹(1925—),法国哲学家。
　　③ 米歇尔·塞尔(1930—),法国哲学家。

膨胀（据说1985年法国获博士学位的人数超过获agrégation① 任教资格学衔的人数），可同托勒密时代（temps des Ptolémées）和罗马时代的亚历山大相媲美。亚历山大人已经积累了大量的目录、清册，"关于文学的文学"，培植了博学的兴趣，回到了先古时代。雅里士塔尔克（Aristarque）将作家们排队，并确立了荷马的一种版本，指出他认为属于伪作的段落。在又一个千年之末，我们也步其后尘，大兴土木，到处兴建博物馆和图书馆，撰写说明，建立清册，发掘出一个又一个小体裁。批评照亮了以前的作品，然而不能创造它们，它主导着它们，却无法产生出堪与它们比美的新作品：它是亚历山大港的灯塔。

---

① 法国大学和中学教师的一种学衔以及取得该学衔的考试。

第一章 俄罗斯的形式主义

　　20世纪大概最富有创新精神的流派其命运也最奇特。俄罗斯的形式主义诞生于第一次世界大战期间,20世纪30年代被专制扼杀。西欧①和美国对俄罗斯形式主义的充分了解和高度评价始于两本发表很晚的重要著述:一本是维克多·埃尔利克(Victor Erlich)的《俄罗斯的形式主义》(*Russian Formalism*,牧童出版社,1955),②另一本是瑟伊出版社1965年出版的《文学的理论》(*Théorie de la littérature*)一书。该书收集了兹维坦·托多罗夫(Tzvetan Todorov)译介的俄罗斯形式主义者的文章。同时期莱维-斯特劳斯(Lévi-Strauss)介绍了普罗普(Propp)③和雅各布森(Jakobson)的作品;雅氏的《普通语言学论文集》(*Essais de linguistique générale*)1963年由尼古拉·吕威(Nicolas Ruwet)首次译成法文出版。1960年前后,一座沉没的大陆重新崛起,因其重见天日的时机一再被推迟,又恰逢史学之哲学处于危机之中,因此,其势头尤其猛烈。我们对形式主义的研究,仍然按时间顺序,将其置于20世纪文学批评复兴的源头,在现有依然零碎的译作的许可条件下,概括介绍形式主义的主要论点和主要面孔。

　　按照雅各布森的说法,1914—1915年冬,一批大学生成立了莫斯

---

　　① 请同时参阅下列文章或著作:B.托马舍夫斯基(B. Tomachevski)的《俄罗斯新的文学史流派》,见《斯拉夫研究杂志》(*Revue d'études slaves*),1928;N.古凡盖尔(N. Gourfinkel)的《俄罗斯新的文学史方法》,见《斯拉夫世界》(*Le Monde slave*),1929年2月号;特鲁别兹科伊(Troubetzkoy)的《音位学原理》(*Principes de phonologie*),帕约出版社,1944。——原注

　　② 可同时参阅埃尔利克的《俄罗斯20世纪的文学批评》(*Twentieth-Century Russian Literary Criticism*),耶鲁大学出版社,1975。——原注

　　③ 普罗普(1895—1970),前苏联民俗学家。

科语言学学会，学会的正式章程规定它的宗旨是"推广语言学和诗学"。首部围绕诗之语言理论的集体著作，于1916年发表。1917年初，诗之语言研究社成立，与学会合作研究。学会的成员不仅包括批评家，也包括诗人，如马雅可夫斯基(Maïakovski)、帕斯捷尔纳克(Pasternak)①、曼德尔斯塔姆(Mandelstam)②等。于是，来自彼得格勒的博杜安·德·库特内(Baudouin de Courtenay)的学生和莫斯科的大学生们也都参加了。学会的活动还延伸到由卢纳察尔斯基(Lounatcharski)③创立的国家艺术史研究院，研究院出版《诗学》(*Poetica*)杂志(1926—1929)。形式主义［如"立体派"一样，"形式主义"一词也是由它的反对派发明的。1924年，《新闻与革命》(*Presse et Révolution*)杂志推出了形式主义专号④；梅德夫代夫(Medvedev)可能和巴赫金(Bakhtine)一起合著了《文学上的形式方法》(*La Méthode formelle en littérature*)一书，1928］——它的拥护者自称从事形态学研究——自1915—1916年起，即以主观主义和象征主义的反对派的面目出现，而后者本身又反对19世纪自由思想家的现实主义的和意识形态的批评方法。形式主义的主要成员有：艾亨鲍姆(Eikhenbaum, 1886—1959)、蒂尼亚诺夫(Tynianov, 1894—1943)、雅各布森(1895—1983)、什克洛夫斯基(Chklovski, 1893—1984)和托马舍夫斯基(1890—1957)。自1926年起，布拉格团体继承了俄罗斯形式主义的精华。最后需要回顾的是，1932年，苏联共产党中央委员会的一道命令解散了所有的文学团体，日丹诺夫(Jdanov)的报告发生在1934年，然而，所有富有创新精神的文学创作都早已停止。

形式方法的理论

1925年，艾亨鲍姆对1916—1925年这一阶段作了总结(《形式方法的理论》，见《文学的理论》一书，第31—75页)。他肯定地说：根本问

---

① 帕斯捷尔纳克(1890—1960)，前苏联作家。
② 曼德尔斯塔姆(1891—1938)，前苏联诗人。
③ 卢纳察尔斯基(1875—1933)，前苏联政治活动家、文艺理论家、批评家、剧作家。
④ 见法文译文《面对马克思主义的俄罗斯形式主义和未来主义》(*Le Formalisme et le futurisme devant le Marxisme*)，人的时代出版社，1975。——原注

题不是方法问题,而是"作为研究对象的文学"的问题。具体题材喻示着理论原则;理论是"一种帮助揭示和理解事实的工作设想"。形式方法是"以文学为内容、从文学材料的内在品质出发视文学为特殊系列事实的独立的科学"。于是,当未来派诗歌与象征派决裂,当绘画、音乐、芭蕾舞发生同样变化时,形式方法则与美学、与关于美的科学、哲学、与作品的心理的和美学的阐释相决裂。雅各布森于1921年写道:"文学科学的目的不是文学,而是文学性,亦即使一部著作成为文学作品的特性。"[《俄罗斯现代诗》(*La Poésie moderne russe*),布拉格]这样,形式主义者(宁肯日后再出现问题)就与历史相决裂,将研究方向转向语言学,视语言学是与诗学密切相关、将诗的语言与日常语言相对立的科学。布利克(Brik)①断言(《音的重复》,1917),在诗的语言中,声音并不能和谐地补充意象(后者独自构成诗),声音的选用有着独立的诗学意图,它们的重复有其自身的意义。什克洛夫斯基的研究逐渐转向散文体,他于1914年即指出:"形式感觉的原则是美学感知的显著标志。"形式是"生动而具体的完整体,本身有其内容";形式的对象是我们的感觉系统;应当延长感觉以品味艺术的效果。"艺术是摧毁感觉上的机械性的工具"。形式主义第一阶段即以确立原则为其特点,其中包括区分诗的语言和日常语言两种语言。

第二阶段更深入地研究具体问题。从诗的声音的研究导引到诗的总体理论。从"前置"理论(la théorie du *précédé*)发展到构诗技巧的研究(什克洛夫斯基)。作品的"主题"不再是主题,而是作品成立的一个因素。一形式与其他形式相比较而存在;它是生动的、演变的。因此,形式主义不是囿于已有格式和分类的僵化主义。他们把构造技法或"主体"(对应技术、插叙、罗列等)与材料部分或"故事"(素材、观点、人物)相区分。这些理论原则有助于阅读和理解一些截至当时依然陌生的作品。"由于对结构的广泛兴趣",斯特恩(Sterne)②的《特利斯脱兰·香代》(*Tristram Shandy*)被视为当代作品(此前,人们以为那里仅仅充斥着长篇大论和情感主义)。当诗歌研究取得进展之时,由于什克洛夫斯基的努力,散文的研究也走出"死点"。诗歌领域因为缺乏理论而长期模糊不清。形式主义者努力将不同层次联系起来(例如节奏和句法)。雅各布森在《论捷克的诗》(*Du vers tchèque*,1923)中,区分

---

① 布利克(1888—1945),前苏联批评家。
② 斯特恩(1713—1768),英国小说家。

了情感语言与诗的语言,从而与格拉蒙(Grammont)的观点相对立。托马舍夫斯基1924年发表了《俄罗斯诗律》(*La Versification russe*)一书。同一时期,艾亨鲍姆则强调,诗体中词汇的意义发生了变化,而诗的语义学则违反了日常的构词方式。

艾亨鲍姆最后论及了文学进化问题(蒂尼亚诺夫随后也曾论及)。截至当时,文学史都是孤立地研究最伟大的作家们的传记和心理,然后贴上一些硕大的标签,加上一些笼统而难以理解的概念,如现实主义、浪漫主义。进化被设想为不断的完善,"而静态的文学丝毫也不存在"。然而,当象征主义者和19世纪末的文学批评者拒绝这种历史观时,他们代之以"印象研究"和"画像"。形式主义者针对前者提出"文学进化和文学自身"的思想,针对后者提出文学作品乃不受自由阐释和不同趣味影响的历史事实。文学事件的承接是一场斗争[蒂尼亚诺夫:《陀思妥耶夫斯基和果戈理》(*Dostoïevski et Gogol*),1921],是独立于其他文化系列的形式的辩证发展。历史提供了现实不能提供的东西,提供了"完整的材料",形式主义者自然也涉及了史学领域。1922—1926年间发表的许多著作,阐明了这些理论。

艾亨鲍姆试图对"形式方法的发展过程"做一总结,指出其主要发展阶段如下:

从最初对诗学和日常语言的粗略区分,到日常语言功能的鉴别,到努力界定诗的语言和情感语言。修辞学显得和诗学一样必不可少。

从形式的概念相继过渡到技巧和功能的概念。

从节奏与格律的对立,到认定诗是言语的特殊形式,有其自身的语言学特征。

从主题即建构的观念出发,视材料为依赖于建构的"谋篇"内容(素材布局)。

在不同材料的基础上对"技巧"进行分析,而技巧结构方式的不同使材料的功能发生种种异化现象,由此导致形式进化观念的产生,导致对文学史的反思。

艾亨鲍姆在总结的最后指出,形式主义的理论在不断地发展,因为"理论和历史本属一体"。我们将从团体各成员的具体成果出发,研究形式主义的发展过程。艾亨鲍姆本人对果戈理的《外套》(*le Manteau*)的分析,也是批评观念更新的极好的榜样(见《文学的理论》,第212—223页):中篇小说《外套》不再是现实主义的作品,亦不是情感主义的,不是人道主义的,而是讽刺性的荒诞作品。

第一章　俄罗斯的形式主义

散文体的分析

托马舍夫斯基

两位批评家对记叙文的分析作出了极其重要的贡献,他们是托马舍夫斯基和什克洛夫斯基。

前者在1925年的一篇文章中(为《文学的理论》的片段,列宁格勒出版社,1925;又见瑟伊出版社的同名法文译本,1963,第263—307页),探讨了主题的选择、故事与主题的关系、素材布局、主人公、技巧的生命和文学体裁等问题。

将整部作品或其中一部里的独立句子联系在某种结构之中的主旨,谓之题材(thème)。"文学作品如果只有一个位于作品中心的题材,该作品便具有统一性"。文学创作的两大阶段即题材的选择和草成阶段。第一阶段与"读者的接受情况"密切相关,因为读者的形象,"即使仅仅是抽象的形象,始终存在于作家的意识之中"。人们常引《叶甫盖尼·奥涅金》(*Eugène Onéguine*)①为例,作品最后有一节即是写给读者的。因此,"作品应该趣味盎然":有些读者对职业感兴趣,有些追求消遣,有些关心现实生活中的文化问题。读者们青睐屠格涅夫(Tourgueniev),不是因为作者的艺术手法多么高超,而更多的是因为他涉及了社会问题。关于革命题材的作品之所以受欢迎,其原因也如此[爱伦堡(Ehrenbourg)或马雅可夫斯基]。然而,应时作品的生命"难以超越刺激作品产生的短期兴趣",而普遍题材(如爱情、死亡)则可以贯穿整个历史。事实上,一部历史小说或一个乌托邦故事可以具有现实意义。兴趣之上还有"注意力"的寄托问题:作者的好恶全都浸透在他的正面或反面人物身上,并诱导读者,赚取他们的同情和感情。

托马舍夫斯基由题材过渡到故事(fable)和主题(sujet)的关系。题材由"细小的题材因素"组成,它们主要按两种类型分布:或者按因果原则和时间顺序分布,或者不考虑因果关系和时间顺序。第一类包括"命题"作品(短篇小说、小说、史诗),第二类包括无主题作品(诗、游记)。而故事要求时间和因果关系的标志;"因果关系愈弱,时间上的联

---

① 系普希金的长篇诗体小说,写于1822—1831年,1825—1833年间陆续发表。

系愈显其重要性"。"作品中传达给我们的相互联系的事件之和"谓之故事。我们可以按照事件的时间顺序和因果关系简要叙述故事,而忽视事件在作品中出现的前后顺序。主题追随事件的出场顺序,与故事恰恰相反。这里产生了故事与文章的区别,虚构与叙述的分离,这些区别一直启发着20世纪的叙事文诗学。

题材是个简单概念,有助于作品的分析。叙事文中题材的不可分解的最小单位叫素材(motif),因之,"素材的相互组合构成作品的题材支柱"。"按时间顺序和因果关系排列"的素材的总和即是故事,主题则是依出场为序的素材的总和,是"纯粹的艺术结构"。相关素材的遗漏不可能不损害故事的时间顺序和因果关系。自由素材可以从故事的叙述中删除,恰恰相反,它们与主题相连,因为它们是按照文学传统(导言、铺陈、插叙),"决定着作品的结构"。某确定时期人物的相互关系组成一场情景,作品的主要人物各自试图以不同的方式改变它。改变情景的素材是能动的,否则,则是静止的。自由素材是静态素材(如描写)。动态素材是故事的核心,静态素材则是主题的中心。总之,我们可以按照重要性安排素材。故事的进展即"从一个情景过渡到另一情景"。事件的发展以及修饰事件的所有素材的展开谓之情节。情节的发展或者导致冲突的结束,或者"产生新的冲突"。违反最初情景的素材之和构成纽结。按紧张程度的不同,纽结使情节发生变化或曲折。

从故事到主题需历经若干阶段。例如,"最初情景要求一段叙述体导语",但是,"叙述并非一定要从陈述(交待情节)开始"。叙述的开端不一定是其开头,叙述的结尾不一定非要与结局相吻合。这里,托马舍夫斯基揭示了叙述(主题)和情节(故事)两条主线,并开列出若干技法:后置、添枝加叶、设置玄机、重复、叙述中的时间倒错等。他注意区分后置陈述中对过去事件的补叙(Vorgeschichte,恢复,提醒)和后来发生的故事的预叙(Nachgeschichte)。叙述者,或客观,或主观,其作用与上述技法有关。他可以是事件的媒介、见证人、被他人告知的第三者。因此,有两种主要类型——客观叙述和主观叙述,和一些混杂类型。"有时,主人公作为叙事的主导线索这一点即足以确定作品的全部结构"。托马舍夫斯基关注叙述的时间和空间,提出"故事时态"和"叙述时态"两个不同的概念。后者是阅读作品必不可少的。前者明确了事件发生的绝对时间(1918年1月8日)或相对时间("两年以后"),指出事件占据的时段,留下事件延续的印象。

汇集在叙述中的素材体系应当提供"完整的美感"。素材布局

(motivation,谋篇)论证引入每个素材或系列素材的理由。它可以与作品的组成相关联,即素材与情节、与人物性格相协调。侦破小说中,素材布局给人以假象从而转移读者的注意力。素材布局可以是写实主义的,给人以真实的感觉,使人盲目相信,或者使人抱有现实主义的幻想(读者知道作品是虚构的,但要求作品"一定程度上符合现实")。按照文学传统引入素材可以避免暴露它们的不真实性(如剧本,如认亲题材)。甚至新流派,也愿保留写实主义的素材布局。至于神怪故事,既可以按写实主义的素材布局去理解它,亦可以遵循其他准则。写实主义的素材布局同样适用于非文学素材的引用(如历史事件和历史人物)。相反,"技巧的外露",如模仿,如戏中之戏,则增强了作品的文学性。第三类素材布局追求美学效果,直接关系文章的建构。独特化的手法,尤其可以使描写宛若短篇小说一样[斯威夫特(Swift)①]。

主人公(le Héros)"起主导线索的作用",区分各个素材的重要性,成为众多素材的载体。主人公拥有易于辨认的特征,与之水乳交融不可分解的素材体系则构成这些特征。特征可以仅仅是个姓名。在复杂结构中,主人公的行为"表现出一定的心理方面的协调性"。性格化可以是直接的,由作者、主人公自己和其他人物的描写而形成;或者间接的,源于个人的行为和表现。主人公的外表可以是伪装的,性格可以稳定或变化无穷。使人物性格化远远不够,他们应该接受"一种感情色彩",以激起读者的同情或憎恶。主要人物的感情色彩最浓,吸引读者的注意力最多。故事里,主人公并非必不可少,然而在主题内部,它是凝聚素材的一种方法。

托马舍夫斯基清点过"主题的手法"后,探寻它们的生命。每一文学时代,每个文学流派,都有属于自己的技巧体系,代表"体裁或文学潮流的风格"。他区分了正统技法(17世纪的悲剧规律)和自由技法,区分了过于陈旧或过于新颖的外露技巧和含蓄技巧:19世纪的作家们力求掩盖技巧,其他作家,如普希金和未来主义者,则努力显示技巧。当一种技巧变成教条或丧失其功能时,它就死亡了。

文学体裁(le genre littéraire)是包含某种突出特点的一种技巧体系。各种体裁诞生,发展,然后没落。高雅体裁被通俗体裁所代替,或通俗技巧浸入高雅体裁,获得喜剧功能。体裁的排列"是实用的和功利的",适用于一定的历史时期。在此基础上才可以将材料分配到预先确

---

① 斯威夫特(1667—1745),英国政论家、讽刺小说家。

定的各种范畴(即文类)。"文学作品首先划分为大的等级,然后再异化为类和型。从这种意义上说,当我们步下体裁的阶梯,便从抽象的类型走向历史的具体的划分[如拜伦(Byron)的诗,契诃夫(Tchekhov)的短篇小说,巴尔扎克(Balzac)的小说,圣歌,无产阶级的诗],甚至面对各个独立的作品"。

什克洛夫斯基

维可多·什克洛夫斯基是小说家[《动物园》(*Zoo*)、《感伤的旅行》(*Voyage sentimental*)]、传记作家[《托尔斯泰》(*Tolstoï*)]和评论家[《马之旅》(*La Marche du cheval*)]。他的研究专集《关于散文的理论》(*Sur la théorie de la prose*,莫斯科,1929;人的时代出版社,1973),如同托马舍夫斯基的专著一样,对理论宝库作出了贡献。这些理论有助于严谨地描述文学散文,建立文学的科学。"我的目的,"什克洛夫斯基开宗明义,"在于研究文学理论的内部规律……因此,这部书全部用来研究文学形式的变化问题"。但是,与托马舍夫斯基相比,什克洛夫斯基缺少一些理论家的色彩,更多了一些批评家的色彩。他的文章,或论及一般问题,或针对具体作品,通常讽喻和警示两种风格兼而有之,以不同的方式,回答了相同的问题。

第一篇论文名曰《作为技法的艺术》,抨击艺术乃由意象构成之思想的观点。事实上,这些意象,"千人一律,跨越国境,世纪相延"。诗的意象只是服务于诗的语言的一种方法,其功能与其他技法、其他意象的功能相类似,并不优越。不同诗派的工作,"局限于积累和实践语言材料的安排及处理方面的新技巧,材料安排远远多于创造新的意象"。衡量一部作品是否诗作,应当征求读者大众的意见,因为,作者心目中的一部散文作品,在读者看来则可能属于诗作,或者相反:文学性、诗性的界定来源于我们的感觉方式。因此,"作者用尽特殊方法,期望最大程度地确保他的创作被读者感知为文学作品"。

和所有形式主义者一样,什克洛夫斯基肯定诗的语言与散文的语言遵循着不同的规律。实用语言是自发的、快速的(代数是极限),有时甚至是无意识的。由此可知,"艺术是体验正在发生的事物的方法,在艺术领域,已经完成的事物无足轻重"。为了重获元气,应当以奇特的方式再现事物,增加文学感知的难度,这样,便恢复了"生活的感觉"。问题在于要像托尔斯泰那样,利用"奇特的再现"手法,展示事物,而不是让读者辨认它。在一种对应手法中,读者应当在"感受相似面的同时,感受到吻合的缺失",再现对象承受着"语意的独创性变化"。诗的语言的难度属于"有意而为之":普希金的"粗俗"风格给期盼诗的语言的读者们带来了意想不到的困难。因此,诗体中的散文可以成为难点,"常用语言和文学语言"可能"互易其位"。诗的语言是"结构语言"。相反,散文则是"常用语言"。文学节奏是散文节奏的中断,因为决裂实为艺术之根本。

什克洛夫斯基接着研究了《情节安排的技巧与风格的一般技巧的关系》。情节安排有其特殊规律,例如童话体裁的情节安排。因之,一种新形式的诞生,不是为了表现新内容,而是为了取代已经失却文学地位的某种旧形式。形式自身可以产生内容,重复、对应、伏笔(如惊险小说中的"最终得救")等形式可以提供这样的事例。事件亦可以成为形式:"小说家以海难或海上抢劫等为题材,并非采撷现实生活之点滴,而是文学技巧的环境使然。"韦斯罗夫斯基(Vesselovski)1876年即写道,惊险事件乃是一种风格技法,如席勒(Schiller)时代的骨肉相残,如绑架……文学作品构成"一张由声音、发声动作和思想组成的网络"。思想只是一种"材料",与字词的"发声动作和音响现象"或一个"陌生的躯体"等同。像韵律一样,"故事"亦构成一种形式,形式是"驾驭客体建构的律令"。

什克洛夫斯基继续对形式进行挖掘,探讨了《叙事文和小说的框架》。他区分了两种结构,一种是"阶梯结构",或称抽屉型结构,其特点为重复、内部押韵和前后交错;另一种是"环扣结构",给人以已经完成的整体印象。有些故事包含两种形式(契诃夫)。托尔斯泰作品中常见的人物间或几组人物间的并列比较,属于阶梯结构:"一切皆由于职业的缘故。"传统即"当时技法可能性的总和"。"装匣"是最古老的传统之一,常见于童话集、"以童话形式展开的辩论"、"为叙述而叙述"的篇幅〔如《十日谈》(le Décaméron)及其"后裔"〕和以流浪冒险为题材的骗子无赖小说之中。可以以塞万提斯(Cervantès)、勒萨日(Lesage)①、菲尔丁(Fielding)②和斯特恩为例,从中研究"装匣"结构。另有一些文集中,作者围绕一个主人公"串联"各个故事〔如尤利西斯、散巴德、阿普列

---

① 勒萨日(1668—1747),法国作家。
② 亨利·菲尔丁(1707—1754),英国小说家、剧作家。

尤斯(Apulée)①的小说《变形记》(L'Ane d'or,亦可译作《金驴》)中的吕西尤斯等],主人公是故事间的唯一联系;出游是这类故事常见的理由。随着小说故事的展开,"装匣"型或"串联"型发生变化,小说整体的紧凑性增加。对《堂吉诃德》(Don Quichotte)的研究证实了这一点。这是一部百科全书式的小说,其补充部分的比例大大超过了作者原来的计划。某些不和谐现象,如主人公某些言语中表现的先疯癫而后睿智的例子,可使我们得出两个结论:堂吉诃德人物类型的出现并非作者的原意,而是小说结构自然发展的结果。结构的自然发展,产生了新的形式。当小说写到一半时,塞万提斯发现他的主人公具有两重性(智者兼疯子),遂使这种两重性服务于他的文学目的。还需要解决"添加故事"的问题。什克洛夫斯基描写各种添加故事,将它们分类,突出插入的方式以及斯特恩和狄更斯(Dickens)继续使用的技巧。《堂吉诃德》框架的新颖之处,在于小说第二部分改变了结构[如同拉伯雷(Rabelais)和斯威夫特的作品一样]。堂吉诃德知道第一部分已经写出,这一点强调并突出了文学的俗套[我们在果戈理、蒂克(Tieck)②、霍夫曼(Hoffmann)的作品里也发现了这一现象,即小说人物知道自己是正在被撰写的故事的主人公]。什克洛夫斯基不断将自己的分析扩展到后来的小说,说明从阿普列尤斯到托尔斯泰,"流浪故事"、添加故事是如何加到主人公头上的,说明一个外部征象怎样引发材料的布局[《一千零一夜》(les Mille et Une Nuit)里的三个王子乞丐,《老实人》(Candide)里的六位逊位君主等]。这一作用有时也引发作者的并列比较和诸多议论。

  显然,什克洛夫斯基最关心的,莫过于描述小说的技巧。因此,他对最能表现小说结构的亚体裁之一——"神秘故事"很感兴趣。这类故事往往"编织得扑朔迷离,使读者如坠五里雾中,故事的情节包含很多秘密,而这些秘密只有到后来才能解开"。为此,时间顺序被全部打乱,以产生神秘的效果,即漏掉某事件,等其结果发生后,才去描写它。在托尔斯泰那里,则截然相反,时间顺序颠倒后,作家的笔锋已不再关注结局的魅力,而倾心于分析。科南·多伊尔(Conan Doyle)③可谓编织

---

  ① 阿普列尤斯(约125—约180),古罗马作家。代表作《变形记》(法文译为《金驴》),共有十一卷,是古罗马文学中流传迄今最完整的一部小说。
  ② 蒂克(1773—1853),德国作家。
  ③ 科南·多伊尔(1859—1930),英国作家。

神秘故事的大手笔,什克洛夫斯基分解其手法,强调神秘破译后故事的情节便归于平淡。以谢洛克·福尔摩斯为主人公的中篇和长篇侦破小说里,瓦特松具有双重作用:他一方面叙述福尔摩斯的所作所为,然而并不了解后者的真实思想;一方面提出一些敷衍塞责的解决办法,阻碍情节的进展,扮演着"永远愚蠢"的人物形象。在最常见的各种技巧中,十二次"惊险事件"中有三次,都是福尔摩斯首先看出端倪。这类故事有个模式,被作家隐藏起来,因为"任何小说都要我们确信它的真实性","用自己的故事抗衡文学是所有作家常用的手法"。福尔摩斯的故事以九段的程式发展:》(1)开篇的悬念;(2)罪犯的登场;(3)罪犯的叙述中留下了一些蛛丝马迹;(4)瓦特松的错误解释;(5)到犯罪现场去;(6)刑侦队长的错误方案;(7)空场,福尔摩斯或抽烟或拉小提琴;(8)意外的结局常常揭示出一次犯罪的意图;(9)福尔摩斯对事件进行通盘分析。所有故事都归于同一模式,其特点就是手法的重复。

什克洛夫斯基肯定"神秘小说"之谜可以有多种处理方法,并以谜的结构来划分小说类型。例如汇集一系列错误的故事[《八十天环游地球》(*Le Tour du monde en quatre-vingts jours*)];几条线索平行发展的故事(托尔斯泰);按先错误理解后正确理解正反颠倒结构的神秘小说[安·拉德克利夫(Ann Rascliffe)①]。狄更斯的《小杜丽》(*La petite Dorrit*)包括"同时展开的几个情节",以主要人物和地点为联系,故事有三大要素(爱情、金钱、讹诈),内容包括六个神秘故事。作者叙述同时发生的若干事件,并不马上点出其中的联系,这种手法使有关神秘的技巧更复杂或延长了技巧的效果。这类小说由于插入习俗描写而经久不衰,"社会小说"沿袭了它的技巧。

"滑稽小说"是小说体裁的另一种。斯特恩的《特利斯脱兰·香代》革命到极点,"将其手法揭示无遗"。这部小说首先给人以完全混乱的印象,然而这种杂乱无章是作者希冀的,"紧凑得像毕加索(Picasso)的一幅画"。什克洛夫斯基着力说明只有对技法的分析才能抓住作品的意义:"通过摧毁形式,使我们理解形式的重要性,这就是小说的内容。"斯特恩意在说明,与平常的时空相比,文学时空遵循纯粹的俗套,它或者打乱情节,或者中断情节,破坏小说的常见形式[如果戈理的小说和霍夫曼的《雄猫穆尔》(*Le Chat Murr*)]。什克洛夫斯基由此得出关键性的结论,其中包含着他的理论:"艺术的本质是超情感的。""在文学

---

① 拉德克利夫夫人(1764—1823),英国女小说家,以写恐怖小说而成名。

里,血液并不是血淋淋的,而是与'温柔的'一词押韵(sang, caressant),让它进入一种声音结构或意象结构。因此,文学是冷酷无情的。"怜悯也被"用于一种结构","应当从结构的角度去接触它",如同"理解一台机器"一样。什克洛夫斯基感兴趣的并不是斯特恩的小说,而是"有关传奇的理论":传奇包括情节、离题万里的废话和种种题材;情节限于对事件的描写。文学的形式"由它们的文学逻辑性来解释,而不能用日常生活提供的环境去解释"。

关于"装饰性散文"的研究补充了上述结论。什克洛夫斯基在涉猎文学史领域时,发现那里充满了接受与排斥的斗争:"文学形式的方方面面之间,斗争多于共处。一种技巧的发展中包含着另一技巧的没落和衰退。"一系列格言补充了作者的思想。诸如:一个作家的哲学思想仅仅是他的"工作设想",因为"作家已全部投入他的职业之中"。"闯入作家领地"的外部意识形态,"如果没有作家艺术方面的技术公设的支持",是不会产生出文学作品的。诚然,文学不是"现实的影子,而是一种平行的现实,一种事物"。我们看到,一种与当时的绘画理论十分接近的如此时髦的现代派理论,只能受到"社会主义的现实主义"的支持者的猛烈抨击。

因此,文学作品是"纯粹的形式,是材料的关系组合",这是形式主义学派的重要原则之一。作品无等级之分,"因之,文学不具有侵犯性,而是反思自身,没有专制倾向"。什克洛夫斯基回到作品的交错问题时,认为文学的发展不呈直线状态:托尔斯泰既不源自屠格涅夫,也不源自果戈理,契诃夫与托尔斯泰亦无渊源关系。文学的继承关系是"从叔叔到侄儿";若干流派共处于同一时代,其中之一居主导地位,其余则比较暗淡。"新的形式正酝酿于这些默默无闻的层次之中,即将取代位于一线的老形式,却并不完全摒弃它们"。"每个时代都有自己的禁书,自己的主题禁区,因为这些主题已经陈腐不堪"。因此,"一部文学作品的内容(包括灵魂),等于它的风格技巧的总和"。当然应该研究各种体裁,每种体裁都是若干技巧之和,然而,那些最伟大的文学创作"都不进入某种既定的体裁范围":《战争与和平》(Guerre et Paix),《特利斯脱兰·香代》违背了小说的规律。另外,还有一些体裁呼唤着它们的理论,如百科全书、评论、新闻,它们处于"任何叙事体裁之外"。于是,我们可以先把游记的特点概括为:叙述视角里的空间移动,记忆长河中的短暂的一瞬。新闻与小说背道而驰,经新闻处理过的材料读者可以复原,新闻宣判了虚构的死刑。几年后,马尔罗(Malraux)也以为通讯给小说作家带来灵感后又扼杀了小说。因此,我们可以把什克洛夫斯基看做现代叙事文分析和"叙述学"的先驱。

蒂尼亚诺夫与诗体的分析

和什克洛夫斯基一样,由·蒂尼亚诺夫也写过小说[《失意者》(*Le Disgracié*),1925;《瓦齐尔·穆克塔尔之死》(*La Mort de Vazir Moukhtar*),1927;《基热中尉》(*Lieutenant Kijé*),1927]、关于电影方面的文章(1927年汇编成册)和一本《普希金评传》(*Pouchkine*,1935—1943年,未完成)。他的论文《诗的语言问题》[1924;法文译文见《诗本身》(*Le Vers lui-même*),10/18出版社,UGE丛书,1977]引起我们的关注,与什克洛夫斯基的散文体分析恰成对应。

诗的具体概念与散文的概念截然相反,尤其是,它有与之密切相联的语言,然而,传统的研究却往往把诗的语言和风格问题与诗体的问题分割开来。诗体是一个"完整的结构,其中所有的因素都互相关联"。因此,应当建立"某风格各种因素之间的"联系,"迄今,人们一直孤立地看待这些因素"。最根本的问题是"随着诗体结构本身的变化,字词的内涵和意义也都发生了独特的变化"。蒂尼亚诺夫对结构的重视与团体的关注是一致的:艺术即生活,大可不必人为地为艺术寻求某种功利性,"因为我们并不探索生活的功利性……只要日常生活进入了文学,它本身即成为文学,理应受到文学事实的待遇"。

建构的原则不是静止的,只需想想小说中主要人物的气韵生动就足以理解这一点。我们的意识静止地看待空间,其实,本应把空间形式看做是富有活力的。同样,"作品的统一并不是一个对称的死板一块的封闭体,而是发展变化的能动的整体"。各种因素互相关联,在更高的层次上有力地融为一体。重复本身亦是运动。能动性应当理解为形态的变化,"所有因素从属于一种发挥结构性功能的主导因素"。这样,文学史本身,如同形式史一样,就重新焕发了活力:"形式的活力体现在对机械性的不间断的决裂,突出建构性因素的作用和从属因素的形态变化。"

为了研究诗体,蒂尼亚诺夫首先探讨了节奏,其次探讨了词汇的内涵问题。节奏是一个各种因素相互作用的复杂体系,是"因素之间的斗争",是论战性的发展过程。不能把诗理解为声响游戏或听觉游戏。一节诗可以由一系列声音、音节、诗句组成,亦可以由圆点、未完成的诗句

(如普希金的诗)组成,构成"诗文的等同体":"象征也在诗中发挥作用","将生动的未完成的诗的雏形应用于格律"便是诗。其他等同体现象亦存在,如韵和"假韵"。韵作为节奏的因素,具有"呼唤时刻"(第一韵)和"回应时刻"(第二韵)的作用;音步的道理相同。由于等同体的存在,自由诗和有节奏的散文融入同一系统。至于单词,应当分解为"更细微的语言单位"。节奏"将懒散的材料生动化",所以,对散文和诗同样重要:"散文的每次革命都被理解为声音组合的一次革命"[福楼拜(Flaubert)、屠格涅夫]。诗与散文的区别不在于声音的不同,而是"节奏的功能性作用不同":诗体中,结构统揽一切,语义处于从属的和被扭曲的地位;散文里,节奏则被语言的语义目的所同化,仅起强调和加强语义单位的作用,而语义单位的天职便是交流(积极交流或消极交流)。如果将一个散文因素引入诗体,散文因素立即处于醒目和变形的地位;由诗体进入散文,亦会发生同样的变化。散文和诗各有自己的独特的节奏系统。

那么词的内涵状况如何呢?诗歪曲词的内涵吗?诗之词与散文之词有什么区别呢?其实,离开句子、离开"语言环境"的词是不存在的,词是"变色龙"。没有独立的"诗的词汇",人们不妨向传统挑战,创造诗的词汇。词所位于的语言系列、语言节奏是重要的,交流功能则无足轻重。某个词仅仅因为它在节奏中的重要性而处于突出地位。蒂尼亚诺夫关于整体先于和高于局部、关于结构性形式的观念,参考了19世纪末某些语义学家的思想[如罗森斯坦(Rosenstein),1884]和一位哲学家[温德特(Wundt)]的思想。其基本的原则是,词的语义价值依赖于词在诗中的价值;不必涉及情感和灵魂状态;只有"语言活动的顺序和特点"是重要的。前卫诗(象征主义和未来主义诗人的作品)的读者们,只关注"表面的语义学",从而错过了词汇的精彩之处,后者存在于由关联体系,亦即由相邻词汇一起构成的"起伏特征"之中。与总体的词汇相比,诗之词汇的意义不啻"残羹剩饭"。"由于诗体系列的统一和紧凑,由于诗之词汇的生动化,由于诗中语言的承接性,诗之词汇的结构与散文之词汇的结构截然不同"。批评家接着探讨了诗之"词汇的音调"。由于"诗之时间观"和"散文之时间观"的区别,诗和散文中主题发展的规律也是不同的。散文中,时间的延续(传统的,并非实时的,例如果戈理以慢节奏叙述一位剃须匠如何吃面包和葱头,将文学时间和现实的时间对立起来)是可以"觉察的",诗中则不然。"结构的总体的生动性"驾驭着诗的各种联系。最后这句引语清楚地说明后来的结构主义源自形式主义,说明该团体关于诗之理论的创新特征。

蒂尼亚诺夫与文学进化

在1927年的一篇文章里(收入《文学的理论》一书,1963,第120—137页),蒂尼亚诺夫再次探讨和详细阐述了文学史这一根本问题,团体的其他成员已经有所涉猎。文学史长期被个人主义的心理学所统治;如果将进化局限于文学系列,那么我们经常碰到相邻系列(社会系列,文化系列)的演变问题;最后,文学史家们仅仅为"将军们树碑立传"。其实,文学作品是个系统,文学亦然。从这一原则出发,我们可以建立一门文学科学。作者分析了作品的各个组成因素(主题、风格、节奏、句法等),它们是相互关联的。功能即指进入与本系统其他因素、与其他作品——系统,甚至与其他系列的相似因素相互关联的可能性。这样,作者便由一部作品的词汇过渡到文学词汇,再过渡到整个词汇。一个因素可以在不同的作品里具有不同的功能(例如古风)。从作品中抽出某因素时,应当考虑到它的结构功能。

既然整体概念已经确立,那么一件事实是否属于文学事实,则应根据当时时代的系统来决定。某种过时的特征并未消失,而是将其主要位置让与另一特征。体裁问题在此找到了它的答案。小说是种变化的体裁,其材料因文学体系的变化而变化。例如,叙事作品的卷首即介绍叙事者,这一现象属于体裁特征而并非主题的要求;在某种文学系统中,叙述者的出现是种标志,说明该文属于叙述文体。文学系列的进化是真实的,然而与其他系列的进化速度不同,因此,要警惕简单化的历史主义,不能拒绝社会生活对文学的任何影响。文学以其语言发挥作用,正如已经成为文学现象的"沙龙"所证实的那样。相反,拜伦亦曾发挥了历史的和政治的作用。某些作家神话色彩颇浓,如普希金、托尔斯泰、马雅可夫斯基;其他作家则无(如屠格涅夫)。

我们终于明白,蒂尼亚诺夫排除对作家心理因素的参照,并拒绝建立作家的环境、生活、社会阶级与其作品之间的因果关系。史书将抒写系统内各成分之间的关系变化。进化即系统的更替,这种更替赋予形式因素以新的功能。每个文学潮流"在一段时间内,都要从以前的系统中寻求支持点"。研究文学史,要把它"看做与其他系列或系统相关联并受后者制约的一种系列、一种系统。对作品的分析,应当遵循从结构功能到文学功能,再从文学功能到语言功能的顺序"。正如蒂尼亚诺夫和雅各布森所说,每种共时系统都包含着它的过去和未来(仿古和革新)。如果共时与贯时的彻底对立在方法论上有其价值,这种对立是不能永久成立的。另外,系统并不和某一特定的历史时期相吻合,因为它承受着先前的或外来的种种影响。

布拉格团体

莫斯科的语言学团体成立于1915年3月,并确定语言学和诗学为自己的研究领域。布拉格团体则创立于1926年10月,倡导者为维莱姆·马特齐于斯教授[Vilém Mathesius,见《布拉格语言学团体的研究工作》(*Travaux du Cercle linguistique de Prague*),I,1929],成员包括捷克人哈弗拉奈克(Havránek)、特鲁卡(Truka)、瓦谢克(Vachek)、穆卡罗夫斯基(Mukarovski)①和一些俄罗斯人,其中包括雅各布森(1920年到达布拉格)和特鲁别茨科伊。团体的论文首先于1928年在海牙召开的第一届国际语言学家大会上概要介绍,然后于1929年在第一届斯拉夫文献学家大会上详细介绍。《交换》(*Change*)杂志重新发表了这些论文(1969,第3期)。我们仅介绍与文学相关的几篇论文。论文 I 出自雅各布森和马特齐于斯之手,讨论"视语言为系统的观念以及这种观念对斯拉夫语言的重要性而引发的方法问题"。内容包括共时方法与贯时方法的关系、结构比较和根源比较、语言进化事实的偶然性或规律性。他们引入了功利和功能的概念,反对日内瓦的索绪尔学派,拒绝"在共时方法和贯时方法之间设置不可逾越的障碍"。论文 II 讨论"研究一种语言系统所涉及的任务";这种语言系统的声音现象(雅各布森)、词和词组,确定意群的方法。论文 III 的题目是《语言的研究问题。论各种功能。》其中第一点,"关于语言的功能",由雅各布森撰写。他强调了下述几点:语言表现的智慧性或情感性;智慧语言(用于社会目的)和情感语言(社会的或个人的)的对立。在其社会作用里,语言与语言以外的现实存在着联系,或者发挥交流功能(语言被引向语义),或者发挥诗的功能(语言被导向符号本身)。就交流功能而言,语言"离不开环境"(一些超语言因素对它进行补充,形成应用语言),或者

---

① 见勒内·韦勒克(R. Wellek):《布拉格学派的理论和美学》,《鉴别》(Discrimination)杂志,耶鲁大学出版社,1970。文章重点介绍了穆卡罗夫斯基。——原注

着意构成一个封闭的整体（理论语言或"建构性语言"）。有时，一种功能独领风骚；有时，各种功能相互交织。语言的交流方式包括：口头或笔头，有间断的交叉型或连续独白，还有动作型。因之，动作语言学是存在的，它因国度的不同而变化。另外，还要研究语言交际中说话者之间的关系：他们的社会的、职业的、地域的、家庭的密切程度。在语言内部，要区分方言间的关系、特殊语言、适应外语环境的语言、城市中各种语言层次的分布。

确立了上述语言学原则之后，论文 III 专论"文学语言"（哈弗拉奈克）。在文学语言的形成过程中，政治条件、社会条件、经济条件、宗教条件只是一些外部因素，这样说并不否认它们在文学语言发展过程中的所谓的"保守性"特征（相反，文学语言永无休止地创造着自己的词汇）。"文学语言凭借自己所起的作用而奠定了它的高雅地位"。它表述文化生活和文明（科学思想、哲学和宗教思想、政治和社会思想、司法和行政思想的运行和结果）。这一作用扩大并修正着文学语言的词汇，并且更严密地确定了逻辑层次。语言的理智化适应表达思想活动的相互依存性和复杂性的需要，并且加强了对情感因素的控制（婉转的措辞，检查）。因之，文学语言更规律、更规范，其中"语法因素和词汇因素的功能性应用率更高"，社会规范的数量更多。这样，文学语言的发展便提高了意识的作用和能动性（因此而有各种改革、纯洁语言的举措、语言政策和语言趣味）。最后，文学特征主要体现在连续的语言表达特别是书面语言之中。口头的文学语言与大众语言的距离要小一些（会话最接近大众语言）。

讨论过文学语言之后，论文 III 开始探讨长期被人们忽视的诗的语言。应当建立诗的语言的共时描述原则。诗的语言，在混杂着现代交际语言的基础上，以话语的形式出现（个体的创造活动）。这些系统之间的关系非常复杂，需要进行共时的和贯时的研究。诗的语言的特征之一即突出某种冲突因素和变化因素。各个方面的研究（如语音学的、形态学的）要互相联系起来。如果"语言倾向于突出符号的独立的价值"，这种独立的价值或大或小地反映在语言的各个方面。各种因素的研究要和整体联系起来，因为在不同的结构中它们的功能可能不同。论文还强调各种对应现象的作用和句法的重要性，句法与语言的其他方面有着千丝万缕的联系。"诗的组织标志即诗人在文字表达中的意愿走向"。当文学史视一部文学作品为独立的自成体系的实体而研究它的语义或思想时，语义则打破了结构方面的价值等级。诗之语言的内在特点经常被"思想史、社会学、心理学方面的替换物"所代替,它们与被研究的事实的性质相异。应当研究诗之语言的自身。

穆卡罗夫斯基后来毫不费力地证明(1934),"捷克结构主义"延续了俄罗斯形式主义。但是,它提出了结构与社会的关系问题。这种关系是变化的,因而是辩证的。(见《结构、方式、要求》一文,1936,收入1969年《交换》杂志第4期,系《作为社会现象的美学功能、规范和价值》一文的节录,布拉格,1936)

罗曼·雅各布森

雅各布森①的著作对形式主义的研究工作作出了最好的总结。知识渊博,熟悉和涉猎的学科众多,具有总结意识,是这位思想家的主要特点。他的动荡生涯,从俄罗斯到布拉格,从布拉格到瑞典,从瑞典又到美国,反映了20世纪知识分子流浪者的生存条件,但同时又传播了知识。我们的分析主要限于《普通语言学论文集》(子夜出版社,1963)和《诗学问题》(*Questions de poétique*,瑟伊出版社,1973,该书收集了作者1919年至1972年间的论文)。雅各布森博大著述的大部分收入他的《选集》(*Selected Writings*,牧童出版社,预计7卷),内容全部与诗学有关,并直接应用于文学批评。从1919年到1960年,雅各布森不断地回到那些相同的主题,不断地挖掘它们。1919年,当他像所有的形式主义者一样,反思日常语言与诗之语言的关系时,他肯定了这一观点:"与日常语言相比,诗之语言的每一个词都发生了变化",都是"出乎预料的"。诗之形式使语言承受了一种暴力。从一开始,他就肯定应当从声音结构出发(正如结构语言学从音位学开始一样),声音结构既不限于表现性,不限于模仿的和谐,亦不限于声音与思想的情感联系:"诗之语音学不等于程序化的诗之语音学"。[《韵律学原则》(*Principes de versification*),1923]从那时起,诗之功能被解释为突出信息形式的价值,不过,信息形式还局限于语音形式。例如,诗之使用同义词,是因为"新词并不带来新的含义",而只带来新的语音结构。

1935年,在《诗人帕斯捷尔纳克的散文》一文中,雅各布森以诗使用隐喻而散文则使用换喻来确定两者的区别。诗句建立在节奏和意象

---

① 见埃勒玛尔·奥朗斯坦(Elmar Holenstein)的论著《雅各布森》(1974),论著侧重哲学思考。——原注

的相似性之上(如表述对象的类似或鲜明对比)。"散文没有这种构思……毗邻组合是叙述体散文的基本推进方式。叙述故事时,按相邻的原则,从一物到另一物,遵循因果线索或时空线索……散文的内容愈贫乏,其毗邻组合的结果便愈具有自主性"。修辞形象(隐喻或换喻)使通常的"关系发生转移":"在一种既定的诗之结构里,如果隐喻功能使用得很频繁,那么传统的分类愈益受到深刻的破坏,而表述对象则进入由新创立的分类特征左右的新的轮廓之中。创造型的换喻似乎也改变着事物的传统秩序。毗邻组合已经成为艺术家帕斯捷尔纳克的驯服工具,对空间重新进行了分配,并修改了时间上的承继关系。"

与修辞形象相接近的对应(并列、平行)现象是诗的显著特点,在语义(比较、转化、隐喻)和语音(韵脚、迭韵、头韵)方面均有表现:"一首诗里,只有当声音的组合出现重复时,才能感觉到这种组合。"因此,雅各布森对索绪尔关于改变某词字母位置从而构成新词的研究很感兴趣。(后者写道:"诗句中一切都以这种或那种方式相呼应")诗之语言的种种手段,使我们走出日常语言的连续性和直线性状态。雅各布森在爱伦·坡(Edgar Allan Poe)的《乌鸦》一诗里,找出了语音和语义方面的相同之处和不同之处。当做家在同一句型的基础上变化句子时,对应现象也出现在语法方面。为此,雅各布森经常引用诗人霍普金斯(Hopkins)①的话:"诗之结构由无穷的对应现象而组成。""诗句"(vers,拉丁语为 versus)一词,表示"回归"的意思:"诗之艺术技巧的根本在于不断地回归。"对应现象将不变因素和可变因素熔于一炉:"不变因素的区分愈严格,可变因素则愈明显愈有效。对应现象的普遍化不可避免地使语言的各个层次都活跃起来……在音位结构、语法结构和语义结构相互作用的绚丽多姿的游戏中,对这些结构的重视绝不仅仅限于对应诗句,而是透过四处分布的所有结构,扩展到整个上下文。由此,语法具有特别重要的意义。"相似性则由"通过句法"而表示出的各种现实之间的相互关系来确定。在他的有关《语法上的对应现象》(1966)一文中,雅各布森明确道:"我们知道,语义学方面的对应现象表现为隐喻或者换喻……同样,句法方面也提供两种类型的对应现象:或者第二诗句的模式与上一诗句相似,或者作为同一语法结构的毗邻因素的两个诗句互相补充。"

1960 年的一篇著名文章最严谨地明确了诗之研究中的语法的应

---

① 霍普金斯(1844—1889),英国诗人。

用(《语法之诗与诗之语法》)。在诗中,语法概念应用得最好,因为诗是"语言形式最完美的表现"。同一语法形象的重复出现,和同一语音形象的重复出现一样,是构诗的基本原则。这样,便为诗之研究开创了一条新路子:"由等同现象和分歧所体现的句法、音位和词汇等层次之间的相互作用;语义方面,各种各样的毗邻组合、相似性、同义词、反义词等现象,都要求系统的、必不可少的研究,才能理解和阐释诗体中异彩纷呈的语法结合现象。"因之,对应的研究亦涉及系统和词汇学,同一语法结构的重复出现是"诗的有效的手法"。事实上,可以构成对应关系的语法种类的数目中,"包括了语言的所有部分:数、性、格、意义的程度、时态、体态、语式、语态、抽象名词和具体名词,有生命力之词和无生命力之词、普通名词和专用名词的分布,肯定和否定",等等。在一首无修辞形象的诗中,"语法形象"则起主导作用。与绘画中几何图形和色彩相重叠的道理一样,人类思维的抽象力,将语法形象与词汇相重叠。

雅各布森在《语言学与诗学》(1960)一文中,对他的诗学研究作了最全面的总结。他在该文中相继确定了诗学、功能理论、对应现象、暧昧原则等概念:"诗学之目的,首先要回答下述问题:'是什么将一个语言信息变成一部艺术作品?'如果说语言学是语言结构的科学,那么,诗学便是其中一个分支。它的科学意图,使它有别于文学批评。"(注意,在这里,雅各布森使用"文学批评"一词指应时批评)人们不会要求一位研究文学的学者"用主观的裁决代替对文学作品内在美的描述",这种描述与批评之区别犹如语音学与发音正常之区别一样。文学研究涉及共时问题和贯时问题,前者指某一时代的文学生产和尚有生命力的或者复兴的文学传统;而贯时研究除了变化之外,还可能碰到一些持久的因素。诚如语言史一样,应该把历史维度的诗学"构思为建立在一系列相互承接的共时描述基础之上的超级结构"。

确定过诗学的概念之后,雅各布森介绍了他的功能理论,那是他四十年不断探索的结晶。(见《诗学问题》一书里的《俄罗斯新诗》,1921,和《什么是诗?》,1933—1934)我们不妨回顾一下交际理论:信息发布者传给信息接收者一个信息。这一信息假设了"一个环境(或参照系)、一套共同的编码、一种接触、一个物质渠道和一种心理衔接"。"这六种因素的每一种都引发一种不同的语言学功能,而一个信息可能涉及若干功能,只是功能间的排列顺序发生变化"。这些功能包括:

——参照功能(或外延功能,或认识功能)。

——系于信息发布者之身的"表现或情感"功能,发布者试图"直接表示主体对他所谈论的问题的态度",表示一种"或真或假的感情"。语言中,纯真的情感层由感叹词组成。一种感情信息(讽刺、气愤)附加在参照者的身上。雅各布森举斯坦尼斯拉夫斯基(Stanislavski)为例,他导演了五十余种叙说"这天晚上"一词的不同的表达方式。

——针对信息接收者的"祈使"功能。其最纯洁的表达方式为呼唤格或命令式。

——中断或维持交流的"交际"功能(如"喂!"、"那好!")。这是孩子们掌握的第一功能。

——"元语言"功能:作为客体的语言谈事论物,元语言则谈论语言本身,即使日常语言中也有这种情况(例如一段语法解释)。

——"诗学"功能:从自身的目的出发瞄准信息,即瞄准符号可感觉的一面,将后者与它们所指示的事物相分离。我们不能把诗学功能的范围局限于诗,反之,亦不能说诗只有诗学功能。诗学功能在语言艺术中居主导地位,然而并不排除其他功能。在其他语言活动中,诗学功能起辅助作用。另外,诗的语言学分析不能只限于诗学功能的分析。不同的诗体还引入了其他功能:英雄史诗或以第三人称出现的诗要求参照功能,抒情诗或以第一人称出现的诗具有情感功能,第二人称统领的诗具有祈使功能。

"依据什么样的语言标准从经验角度来辨认诗学功能呢?任何诗作中都必然出现的因素是什么呢?"要回答这两个问题,应当绕一个弯子,首先弄清语言表现形式中的两种基本的安排方式,即选择方式(表现在词汇轴线上)和组合方式(表现在句法轴线上)。"选择工作在等同、相似、异化、近义和反义的基础上进行,而序列的组合建构则以毗邻为基础。诗学功能将选择坐标上的等同原则投射在组合坐标上。等同原则因而升级并进入序列组合手段的行列"。诗体中,每个音节与其他所有音节的关系都是一种等同关系:重音对重音,长音对长音,短音对短音;"音节转变为测量单位"。因此,诗中的序列变得可以公度①,或根据等时关系公度,或根据渐变关系公度:"正是以同一辅音字母开始并以同一元音字母结尾的三个双音节动词的对称:'Veni, vidi, vici.',使凯撒(César)胜利的简短消息变得光彩夺目。"而且,"序列测量这一技巧仅应用于诗学功能,诗学功能之外,在语言中并无其他应用"。叙

---

① 数学概念。两个量或若干量具有共同的测量尺度或测量标准,即它们具有公度性。数学上还有求公度一说。

说段落在语言中产生了类似音乐的效果。雅各布森在这里引用了杰拉尔德-曼利·霍普金斯的话：诗是"全部或部分重复同一声音形象的语言"。

诗学即是"语言学中处理诗学功能与语言的其他功能之关系的这一部分"。韵脚只是诗的根本问题——对应现象的一种具体情况，我们已经说过，对应现象包括比喻、隐喻、寓言、反衬、对比等，在这些修辞手段中，人们"于差异之中寻求对应"。诗体中，"语义单位的任何序列都试图构成一个方程式"。序列的任意因素都是一种比较。

诗之信息的另一特征——暧昧性，是雅各布森向燕卜逊[Empson，《暧昧的七种类型》(*Seven Types of Ambiguity*)一书的作者①]借鉴的。不光信息暧昧，甚至发布者和接收者（如抒情诗里的"你"，甚至"我"）都变得含糊不清。对现实的参照并没有被废弃，而是变成双向的参照。马略卡岛②的童话里如是说："这是亦不是。"因此，诗之信息可以无限重复、延续，传递之后不消失。散文中，或"非诗体作品中"，"对应现象绝不那么严谨，亦不那么频繁，而且没有占主导地位的声音形象。因而，散文体对诗学提出的问题更复杂，有如过渡现象对语言学一样"。文学散文中，"过渡介于严格的诗之语言与严格的参照语言之间"，写实主义的散文则与换喻密切相关。雅各布森提醒说，不少诗之源泉隐藏在语言的词法结构和句法结构中，隐藏在"语法之诗"中。他在结论中断然肯定："诗之真谛绝不在于为语言增加一些修辞色彩而已，它要求对相关语言及其组成因素进行全面的再评价……诗中的任何语言因素都转变为诗之语言的形象。"一位文学专家不能对语言学一窍不通，反之，一位语言学家亦不能不懂诗。

剩下的问题便是显示雅各布森如何将自己的理论用于诗的具体评论之中。[《诗学问题》一书尤其包括了对波德莱尔的《猫》一诗的评论，文章是和克罗德·莱维-斯特劳斯（Claude Lévi-Strauss）合写的，1962年曾引起轰动]。对波德莱尔的《忧郁之四》的评说，通过对比偶诗节和单诗节、中部诗节和外围诗节、前部诗节和后部诗节、内部诗节和外部诗节、首诗节和末诗节，显示出一系列对称的二分法。然后，从句法上将全诗一分为二：前三节四句诗均由从句组成，最后两节诗则由独立句或主句构成。关于但丁的一首十四行诗，雅各布森将每节诗与其他三

---

① 燕卜逊(1906—1984)，英国诗人兼批评家。
② 西班牙的一个岛屿。

节相对比，进而研究韵脚、语法因素和语义层次上的总体结构，旨在探寻全诗的结构秘诀。结论部分则围绕诗与绘画中语法与几何的作用而展开。雅各布森在研究迪·贝雷（Du Bellay）《如果我们的生命》一诗时的方法不同，以语法为主，包括根源、主题、诗节、语法意义、句子和从句、动词、代词和代词形容词、名词、形容词、语法种类、诗句、韵脚、声音结构、总观。［雅各布森的总体看法与施皮策（Spitzer）的观点相对立］对莎士比亚（Shakespeare）一首十四行诗的分析"无可辩驳、毋庸置疑地揭示了该诗主题和结构的统一性"。文学的形式主义描写在这里达到了完美的境界，自20世纪60年代起对法国的形式主义者和诗学家产生了影响。

第二章 德意志的文学批评：罗曼语文献学

自 1915 年起，活跃在大学校园的德意志文学批评，包括纳粹统治下流亡时期的文学批评，孕育了若干部极其重要的著作。这些著作的方法和总结精神，继承了长期的民族传统，刷新了文学研究的全貌。贡道尔夫(Gundolf)、库尔蒂斯(Curtius)、奥尔巴赫(Auerbach)、施皮策，是这一流派的主要代表。

贡道尔夫

弗雷德里克·贡道尔夫(1881—1931)是海德堡大学的教授、库尔蒂斯的朋友和 20 世纪伟大的文学批评家之一。他不仅确切无疑地影响了他的同胞们，而且还影响了马塞尔·雷蒙[Marcel Raymond,雷蒙的《盐与灰》(*Le Sel et la Cendre*)可以作证]和乔治·布莱(Georges Poulet)。贡道尔夫关于莎士比亚和歌德的论著乃基石之作[《莎士比亚与德意志精神》(*Shakespeare et l'esprit allemand*)；《歌德》(*Goethe*)，这是贡道尔夫唯一一本译成法文的有关歌德的著作，译者让·舒泽维勒(Jean Chuzeville)，格拉塞出版社,1932]。贡道尔夫的兴趣，在于通过作品考察创作者这一统一体——"同时表现为运动和形式的精神与身体的统一体"。仅仅研究传记显然是不够的，因为"艺术家的全部生涯都存在于一部艺术作品之中"。贡道尔夫先于马尔罗，肯定艺术家的生活范畴与非艺术家的生活范畴完全不同。例如，后者以为莎士比亚摹仿现实。然而，"与其说艺术是对生活的摹仿，毋宁说艺术是生活的直觉，艺术是生活的初级形式，因此，它不必向生活的其他初级形式或中级形式诸如宗教、道德、科学或国家借鉴自己的规律"。了解歌德，就要"视歌德为整体，重新深入他的整体生活，然后才敢尝试着将他的作品分类"。这并非要把他的作品当做忏悔录,"忏悔"或"坦白"一词只能指艺术家艰苦创作的行为,而不能指作品的内容。批评家或"文化史家",就是要通过语言研究思想、作家和生活。"文学史家的任务,就是要将歌德用语言表示的意象,再用语言阐释为思想"。因此,谦虚是必要的:"一个真正的诗人的最小的意象,比之它所启示的最富学术价值的论著,仍然要无比珍贵。"方法永远不能成为自己的目的,而"伟大的作家们亦不是试验品"。批评冲动的产生,应当归因于"某一事件",某种"内心深处的需求"。

将作品作为整体研究提出了一个问题,即作品似乎具有自己的发展过程,具有自己的历史和多样性。例如对于艺术家的通信和谈话赋予什么样的命运呢?"无意识的言词向我们揭示了他的被动关系,有意为之的言词则揭示了他的主动关系"。艺术家的信件揭示了"人们眼中的人",而非"正在观察的人"。那么,来自当时的作品以怎样的"物象"展现于空间呢?只有再现非直线性的、"从中部向周围呈放射线形的"发展过程,才能解决矛盾。"从时间的角度讲,创造形象(语象)的功能位于潮流、辐射和变化之中;站在空间的视角,它则处于球形之中"。我们还可以说,有如"树木的年轮",作品是发展变化的"年轮"。

谈及体裁概念时,贡道尔夫将古代作家与现代艺术家相对立。前者孜孜以求于体裁的完美,后者则使体裁破裂。作品中"对材料进行加工"的方式有三种:抒情、象征和寓意。在抒情方式中,诗人的生涯和经验构成他的材料:关于"经验"的概念非常重要,因为是"春天的经验"而非春天本身构成了艺术家的材料。象征主义的真谛在于将外部材料据为己有,组织并改造它:"包容一定内容、表达这一内容、再现这一内容的任何形式,即是象征或意象。"艺术家有两种类型:一类将世界引向自己(但丁,Dante),另一类极富表现力,将自己辐射于世界之中(莎士比亚)。第一类"感觉自己是世界的中心和象征",第二类将自己融入世界之后,变世界为自己的象征。第一类"为世界的不完美、为世界不符合自己心灵深处的自然规律而痛苦"。第二类"为自我的过分膨胀而痛苦,给予自我空间后便如释重负"。至于"寓意主义",它把支离破碎的世界重新粘贴在一起。在寓意作品里,"文化经验"居主导地位,作家的独特经验及个人感情则受到压抑,只能以思想和公式的方式出现。以歌德为例,我们在他的作品里可以相继看到上述三种状态。这种批评观同时继承了德国浪漫主义和德国哲学的传统,但是,它的严谨程度,理论含量,使用概念、对立和定义的兴趣,都堪称榜样,介于威廉·狄尔泰(Dilthey Wilhelm)①与阿多诺(Adorno)②、库尔蒂斯与奥尔巴赫之间。例如人们常常引用他对幽默和讽刺的分析(见《歌德》,格拉塞出版社,第一卷,第 222—239 页),或对正剧、叙事文和书信的分析(同上,第 259—269 页)。我们从他那儿获得的最大教益仍然是经验和视野的统一。我们在"所谓的主题或问题中"找不到这种统一,然而却可以"在风格中,在观察与言谈的方式中,在选择与接触中"找到。这种统一不是静止的,而是能动的。歌德的世界,其内部由各种力量组成,外部堆砌着纷繁的表象,说明"瞬息与永恒、自我与全局、事物与变化之间"存在着基本的冲突。这是歌德的本质及其文化经验所固有的冲突:"不管他的材料和形式是多么纷杂多样,歌德永远按照同一内容创作,即按照瞬息的自我与躁动的整体之间的关系创作……只要我们尚未捕捉到这一基本冲突,我们就肯定还没有真正足够地深入他的作品。他所探讨的,是生活中同一冲突、同一问题的不同答案,而非不同的主题。"因此,我们首先要探寻作品的原始冲突,探寻作品的唯一原则,然后研究这一冲突在不同的作品中每每相异的文学表现形式。贡道尔夫的这种批评,将广泛的信息和对概念及范畴的兴趣融为一体,其力量犹如瓦格纳(Wagner)或马尔(Mahl)的管弦乐队面对法国的室内音乐一样。

库尔蒂斯

欧内斯特-罗贝尔·库尔蒂斯(1886—1956)的作品的大部分与法国有关,其余的则与欧洲相关。他的著译书目[见 E. J. 里查(E. J. Richards):《现代主义、中世纪及人道主义,关于欧-罗·库尔蒂斯作品的接受情况的研究书目》(*Modernism, Medievalism and Humanism. A Research Bibliography on the Reception of the Works of E. R. Curtius*),马克斯·尼迈尔出版社,土宾根,1983]包括 327 个编号,其中 18 部专著,6 部译作[3 部译自纪德(Gide)的作品],280 篇论文和分析,6 卷书信集。其主要著述包括:《费尔迪南·布伦蒂埃》(*Ferdinand Brunetière*,斯特拉斯堡,1914)、《莫里斯·巴雷斯与法兰西的民族主义》(*Maurice Barrès et le nationalisme français*)、《巴尔扎克》(*Balzac*,1923;1932 年译成法文)、《新欧洲的法兰西精神》[*L'Esprit*

---

① 威廉·狄尔泰(1833—1911),德国哲学家。
② 阿多诺(1903—1969),德国哲学家、社会学家、音乐理论家。

français dans l'Europe nouvelle,斯图加特,1925;关于普鲁斯特的论文(1928 年译成法文)是该书的第一章]、《J. 乔伊斯与他的尤利西斯》(*J. Joyce und sein Ulysse*,苏黎世,1929)、《论法兰西》(*Essai sur la France*,1930;1932 年译成法文)、《欧洲文学与中世纪的拉丁文化》(*La Littérature européenne et le Moyen Age latin*,伯尔尼,1948;1956 年译于巴黎)、《关于欧洲文学的批评论文集》(*Essais critique sur la littérature européenne*,伯尔尼,1950,1955;法译本不全,巴黎,格拉塞出版社,1954)。还有若干论文是用法文写成的,如:《法国文学的境外影响》[《文学新闻》(*Nouvelles littéraires*),1925 年 1 月 3 日]、《瓦莱里·拉尔博》[《新杂志》(*La Revue nouvelle*),1925 年 5 月 15 日]、《夏尔·杜博》(《新杂志》,1926 年 7 月 15 日)、《文明与日尔曼主义》[《日内瓦杂志》(*Revue de Genève*),1927 年 4 月]、《关于马塞尔·普鲁斯特》[《南方通讯》(*Cahiers du Sud*),1928 年 3 月]、《文化的废弃》[《法兰西新杂志》(*N. R. F.*),1931 年 12 月]、《尼采的美学》(1931 年 1 月)、《歌德或德国古典主义》(《法兰西新杂志》,1932 年 3 月)、《人本主义的首创精神》[《巴黎杂志》(*Revue de Paris*),1932 年 11 月]、《纪德的友情》(《法兰西新杂志》,1951 年"纪念纪德"专栏)。库尔蒂斯著作题材的广泛性,说明没有什么可以逃脱这位百科全书式的睿智的目光。他的作品虽然在其祖国多受非礼,却以日益迅猛之势,在更广阔的历史范围产生影响。作为法兰西民族的朋友和反纳粹的战士,库尔蒂斯从 1933 年至 1945 年漫长的十余年间没有发表任何论著,他从不间断地用现代法国文学,用德国文化的欧洲渊源,用中世纪的拉丁文明对抗纳粹意识。库尔蒂斯退休时,他所供职的德国大学一反惯例,没有为他出任何一本文集。

库尔蒂斯与纪德、杜博(Du Bos)和拉尔博(Larbaud)①的通信集(法兰克福,克洛斯泰尔曼出版社,1980)是关于一位伟大的博学者的生涯的珍贵资料(如马塞尔·雷蒙与乔治·布莱的通信集一样),有助于准确地了解他的思想。1921 年,他给纪德写信,说他坚持"扮演我们两国间……知识媒介者的角色。一个并不轻松的角色——物质上不轻松(不能获得我所需要的所有书籍和杂志,使我不得不陷入愚昧状态),精神上亦不轻松(因为右派和左派的极端分子对我肆意攻击,而他们来自我们两个国家)"。他不能把自己"禁锢在一个民族……的界限之内。

---

① 拉尔博(1881—1957),法国诗人、小说家、翻译家、文学批评家。

大部分人受到种种束缚时才感到舒畅——他们根据需要为自己自设羁绊,并企图强加于他人。能够无拘无束地自由翱翔,那是何等美好的事啊"。在空间上自由自在,在时间上他亦如此。库尔蒂斯关于法国最早的著述是写给德国读者的,他曾向杜博这样写道:它们首先应当以"忠实、全面、准确"的报告形式提供信息(1923)。《巴尔扎克》一书以"全面且部分新颖"的姿态面世,这位法国作家"完全吸引了他",他对他如痴如醉,似乎在他的字里行间"寻求某种绝对"。于是他设想一种"高级批评",既不以专家,也不以高校学者的身份寻章摘句,而以"通晓和关注全球现状、参与法国文人的现代生活的智者身份"研究问题;因为,对于"美学批评家而言,过去是不存在的",美学批评家也恰恰因此而区别于纯粹的历史学家(1925)。因此,在高等学府里,库尔蒂斯有些局促不安。1930年,他来到索邦大学作学术报告,在那里碰到了几位朋友。"没有他们,索邦大学的气氛肯定会使我窒息。在智者眼里,也许所有的学府都不纯洁,在毫无例外打着人类悲惨条件烙印的社会环境里,精神生活之花也许永远不会自由地开放"。因此,他的生活艰辛:"我很少野心……我热爱安静和隐居生活。倘若我的著作还有一点价值,二十年后它们的价值将更大。我的唯一愿望,就是慢慢地、持续不断地按阶段完成我为自己确定的目标。我不敢奢望以年度计算,而以数十年计之。"(1924)他患神经衰弱症,这是"作家们的职业病",三十余年深受其害(1948)。至于方法,他首先排除了"令人难以忍受的学究型研究者的心理,他们对男女方的约会津津乐道,不厌其烦地加以考证,乐于为他们洗脏衣服。我以此影射几位房事探密者,他们凭借一些毫无价值的证据,竟能拼凑出一位弗雷德利克女士因歌德作品而受孕的长篇小说。这一切,无非是一堆污秽的废纸团"。相反,"开垦一片休闲地,挖掘一部已有成见遂被抛弃的作品的若干新题材,没有什么比这样做更有益于精神文明了"[《愤怒的罗兰》(*Roland furieux*)]。恢复一部作品或一个时代或一种文学的完整性,"生活其中,昼夜思之,恒久爱之"是库尔蒂斯的梦想。"其实,那是灵魂的需要,虽朦胧而强烈,既神秘又深刻。这种意愿促使我们人类的活动臻于完善,同时又超越它们。我选择了这条道路"(1930)。库尔蒂斯视乔伊斯为"20世纪最重要的文学现象"(1930),自1935年起,他又把目光转向但丁和中世纪:"我不再需要追踪文学领域的新人新作。年龄愈长,愈远离现实,不管是生存现实,抑或其他现实。我对艾略特(Eliot)①情有独钟,须知我追踪他已经有二十年了。"(1947)晚年,库尔蒂斯仍然关心着自己的艺术,幻想编写一部自古至今的"文论选"。他没能完成这一巨著,然而,他著述中比比皆是的众多引语,可谓这一宏伟计划的一个缩影。

我们从《关于欧洲文学的批评论文集》[亨利·儒尔当(Henri Jourdan)译,1954]一书着手,研读库尔蒂斯的作品,首先揭示他所衷爱的三位伟大作家的第一位——维吉尔(Virgile,库尔蒂斯曾经说,应当把维吉尔"从教授们的手中夺回来")和他的一个至关重要的概念,即关于"长期"的概念:"为了正确评价维吉尔,应当放弃现代人惯常使用的时间尺度而努力使用大跨度的时间单位";如果我们还是"醉心于关于天才的独特性的过时的美学理论,我们依然不能理解维吉尔"。

库尔蒂斯在他的《批评家歌德》(1949)一文中,明确了他关于批评的观点。当德国批评存在时(1750—1830),它的伟大之处在于"理解并显示了整个欧洲传统"。如果说哲学是"关于思想的思想",施莱格尔(Schlegel)认为批评乃是"智慧之智慧"。库尔蒂斯则肯定批评是"文学的文学","批评是以文学本身为研究对象的文学形式",但是,"这种方式只能调动极少数人",调动极少数幸运者(1929)。

在具体实践中,"从语言出发恢复精神世界"(第62页)——库尔蒂斯曾建议从歌德的语言出发恢复歌德的精神世界——可以作为研究计划的具体内容(1949)。这样,当库尔蒂斯1950年回顾自己1923年的旧作《巴尔扎克》一书时,批评家对巴尔扎克所受到的不公正的待遇义愤填膺(有人说,巴尔扎克是位强有力的天才,但是粗俗,缺乏细腻的心理,不讲究文笔),他洞察"巴尔扎克无与伦比的伟大",再次强调巴尔扎克的作品"构成一个世界,应当研究它的结构"。这个世界的秘诀可以"追溯到巴尔扎克儿时的一次幻觉经历"(第84页)。库尔蒂斯有意从巴尔扎克的哲学小说[《路易·朗贝尔》(*Louis Lambert*)和《驴皮记》(*La Peau de Chagrin*)]以及尚未有人物的未完成作品"意志的理论"出发,理解"整个巴尔扎克"。"依我看,他的作品现在揭示出了惊人的完整性"。结构、整体性、秘诀,是库尔蒂斯批评理论中三个关键的术语。

在1950年写的关于巴尔扎克的一篇文章(《关于欧洲文学的批评论文集》,第92页)里,库尔蒂斯阐明了自己的文学史观。各种教材将

---

① 指托·斯·艾略特(1888—1965),英国诗人、批评家、剧作家。

文学分割成潮流(依次为浪漫主义、现实主义、自然主义、象征主义等),这一习惯性的图解方式是粗俗的,"它说明我们习惯于按语言、民族、世纪分割世界文学,将世界文学区分为碎块。从此,我们失去了整体观念。再现日常现实的思想并不是19世纪的艺术收获,希腊化时代的诗中,帝国时代的拉丁小说中,12世纪冰岛的撒加传说中,还有乔叟(Chaucer)①、拉伯雷、塞万提斯、菲尔丁等人的作品中,都有这种思想。造形艺术中的写实主义始于石器时代岩洞中的壁画。每个时代、每一方土地,都有现实主义的倾向。莫说数百种,数十种现实主义总是存在的,它们的本质不同,情调相异,技巧上各有千秋。文学科学——亦包括艺术史——将逐渐学会区分它们"。库尔蒂斯然后简略列举了它们之间的区别并探寻每种现实主义的根源(第93页)。

整体思想是库尔蒂斯思想的基础(他在巴尔扎克作品中发现了这一思想,因此写成了1923年的伟大著作。"在巴尔扎克的作品里,一切都相互关联",第97页)。他所偏爱的作家们,如维吉尔、但丁、歌德,还有20世纪的普鲁斯特、乔伊斯、艾略特、克洛代尔(Claudel),表达了世界的整体性,即提出了"等级结构及其变化"的问题。大概由于普鲁斯特的缘故,1920年至1950年,巴尔扎克变得愈来愈伟大。"一位新的天才艺术家的诞生,以新的光明照亮了艺术,甚至也照亮了过去的艺术",批评界经常忽视这一现象。库尔蒂斯在爱默生(Emerson)的作品里也发现了巴尔扎克的整体运动的思想,恢复并显示了具有相同世界观(这里指"世界一体"的思想)的作家们之间的一种"精神上的亲缘"关系:"如同尼古拉·德·居斯(Nicolas de Cues)、莱布尼茨(Leibniz)和黑格尔、巴尔扎克和歌德一样,爱默生是下述世界观的代表人物之一,歌德把这种世界观叫做'大同主义'和'和谐主义'"(《爱默生》,1924,见《关于欧洲文学的批评论文集》)。因此,应当像奥尔特加·伊·加塞特

---

① 又译作骚塞(1340—1400),英国诗人。

(Ortega y Gasset)①那样,熟悉若干种文学和若干种文化。库尔蒂斯在《批评论文集》一书中描绘了奥尔特加·伊·加塞特的画像。

艺术家"通过形式创造生活;这样,他已经与生活的基本力量相融会,与比市场和机器更真实、更持久的一种强大的力量相融会",库尔蒂斯 1929 年论及霍夫曼斯塔尔(Hofmannsthal)时曾经这样写道。他进一步说明霍夫曼斯塔尔是怎样超越唯美主义而重新接受世界一体的思想,而他的"文学则表现了民族生活"(《文学,民族的精神空间》),不仅表现了奥匈帝国,而且再现了拉丁世界。霍夫曼斯塔尔堪称榜样,因为他"在他的王家御库中,聚集了拉丁国家语言和灵魂的最宝贵的财富"。假如这句话如今依然保持其全部价值,我们可以从中感觉到,援引拉丁世界,对于反对专制主义的战士库尔蒂斯而言,不啻一剂攻克泛日尔曼主义毒素的解毒药:世界主义与扩张的民族主义针锋相对。只有讴歌世界性的作家才值得研究,正如莱布尼茨所说,那些作家"几乎什么都不歧视"。这并不是为思想批评大唱赞歌,而是赞颂形式批评:"思想工作永无止境,而诗之作品则是完整的形式。诗人以象征的语言表达不可言喻的事物。我们从他的双手中接过一个结构有条有理、摆脱了错综复杂的哲学概念的世界。"霍夫曼斯塔尔还说,我们热爱"作为形式的思想。形式排除问题,为未解的难题找到答案"。

从歌德到霍夫曼斯塔尔再到克洛代尔的正剧在这里找到了论据,因为正剧这种诗的形式,将诗与戏剧相结合,"再现了人类生存及其与整个世界的关系"。作为卡尔德隆(Calderón)②的译者,霍夫曼斯塔尔为库尔蒂斯提供了将维也纳和西班牙连接起来的机会。库尔蒂斯说明,在西班牙人看来,"世界是神灵主宰命运的舞台",这就是卡尔德隆的世界,库尔蒂斯博大的文化与之相接。这一文化的疆界即是罗曼语

---

① 奥尔特加·伊·加塞特(1883—1955),西班牙文学评论家。1904 年获马德里大学哲学博士学位,后又去德国深造研究哲学,成为新康德主义的狂热信徒。回国后,他在马德里大学任逻辑学教授,在西班牙哲学界有极高的威望。曾创办《西班牙杂志》和主编对西班牙当代文化有深远影响的《西方杂志》。他的大量评论文章,内容涉及西班牙的政治、文化、教育、艺术、社会学、伦理学等各方面。在文学艺术方面的重要评论《堂吉诃德的沉思》(1914),研究塞万提斯作品的人文主义价值,强调塞万提斯的一生应奉为西班牙人民的榜样。《艺术中的非人性化和关于小说的想法》(1925)则提出一种引起争议的新美学观点。他的哲学思想以及有关文艺的众多论述对西班牙作家有重大影响。

② 卡尔德隆(1600—1681),西班牙诗人、剧作家。

系的疆界。库尔蒂斯擅长宏图巨制的大手笔,却不轻视以各个作家为对象的短小论文。他分析他们的题材和技巧,"这是阐释一个作家的唯一合适的方法"[普鲁斯特、乔伊斯、巴雷斯、赫斯(Hesse)①]。在后者的作品里,他研究"判断上的暧昧性是如何反映在委婉的风格里的"。库尔蒂斯以同样的手法分解了"十四行诗人"兼博学家艾略特的诗:"罗马帝国后期和中世纪的拉丁文化、意大利《故事三百篇》(Trecento)的诗人、伊丽莎白一世时代的作家、法国的颓废派作家们滋育了他的诗",这是一种"镶嵌画的技术"。然而,技巧的后面,还有神话博学家的个人经历。关于诗之思想的全部问题皆表现于此:阐述诗人思想的批评家们使诗之精华化为乌有;各种思想的本质"没有区别,启迪诗人灵感的风景也是千篇一律";批评家们根本没有尝试表达出思想和情景的细微区别,而满足于接受它们的朦胧性,满足于观赏一幅画,体味一种感情,仅此而已。(在艾略特的诗作里,我们还可以发现文本间性的现象)库尔蒂斯从艾略特诗作中多次出现的"破败不堪的房屋"形象,发现其"哲学的真谛":他从中确实看到了颓废的定义,颓废者"醉心于生活中一切没落的征象",这种态度超越个体,是历史强加给现代生活的一种"精神磨难"。如同俄罗斯形式主义者的主张一样,意识主题只能构成"一系列给我们以快感的意象和精神状态的框架"。和蒂尼亚诺夫的观点一样,"在诗的视野里,现实和时间都是相对的……称一切时代都同时存在,等于剥夺了时间的现实性"[《四个四重奏》(Les Quatre Quatuors),《尤利西斯》(Ulysse)]。库尔蒂斯是按照主题结构分析《四个四重奏》的,这些精神的、宗教的和哲学的素材反映了一种个体的精神状态。从艺术角度讲,这部诗作构成一个结局,如马拉美的最后几首诗或《芬尼根守灵》(Finnegans Wake)②一样。"现代艺术为什么要产生这类作品呢?"遗憾的是,艾略特重又回到了纯粹英国式的新古典主义。1949年他听到了库尔蒂斯的指责:"批评的责任在于保护欧洲传统的财富。"

库尔蒂斯笔下多次出现的"一目了然"一词表现了他的雄心。他把这一宗旨应用于普鲁斯特,1925年写了一篇关于普鲁斯特的论文。库尔蒂斯从一般特点着手,复原了作家的"精神生活",并肯定普鲁斯特没有把世界分为物质世界和心理世界两个部分,而是通过自己的风格合二为一。"普鲁斯特的艺术试图再现我们的全部经验、全部真实"。同

---

① 赫斯(1877—1962),德国作家,1923年加入瑞士籍。
② 乔伊斯的作品,发表于1939年。

样的全局观念也存在于1923年写成的《巴尔扎克》这部上乘之作中：
"他的目光抓住了所有的人和物，并力图把他们融于一个总的统一体之中。"这篇论文与当时流行的把作家与作品相分离的二分法相决裂,研究了《人间喜剧》(La Comédie humaine)的主要题材：秘密、魔力、力量、激情、爱情、强大的势力、知识、社会、政治、宗教、浪漫主义、作品、人格、影响等。库尔蒂斯从巴尔扎克对自己作品的阐释开始,因为在他心目中,作品不过是下述思想的实践："如同任何富有创造精神的总结性形式一样,艺术不是别的,而是被一种形式所占据的一种世界观。"

这种批评观呼唤着库尔蒂斯的代表作：《欧洲文学与中世纪的拉丁文化》(1948；第二版，1954；法文译本，1956)。这部著作浸透着库尔蒂斯20年孤军奋战的心血,是库尔蒂斯在纳粹专制和战争造成的图书资料极其匮乏情况下获得的成果。自1932年至1952年间发表的三十余篇论文为这部著作做了准备。我们不敢奢望概述这部不朽的巨著,仅突出说明作者的方法。作者首先确定了他的研究对象："欧洲文学应该被看做一个整体。"文学史是无法挖掘这个整体的,因为文学史只不过是一份"文学史实的目录",停留在事物的表面。为了分析对象,穿过表层,揭示事物的"结构",应当"使用历史的和文献学的方法",比较各个不同的国别文学。然而,"欧洲文学这门科学"大学校园里没有,需要创新。这里有必要解释一点：库尔蒂斯所谓的"历史"不是教科书中从空间和时间上分割欧洲的历史。如果我们认为欧洲及其文学源于古代地中海和现代西方两大文明,我们就应该承认,直至中世纪的欧洲文学是用拉丁语写成的；自荷马至歌德洋洋26个世纪的欧洲文学,人们一般只了解其中六七个世纪而至少忽视了十个世纪的中世纪拉丁文学。须知过去的文学具有"超越时空的现实性",从而对现实文学产生影响。"《一千零一夜》和卡尔德隆之于霍夫曼斯塔尔,《奥德赛》(l'Odyssée)对于乔伊斯,埃斯库罗斯(Eschyle)、佩特罗尼乌斯(Pétrone)、但丁、特斯唐·科比埃(Tristan Corbière)①、西班牙神秘文学之于托·斯·艾略特"即是如此。文学形式(体裁、格律、诗节、固定的格式、叙述的主题、语言技巧)或人物的道理相同,"纪德最后一部也是最完美的一部作品,无疑是一部忒修斯的新故事"。

库尔蒂斯所定义的欧洲文学成为共时研究的对象,因为古代社会千丝万缕地存在于现代社会之中,不能将它们截然分开；它们之间,除

---

① 特斯唐·科比埃(1845—1875),法国诗人。

了深深的裂痕外,还存在着继承性:"能够自由地在时间和空间里翱翔,对于我们的调查是必要的。"不能把"中世纪拉丁文学"理解为"拉丁语言和文学的残留",而应理解为罗马对中世纪文明的贡献。研究这一贡献所使用的方法将宏观和微观有机地结合起来:"将微观技术应用于文献学使我们能够在来源各异的文章中揭示结构相同的因素,我们视这些因素为欧洲文学的稳定因素。它们说明文学语言中存在着一种普遍的理论和实践"(第278页)。任何时候,作者博大精深的知识结构都没有表现为事件的陈述或年代的罗列,"从修辞学到一般论证学、从一般论证学再到赞美的论证,等等",一系列各个方面的挖掘,展现了"历史的深厚内涵"。研究的程序是从结构到事实,而不是从事实到结构。因此,库尔蒂斯可以从中世纪过渡到瓦格纳,或从16世纪用拉丁语和母语混写的诙谐诗时代过渡到乔伊斯的《芬尼根守灵》:"理应不断地为这种诗注入新的生命,用新的模具浇铸它,使它能够对现代人产生影响"(第294页)。关于缪斯的题材将他一直引导到菲尔丁和布莱克(Blake)①:越过中世纪,通过"一条曲折的道路",我们便进入了现代。库尔蒂斯以一个绝妙的章节论述但丁并结束他的研究,那是因为但丁是对中世纪拉丁文学和整个古代文学的总结,并且开启了未来。批评家于是变成了作家,"一种绝无仅有的和孤独的人格向千余年的因袭作风挑战并且改变了它的历史"。他从中获得的教训是:将文学切割成若干历史阶段的做法是目光短浅的,"必将被永久遗忘,而但丁将继续受到仰慕"。

论著的跋重又回到了方法问题。批评家首先要"善于观察",亦即"博览群书",以期发现"有意义的事实",即反复出现的现象(第472页),例如"模式"("老人与青年","令人惬意的地方","书"等)。"如果我们将一种文学现象分离出来并且为之命名,那就等于已经获得了一个成果。这时,经过深入文学材料的具体结构进行分析,我们就可以建立由点构成的一个系列,把它们用直线连接起来,即可获得一些图形。如果我们现在再来观看这些图形并将它们相互连接起来,就可以得到一个由相同物质构成的整体。"(第471页)怎样确定有意义的文学事实呢?库尔蒂斯拒绝回答这个问题,他认为应当靠"灵感"去"猜测":"倘若灵感潜存着,它就会变为现实,我们可以唤醒它,使用它,引导它。但是灵感既不能传授,亦不能转让。"然而,库尔蒂斯承认在自己的研究

---

① 指威廉·布莱克(1757—1827),英国诗人。

中,由于修辞学的力量,形式因素上升到第一位。[热奈特(Genette)和夏尔(Charles)当然会有同样的体会]在思想史占主导地位的时代,库尔蒂斯毅然回到"形式系统",后者可以引发对思想史的许多深刻见解。关于"古典"一词的研究,关于"世界舞台"和"书"诸词的隐喻的研究,莫不如此。"文学形式是一些可以表现思想、使思想变得易于捕捉的模式。但丁使用十字标记和光环以区分不同的幸运者"。文学形式组成一套网络、一幅图案(论述这一问题时,库尔蒂斯提到了霍普金斯,几乎同时,雅各布森也曾引用过霍普金斯)(第483页)。《欧洲文学与中世纪的拉丁文化》既是文学史研究,同时又是对历史的反思,是一份文学的、文化的和政治的宣言。库尔蒂斯继承了古典文献学和德意志罗曼语专家们的遗产,以自己的共时研究为现代研究开辟了道路。但是,没有人像他那样知识渊博,那样简明扼要,那样具有严谨的总结意识,他对文学的执著也成为一种文学现象。毫无疑问,库尔蒂斯从现代作家返归中世纪,不是为了逃避现实,而是旨在丰富我们的现代文化,以天才的公证人的身份,通告现代社会的文化遗产,这是维吉尔、但丁和歌德留给我们的遗产。

奥尔巴赫

埃里希·奥尔巴赫(1892—1957)被一些人视为20世纪德意志最伟大的批评家。他初任马尔堡大学教授(1929—1935),后被纳粹政权解去教职,不得不于1936年离开德国,旋即就任伊斯坦布尔大学的罗曼语系教授,1947年起先后任教于美国宾夕法尼亚大学和耶鲁大学。他的主要著述有:《罗曼文献学研究导论》(*Introduction aux études de philologie romane*,伊斯坦布尔,1944;法兰克福,1949)、《摹仿论》(*Mimésis*,1946)、《欧洲文学的戏剧情景》(*Scenes from the Drama of European Literature*,纽约,1959)、《后古典拉丁语时期和中世纪的文学语言及其读者》(*Literatursprache und Publikum in der lateinischen Spätantike und im Mittelalter*,伯尔尼,1958;美国译本,纽约,1965)①、《但丁研究》(*Studi su Dante*,米兰,1963)。此外还有许多文

---

① 约从公元前75年至公元175年的拉丁语称为古典拉丁语;约从公元175年至600年的拉丁语称作后古典拉丁语;约从公元600年至1500年的拉丁语称作中世纪拉丁语或中古拉丁语;公元1500年以后的拉丁语称作现代拉丁语。

章,跨度从中世纪到20世纪,其中若干篇是关于法国文学的。奥尔巴赫还翻译了维柯(Vico)①的《新科学》(*La Scienza nuova*)一书。发表大量文章的做法正是文学批评和其他科学的特点,可以保证快速和灵活,及时突出细节的发现,并为以后的深入研究提供了可能。

无疑,《罗曼文献学研究导论》是按教材形式编写的,可谓同类教材的代表作。全书分为四个部分,首先论述文献学的各种不同形式,其次为罗曼语系各语种的起源,然后是"文学分期的一般理论"(直至纪德和普鲁斯特),并提供了一份索引书目。书中统计所涉及的语言包括:法语、普罗旺斯方言、意大利语、西班牙语、葡萄牙语、卡塔卢尼亚语、罗马尼亚语、撒丁语、列托罗马语。第一部分论及文章的批评版本、语言学、文学研究和文章的阐释等,对何谓"罗曼文献学"的概念提供了许多重要的说明:总而言之,罗曼文献学是对用拉丁语系之一种文字写成的欧洲作品的语言学和文学方面的研究。这里显示了和库尔蒂斯同样的雄心:跨越疆界,将研究的目标确定为欧洲文学;研究范围的扩大本身已经是方法论上的一次挑战。在论及文章的阐释时,奥尔巴赫借此机会明确了自己的方法。与人们的某些说法不同,文章的阐释可以上溯到古代,中世纪和文艺复兴时期也曾将阐释学付诸实践。在美学(贝·克罗齐)、现象学、艺术史(沃尔夫兰,Wölfflin②)的影响下,文章的阐释已经成为当今社会"研究和新发现的工具"。对一篇文章的评论要和对其他文章的分析相比较。这正是奥尔巴赫在《摹仿论》一书中所采用的方法。

《摹仿论,论西方文学中现实的再现》(1946;法文译本,1968)是作者的代表作,写成于没有图书馆的流亡生活之中。该书涵盖了自圣经和荷马到弗吉尼亚·吴尔夫(Virginia Woolf)③的数千年历史。所提问题的重要性(还有更重要的问题吗?)、各种发问的严谨性、方法的独特和生命力、对我们倾向于称作叙事故事的持续关注,是这部批评史诗的一些特点。然而直到最后几页(第543页起),作者才介绍他的方法(与库尔蒂斯在《欧洲文学与中世纪的拉丁文化》中的做法一样)。这一方法已经在跋涉中证实了它的生命力。奥尔巴赫没有为欧洲写实主义

---

① 维柯(1668—1744),意大利历史学家、美学家、语言学家、法学家、社会学家。
② 沃尔夫兰(1864—1945),瑞士德语艺术史家和批评家。
③ 弗吉尼亚·吴尔夫(1882—1941),英国女小说家。

撰写历史，因为题材过于庞大，文学分期、作家归属和概念的确定可能会成为永无休止的讨论的话题。资料也可能是第二手的资料（像许多文学史和史学著作一样），源于自己读过的书本，"这种掌握和使用知识的方法不值得推崇"；把参考书里已经有的、为人们所熟知的史实和信息又照搬一通又有什么用呢？相反，奥尔巴赫之方法的出发点是主观的。他被"逐渐形成于脑际的一小部分主题"所驱使，将它们与一系列熟悉的作品相对照："我坚信，既然我已深思熟虑过写实主义文学史上的这些基本课题，它们一定会存在于任何一部写实主义的作品里。"批评家在此强调了他与自己时代的深厚关系（乔伊斯、吴尔夫、普鲁斯特），他的时代"更喜欢再现偶然发生在若干小时内或若干天内的平常事件，而不重视从全局并按时间顺序表现一系列连续发生的外部事件"，因为现代作家不愿意再现生活的全貌，而"追寻发生在极少数人身边，发生在数分钟、数小时甚或数天内的偶然事件，希望幸运地以一点概括全貌"（第544页）。奥尔巴赫的方法是首先从每个时代确定并转引几篇短文（二到三页），将它们与批评家的思想、批评家的工作设想相对照，"以便读者在接触任何理论之前即能感觉到问题之所在"（第552页）。阐释者解释一篇文章时，可以自由选择要点，但是不能添枝加叶。反复研读所选文章，便可得出阐释来，尤其是大部分文章都是随意选来的。

研究之初，批评家有若干指导思想。《摹仿论》一书的中心议题是"文学再现（或模仿）形式对现实的阐释"，该书还具有三个密切相联的基本思想。第一个基本思想是文学表现的风格层次的古代理论（新古典主义者继承了这一理论），全书由此展开。奥尔巴赫从19世纪的法国文学上溯，回顾文学史，指出：19世纪的法国文学已经完全摆脱了上述古代理论。这次革命并不是同类革命的第一次。第二个基本思想是，在中世纪和文艺复兴时期，存在着一种严肃的写实主义，也即是说，风格层次的理论在当时并不是普遍有效的。耶稣故事"将日常现实和崇高悲剧彻底地熔于一炉"，早就打破了希腊的古典理论。第三个基本思想是用"形象"理论概括古老的基督教观念：人间事件以神话作参照系。

其次便是将发挥理顺的问题。各个章节按时间顺序排列，有跳跃，有疏漏，每章论及一个或长或短的时代（半个世纪）。有些时代没有涉及（如古代和中世纪前期）。奥尔巴赫认为，资料的空白和不足可能导致细节上的错误，却不会影响"思维的中心"。因之，确定二十个章节之前已经存在一个总体结构,我们可以从二十个章节的每一部分出发,复原这个结构。作者说,按照风格层次的古代理论,日常生活的描绘与崇高是水火不相容的。高雅风格,如"崇高",不同于"低俗"风格。悲剧属于高雅风格,喜剧属于低俗风格(但丁自己解释他的书名时说:以悲开始以喜结局是一种常见的民间风格),还应当加上一种"中间"风格[薄迦丘(Boccace)、普雷沃教士(abbé Prévost)、伏尔泰(Voltaire)等人是这种风格的代表]。

因此,欧洲文学史只不过是一部变化史:风格层次的变化。我们的任务不是叙述批评专著的内容(诚如小说史不是简介小说,电影史不是介绍电影作品一样),我们应当通过若干典型,抓住奥尔巴赫的研究步骤。从第一章"尤利西斯的创伤"起,奥尔巴赫就把两种风格——荷马的风格和旧约的风格——相对立,其出发点不光有史学家按年代编史的考虑,还因为这两种风格都是再现现实的风格:"一种直叙事件,毫不掩饰","另一种择其要者而述之,将其余略去不提;这种艰涩的文笔喻示着还有含而不露的部分、背景部分以及其他部分等等。这种风格自以为表达了普遍的历史,呼唤着阐释。"在随后一章里,批评家发现荷马风格在佩特罗尼乌斯和塔西陀(Tacite)①的作品中发生了变化;他们与圣·马克(saint Marc)不同,后者在叙述耶稣受难的情况时,漠视不同风格的区分准则。由此引出了奥尔巴赫的伟大发现:"一旦文学力求具体地表现事物时",古代的风格学准则(即只有喜剧才能再现现实的理论)"与再现历史上各种力量的做法是不相容的"。佩特罗尼乌斯作品中的通俗语言不是供大众而是供小部分精英层欣赏的,圣·马克的通俗语言则着眼于每个读者。此外,在古希腊罗马的写实主义作品中,完全没有"敏感的外部现象与标志着早期基督教甚至整个基督教之现实观的意义之间的对立"。

奥尔巴赫在论述中世纪的作品时明确了他的形象理论(第84页)。用形象阐释的方法,"在两个事件或两个人之间建立了一种关系,其中一方不仅代表自身,而且代表对方",后者接替前者以期完成上述关系。在上帝的目光下,历史的地平线解体于某种永恒之中。这种历史观背离了古代的经典理论,因而,在"小心谨慎地将历史事件联系起来、遵循时间顺序和因果关系、立足于人世间的表现方法与另一种艰涩的、不连贯的、始终追求超脱尘世解释的表现方法"之间,存在着种种冲突和妥

---

① 塔西陀(约55—约120),古罗马历史学家、政治家。

协。西方文学意识的各个阶段就这样一章又一章地被描述出来。如果"辩证"一词不会使人联想到一个封闭的体系,我们真想用"意识的辩证性"一词来概括奥尔巴赫的思想。然而与封闭的思想截然相反,奥尔巴赫非常关注作品及其语言和风格的独特性,他认为 12 世纪的基督教社会混淆高雅风格和低俗风格,这一论点从圣·贝尔纳(saint Bernard)那里获得了论据,后者曾经使用"混淆"一词说明当时的现象。拉伯雷长期磨练而形成的语言风格,其功能在于生动地表现"发现的欢乐、关心所有可能性的欢乐、准备在现实的和超现实的所有领域冒险的欢乐"、属于文艺复兴时期的欢乐。如此,专著的每一页都与历史发展的某一时期相联系,并从中找到了新的含义。但是,没有新的等级之分,恰恰相反,批评家奥尔巴赫认真地说明已经消失的文学形式,"人们从未如此努力过……",其真诚似乎说明他想更好地保护人们企图摈弃的文学形式。

随着这种叙述的进展,奥尔巴赫更加关注对社会进化作用的说明。尤其是对 18 世纪以后社会进化作用的说明。自那时起,人们在工作中更加重视历史和历史的各种力量。这里有一页是至关重要的一页(第 439 页),它说明,没有关于历史的哲学,便没有文学史的存在。奥尔巴赫论述了我们对历史的认识的各个阶段:不应当按照理想的模式去评判历史时期及其社会,而应该遵循它们自己的标准,兼顾它们的物质标准、知识标准和历史性的标准;每个时代都是一个整体;历史事件的意义不应当从抽象的一般的知识中演绎而来,而应从主要源自艺术领域、经济领域、人民的日常生活、源自"物质文明和精神文明"的资料中得出。当我们明白这一切之后,"现实便以历史片段的面目呈现在我们的眼前,其日常蕴涵的深度和整个内部结构便会同时从两个角度——它们的渊源关系和发展趋势——引起我们的兴趣"。正是 19 世纪在德国发展起来的这种历史观,也能使卓越的中世纪专家奥尔巴赫,在《摹仿论》一书的最后一章——"欧石南色长筒袜"——抓住 20 世纪的现实。这一章从弗·沃尔芙的《到灯塔去》(*To the Light House*)的第五章开始,分析了多视角主观主义(从多种角度透视正在消失的现实)、意识流的表现、外部事件服务于内心世界并且阐释内心世界、时间的灵活性("对意识的各种表现与诱发这些表现的外部事件的时态没有联系")等等。这些手法将我们引至《追忆逝水年华》(*A la recherche du temps perdu*)中叙述者"无时不在的象征身份"和乔伊斯的作品:"第一次世界大战及其随后的年代里,欧洲充溢着互相矛盾的种种意识形态,丧失信心,危机迭起,几位天资超人、悟性极强的作家发现了一种技法,将真实解体并融化于意识反映的一场多重多价的游戏之中。这种技法恰巧产生在这个时代,是不难理解的。"奥尔巴赫不仅把这一技法看做"世界没落的一面镜子",而且看做"我们生活中共同存在的基础事物"的反映。对"任意时刻"的挖掘,是写实主义最新的变形,突出了人类利害的一致性。

奥尔巴赫生前发表的最后一部著作是《后古典拉丁语时期和中世纪的文学语言及其读者》(1958),很遗憾,尚未译成法文。作者在前言中再次谈到方法问题并且描绘出了一份珍贵的德国罗曼语文献学的发展史。德国罗曼语文献学由乌兰德(Uhland)和迪埃兹(Diez)开创,它的诞生得力于赫尔德(Herder)、施莱格尔兄弟和雅各·格林(Jacob Grimm)等人的历史主义精神。从事该学科的学者,如浮士勒(Vossler)、库尔蒂斯、施皮策等,都具有真正的欧洲观念。当欧洲文明临近末日之时,应该为它绘制出一幅"清醒而和谐"的图画;在自己的学科里,即"文学表达"——这是奥尔巴赫为文献学下的定义——的学科里,奥尔巴赫责无旁贷。他的方法可以具体为:选择和讨论一部分问题并将它们联系起来,这些问题是解开总体结构的关键,总体结构因之成为一个"辩证的统一体"。奥尔巴赫的这种文学批评观,既不源于马克思,也不源于黑格尔,而来自维柯的历史观。在奥尔巴赫所借鉴的维柯的主要观念中,有这样一条:研究一个民族一定时期的文化现象时,只有把每一现象与所有其他现象一起综合研究,才能准确理解该现象,并为理解其他文化现象提供钥匙。另外,维柯认为,"事物的本质"仅仅说明它们产生于一定的时代,而历史则受制于它的规律。这一观念成为人文学科的一次"哥白尼革命",浪漫主义宣扬了这一革命思想。因此,只有透过历史的具体体现,才能领会作品中的人道主义或诗之精神,没有任何其他方法可以表达绝对的历史真谛。我们应当了解一部作品对它自己的时代、对其他时代、而最终对于我们的含义,这是文学批评思考一部作品的根源及价值时的基础。但是,自维柯以来科学范畴的扩大,使驾驭所有知识领域的雄心变成空想,加之各种各样的方法日新月异,总结、总体意识应当继续成为我们的目标,然而系统地达到这一目标则很困难,而绝对的专业化则是错误的。因之,应当发现特别肥沃的土壤和有助于揭示"历史全貌"的关键问题(奥尔巴赫经常使用"关键"一词)。作者举例说明法国古典主义的典型术语"宫廷和城市",怎样使他理解了17世纪文学大众的实质。他曾经从字词和语句开始,进而瞄准历史性的总结。唯一的条件是,出发点(可以是一个事件、一个语法问题,或者一个修辞问题、一个风格问题)应当严格适用于所研究的历史课题,我们应力求避免"巴罗克"、"浪漫主义"、"命运"、"神话"、"时空"等空泛的概念。它们可以在研究过程中出现,但是作为出发点则显得过于笼统。理想的出发点还是《摹仿论》一书的起点:像风格方面的文献学专家那样,从一段文字着手。奥尔巴赫在此强调了他与他曾经受过影响的另一位学者莱奥·施皮策的区别。我们将在后边看到,施皮策试图理解个体,而奥尔巴赫的兴趣在于总体,他首先是史学家,力求描绘一段进程,一出"剧",以欧洲为地点和主题的人类命运之剧。这个方法科学吗?作者回答说:无关紧要。重要的,是他个人的科研体验和赞同者的相同意见。

施 皮 策

莱奥·施皮策(1887—1960)①是20世纪德国第三位伟大的罗曼语学者。他曾任波恩、马尔堡、科隆等大学的教授,1933年不得不离开德国出走伊斯坦布尔,1936年又到了巴尔的摩,在那里结束了他的职业生涯。

施皮策的视野和研究工作超越了一个学科的范围。他先后醉心于语言学(语义学、风格学)、文学批评和文明史的研究,用法语、英语、西班牙语、意大利语和德语撰写论文。另外,尽管施皮策的实践超越并经常修正他的理论,他仍然发表了许多重要的理论文章。如同库尔蒂斯和奥尔巴赫的情况一样,我们不知道应该更欣赏施皮策知识的渊博抑或他的方法的开创性。

在文集《语言学与文学史》(*Linguistics and Literary History*,普林斯顿大学出版社,1948)的导语中[米歇尔·福柯(Michel Foucault)

---

① 关于莱奥·施皮策的情况,见勒内·韦勒克的《鉴别》一书,纽黑文,耶鲁大学出版社,1970。在第187页至224页介绍了施皮策的研究概况并选登了书目。据韦勒克说,施皮策的全部书目可达800个编号(33卷,包括翻译作品;另有88篇文章未收入)。用法语出版的,有文集《风格研究》(*Etudes de style*),伽利玛出版社,1970,让·斯塔罗宾斯基(Jean Starobinski)为文集作了序。还有下列文章:《拉辛与歌德》[《哲学史杂志》(*Revue d'histoire de la philosophie*),I,1933]、《一种风格习惯——塞利纳作品中的复述现象》[《现代法语》(*Le Français moderne*),3,1935]、《风格学与文学批评》[《评论》(*Critique*),98,1955]。——原注

把这段导语翻译在《风格研究》一书的书眉上〕,施皮策叙述了自己走过的科研道路:"走出语言学的迷津,我一直在探索,直到跨进文学史的乐园",我终生竭尽全力"使这两门学科互相接近"。经验决定着方法。施皮策出生于维也纳,在那里始终"生活在法语的氛围之中",聆听过迈耶-吕伯克(W. Meyer-Lübke)①的法语语言学课程。迈耶-吕伯克是位大文献学家,按照"文献学"一词的古典含义,即史学家,还是一位实证主义者。"总之,许多事实,论证事实的态度非常严谨;但是,由事实得出的一般思想却极含糊……我们看到作品中的语言不断变化,为什么?"从这里即可窥见施皮策的一种嗜好:离经叛道。这本法语语法史"不是法国人的语言,而是缺乏联系的、孤立的、偶然的、毫无意义的进化现象的堆积"。另外,施皮策还听过贝克尔(Becker)的文学史课〔他似乎也重温过佩吉(Péguy)听朗松(Lanson)讲授高乃依(Corneille)时的同样经历〕,其内容不外乎确定历史的日期和史料,搜索自传材料和文字资料:"现存作品理应对批评家上升到当代的或以前的、事实上与它们性质相异的其他现象有所帮助。探究外部现象成为艺术作品的原因似乎是不恰当的。"实证主义高度重视外部现象的唯一目的恰恰是"完全回避真正的问题":在德国和法国(直到最近),有一种"毫无意义的谨小慎微"的态度占统治地位。施皮策从这种教育中养成了探讨史实、探讨"原始事实"的习惯,然而,他还应该重新发现已经尘封多年的罗曼文献学,发现当年由浪漫主义者创立的罗曼文献学的原貌(弗里德利希·迪埃兹,见《罗曼语系的语法》,1836)。

施皮策随后按照由点及面的上升顺序介绍了自己研究工作的各个方面:建立词源学,由此引进了以前不曾存在的词义并产生了同一内部结构;理解一句话或一首诗。这里首先包括富有意义的和清醒的语言学创造,须知为一个单词写史,等于"对处于工作状态的人民进行文化的和心理的分析判断"。同样,我们也可以在一个民族的文学中发现该民族的精神,但是最好还是从确认"个人风格"入手:用语言学家的定义代替文学批评家们的含糊印象。其实,风格学正是"语言学和文学史之间的桥梁"。施皮策选择一位现代作家的语言革新作为研究的范例和

---

① 迈耶-吕伯克(1861-1936),著有《罗曼语系的语法》(*Grammaire des langues romaines*,1890-1902)和词典《罗曼语系的词源》(*Dictionnaire étymologique des langues romaines*,第三版,1935)。施皮策曾写过一篇关于迈耶-吕伯克的文章,发表在《现代法语》杂志上(6卷213期)。——原注

起点。他已经习惯于突出那些偏离通常用法的词语,找出所有偏离现象的共同点,即词源学中与词根对应的词素,称作同源。他在研究夏尔—路易·菲力普(Charles-Louis Philippe)作品中的因果关系时,发现它们的根源在于"假客观的动机":在貌似严谨和合理的外表下,世界步履维艰,而菲力普忧伤地凝视着这个世界。批评家就这样从风格到作家本人,又从作家个人到一个时代的精神。他走了一条"往返之路",这是人文学科研究的基本步骤:一旦假设作出后,便把假设与"来自其他渠道的有关作者灵感的材料相对照"。这类语言学革新每个时代都有〔但丁、克维多(Quevedo)①,拉伯雷②〕,因为"严谨的思想和敏感性总会伴随着语言的革新"。倘若要解释拉伯雷作品中的新词时,不必像实证主义者〔阿贝尔·勒弗朗(Abel Lefranc)〕③那样,一个词一个词地追根索源,亦不能对"总体现象"视而不见。"拉伯雷对语言的整个态度大概都建立在形象丰富取之不尽的原则和观念之上。他创造了若干词族,足以表现那些当着我们的面耦合和生殖的滑稽而又令人毛骨悚然的怪物……从谙熟之中产生出陌生的形式"。这一点说明对拉伯雷作品的任何现实主义的分析都是错误的(朗松)。语言分析得出的观点,"文学分析可以确认"。不管我们如何探讨语言、"思想"、叙述方式、结构,"诗之创作的心血普天下都是一致的"。歌德谈论的"红线"每个层次都有,因为我们总会碰到总体结构和"意识类型"的问题。如此而言,我们本来可以从"松散结构"入手研究拉伯雷:一个具体的观点有助于发现总体的统一性,而总体的统一性是"艺术作品内在生命力的根本"。

施皮策介绍了他的环形认识论:"首先孤立地观察每部作品的表面细节(而作家表述的'思想'只是作品的表面特征之一),然后将这些细节组合并将它们与作家头脑中可能出现的创作原则相融合,最后回过头来观察所有其他方面以确定'内在形式'是否反映了总体。"这种圆周过程是自施莱尔马赫(Schleiermacher,1829)④和浪漫主义学者以来人文科学认识论的基本步骤(奇怪的是,福柯译成了"人道主义的学科";

---

① 克维多(1580—1645),西班牙作家、诗人。

② 施皮策的处女作(1910年写成的博士论文)探讨拉伯雷喜剧语言的构成。——原注

③ 勒弗朗(1863—1952),法国批评家和历史学家,曾任高等研究院院长和法兰西研究院教授。

④ 施莱尔马赫(1768—1834),德国传教士、神学家和哲学家。

当然不是"人道主义的学科"了）：我们只有通过预测和理解总体才能理解细节。语言学和文学批评中的步骤是相同的。

应该将复原后的拉伯雷的体系或其他任何作家的体系，置于"思想史的总的背景之中"，这样，"对词的自主性的信仰"便与人文主义运动，与人文主义重视古人之言、重视圣经的教诲相关联。拉伯雷的弟子们跨越古典主义的断层，生存于19世纪[巴尔扎克、福楼拜的书信、戈蒂耶（Gautier）、写作《威廉·莎士比亚》（*William Shakespeare*）时期的雨果（Hugo）]和20世纪（塞利纳，Céline）。每个作家都构成一个自我封闭的"太阳系"，但是受到"来自思想史"、确定文学作品产生背景的"各种光线的照射"。位于文献学源头、按归纳法进行的细节研究，因而没有就此停留："文献学家还将继续微观研究，因为他们从中看到了一个微观世界。"批评家研究的对象不是僵死的，而是"人的精神"："人文主义者相信人之精神具有分析人的精神的能力"，人之精神既是研究的工具，又是研究的对象。如同库尔蒂斯和奥尔巴赫一样，施皮策要作人文主义学者，超越实证主义和印象主义，让它们背靠背地冷在一边。

然而，当施皮策介绍完他的方法时，他承认难以提出直接适用的一步一步的使用说明："因为第一步无法预料，而其他步骤都依赖着第一步；任何时候，第一步都应该已经完成。这就是意识到一个细节刚刚打动了我们，而这个细节与作品保持着基本的关系。也即是说，我们做了一次'观察'，这次观察可能引发一种理论；或者我们提出了一个问题，正等待答案。"相反，我们不能从外部套用现成的类型。而第一观察来自"天才、经验和信仰"，来自反复的阅读："突然，一个词、一句诗冒出来了，我们意识到，在诗和我们之间，从此建立了一种关系。"施皮策谓之"灵犀"，"灵犀"使他避免了印象主义。"灵犀说"也许是错误的，基于两个理由：科学阐释时，必须考虑到作者的存在；作品本身是依据，我们不能信口开河。因之，研究的方法不只一种，而有若干种："研究塞万提斯（Cervantès）时的起点专有名词"，对狄德罗（Diderot）的分析则毫无作用。开启总体之路的关键性的方法可以因人而异，取决于批评家本人，取决于他的总结意识，取决于他不仅从知识角度而且从道德方面所培植的总结意识："他应该从头脑中清除一切使其分心的无所事事的杂念，清除日常琐碎事务的缠扰。他应该让精神处于清醒状态，以利于综合理解生活中的各种总体现象，随时捕捉自然界、艺术和语言中的象征意义。"这种近乎宗教意义的清心养性，施皮策总结说，不仅要占领课堂，甚至应该占领学生的餐厅。

施皮策的实践比他的八百篇文章(施皮策只写过一本书,这便是他的博士论文,其他著作全是文集)更充分地阐明了他的理论。我们应该从若干范例入手,鉴赏他的实践活动。当然,我们应该明白,不管我们如何努力,都难以涵盖作者通晓多种语言的广博的文化知识,难以涵盖他所从事的并不直接属于文学批评的众多学科。虽然他的活动总是表现为文章的阐释,然而他的阐释超越了单一的风格学,或探讨作品的结构,或探讨作者的世界观,有时也探讨时代的观念。我们甚至可以把环形认识论、把心理根源、把"灵犀说"看做过时的观念,这些基本原则并没有指导施皮策的全部的文学批评。他长于直观和推理,博学而又敏感,他既是人文主义学者,又是结构主义的能工巧匠。他的批评基于一种美学理念:艺术作品构成一个整体,其形式和内容合二为一,形成一个与生活相分离的整体(文学作品中的马不是真实的马,文学作品中的金钱不是生活中的金钱),正是由于这种分离,艺术作品这一整体才可以对生存发挥作用。因之,施皮策摒弃不属于作品范畴的生平阐释,避免导致分解作品的思想分析,反对毁灭任何美学鉴赏、扰乱艺术家工作的根源批评。[这样,在拉伯雷的研究方面,他便与勒弗朗和索尔尼耶(Saulnier)相对立]文献学朴实无华的实践的最大教益在于只忠实于作品本身,忠实于作家个人的作品。

对于不同的作家和作品,批评家的出发点也不同。例如,关于普鲁斯特①,施皮策就同时从库尔蒂斯的分析(他确实喜欢将自己的理论与他人的理论相比较,表示赞同或反对后者的意见,而反对他人理论的现象更常见一些)和《在斯旺家这边》(*Du Côté de chez Swann*)的句子节奏开始他的研究工作。句子节奏"与普鲁斯特观察世界的方式直接相关":复杂句型反映了一个复杂的世界,作者的目光反映了"一种对症下药的思维活动"。普鲁斯特的复合句是心理活动在语言上的表现形式。各种不同的句型("膨胀句、重叠句、弓形句")的句末"犹如一种解脱"。以长篇独白(经常使用三个形容词排比的形式)和"围绕中心因素而组织的对称结构"为特色的三段式节奏,"具有某种'最终的'色彩"。但是,"在这些理性思维不足以阻止病态挣扎的语句里",两种倾向——分裂与统一、寻觅与自信、痛苦与超脱——把普鲁斯特的精神撕得粉碎。回归到"言语自发状态"的人物语言,是"个性的生物表现"(通过发音、旋律、引语和"回忆的语言符号"专有名词等)。更普遍的是,普鲁斯特

---

① 见《风格研究》,伽利玛出版社,1970。——原注

的词汇已经"精神化"("叠卡特来"①；城市名或人名；词汇的神秘化，如大写的"树林"、"光明"、"出现"、"时间"等)，连前缀(in-，re-)也有它们的精神价值。同样，施皮策还在语法中(代词、括号内加说明、"宛若"的使用、迹象动词和讽喻动词等)寻找叙述者，发掘"离开故事表面，潜入难以接触的深层"的叙述者。代词的研究说明自我有时融汇在"我们"和"大家"的词义里，自我不是作品中一言千钧的强者，而是主客观长期紧张关系的标志。这样，这篇卓越的研究论文为库尔蒂斯的直觉增加了具体内容，我们提前五十年，从中看到了当代普鲁斯特研究的所有题材。

1959年的一篇文章《巴黎一种叫卖声的词源》②，研究一位女流动摊贩的叫卖声；在《女囚犯》(*La Prisonnière*)一书中，女摊贩卖南瓜的叫卖声"犹如格里哥利教派的祈祷歌"。施皮策通过研究词源，说明这种叫卖声可以追溯到12世纪的诗作，当时颇有点渎神的意味，实际上传播了格里哥利教，这种唱声的句法"半是礼拜语言"的句式。"普鲁斯特把一对现代情侣之间产生的'社会'冲突，添加到巴黎叫卖声的古老交响乐的背景里，真切地感觉到了古老教堂里反复吟唱其旋律甚至追踪着信徒日常生活的男低音。普鲁斯特完全是顺便地，然而却从更高的层次上——这一点他自己也始料未及——成就了文明史学家的事业"。

爱伦·坡的作品《厄舍古厦的倒塌》(*La chute de la Maison Usher*)③给施皮策的研究起点又一不同的启发。施皮策不再以句法和词源而以叙述技巧开始了他的研究工作。一般批评家认为，这部短篇纯粹是个庸俗的恐怖故事。施皮策的分析与上述评论相反，突出了陷入乱伦泥潭尸体裹在一起的兄妹两个人物：哥哥象征生活中的死亡，妹妹象征死亡中的生机。罗德里克被恐惧(爱伦·坡将"恐惧"一词大写)吞噬，他的精神病打破了人、植物和矿物的界限。短篇中"氛围"占主导地位。按照17世纪的词义，"氛围"即"星球散发出的大气"。施皮策根据对短篇中词汇的分析，强调指出：和整个与19世纪一起诞生的一代

---

① 卡特来，一种兰花，花朵大，且颜色绚丽。普鲁斯特以"叠卡特来兰花"暗喻做爱。
② 《风格研究》，伽利玛出版社，1970。文章写于1959年。——原注
③ 《关于英美文学的论文》(*Essays on English and American Literature*)，普林斯顿大学出版社，1962。文章写于1952年。——原注

作家（如巴尔扎克）一样，爱伦·坡的兴趣在于环境与人物的相互关系。从这个视角观察，短篇不过是当时各种决定论社会学学说在诗中的反映。爱伦·坡所描写的环境不是现实主义的，而是抽象的"氛围"（像主要人物的画一样），由病态的、疯狂的恐惧观念演绎而来。爱伦·坡把自己对描写恐惧和疯狂的关注寄托在环境的描绘上。我们不仅要从情感角度，还要从知识方面去解读爱伦·坡。在论文的最后部分，施皮策把爱伦·坡和巴尔扎克以及卡夫卡联系起来：巴尔扎克以经验现实主义，卡夫卡以"逻辑现实主义"（或"假设的现实主义"：故事似乎包含一些真实的细节，其荒诞特征和象征意义随后才表现出来），而爱伦·坡则以"逻辑的非现实主义"描写环境（无具体细节，仅有氛围的渲染）。施皮策从短篇的词汇出发，按照故事的发展顺序，就这样相继展示了三个人物（兄、妹、叙述者）的功能，对主人公的病态提出了诊断，并且找到了短篇的根源——氛围对人物的影响。他还把自己的思考扩大到一代作家（1830—1840 的一代），再扩大到一脉相承的一类作家（从爱伦·坡到卡夫卡）。

　　如何阐释文章的原则主导着施皮策的研究方法，有时他甚至将这一原则扩大到整卷整卷的作品。他于 1960 年在马尔米堡去世时正在撰写的一篇文章——《米歇尔·布托尔小说技巧之点滴》即是一例。① 布托尔（Butor）的小说作品，体现着他的现实观，由此产生了他的小说观和"某些技巧特征"："系列的论证（什么观念产生什么技巧）将是我在阐释中的主要目的。"我们看到施皮策是怎样颠倒了自己通常采用的步骤。他没有从细节上升到总体，而是从总体下降到细节。然而，他只有通过现象才能认识总体观念，这依然是环形认识论，这里演绎来自归纳。施皮策还选择了马里沃（Marivaux）的一部作品《玛丽安娜传》（*La Vie de Marianne*）来反对乔治·布莱的观点②，因为按照"内在论的方法"，一部小说代表一个整体，内在论"尊重各个作品的完整性和统一性"，并不因为思考全部作品而"摧毁"个别作品。施皮策认为，作为个别作品的《玛丽安娜传》与比利时批评家的总体理论相悖。他从小说中选择了一个语义细节："心灵"和"灵魂"二词用作"勇敢、无畏、杰出"等意义的频率很高，由此说明《玛丽安娜传》是第一部表现自豪而有道德的俗世妇女的英雄主义的法国小说；不是表现成长过程的小说，而是明

---

① 见《风格研究》，伽利玛出版社，第 482—531 页。——原注
② 《风格研究》，第 367—396 页。——原注

显阐释价值和道德的小说：马里沃相信能够"战胜人生曲折"的天生之才。布莱从瞬息看马里沃的人生，施皮策对之以"曲线"小说，并最终指责布莱把哲学应用到文学领域（第392页）。他驳斥说：应当首先确立"作品 A 的真正含义，然后作品 B，然后作品 C，以此类推"，最后才能提出总体看法。一般的哲学范畴（"时间、空间、人、数"），很可能"违背各个作品的含义"。施皮策如此强调的当时，那些哲学概念仍然占据着统治地位。宁取文献学家的"变色龙主义"，不可妄学哲学家的"系统主义"。

因此，施皮策十分坦然地分析短小的诗作：拉封丹（La Fontaine）的寓言，英国17世纪和19世纪的诗作等。他甚至可以不分析一首完整的诗，而仅仅分析一个细节（如拉封丹的过渡艺术），因为他觉得这个细节以前被忽视了："在我看来，重要的，是为研究工作准备新的观察材料。"当施皮策研究瓦格纳歌剧里伊索尔德之死的六十句诗句时，①他突出了词汇的对应现象和声音的对应现象（第二场的爱情二重唱里已包含这种对应现象），说明诗中爱情和死亡是等值的。在瓦格纳的诗的形式里恰恰找不到他的哲学形式。我们很难再写出如此杰出的评论文章来，然而，它们只能作为那些力求先理解一页文字，再理解一本书、一个作家、一个时代的读者们和教授们的楷模。

弗里德利希

权威著作《蒙田》（Montaigne，法文译本，伽利玛出版社，1968）的作者雨果·弗里德利希（Hugo Friedrich）于1965年发表了他的《现代诗的结构》（Structure de la poésie moderne，德诺埃尔-贡蒂埃出版社，1976）一书。他在该书中也研究了一个庞大而同一的整体——自1850年诞生于法国的一个整体。"兰波（Rimbaud）和马拉美（Mallarmé）的作品说明了现代诗作的风格规律"。他没有撰写诗史，"'结构'这一概念本身就使历史资料的完整调查变得多余，如果这些资料仅仅能为我们提供一种基本结构内部的差异时尤为如此"，也没有重复过时的类型，如"个人抒情"或"政治诗"等。诗之形式倘有一些价值，"它们的价值并不来自一种信仰或一种意识形态"。弗里德利希本人虽然不是"前卫文学的支持者"，却反对继承历史，试图"鉴别出现代的标志"，认为

---

① 见《关于英美文学的论文》，第171—179页。——原注

"文学科学"在这方面尚无建树。诗之"结构本身可以自足,可以辐射出多重意义,诗之结构由对立状态和绝对力量的网络组成,这些紧张状态和绝对力量对尚未进入理性世界的人之各个层次产生间接的作用"。人们正是这样理解托·斯·艾略特的下述名言的:"诗在被理解之前可以传达。"弗里德利希于是一一指出了作为现代诗之标志的(十分诱人而又令人困惑不解的)种种对立状态:古老、神秘或玄奥的现象与极其理性的智慧相对立,简明的语言与复杂的内容相左,或完美的语言风格与支离破碎的内容反差极大,或行文之猛烈与题材之琐碎相矛盾。诗之行为"改造"着世界观和语言。现代诗摈弃了由抒情诗构成"灵魂的载体"的观念,背离生活,与自我脱节。诗人仅仅"以语言的操作者的身份"参与诗作。

第三个特征即侵犯性。本应和谐的题材互相冲撞,"痛苦不堪的文字"使表意手段和表意对象相矛盾,导致读者与诗的对抗。19 世纪末诗之语言产生了很大的变化:词义异化,句子结构分散,比喻的双方互相排斥。诗之寓意存在于这种冲突之中。因此,拒绝规范,放弃理解,读者被迫从阐释到阐释,在永远开放的广阔领域里"无穷无尽地追踪着创作行为"。因此,要描写现代诗,必须发明新的类型:

——人们按照内容的质量评价古典诗作:诗人崇尚情感,追求普遍性;

——现代诗寄情于形式,胜过对内容的重视:由此产生了背离常规、不和谐和支离破碎等现象;

——现代选择了丑陋(波德莱尔以来的城市)和荒诞,以惹人生厌为乐趣;

——因之,一切从"摧毁程序"开始;

——现代诗离真实的生活愈来愈远。

这些负面的倾向确定后,弗里德利希指出现代诗发展的两种可能性:反逻辑的自由体诗或思维和形式都极严谨的格律诗。在两种发展方向中,艺术都试图独立于世界。因此,"主题"变得无足轻重,表意手段和表意对象的距离比过去拉得更大。诗人们正在探寻"新的语言",猎奇和侵犯性是这一语言的主要特征,他们竭力"挖掘异义"[布雷东(Breton)],"张扬反常现象"[圣-琼·佩斯(Saint-John Perse)①]。主

---

① 圣-琼·佩斯(1887—1975),法国诗人、外交家,1916—1921 年曾任法国驻华使馆秘书,1960 年获诺贝尔文学奖。

题死亡的标志是同一主题的不断变换［瓦莱里（Valéry），科诺（Queneau）①］。

新的语言与时代的准则相去甚远，把一些毫无联系的语句并列在一起，取消标点，并颠倒逻辑规则。弗里德利希和雅各布森一样，强调现代诗的模糊性，现代诗将沉默和言语融为一体。传统崩溃了，普遍的象征意义被作家个人的象征意义所取代。因此产生了孤立、焦虑的印象，诗意晦涩，支离破碎，时间和空间发生裂变。种种变态现象占据了上风，其目的不在于认识陌生的事物，而在于寻求冲突，寻求不和谐，"隐喻语言与非隐喻语言的区别似乎从此化为乌有"。

弗里德利希和我们研究过的其他罗曼文献学大师一样，与他们并不熟悉或知之甚少的俄罗斯形式主义者一样，他们的共同点，是与实证主义的历史相决裂，是总体意识和结构观念的确立。库尔蒂斯将千年的拉丁文学或巴尔扎克的作品作为总体进行探讨；奥尔巴赫的《摹仿论》一书完成了一部结构史，作者一个时期一个时期地比较若干体系；施皮策通过归纳重新找到了整体。他们和俄罗斯形式主义者的最大区别可能是最初的研究学科不同。形式主义者的学科是语言学，是继索绪尔之后的共时语言学研究；德国批评家的领域是文献学和史学。前者研究若干富有象征意义的杰出作品（如果戈理和普希金的作品），后者研究数千年的西方文学。前者与俄罗斯前卫文学艺术有直接联系，后者与世隔绝（纳粹的迫害加剧了这种状况）。造成这一状况的原因是德国之瘤，库尔蒂斯、施皮策、奥尔巴赫对同时代的外国作家更感兴趣。

---

① 科诺（1903—1976），法国小说家、诗人、政论家、数学家。

第三章　主体意识批评

　　我们前边研究的两个流派,或关注形式,或关注大的整体,远离作品的创作主体。然而,另有一个团体,人们最终称呼它为"日内瓦学派",其首要特征,便是回归到作者的主体意识。它的成员并不都是瑞士人,有些也没有在日内瓦任教;但是,挚烈的友情、共同的文学观和方法论,超越具体的分歧和著述的差异,将他们拧结在一起,实实在在地构成了一个团体。他们是:马塞尔·雷蒙(Marcel Raymond)、阿尔贝·贝甘(Albert Béguin)、乔治·布莱、让·鲁塞(Jean Rousset)、让·斯塔罗宾斯基。当俄罗斯形式主义者和德国文献学家尚未在法国传播之时(因为大部分译著完成于 1970 年前后),正是他们,使大约于 1955 年进入大学的一代青年摆脱了当时尤其在巴黎尚占统治地位的实证主义和历史主义。如果语言学和符号学的时尚使人们忘却上述方法颇具生命力的成分、这些方法的价值和它们的文学品位,那是不公正的。乔治·布莱的全景式和宣言式的《批评意识》(*La Conscience critique*)一书,是了解意识批评这一流派的最好的一部著述(科尔蒂出版社,1971;约泽·科尔蒂出版社发表了日内瓦学派大部分成员的著作,我们趁此机会对它表示深深的敬意)。

　　这一流派的首要人物和不自觉的创始者,当推马塞尔·雷蒙(1897—1984)。《阿贝·贝甘与马塞尔·雷蒙,卡尔逊尼学术会议论文选》[*Albert Béguin et Marcel Raymond, Colloque de Cartigny*,科尔蒂出版社,1979,皮·格罗兹(P. Grotzer)辑录并介绍]的卷末附有雷蒙的著译目录:13 卷文学评论集、21 部注释版本和选集、15 份前言、1 部译作(翻译沃尔夫兰的作品)、188 篇文章或分析、24 篇诗作或私密作品。可谓卷帙浩繁。其中妙趣横生的自传体故事[文学批评家的自传极为罕见,让·波米耶(Jean Pommier)和罗兰·巴特(Roland

Barthes)留有传记]《盐和灰》(Le Sel et la Cendre,会友出版社,1970;科尔蒂出版社,1976)有助于追踪作者的足迹。一切从1927年的两部国家博士论文开始,它们是《龙沙对法国诗歌(1550—1585)的影响》[L'influence de Ronsard sur la poésie française (1550—1585)]和《龙沙在法国(1550—1585)的批评书目》[Bibliographie critique de Ronsard en France (1550—1585)]。马塞尔·雷蒙自己陈述了献身纯粹博学事业带给他的痛苦:"索邦大学使我失望。更具体些说,法国文学的教学使我失望。他们或向我提供事实,那是新索邦大学的猎物,或提供语句,那是老索邦大学的遗风,甚至提供一些根本不触及实质的课文分析。"经过"通常是无休无止的准备"之后,文学史、文学科学应该被超越,它们不是"纯粹的文化工具"。由于里维埃(Rivière)、瓦莱里和超现实主义者的影响,由于对德国思想的接触,这种超越成为可能。在德国,"新批评"已经风行于大学校园(浮士勒、库尔蒂斯、贡道尔夫)。在那里,文学间的壁垒、文学与艺术之间的界限,已经打碎。与形式和风格的分析相比,"精神史"(Geistesgeschichte)对雷蒙的吸引力更大,在他的作品深处,我们从此将感觉到对玄学的关注。回到巴塞尔之后,雷蒙开始准备他的扛鼎之作《从波德莱尔到超现实主义》(De Baudelaire au Surréalisme,科雷拉出版社,1933;科尔蒂出版社,1940):"当时最大的事情,便是创立一套与说教背道而驰的方法,不给传记任何地位,将历史的成分压缩到最低限度。"然后要指出"每个诗人、每首诗的特点",找出他们的风格,而非模仿之风,这也是阅读和诗的一种经验。像施皮策一样,从解释课文、范文入手,建立起部分与总体、总体与部分的关系,深入到"一种结构有序的语言组织的纵深"。其实,与其说确定方法,不如说确定它的目标更准确:"这部书的风格大概与诗的某种观念相关,即最后一章'诗的现代神话'里所陈述的观念。"如同诗的现代神话是爆发性的一样,雷蒙的书面世时,也具有某种政治色彩:"对我们的文明中压迫和谎言现象的痛苦意识"、现代社会及其"反对者"的冲突,孕育了这部著作。雷蒙关心诗的功能的确定,陈述了每位艺术家的观念、理论、诗论;序言中即相继论述了波德莱尔、魏尔伦(Verlaine)、兰波等人的观念、理论和诗论。将某些诗人连在一起的,正是一种呼声:人们通过诗人向诗寻求"命运问题的答案"。一种理论、一些题材,但尚未形成一种语言。关于象征主义者,雷蒙首先和瓦莱里发生冲突:倘若某些音节震撼人心,那是"因为这些音节与它们构成的单词之间存在着惟妙惟肖的共鸣,因为这个单词具有唤起某些朦胧回忆的功效,其次才是因为音节本身的音响效果"。超现实主义者的理论和他们的诗同样重要。我们明白,批评家雷蒙在超现实主义者那里比较自如:从来没有一家法国诗派像超现实主义那样"非常自觉地将诗的问题和关键的生存问题混为一谈"。当然应当指出,马塞尔·雷蒙谈起那些完全与他同时代的诗人,从儒弗(Jouve)①到絮佩维埃尔(Supervielle)②、从法尔格(Fargue)③到圣-琼·佩斯,如数家珍,无一陌生。对种种理论的陈述自然导致下述结论,结论的标题喻示着一份纲领、一种方法:"诗的现代神话"。诗人有两类:一类是情系传统、情系形式的真正的艺术家;另一类诗人轻视艺术,追求"精神的直接反映",搜索"实质",可能迷失于"无穷"之中。应该更多地将现代诗看做一种"神话",而不是看做一种"历史的真实"。现代诗是时代的标志,是守夜者的笔录。《从波德莱尔到超现实主义》一书就这样将 80 年法国诗坛的种种理论和题材准确无误地展示出来,然而,它不是一部语言史,也不是一部形式史。未来将证明雷蒙并不轻视语言和形式,他首先探讨当务之急的哲学范畴的问题。从狄尔泰(Dilthey)那里,他接受了诗是"生命的一种经验"和"诗之意象的现象学"的思想,这便是艺术家的心理学。贡道尔夫(《莎士比亚与德意志精神》)曾详细说明莎士比亚的戏剧哺育了数个世纪的德国文学的史实。马塞尔·雷蒙从贡道尔夫的著作中发现了柏格森(Bergson)的"生机论"思想和"转世象征的意义"以及"与死者意识同化"的愿望,后一点与米什莱(Michelet)的思想很接近。我们由此可以看到,日内瓦学派的力量恰恰在于它位于德国思想和法国思想的交会点。

  《从波德莱尔到超现实主义》一书从前言起就可以追溯到卢梭。从此后卢梭成为雷蒙的研究方向之一,直到[和贝尔纳·加涅班(Bernard Gagnebin)一起]主编七星书库的《卢梭全集》(*Oeuvres complètes de Rousseau*,1959—1969,4 卷本),并[为《忏悔录》(*Confessions*)、《幻想》(*Rêveries*)等文学作品和关于教育方面的论著]写出若干长篇导语,在正文后写出详细的注释文字和洋洋大观的述评;直到发表《让-雅克·卢梭,寻觅自我与幻想》(*Jean-Jacques Rousseau. La quête de soi et la rêverie*,科尔蒂出版社,1962)一书,汇集了作者自 1942 年以来发表的多种论文。雷蒙视卢梭为兄长:"在研究对象和分析者之间,发现某种

---

① 儒弗(又译作茹弗,1887—1976),法国诗人。
② 絮佩维埃尔(1884—1960),法国作家。
③ 法尔格(1876—1947),法国诗人。

已经存在的和谐现象是不会错的。"有些批评家经过研究变得酷肖他们的研究对象,而另外一些批评家最初即选择与自己相似的作家作为研究课题。然而,雷蒙并没有不明不白地陷入水乳交融之中:"我尽可能仔细地阅读原文,多作摘录,咀嚼作家的词汇,通过这种注重客观的方法,以期获得某种清晰的概念。"有人指责他搞"心理批评",他的回应是:"然而,我的计划恰恰相反。自我感觉或惬意,或压抑,或受到威胁,这是一种生存方式,我竭力描写这种生存方式。"其实,这是一种认同批评,作家的言词帮助批评家恢复了自己的主要经历以及自己的发展经过,冥想式的幻想、散文诗,都成为雷蒙自己的经历。似乎先师就生活在他的心中,他用先师的目光观察世界。我们知道,这种精神活动限制了作者的写作范围,能够进入他的著作的作家寥寥无几(短篇文章无须如此深入他人的灵魂)。卢梭(1962)、塞南古(Sénancour,1965)、费讷隆(Fénelon,1967)、雅克·里维埃(1972),全是一脉相承的作家,奉行同样的文学上的寂静主义,他们灵活、厚实、极富音乐色彩的风格揭示了意欲倾诉衷肠、渴望与对方交融的柔顺性格。这种方法是辩证的:批评家否定自己,以迎接他人,与此同时重新获得了经验、知识、世界观和文字。雷蒙的《卢梭》一书,那是卢梭看世界,将作家卢梭浓缩在一本书里,再现了他的基本线索。卢梭的继承者与卢梭的愿望相同:"一方面,揭示人类的实质,直至痛苦不堪,似乎要掏出人类的秘密;另一方面,揭示生活中、首先是童年时代似乎仍然保留着失乐园的影子和痕迹。还应当指出,卢梭的自传率先改变了文学自身的观念,这种观念不再以作品为中心,作品是自在之物,而以作者为中心,更以人、以人的个人悲剧及其不可替换的形象为中心。"(为《自传文字》写的导语,七星文库,第15页)总之,卢梭使文学观念发生的重心转移使批评家雷蒙选择了他并以他为楷模。然而雷蒙导语中这几行美妙的言辞也包含着对作品之外某种东西的信仰,对一种"秘密"、对"失乐园的影子"的信仰,而"秘密"和"失乐园的影子"只有在"痛苦"和"个人悲剧"之中方可触及。甚至直到患病前,直到皈依宗教前,直到辞世前,雷蒙的批评始终在寻觅这种秘密和失乐园,他认为:一种批评倘若不能保留这种探索的双重轨迹,将是冷漠的、平庸的、空洞的、死气沉沉的(因此,无数著作被读者厌弃,并很快被遗忘,或权充短命的案头工具,或昙花一现,便像寄居蟹离开贝壳一样无影无踪了)。

批评版本是重要的批评活动,没有它的批评便不完整。我们从批评版本中可以看出雷蒙是怎样使用作品的。他为《幻想》(七星文库)所写的导语一文中,罗曼语文献学的所有工具皆寓于流畅的评论之中。文章从让-雅克的传记以及他在同时代人心目中的形象着笔,从漫谈卢梭的生活开始,然后进入语义范畴,叙述标题一词的历史,上溯到斯居代里(Scudéry)①小姐,甚至上溯到1300年的一篇文章。在这篇文章里,"幻想"一词具有"流浪"的意思。卢梭的各种类型的幻想引导批评家论述文体的演变过程:幻想是一种文学形式,起源于蒙田和普鲁塔克(Plutarque)②。然后是日期、年表和结构问题,调查显示前四篇幻想之间和第六、第七篇幻想之间各有一根主导线索。真正的阐释直到这时才刚刚开始:围绕光明(大自然)和阴影(人),《幻想》一书大的主题包括幸福、自我、时空;第五篇幻想从另一个意义上帮助了雷蒙:如果他愿意,他可以关注风格和形式。该篇的节奏、词汇、否定的功能确定了极乐的概念。分析最后提出了一个问题:卢梭神话的真正答案是什么?在此关键时刻,批评家把裁决权赋予诗:"一项宗教活动于此完成,超出所有宗教的范畴。它亦是诗,卢梭流浪中遇到的诗,使发问成为徒然的诗,或者,正是诗,以其暧昧美,回答各种各样的发问。"如果马塞尔·雷蒙通过一系列主题或观点瞄准作者的秘密——一个超越具体作品的永久课题,我们不能说雷蒙对文学艺术的形式无动于衷。

其实,他应当归功于德意志艺术的美学家和史学家们,是他们使雷蒙思想和方法中的另一面臻于完善[充分体现在雷蒙1952年的一部译作,那是沃尔夫兰的《艺术史的基本原则》(*Principes fondamentaux de l'histoire de l'art*),这一选择与奥尔巴赫翻译维柯同样意义深长],这一面与巴罗克艺术的发现密切相关。雷蒙不满法国史书和高校贬低龙沙、否定多比涅(d'Aubigné)和弗朗索瓦·德·萨尔(François de Sales)、否定泰奥菲尔·德·维奥(Théophile de Viau)和斯居代里小姐、无视宗教作家的存在和阉割高乃依的做法,起初使用诸如普森(Poussin)③和拉辛的作品的尺度和规矩去衡量。1936年起,雷蒙开始将沃尔夫兰的分类法——首先是巴罗克类型——(经过适应性改动)应用于他重新发现的作家们(正如他说明的那样,今天已经普遍接受的东西,当初并非如此)。这方面最重要的文章后来收入《巴罗克与诗的复

---

① 斯居代里小姐(1607—1701),法国女小说家。
② 普鲁塔克(约46—120),希腊传记作家、柏拉图派哲学家。又译普卢塔尔霍斯。
③ 普森(1595—1665),法国古典主义画家。

兴》(*Baroque et Renaissance poétique*,科尔蒂出版社,1955)一书。作品首先谈论"考察法国文学上的巴罗克风格的先决条件"。除艺术作品的时间顺序之外,尚有美学价值的高低之分。它们之间,既有时间性的联系,也有超越时间概念的联系。意大利艺术史的结论是巴罗克继承了古典主义。然而在法国,巴罗克艺术家并非古典主义艺术家的后裔,而是在文艺复兴时期直接继承了哥特派艺术家。法国的巴罗克时代始于16世纪中期,终于17世纪中期。同样的力量对比存在于文学艺术之中。史学家视形式为表达的工具,而美学家则视形式为创造,两种态度互为补充。动荡时代有利于某些题材的挖掘,死亡题材尤其受到青睐;然而,巴罗克作品不是从主题、题材和象征方面去确定的,而"最终,是形式决定风格,形式单独决定作品的美学存在"。对沃尔夫兰的分类重新审视之后,雷蒙指出他认为"经过调整位置"可以用于文学研究的类型。线性风格、相互对立的封闭形式与开放形式、多体统一和总体统一形式,均可以移植到文学研究领域。形式的背后,两种观察方法互相对立:古典主义按照理性观念区别看待事物;非古典主义不敢肯定事物的同一性,"不加区别地"、"总体地"看待事物。还应当加上"运动类":"灵魂的动荡"产生语言上的起伏和中断。巴罗克派作家为"强劲的力量"所鼓舞,其力量的表现形式为渐强、加强、渐弱。于是雷蒙描述了文学上的巴罗克风格学(第44—47页)并驳斥了反对意见(如"这些意象是永恒的"等等):风格与内容的协调即是标志;诚然,某些艺术家没有达到他们的主题的高度。巴罗克的短篇小说作家们导致了两种极端状态:力量、矫枉过正、决裂;厌世、变态。它们从"形成鲜明对比的生与死、表象与内在的复杂感情中"吸取营养。第一系列在悲剧气氛中繁荣,第二系列才是真正的巴罗克风格(蒙田和17世纪)。这些类型都是思想的载体;一旦领会了思想实质,我们便可以放弃那些类型,这是这部专著对巴罗克风格的结论,它延续了让·鲁塞的观点。很幸运,这部专著填补了雷蒙的研究工作。他既涉猎了各种主题,也没有疏漏形式。根据时代(以及作家)的不同,雷蒙倾心于心理批评,或文学批评,或哲学评述[他完成了一部有关"存在主义者"《瓦莱里》(*Valéry*)的著作]。他在16世纪至20世纪的文学领域里如鱼得水,他的文化基础和方法论说明他是一个欧洲主义者(但是只研究法国主题),仅仅在阐释的深度方面,雷蒙还存在着局限性。但是,雷蒙优雅、清纯而有旋律、富有音乐感的风格,透过由研究对象语言所构成的表层,还他们以血肉之躯。

阿尔贝·贝甘

阿尔贝·贝甘(1901—1957)的早期活动与他的朋友马塞尔·雷蒙的早期活动很相似。一部伟大的著作开发了诗史、思想史和文学史上一个鲜为人知的领域——《浪漫主义之魂与梦》(*L'Ame romantique et le rêve*),发表于 1937 年,修订本发表于 1939 年,科尔蒂出版社,最初为博士论文,原题是《德国浪漫主义作家以及法国现代诗中之梦》)。在 20 世纪的法国,并不是贝甘重新发现了德国浪漫主义作家,一些教授[昂德莱(Andler)、曼德尔(Minder)]、作家[季罗杜(Giraudoux)①、布雷东]和批评家[雅卢(Jaloux)、杜博]都先于他;然而,没有任何人作过总结,没有任何人转移过对法国浪漫主义评论的重心。贝甘的所有读者都会发现,奈尔瓦尔(Nerval)比拉马丁(Lamartine)和缪塞(Musset)的地位更重要,而雨果已被局限于他的幻想诗范围。贝甘的作品不限于他的博士论文,对让-保尔(Jean-Paul)、霍夫曼(Hoffmann)、蒂克(Tieck)、阿尔尼姆(Arnim)、歌德作品的翻译或先于或补充了他的博士论文。关于佩吉(1942 和 1955)、巴尔扎克、奈尔瓦尔(1945)、布鲁阿(Bloy,1955)、拉穆茨②(Ramuz,1950)、帕斯卡尔(Pascal,1952)、贝尔纳诺斯(Bernanos,1954)的论文以及 1300 余篇文章,已足以了解他的批评活动的大概。此外,贝甘还是巴塞尔大学教授(1937—1946)、记者,并于穆尼埃(Mounier)作古后出任《精神》(*Esprit*)杂志的社长(1950—1957)。贝甘以最后这一角色发表的文章,一部分属于科学活动[其中最优秀者在贝甘逝世后收入《参与之诗》(*Poésie de la présence*)、《创作与命运》(*Création et Destinée*)、《梦之现实》(*La Réalité du rêve*)等书,分别由瑟伊出版社和巴科尼埃尔出版社出版]③,另一部分属于时事评论和新闻活动,(继他的两位先师佩吉和贝

---

① 季罗杜(1882—1944),法国作家。

② 拉穆茨(1878—1947),瑞士法语作家,曾在洛桑大学和巴黎大学攻读文学,发表过多部作品,在法语读者中颇有影响,他的作品被译成多种语言。

③ 关于阿尔贝·贝甘,我们将主要参考皮埃尔·格罗兹的下述著作:《阿尔贝·贝甘的作品》(*Les Ecrits d'Albert Béguin*,巴科尼埃尔出版社,1967 和 1973)、《阿尔贝·贝甘的生涯和命运》(*Existence et destinée d'Albert Béguin*,巴科尼埃尔出版社)、《阿尔贝·贝甘与爱心》(*Albert Béguin ou la passion des autres*,瑟伊和巴科尼埃尔出版社,1977)。——原注

尔纳诺斯之后)更直接地干预生活。

贝甘论述的问题及作家成为批评家生命之旅各个阶段的标志:逃避现实(译作及处女作),回归尘世。追求绝对是贝甘、雷蒙以及他们所评论的诗人们的显著特点,有别于日内瓦学派其他学者的职业生涯,须知唯有贝甘离开大学校园投身于日常的战斗,这一战斗既是文学的亦是政治的。从德国浪漫主义作家转而研究佩吉和贝尔纳诺斯,便是介入现实斗争在研究课题方面的标志。就贝甘而言,批评不仅是科学,更是文学,因为他所描述的万千世界、所接受的种种观点、所探访的主体意识,回答了批评家本人的诸多疑问。《浪漫主义之魂与梦》的前言便是明证。与安德烈·布雷东的一篇文章一样,前言提出了大量问题,而且风格优美。文学显然更能挖掘梦的世界,正是为了重新获得"我们的"经验——诗人们和贝甘的经验,贝甘开始了梦的研究:"我们采用的诗人们"的经验与"我们自己的精粹"融会一起,前者"帮助后者迎战深深的烦恼"。从一开始,撰写文学史的做法,甚至作为"描述性学科"的金科玉律的客观性,都被礼送出门。信息的诚实性是研究——"喜欢并必然提出个人质疑的研究"——的"唯一的先决条件"。关于艺术哲学的这一原则,贝甘此后一直坚定不移,他称作品"关注""我们最隐秘的部分"。《浪漫主义之魂与梦》将法国诗歌与德国诗歌相比照,却不是一部比较文学专著。比较文学专著理应研究"思想和题材的迁徙"。两国共同的精神经历、自然的兄弟情谊、相互的了解喻示着一些共同特征。德国的参考书目使贝甘失望,因为所有的尝试都回避"对浪漫主义精神作出毫无保留的权威性的总结"。贝甘则以自己的方式知难而进。浪漫主义作家要求一定的调查方式,要像他们谈论世界那样谈论他们自己。他们依据"个人感情"选择作品的"素材",并将这些素材置于既完整又依然开放的整体之中(因此,这一整体既非架构完整,又非"任凭情感摆布"),其结构富有音乐感,"是由呼应、重复和题材交错组成的统一体"。这种"开放的统一体"[贝甘先于埃科(Eco)①如是说]旨在"说明人类的任何认识活动都是未完成的,更上一层楼是可以的,进步是可能的"。于是贝甘选择了他的作家们并把他们集合于一个具有连序性的开放的整体之中,一个大结构集中了由每个作家的世界、作品和命运构成的细节结构,"于是,许许多多不同的面孔便组成了一个时代的单一面貌,这是人类史上最具雄心、最勇敢地面对奥秘的时代之一"。每个

---

① 埃科(1932—),意大利符号学家、作家。

作家都经历了"独特的人生之剧",然而属于一个"精神家族"。如果我们(斯塔罗宾斯基)突出《浪漫主义之魂与梦》一书关于梦和潜意识的观念,对书的新颖结构亦应有所感受。全书以一段共时整体为内容(1750—1820年的德国,从塞南古到普鲁斯特的法国,但是没有按编年顺序排列),论述两国的思想家和作家,形成一部三部曲。中间的第四卷"浪漫主义的天空",介绍德国主要浪漫主义作家的形象[赫尔德林、让-保尔、诺瓦利斯、蒂克、阿尔尼姆、布伦塔诺、霍夫曼、艾兴多夫、克莱斯特(Kleist)、海涅(Heine)]。前三卷("第一部分:梦与大自然")确定了浪漫主义意识的重要特征,因此,在第三卷"黑夜的挖掘"里,我们相继看到"梦的玄学思想"[特罗克斯莱尔(Troxler)]、"梦的象征"[舒伯特(Schubert)]和"潜意识的神话"[卡鲁斯(Carus)]。第五卷专论法国作家[塞南古、诺迪埃(Nodier)、盖兰(Guérin)、普鲁斯特、奈尔瓦尔、雨果、波德莱尔、马拉美和兰波、象征主义者和战后的诗]。结论"灵魂与梦"则重新回到梦,梦不是诗,而是诗的源泉之一,梦的穿越最终导向生活。每一卷都沉浸在浓厚的个人思考的氛围之中,犹如写自传一样,作者挺身而出,站在他所研究的作家一边,其参与意识超越了印象主义的范围:"这些熟悉的面孔浮现在我的眼前,多年来,他们陪伴着我。借助他们的遗著,其中不乏心迹的袒露,我力求揭开这些生命的奥秘,他们的面孔在我心中逐渐变成无数清晰的现实。"文学批评首先升华到与作家们分享生活的体验,专著再现并浓缩了这种体验,而且模拟它的效果;其次与读者们共享生活的体验,以其感人的风格打动读者。

在任何艺术作品之中,贝甘都寻求"人类命运的见证"。这一点说明贝甘并不赞同亨利·吉耶曼(Henri Guillemin)式的传记批评:作家与"其相似者的不同之处,不在于他的感情、他的缺点、他的失败抑或成功,而恰恰在于他所拥有的能够从中得出具有普遍意义的真理的能力"(1943)。历史的和实证主义的传统认为"生活比思想和诗更真实"。一部作品的诞生,要求"个人天赋"和"偶然性的消失",积极地讲,还要求属于"诗之领域里的高层次"的发现。贝甘的知识非常渊博,他编辑的佩吉文集和贝尔纳诺斯["韦伊纳先生"(*Monsieur Ouine*)]文集足以为证;然而博学亦有界限。1948年,贝甘评论并赞赏拉富马(Lafuma)关于帕斯卡尔的研究工作。拉富马认为《耶稣的秘密》(le *Mystère de Jésus*)与《辩护书》(l'*Apologie*)并不相干。关于这一点,贝甘与拉富马意见相左:"另外一位编辑,只要他承认拥有自由,便有权无视古文字学的清规戒律,而更倾向于精神一致的喻示。"科学是有限度的,因为科学包含的"客观性、数据和系统分析的种种要求""与各种艺术,特别是语言艺术的自然步骤是格格不入的"[《关于戈德曼》(*Sur Goldmann*),1956]。因此,把作品当做时代的资料,便"歪曲了它们的性质"。视作心理迹象是同样错误的。假如一位患病的艺术家创作了一部作品,这一事实本身"已经向传统的诊断提出挑战,并保证了某种健康,心理学家们不应对这一健康状况说三道四"。同样,贝甘在1955年的《关于文学批评的说明》(《创作与命运》,第179—183页)一文中这样写道:建立作品与其社会和政治意义的联系,就是要作品服从"否定作品或贬低作品价值的法律";相反,政治上的努力可以得益于"完全独立的艺术创作"。"文学不可预测的、爆发式的、独立于任何外部意愿的作用,才使文学产生社会效益"。这句话出自一位与萨特(Sartre)同样参与甚至超过萨特的批评家之口,自有它的价值。最后,把作品演绎为理论、"信息"、"思想",等于使作品脱离了它的形式。贝甘对初期"新批评派"、对巴什拉尔(Bachelard)、巴特(《米什莱》)、布莱、里夏尔(Richard)的祝贺,出于"同一思想":"作品即事实,即是自身有效的现实,应当理解作品本身,不要把作品当做某种更重要的事物的征象而试图从中捕获这一事物。字词的选择和顺序、语句的运行、情节或意象之间的相互关联、这种整体构造与任何其他可能的构造方式不同的独特含义,这些才是智慧应当理解的内容。"贝甘并不以为这种批评方法会导致对作家主体的否定。其实,在他看来,"没有什么比诗人的言语更属于孤独之人的孤独之物了,然而,诗人的言语也在全力寻求沟通,呼唤对方"。

因此,阿尔贝·贝甘丝毫没有迷失在他人的意识之中,没有陶醉于从主观到主观的乐趣。在对帕斯卡尔、贝尔纳诺斯的研究之中,他始终关注着风格和结构。如果他有某种变化,那就是始终朝着更关注技术的一面发展:"评论诗,即确定诗的表达方式,确定诗的语言。……评论一部小说,大概应该看看小说是怎样构成的,怎样从内心感情过渡到人物和情节,即过渡到作品本身,应该始终注意引起对美学形式的关注。"(1948)。这是从杜博那儿学来的经验。杜博不断地使用"文本"一词(20世纪70年代再次成为时髦),从不把文本所反映的精神历程与具体的表面现象相分离(《夏尔·杜博与文本》,1941;《创作与命运》,第217—221页)。贝甘熟悉现代批评的运作过程:"随着批评远离划分价值武断地分配价值的古老的宏伟抱负,它愈来愈酷似一种调查,对文学本质以及批评自身的本质的调查",他于1945年[谈论杜博的《什么是文学?》(*Qu'est-ce que la littérature?*)一书时]这样写道。谈到巴什拉尔时,贝甘认为,统计诗人偏爱的隐喻和意象以及诗人通常使用的词汇,"比雄心勃勃的论文更能说明问题"。相反,贝甘比他的朋友马塞尔·雷蒙更加轻视文学分类,轻视风格和地理区域:"把精神生活区分为固定的类型,对理解精神生活不大有利。"名目仅仅是一些"工作设想","在有限的时间内具有启示作用,直至有一天,它们的抽象性终将开始对纷繁多样浩瀚无垠的书海形成障碍",使用巴罗克概念的唯一好处,即促使我们阅读一些鲜为人知的诗人。在《巴罗克时代的法国文学》(*La Littérature à l'âge baroque en France*)一书中,让·鲁塞恰恰因为始终坚守在"真正的诗的意象领域"而没有陷入人为的分类,才避免了种种批评,他重新发现了"激情"和"惬意"。在这种条件下,巴罗克风格为我们提供了诗的真实:诗人陷于人工雕琢的"完美"形式和支离破碎的形式之间,"旨在更准确地符合内外部生活的'开放性'现实"。

这些观点奠定了贝甘关于佩吉、帕斯卡尔和贝尔纳诺斯的专著中随处可见的风格分析。然而,即使最热烈的研讨会,例如卡尔逊尼研讨会,也没有对此给予足够的重视。从《帕斯卡尔谈自己》(*Pascal par lui-même*)的开卷第一章"一个少年天才"起,批评家就把帕斯卡尔的思维节奏、矛盾现象和超脱与"一种出其不意、富有青春气息、充满突变的文字风格"联系起来。形式简练,语气咄咄逼人,诡异多变,言词富于爆发力,无过渡与低潮段落,作家帕斯卡尔的这些特征"与内心的帕斯卡尔是一致的"。完全不同的帕斯卡尔形象,与其用现代修辞学来说明,毋宁从"现实的矛盾现象"来解释更合适。贝甘给予小小的"和"字以施皮策式的分析:小小的"和"字,与并列方式一样,是"连接矛盾现象的关节"。贝甘还以风格为题答复纪德(Gide)和瓦莱里:是的,帕斯卡尔反复推敲词句,然而他所模仿的恐惧声调用在他人身上;是的,悲伤气氛"写得极佳",而《辩护书》正想唤起一股悲伤情调,无意宣扬作家的浪漫主义豪气。同时,贝甘在阐释细节时始终惦念着整体:只有把"帕斯卡尔的某一区分置于《辩护书》总的背景之下"才能真正理解它。细节的阐释与作者是吻合的,因为它通过行文本身研究作者,在透过各种形式揭示作品含义的过程中研究作者。这种鉴别批评在结尾时停止了,其做法可以上溯到《浪漫主义之魂与梦》一书,结论部分总要指出应该止步的地方,指出应该继续前进延长经验的地方:梦之后,重新回到现实;帕斯卡尔之后,恢复社会整体的精神和历史精神。贝尔纳诺斯之后……然而,没有后贝尔纳诺斯阶段。我们发现,浪漫主义作家研究过后,"幻想的巴尔扎克"例外,贝甘几乎全部投入对基督教作家的研究,这是他的斗争精神的体现（领导《精神》杂志也是这一斗争精神的体现）。因为批评家通过他所选择的作家参与生活，他受他们的召唤。贝甘如此理解贝尔纳诺斯，对后者毫无芥蒂。在他辞世前不久，贝甘以这种方式，证明文学是绝对的经验，而这大概是我们时代的最后一次经验了。随后涌现了大批作家和他们的批评家，他们认为，作品只能自我宣泄，上帝和人本身，都已死亡。面对他们，贝甘高高举起贝尔纳诺斯的小说，它们"不仅是一位神甫的历史，更是一个教区及其神甫的历史，从某种意义上说，教区是从前基督教社会完整的缩影"[《贝尔纳诺斯谈自己》(Bernanos par lui-même)，瑟伊出版社，1954，第 69 页]。每种观念都有自己的语言。作为编辑的贝甘仔细阅读了贝尔纳诺斯涂改得面目全非的手稿（每页上仅保留了三四行字，而每页初稿都浸透着若干小时的心血），他说："贝尔纳诺斯和其他诗人一样，他们的词句和意象是这样产生的：耐心捕捉已有预感的一种运动，后者从灵魂深处慢慢地呼唤而出，成为语言的俘虏。"这里，批评家成了诗人，他的作品也将超越他曾与之不懈斗争的、无视他的作品的形形色色的唯科学主义者，拥有更强大的生命力，因为在某种意义上，它透过现象，抓住了本质。

乔治·布莱

乔治·布莱(1902—)，比利时人，初任爱丁堡大学教授，后曾任教巴尔的摩(1952，约翰·霍普金斯大学)、苏黎世(1956)、尼斯(1968)等地，虽然发表作品较晚，但后来相继发表了若干重要著述。长期以来，人们把它们置于"新批评"的源头，即置于 1956 年后在法国出现的文学批评的更新潮流之中（我们已经提过，其发轫要早得多）。不管方法有何差异，"新批评"的特点，便是与实证主义的历史、与传记、与"作家其人与作品"一类专著决裂。布莱的著述包括从《人类时间之研究》(Etudes sur le temps humain，1949)到《破碎的诗》(La Poésie éclatée，1980)等 18 部专著、大量的文章和一部小说[《下金蛋的母鸡》(La Poule aux oeufs d'or)，1927]。涉及的作家之多（不知疲倦的日内瓦学派①的专家皮埃尔·格罗兹曾作过统计），表明他的兴趣和圣伯夫

---

① 布莱是日内瓦大学的名誉博士，他曾给马塞尔·雷蒙写道："把我和日内瓦大学连在一起很合适，因为那是您的大学，由于您的努力，在此地形成了一家批评流派，作为它的成员，可以说，我每天都感到幸福和自豪。"——原注

(Sainte-Beuve)一样广泛：16世纪（涉及两大问题和两个作家）、17世纪（8个作家）、18世纪［10位作家或艺术家，但是既不包括孟德斯鸠（Montesquieu），也不包括伏尔泰］、19世纪（26位法国或美国作家）、20世纪（25位作家，其中有法国作家、德国作家、瑞士作家、美国作家、意大利作家、西班牙作家和比利时作家；15名法国和瑞士批评家）。

  当布莱的处女作①《人类时间之研究》在巴黎发表时，批评家们［卢梭（Rousseaux）、纳多（Nadeau）、贝甘］把它当做全新的创举予以祝贺。他们有的对文学中的时间问题更感兴趣，这一问题第一次得到了论述；其他人则对存在的哲学分析兴趣盎然。在1955年写给马塞尔·雷蒙的一封信中，布莱本人详细说明了他的思考的缘由："大约在1932年发现狄尔泰和贡道尔夫之前，我把里维埃放置一边，我曾两次见过他，他的一丝不苟、他甚至焦虑不安的专注给我留下了不可磨灭的印象，我只能指望借助杜博了……因此，在几乎不懂德语、全凭摸索、难免一知半解的情况下，我勉为其难，十分艰难地开始了诗的哲学抽象和抽象的诗，它们构成了……共同的精神见证。"从《内心的距离》(*La Distance intérieure*，《人类时间之研究》第二卷，1952）一书的前言开始，布莱的批评就明显地昭示了他的立场："客观地说，文学是由各种形式的作品构成的，形式的区别或清晰，或不甚清晰，即诗、箴言，还有什么小说、戏剧等。主观地讲，文学无任何形式可言。它是产生于任何物质之后的永远独特的思想现实，并通过各种事物，不断揭示文学永远不可能成为客观存在的奇特而又自然的道理。"布莱为我们介绍的，正是每个作家的思想现实，"世界在这种内心空白中重新形成"。布莱同样信奉意识批评，但是他与雷蒙和贝甘不同（雷蒙关注形式和独立的作品，贝甘则是参与和体现的朋友）。他透过各种著作，并非确定唯一的一部作品，而是确定产生这些作品的纯粹的精神。形式不应代替精神，否则则陷入拜物教；在艺术作品中，我们应该寻求"作品世界的创造精神及其完成的潜在原则。另外在此前提下，作品的结构、时间和空间，只不过是精神的一种变形，精神囊括其变形，先于变形而存在并超越变形"。雷蒙与布莱的《通讯集》便是争论的见证。布莱真的憎恶"工艺品"。在布莱看来，描述一部作品，分解它的技巧和方法，是一件令人厌恶的事，毕

---

  ① 布莱的博士论文《论巴尔扎克小说中人物的相互关系》（*Des relations entre les personnages dans le roman balzacien*，367页，1924）没有发表［《通讯集》(*Correspondance*)，第153页］。——原注

竟作品不是物。因此,布莱的《巴尔扎克》一文(见《内心的距离》),越过"结构"和"形式",揭示了产生结构和形式的思想,找到了产生效果的原因。《人间喜剧》里的一切都向它的创作者聚合,创作者是唯一重要的。"思想"并非"一整套观念";"感觉、想象、渴望、爱、想,都是思想。思想是精神生活的行为。当形式带来某种物质局限时,应该重新发现给予形式以活力并且超越形式的思想"。诸如莎士比亚的作品,如果我们一部一部地挖掘,只能显示出它们的线索、"人物的真实心理、各部分的安排以及短长格诗和白格诗的相对作用",却没有捕捉到"真实的莎士比亚"(《通讯集》,第62—63页)。因之,诗人的任务不是"写写诗",而是"做人和育人";不是要他叙述他那平庸的日常生活,而要显示精神生活的高峰,展现"思想境界"。布莱的一句格言,把他的立场推向极端:"形式是供吮吸的。一旦挤干了果汁,就应当扔掉果皮。"

其结果及方法,便是为每个作家和若干时代("18世纪"、"浪漫主义")描绘一幅画像,不是圣伯夫式的有血有肉的"文学画像",而是精神画像:每个作家都有他的"我思故我在",都有证明其作家生存的思想,批评家正应该重新发现这一起点。因此,每项研究都应该全力寻找创作灵感的秘密、起源、先于"第二时刻"的第一时刻。如果布莱的批评,特别是早期的批评,同时具有哲学色彩和文学色彩,那是因为对他而言,哲学家的灵感或"最初的直觉"与诗人的灵感并无二致;从这一起点开始,哲学家与诗人便逐渐分道扬镳了。同时,还要清楚地懂得:这种原始意识并不是瓦莱里的大同意识、无个性意识,"相反,在我看来,意识的获得是最富个性的行为,例如,拉辛意识,或雨果意识,或克洛代尔(Claudel)意识,是与其他人的所有其他意识行为不容混淆的独特行为,但始终或隐或显地存在于同一意识的任何经验之中"(《通讯集》,第199页)。乔治·布莱试图触及他的每位作家的意识,当做他这位批评家的自己的思想界限,更有甚者,干脆以为别人的思想就是他自己的思想。读书成为一种占有行为:"我把自己借给他人,'他'在我的内心深处思考、感觉、呻吟并作出反应"(《批评意识》,第282页)。

那么,这种过程在具体作品和书籍里的情况又如何呢?这是布莱与马塞尔·雷蒙在他们的精彩的《通讯集》里争论的主题。在《批评意识》的两页里(第284—285页),布莱似乎投入了作品。要理解作品,无穷无尽的知识是必要的,然而它们不同于对"内心世界的真正了解",必要时应从内心深处体验"我与作品的某种认同关系"。作品存在于我,犹如一个"自我主体,意识在作品的基础上继续活动,表现于作品内部",构成"作品各种客体的主体"。读者的身份当然没有消失,他与作者在作品中分享自己的意识,他的意识对蜂拥而至的事件感到"惊愕",这正是批评意识。因此,存在着若干层次的认同,布莱以批评家为例予以说明。"稍露端倪"的认同,雅克·里维埃是这种认同的体现者(马塞尔·雷蒙曾著书评价里维埃,指责布莱的评论过于严厉)。其次是让-皮埃尔·里夏尔的感官的却非智识的非主观意愿的客观认同。另一端,"无(主客体)结合的精神活动"的卫道士莫里斯·布朗绍(Maurice Blanchot)主张"废弃所有客体",与"脱离任何客体"、在真空中运行的超批评意识相吻合。这两种互相对立的形式能够结合在一起吗？斯塔罗宾斯基将身体的读析与灵魂的读析结合起来,然而灵魂读析的痕迹仍然过分明显,过于智识化。马塞尔·雷蒙被凝神冥思和内心世界的理解分解得支离破碎；他的弟子鲁塞,则完成从难点到主观、从形式到形式的超越。在批评意识这段历史或这一"现象学"的末尾,乔治·布莱描述了他心目中的理想之路:"从主体通过客体再到主体",这是"任何经典阐释方法"的三个阶段。任何文学作品本身,也有三个层次:作家的意识给予自己一些客体,这是第一层次；在第二层次时,作家的意识超越它的客体以"捕捉它自身"；最后,到一定程度,意识"不再反映任何事物,仅仅满足于存在,仍然存在于作品之中,又超然作品之上"。追踪这一升华过程的文学批评也随之升华,"直至直接捕捉到无客体的主观意识"。

我们最好举例说明这一方法。布莱研究拉克洛(Laclos)时(见《内心的距离》),有意"一步一步再现拉克洛思想酝酿、经受考验、发展和完成的历程"。这一思想从一个意念开始,"超出时间的概念而又面对时间",因为意念构成一个方案。主观愿望重新创造了时间,瓦尔蒙是这种主观思想的典型。小说犹如一次调查、一场实验,以检验运算是否准确。在时间的上空,意识"出现在它自己面前,成为它自身的保护神",而梅尔多伊夫人是评判瓦尔蒙的"超级意识"。诱惑者企图"强加给对方一种新的暂时的生存方式",自己成为其命运的主宰。但是,当这部征服小说里加入了另一部出乎意料的小说,"未曾预先构思的由受害者征服诱惑者的小说"时,一切都变了。瓦尔蒙堕入情网,把自己的意图忘得一干二净。时间的延续受制于偶然,而瓦尔蒙再也不会复原,他的生存脱离了意愿,其延续变得不可预测:"企图主导时间的人反被时间所制。"如此简单而又无情的分析,把一部人们原本以为绚丽多姿的复调小说,简化为意识在时间领域里的悲剧。

布莱为众多艺术家画像的手法是各不相同的。试看他的莫里哀形象吧(《人类时间之研究》,第一卷)。批评家首先确定"喜剧时刻"概念:戏剧家意识到分离的可能性,不要"纯粹的主体",而"引入一个客体"。稍许,观众发现客体的某些行为与众不同,这些行为揭示了他的人格。评判由此而生,评判的参照系是持久的观念,然而滑稽性打破了时间和客体的正常运转。至于我们,我们参与有序的时间延续;而喜剧客体则参与混乱的不连贯的时刻:"因此,喜剧时刻则是在正常世界的延续过程中对短暂的局部裂痕的发现。"在喜剧时限或时刻里,我们的评论和感觉都反感"客体",反感滑稽人物。但是怎样延续喜剧时刻呢?在莫里哀的作品里,我们同时发现两个世界——稳定而持续的习惯世界与激情世界。后者的时限和悲剧时限一样,短暂而不稳定,突然爆发而又多次重复:"人物通过重复,在我们的眼皮之下,逐渐失去个性,成为一种类型……人物随着剧情的进展而概念化。"因此,莫里哀的作品中没有时限的概念,只有"永远丧失理性的永恒典型";同时,人物激情的滑稽表演,在我们身上产生了某种情感,"而这种情感的主观重复",使我们像第一次一样,在永恒理性和永恒感情的氛围中,再次发笑。需要说明的是,布莱没有引用任何人物,没有引用莫里哀的任何名著,仅仅引用了《关于喜剧〈愤世嫉俗〉的信》(*Lettre sur la comédie de l'Importun*)和贝尼埃(Bernier)编写的《加桑迪的哲学》的缩写本(*l'Abrégé de la philosophie de Gassendi*)。《人类时间之研究》的每一篇就这样把一部部巨著缩减为简单的抽象和纯粹的精神,浓缩进漂亮的公式:"拉斐特(La Fayette)夫人的作品只有一个目的:发现爱情与生存的关系",或者对《追忆逝水年华》一书的绝妙概括:"这是探索生命本质的一段生存的小说。"

　　乔治·布莱在《普鲁斯特的空间》(*L'Espace proustien*)一书中所做的研究,有助于更好地展示他的方法。《追忆逝水年华》的叙述者回首旧地,旧地永远是那段生活的见证;人物与早期的环境相连,然而,当他从一种背景进入另一种背景,我们却看不到中间状态。因此,空间并不是均质的。为了克服这种分散而不连贯的现象,《追忆逝水年华》的主人公采取了若干措施:旅行,不断变换角度、画卷。"普鲁斯特的时间是空间化的并列的时间"、构成艺术作品的空间。布莱就这样挖掘和复原了整部小说,其目的不在于了解普鲁斯特是怎样绘制他的空间的,而在于了解空间对于普鲁斯特的含义:从无足轻重到空间就是一切。由于排除时毫不手软,比照时又很宽容,布莱的论证颇能吸引读者。其实,批评家经常让逻辑顺序成为编年顺序[马塞尔·雷蒙谈及阿米尔(Amiel)时,曾指责布莱的做法];还有,在《失而复得的时光》(le Temps retrouvé)一卷里,空间的分隔连同大部分人间难题一起消失了,因为空间变成了一个文学问题。尤其是,普鲁斯特的雄心归根结底,是从时间领域表现他的人物,远远胜过对空间的厚爱(这与布莱的观点恰恰相反);空间变成了时间:贡布雷、威尼斯不再是城市,而是时间的标志。乔治·布莱看到的陈列的画卷,也是时间过渡的符号。

布莱的认同批评较少与作品或作品中的主体相联系(如雷蒙那样),而直接与作家的纯粹意识认同,其魅力、其风险,均可见一斑。文章细节、各部作品的细节,足以作证。也许,乔治·布莱的文章在富有诗意的光环下有时缺少从作品表面到根基的往返运动,施皮策早就要求这样做。然而不乏精彩之笔,例如《破碎的诗》(1980)提供的波德莱尔和兰波的两幅绝妙画像!突然,我们从批评家口中听到的是波德莱尔的声音:"我是谁,我,波德莱尔?""我是谁?波德莱尔自言自语。或者更确切一些:我不再是谁?在这种情况下,自我意识较少意识到我是谁,而更多意识到我不再是谁,意识到我由于失势和堕落而再也不同于往昔。"这些语言既是诗的评论,恰如波德莱尔自己的评论一样,又是哲学评论,因为批评家以他人的"我思故我在"为自己的出发点,他人的"我思故我在"为批评家提供了发展线索。作家有自己的精神世界,批评家应当重新发现这一精神世界。绝对不会枯燥无味的,因为"情感是世界上最具个性的事物":卢梭可以一反笛卡儿(Descartes)的名言,提出"我在因我思"的新主张。其实,乔治·布莱在撰写"我思故我在"的文学史,这句名言是作品的基本行为。只有在自己内心再现作家们的经验,才有可能实现他的雄心,因此,要研究时间和空间,《批评意识》可以归结为:"我是谁?我在何时?我在何处?"

让·鲁塞

让·鲁塞(1910—)是日内瓦大学的退休教授。他的作品可以列入日内瓦学派最重要的著作之内并在其中占有独特的位置,对艺术的酷爱使他把对形式的乐趣和批评意识结合起来。他对自己的作品反复推敲,字斟句酌,因而著作不多,包括:《巴罗克时代的法国文学》(1954)、《形式和意指》(*Forme et Signification*,1962)、《内与外》(*L'Intérieur et l'Extérieur*,1968)、《小说家那喀索斯》(*Narcisse romancier*,1973)、《唐璜的神话》(*Le Mythe de Don Juan*,1978)、《他们的目光相会》(*Leurs yeux se rencontrèrent*,1981)、《贴心读者》(*Le lecteur intime*,1986)。当他的同伙们从自己的哲学经验和文献学的积累开始时,鲁塞的独特之处在于依赖艺术史和美学。他是法国17世纪的专家,也是罗曼巴罗克方面卓越的行家里手。完成博士论文之后,他把研究领域又扩大到20世纪[罗布-格里耶(Robbe-Grillet)是他研究的下限]。

《巴罗克时代的法国文学》一书发表时曾经轰动一时,如同那些经典著作(例如雷蒙和贝甘的著作)一样,作者重新审视、收集、概括和超越前人的研究,使前人的研究仅仅成为一种准备工作。欧仁尼奥·德·奥尔斯(Eugenio d'Ors)的书[《论巴罗克风格》(*Du Baroque*),法文译本,1935]之后,曾有人试图借助艺术史的巴罗克类型,把它们应用于文学领域[如博厄斯(Boase)、柯勒(Köhler)、勒贝格(Lebèque)、雷蒙、韦勒克(Wellek)等],但是缺少总结性的著述。鲁塞的著作首先确定了入选作品的范围:时间上,从1580年到1670年,从蒙田到勒贝尔南(Le Bernin);地域上限于法国,尽管巴罗克是当时整个欧洲的现象;概念则借助于"勒贝尔南、巴罗米尼(Barromini)和皮埃尔·德·科尔托纳(Pierre de Cortone)等人的罗曼建筑学,因为"我们只有期待它为巴罗克提供一个纯粹的无可争辩的定义,它负有提供理想的巴罗克作品之标准的使命"。原则确定之后,批评家采用了题材分析和论证的方法;然而,我们将看到,这些题材亦是形式。文章的发展围绕两大主题:变形和炫耀,喀耳刻(Circé)象征变形①,孔雀象征炫耀。最后一个部分罗列了巴罗克的形式、文学巴罗克的标准以及巴罗克与作家、流派和相邻时代的关系。每种体裁青睐一个主题:宫廷芭蕾——变形,言情牧歌——不专一和躲避尘世,悲喜剧——伪装和假象。在分析文学作品的过程中,让·鲁塞为文本的不同层次之间注上了"谐音":"在被当做玩物和变形的英雄人物与破碎、开放、多中心的结构之间;情节冗长,时间展延,线索时断时续互相交错,人物跑马灯似的移动,戏剧内容膨胀,给人以运动、复杂和累赘的感觉。"题材之中,运动题材(水)、火与厌世、死亡等占主导地位。既然文学分类的作用就是重新发现一些作品,鲁塞把一个陌生的世界导向光明,这是一段反映痛苦、反映黑夜中的烦躁

---

① 喀耳刻,希腊神话中的女怪,太阳神的女儿,通巫术,住在地中海小岛上,旅人受她蛊惑,就变成牲畜或猛兽。

和死亡景象的文学。死亡运动最终在火光白雪乌云和彩虹之中战胜了生命。蒙田的作品中,"画家和模特都处于运动之中"。勒贝尔南为路易十四雕刻塑像时,没有让国王摆出姿势,而任他随意走动。运动还体现在花园流水以及似水流一样的行文之中,巴罗克风格真正把作品"变成了艺术品"。介绍过这些题材之后,鲁塞在其博士论文三大部分的最后一部分里,确定了巴罗克作品的标准:不稳定性、流动性、变化、装饰成分占主导地位;其方法就是首先找出巴罗克建筑和绘画方面的基本主题与"一个同时代的文学作品群体"的基本主题的相似性,然后试图从(用来掩饰的)一个隐喻、一种类型的诗(像波浪和螺旋那样流动的诗)、行将破碎的结构和一部完整的诗[如马莱伯(Malherbe)的诗],进行反证。马莱伯的诗本意是反对巴罗克风格的,却未能完全离经叛道:"人们有时不由自主地成了巴罗克。"高乃依的作品继续反证,经过一段巴罗克时期,它试图跳出变化和变形的圈子,却陷入了另一特征——炫耀。其实,炫耀也是巴罗克的一种态度,以孔雀作象征。这里反映了一个认识周期:鲁塞从视觉艺术出发,总结其规律,然后在文学作品中找出相同的规律。其结果便是发现了新的17世纪,古典主义不再占据它的全部空间,或者人们以新的目光审视已经熟知的作品(如高乃依、莫里哀、马莱伯),或者人们重新发现已被遗忘的作家,因为他们不是古典主义作家(让·鲁塞1961年发表了一部法国巴罗克诗选)。让·鲁塞的方法颇具启发价值。被古典主义反对的文学重新破土而出,其基本框架已经理清:"古典主义一反多姿多彩的动态形式,围绕一个中心架构作品整体,使作品的各个部分都处于一成不变的静态形式。"

15年后,在《内与外》("论17世纪的诗和戏剧")一书中,让·鲁塞重谈自己的第一部著作并明确了他的方法。尽管"相似性可能陷入误区",然而"文学作品需要新的解释,呼唤新的理解方法;17世纪比任何其他世纪都更要求进行深刻的改写"。其实,改写、清理关于历史的观念,正是文学史的目的之一。我们已经了解他的方法——通过视觉形式。这一方法适用于"同时期的所有创作者","不管他们的语言有何差异"。鲁塞的目的是撰写"一个时代所有艺术家——包括雕塑家、戏剧家、画家和作家等——的共同的真正的形象思维史"。这部史书以意大利为例,反映了罗曼语文献学的欧洲情结和20世纪的关注:"如何从自己的客体中完全抽象出来而又不取消这一客体,不失去和这一客体的任何联系呢?"继最初的探索和新的目光之后,是科学的挖掘:"一旦我们掌握了巴罗克的全部史料,今后就可以从容地研究17世纪,而不必担心如何处理巴罗克的问题了。"有人曾经批评过使用文学类型的做法，其实，文学类型有助于"提出新的观念"，"以新的目光"，"提出工作设想"，"作为对现实提问的工具"，帮助我们开始研究工作。

作为研究形象思维的史学家，让·鲁塞是否仅仅关注主题和内容呢？《形式和意指》(1962)提出"形式的解读"，显示了相反的倾向。让·鲁塞重新概括了俄罗斯形式主义、盎格鲁－撒克逊的批评、福楼拜、马拉美、普鲁斯特、瓦莱里、福锡荣（Focillon）和沃尔夫兰等艺术史家的贡献后，为批评确定了下述目标："通过形式捕捉意义，作出具有启示意义的结论和阐释，显示既体现人生经验又昭示创作经历而前人又未曾论述过的纽结、形象和焦点。"作家只能通过创作来表现自己，经验"通过形式而发展"，形式揭示创作和经验的意义。不像某些古典主义者所说的那样，依靠阐述已有思想，依靠摹仿内在的模式，而是通过创作的偶然性："从这部著作中关于《包法利夫人》(*Madame Bovary*)的论文里，可以得出这样的结论：创作提纲中未包含的东西，恰恰是小说中最能体现福楼拜个性特征的部分。"艺术作品"既是一种结构的充分展示，又是一种思想的淋漓尽致的发挥"。这一定义相应确定了批评家的责任：只能"通过作品中的形式解读梦幻"。文学史是一篇"序言"、一排"防护栏杆"，是服务于批评的一种工具，是一门辅助科学。然而形式不易捕捉，因为形式并不限于技巧、结构和"各部分之间的平衡"，形式是"力量的线索，是萦绕胸怀的形象，是出场或呼应的脉络和各种焦点的网络"。因此，批评是一项探索活动："批评的工具不应存在于分析之前。"和施皮策的主张一样，读者将敏感地捕捉"风格特点"，捕捉"预计之外的富有启发作用的结构事实"。但是，读者亦不会忘记，"作品是个整体"，因而解读也应当是"全面的"。作为日内瓦学派的成员，鲁塞提出"摹仿"阅读法，即不加其他评论，仅从模拟艺术家创作时的动作（les gestes）方面选择并研究作品："我心目中的全面的读者，长满耳目，从各个方面阅读作品，采纳不断变化但始终相互联系的角度，区别形式线索和精神线索，区别各个重笔线索，区别重复出现、变化多端的素材或题材脉络，既探索表层又挖掘深层，直到发现所有结构和全部意义的聚会点、焦点，克洛代尔称之曰动态图。"于是，让·鲁塞研究《包法利夫人》中的窗户和俯视素材，形成"福楼拜的幻想题材"、"形态学方式"和"结构方法"三个章节；研究克洛代尔作品中的"分隔幕布"；研究普鲁斯特的人物安排和接替，或必读书，如叙述者的各种案头书，那是作品的种种标志。作品的结构"揭示了它的意义"。《追忆逝水年华》属于环形结构,这一形式使作品的开头和结尾完全吻合。"孔布雷"的形象是"相继从两个方面完成的":再现睡眠悲剧的梦醒时分;再现孔布雷所有其他内容的悲痛的氛围。《失而复得的时光》一书的前两段,永恒性(高低不平的铺路石)和瞬息性(化装舞会)的交相发现互相重叠。这种结构昭示了"时间与永恒的辩证关系,这一关系贯穿着整个小说",同时还说明主人公变成叙述者、扣上小说的环扣之后,有可能挥毫书写小说的开头。鲁塞从三个角度研究了中间部分:斯瓦纳和夏尔吕斯、小说人物的案头书、爱情。斯瓦纳[正如克洛德-埃德蒙德·马尼(Claude-Edmonde Magny)在《1918年以来的法国小说史》(l'*Histoire du roman français depuis 1918*)已经论述的那样]是主人公的精神之父和长兄,体现着后者的宿愿:不育。斯瓦纳的角色很快被苦命情人和平庸艺术家夏尔吕斯所代替。夏尔吕斯这一人物形象也表达了一个基本问题:"我们能够跳出生存领域而进入创作领域吗?"让·鲁塞的分析在当时颇为新颖,给人们以很多启发。

形式或结构的概念可以扩大到小说的场面研究,如《他们的目光相会,小说中的首次相会场面》(1981)。这部著作专门研究所有小说中一概存在的一种关键场面。首次相会场面的形式是固定的,与(文学色彩甚浓的)一场基本情景相联系。它推动情节的发展,产生一系列近期和远期的效果,它们是第一时刻不可避免的发展结果。首次相会场面的规约,冲破历史的和文化的断层,不断发展,这方面的作品几乎无穷无尽。让·鲁塞从一些常见的特征出发,概括了一种模式,并区分了效果、交流和越轨等三个概念,然后以此为规范,找出了差别。对场面的分析验证了某些常见特征,如地点的描写、突然性、目光的交流、(柏拉图式的)结局等。我们可以按三项组合的方式从中归纳出三类场景:出场、女主人公(或男主人公)的消失、追求;出场、结合、追求(男女主人公结合后的共同追求);前两类的组合:出场——结合、共同追求、消失[《新爱洛绮丝》(*Héloïse*)]。这一场面的位置是变化的,何时重复也是变化的。还应该从逻辑上区分布局(la mise en place,布置)和导演(la mise en scène)两个概念。布局包括指出时间和地点、形象和姓名。导演则根据活动性质,即内在活动、外向活动或两者兼而有之,安排动态材料,构成三种类型,使其产生效果(如突然性)、产生交流和越轨现象(我们似应称之为犯规现象)。这种图解可能有些枯燥,但是当让·鲁塞向包括希腊、德国、英国、意大利、法国和瑞士(很自然)的60位作家(从古代到普鲁斯特)的作品频频发问,在妙趣横生的浏览中,它自然产生了不少新发现。让·鲁塞的著作成为今后解释约会场面不可缺少的一部专著,他开创了一门新学科,这门学科是否可以叫做"场景学"?请注意不要把文学与生活相混淆,假如更多一些技术特征(如场面的时间长度、置景研究),则可能会使这部书与令人陶醉的"恋爱艺术"相区别。

让·鲁塞可以从场面过渡到神话,只要他能从神话中分离出有特色的材料或不变因素,它们一起可以组成一个"长盛不衰的故事梗概"。《唐璜的神话》便是由死者、女性群体和主人公组成"最起码的三角搭配"。结构方法有助于从众多的版本和历史的偶然中分离出一个符合逻辑的情节。场面或片段的"微观分析"折射出整个系统。批评家并没有忽视历史,通过时间方面的挖掘使"已为人们熟知的固定系统重现生机"。在神话系统的分析之后,批评家介绍了这一系统在各种不同体裁中的变化(如戏剧、歌剧、长篇小说、短篇小说、诗、政论,还有批评等)。

文学形式不计其数,其中占主导地位的形式之一,是第一人称,让·鲁塞为之献上了他的《小说家那喀索斯》——"关于第一人称的叙述类型"的研究。其中还论及这类小说中叙述者的地位、时间体系、各种叙述角度等问题。让·鲁塞是日内瓦学派中最接近形式主义的批评家。乔治·布莱曾经强调过他的回归意识,回到与作家意识认同的一面:"也许只有让·鲁塞成功地自立于调和(conciliation)和交流(échange)之地,自我和作品的相互依赖在那里表现得非常明显。"

让·斯塔罗宾斯基

倘若让·鲁塞有时显得更钟情于形式和文学史,让·斯塔罗宾斯基则毫不犹豫地回归意识和其他科学领域,如灵魂医学(人们通常称作心理学或心理分析)——即使他的目的是为了研究若干画家[此外,他还发表了一部《医学史》(une *Histoire de la médecine*)];还有语言学:为施皮策的《风格研究》作序,发表费迪南·索绪尔(Ferdinand de Saussure)关于改变词汇的字母位置而构成新词方面的研究成果[《词内之词》(*Les Mots sous les mots*),伽利玛出版社,1971]。他的参照系——哪个批评家没有参照系?——大概是18世纪:《孟德斯鸠论孟德斯鸠》(*Montesquieu par lui-même*,瑟伊出版社,1953)、《让-雅克·卢梭:透明与障碍》(*Jean-Jacques Rousseau: La Transparence et l'Obstacle*,普隆出版社,1957;伽利玛出版社,1971);《生动的目光》(*L'Oeil vivant*,伽利玛出版社,1961)包括一篇研究卢梭的论文,但是主要论述 17 世纪(高乃依、拉辛)和 19 世纪(斯丹达尔，Stendhal)的作家。关于 18 世纪的另外三部著作——《自由之发明》(*L'Invention de la liberté*，斯基拉出版社，1964)、《1789，理性的标志》(*1789 Les Emblèmes de la raison*，1973)、《三个狂怒者》(*Trois Fureurs*，1974)，将美术和文学混在一起。《卖艺者的肖像》(*Le Portrait de l'artiste en saltimbanque*，斯基拉出版社，1970)和《运动中的蒙田》(*Montaigne en mouvement*，伽利玛出版社，1982)分别补充了批评家关于绘画艺术和文学史范畴的思考。马塞尔·雷蒙的这位学生与让·鲁塞一样，是日内瓦学派中对人文科学态度最开放的成员。

从《生动的目光》的前言"波佩的面纱"起，让·斯塔罗宾斯基就确定了自己的批评观。我们从中发现了批评家对绘画和文学的共同兴趣的根源：目光。该书实际上提出了一套关于目光的诗学及其理论："视觉引导精神走出视觉的王国，进入意义的王国。"批评的目光改造并重赋生机：一个要求"接触和吻合"的意象世界在批评的目光下觉醒了。然而，批评家亦应保持一定的距离，"保留审视的权利"，透过"明显的意思"而达到"内在的含义"。什么含义呢？让·斯塔罗宾斯基一会儿想到"第一目光的明显性，想到形式和节奏"，想到词汇，一会儿又更笼统地提到"广义的生活"或"变相的死亡"，而"作品经常是变相死亡的前兆"。批评的目光位于两个极端之间；或者沉迷于作品使它窥见的美妙无比的意识之中，因为它全部投入到"作品所展示的感性和理性经验之中"，然而，完全的摹仿主义便摧毁了批评的语言；或者与作为评论对象的作品保持距离，选择"全景式"的视角，了解作品的背景(作者在《自由之发明》里正是这样做的)。这些背景材料是变化的潜意识因素，体现着"命运和作品与其历史环境和社会环境的关系"。但是，在这种"俯视"的目光下，假如作品由其外围材料来确定，我们无论如何也不可能清点全部的外围关系，否则就可能眼看着作品被外围材料所淹没。全面的批评将瞄准"全貌"和瞄准"意识深层"的两种态度结合起来，往来于两者之间。意味深长的是，当人们大谈而特谈作品之声音和作家之声音时，让·斯塔罗宾斯基在这篇序言的结尾处却代之以目光的交流形象："睁开双目以迎接寻觅我们的目光，并非易事。"《生动的目光》真正研究了若干作家的目光题材。然而，自《孟德斯鸠》起，批评家就已经突出《论法的精神》(*L'Esprit des lois*)一书中的"俯视目光，它同时又是能够看到事物之间相互联系的鸟瞰目光"。因之，"曾使许多评论家大感失望的《论法的精神》的混乱，正是俯视目光的体现，它立在原则的高度,居高临下,对同时发生的所有结果的庞然大物一览无遗"。观察制约着知识和幸福。孟德斯鸠的失明激发他了解人们的思想,他的失明并未能阻止他口述这部著作。让·斯塔罗宾斯基的研究以同一主题结束:"理解来自观察。"人们可以"拥护白昼",反对"暗夜的恐惧"。让·斯塔罗宾斯基认为孟德斯鸠是光明的使者,他的作品里全是光明。

同一形象也出现在《1789,理性的标志》一书里。批评家把这一年度及其风格当做一篇文章来解读:"将革命事件的风格和同时期发表的艺术作品的风格相比照是合情合理的,甚至是必不可少的……革命的光明如此炽烈,照亮了当时的角角落落。"批评家的鸟瞰性目光,迎来了大革命的光明,大革命的光明沐浴着当时的所有作品。而让·斯塔罗宾斯基关于18世纪的著作,系总体论述,没有突出任何一部作品。一会儿是"威尼斯最后的火光":洛可可(le rococo)艺术随着瓜尔蒂(Guardi)而逝去,只有油画里的"光明依然存在",吉昂-多米尼科·提埃坡罗(Gian Domenico Tiepolo)正在凝神创作普尔契内拉(Pulcinella)之死;一会儿又是"夜曲作家莫扎特":《费加罗的婚礼》(*Les Noces de Figaro*)在夜曲中结束,《堂·乔万尼》(*Don Giovanni*)的夜间情节延至终场,《魔笛》(*La Flûte enchantée*)中黑夜王后的失败;在最后一出歌剧中,"灵魂得到纯净后的男主角,迎娶帕米娜为妻,帕米娜是白昼世界与疯狂的暗夜世界的综合,她是一位乐善好施的魔师与黑夜王后的女儿"。正因为如此,"革命时代的太阳神话"便继之而起,让·斯塔罗宾斯基从当时的诗人阿尔菲爱里(Alfieri)、克罗卜史托克(Klopstock)、布莱克(Blake)等人那里读到了太阳神话的痕迹:太阳神话是对"一段历史的美好想象",是"一次创作行为,帮助改变了许多事件的进程"。透明和光明萦绕让·斯塔罗宾斯基的心头,曾使他比任何人(马塞尔·雷蒙例外)都更加准确地理解了卢梭,现在又使他从新的角度看待大革命,将艺术和阴影调和起来。在歌德的作品里,人"拥有阴暗的内心世界,然而他的目光却带有太阳般的光明"。当艺术家观察大自然时,如果他是真正的艺术家,他就会创造出第二个大自然,"使到处都必然转瞬即逝的平衡终于成为永恒"。布莱克"朝思暮想,盼望光明喷薄而出,使自己变得晦涩难懂"。戈雅(Goya)也同样被光明和阴暗所吸引。

让·斯塔罗宾斯基在《自由的发明》一书里,将文化史、各种艺术和文学混为一谈,架构了18世纪的整个题材系统:"18世纪的人文环境"、"乐趣的哲学和神话学"、"忧虑和节日"、"对大自然的摹仿"、"怀旧与空想"。当其著作以"观察的乐趣"为结尾时,我们丝毫也不惊奇:"这就是18世纪,酷爱光明,酷爱清晰,酷爱透彻,酷爱思维,而思维程序似乎与目光的程序密切相关。须知视觉是我们最具扩张能力的感官,它把我们载向远方,引入征服的潮流。正是思维所取得的成绩使它很快就不再满足可感知的世界了。"这一结论展望了未来,在未来的世界里,表面现象已经远远不够。同样,文化史家也不能满足于自己的百科全书式的目光。他明白,即使他借助属于剧场和观众的强烈光线,对所有的作品和艺术一览无遗(如库尔蒂斯曾经说过的那样),某种东西——人之根本、个体意识的独特性、黑夜般的内心世界依然躲过了他的视线。

因此,让·斯塔罗宾斯基的部分著作与精神分析比较接近。批评家博大的知识修养,曾经分布在他的全景式著作里,现在则凝聚在以一个作家为研究对象的专著和文章里。他为琼斯(Jones)的《哈姆雷特和俄狄浦斯王》①(*Hamlet et Oedipe*,伽利玛出版社,1967)所写的序言[后收入《批评式叙述》(*La Relation critique*)一书]中,勾画了弗洛伊德发现俄狄浦斯情结时期的画像。我们并非因为序言论述了这一著名题材才对它感兴趣,而是因为它除去表现批评家全身心地然而也许是暂时地融入弗洛伊德的理论之外,说明弗洛伊德是如何利用文学——特别是在他生涯中最大的危机时刻如何利用索福克勒斯(Sophocle)和莎士比亚——的情况。我们暂时摘下大名鼎鼎的维也纳学者头上的光环,目的在于发现下述事实:让·斯塔罗宾斯基谈论弗洛伊德就像谈论一位正在攻克自己的题材和材料的作家一样。引述俄狄浦斯王之后立即又引用哈姆雷特的弗洛伊德,处于"自我解剖、文化回顾和临床实践的交会点"(这里不是有斯塔罗宾斯基自己的声音吗?);当弗洛伊德1900年为《释梦》写的一条注释再次比较上述两个形象时,批评家从中读出了弗洛伊德"用隐晦语言告诉我们"的含义。莎士比亚在父亲逝世后写出了《哈姆雷特》,弗洛伊德是在同样的环境下发现俄狄浦斯理论

---

① 俄狄浦斯,希腊神话中底比斯国王拉伊俄斯的儿子。因神曾预言他将杀父娶母,出生后就被其父弃在山崖,但为牧人所救,由科林斯国王收养。长大后,想逃避杀父娶母的命运,却在无意中杀死亲父。后因除去怪物斯芬克斯,被底比斯人拥为新王,并娶前王之妻即其生母伊俄卡斯达为妻,生子女四人。后来全国瘟疫流行,神示须除去杀死前王的罪人才能消灾。他追究原因,始知自己实已杀父娶母。伊俄卡斯达闻讯自缢。他也在悲愤中刺瞎双目,流浪而死。古希腊悲剧作家索福克勒斯根据他的故事写有悲剧《俄狄浦斯王》。

的:"《释梦》试图成为知识领域的《哈姆雷特》,与《哈姆雷特》在莎士比亚戏剧作品发展过程中占有同样的位置……弗洛伊德是自我解剖的莎士比亚。"然而,俄狄浦斯是各种阐释之源。俄狄浦斯的背后,别无他物,俄狄浦斯即是"深度"。相反,我们则一直不停地探询"哈姆雷特的背后"是什么。这里有一段卓越的题材研究的范例:莎士比亚的剧本写于"传统的宇宙形象破灭之时",表现了表象的虚伪和个人主体的远离;戏中戏、镜子题材、支离破碎的语言,都使哈姆雷特(如堂吉诃德一样)成为一片"诱人的真空"。让·斯塔罗宾斯基重提弗洛伊德比较莎士比亚和索福克勒斯的理由之后,肯定俄狄浦斯的悲剧"包含全部象征意义",而哈姆雷特的悲剧则恰恰相反,只能向我们展示"全部意义"的一部分。当年,弗洛伊德曾建议把感觉的谜底揭开:人们对哈姆雷特的普遍关注正是因为俄狄浦斯王以异乎寻常的力量存在于哈姆雷特之身。让·斯塔罗宾斯基以批评家和分析家的耐心及迂回策略,从"这并非全部"、"补充教训",通过在其优美的散文里加入数字序列,一步步地走向结论。俄狄浦斯王堪称规范,哈姆雷特则是"悖论的原型,未能胜利地走出俄狄浦斯的圈子"。因此,"我们可以看得更清楚":两个主人公正是"弗洛伊德的过去和现在的中介形象"。让·斯塔罗宾斯基还揭示了弗洛伊德的思想:哈姆雷特试图杀死他的父亲,他没有这样做,但是他也不会除掉真正的凶手,因为他从凶手的身上看到了自己的影子。艺术家作为心理分析学家的形象由此完成。

在以索福克勒斯、福音书和福斯理(Füssli)为内容的《三个狂怒者》(1974)一书中,对弗洛伊德的这种赞同似乎变得更微妙一些(正如马塞尔·雷蒙在致乔治·布莱的一封信中所说的那样:"非常明显,弗洛伊德的观点由绝对变成了相对,《俄狄浦斯王》受到非议)。精神分析过程中出现的种种论据,设想了"活生生的人物之间"的一场对话:"当叙述者成为结论的主人时,事情的全部经过恰似叙述者扼杀了他的人物一样。"精神分析把悲剧中的英雄人物当做有血有肉的真实人物,分析这些真实人物"与他们的潜意识之间的关系",而悲剧中的英雄人物却在与诸神斗争:人们用病理学代替了悲剧,用家庭冲突代替了与奥林匹亚山诸神的斗争[这些批评的根源可见 J.-P. 韦尔南(J.-P. Vernant)和 P. 维达尔-纳盖(P. Vidal-Naquet)合著的《古希腊的神话和悲剧》(*Mythe et Tragédie en Grèce ancienne*)一书,马斯佩罗出版社,1972]。

让·斯塔罗宾斯基放弃了传统的分析程序,恢复了埃阿斯(Ajax)①的性格原貌,但是减少了现代阐释投放给悲剧的"过分的心理因素"。其他发挥作用的力量还有:姓名、武器、雅典娜(Athéna)②,一切皆以三段式发展过程——盛怒、杀戮、恢复理智来结构。这些为批评家重新确定某些文学观念提供了机会:"从登场开始,悲剧人物的命运已经终结,而他则是这一命运的姗姗来迟的评论者。他为自己即将走完的旅程增添了一种神话没有包含的意识……悲剧立足于平庸的神话材料,创造了一首回眸往昔决定命运的诗,同时也迎来一个无比痛苦的内心世界。"这项研究和随后马克(Marc)的研究(V,1—20)一样,表现了双重的关注:一方面挖掘精神分析领域的内容,如疯狂和入魔等;另一方面在分析故事时避免重蹈前人的覆辙,把握文学的意识——亦即文学之哲学,以准确阐释作品的意义。

让·斯塔罗宾斯基为维克多·塞加朗的医学博士论文《临床医生与文学》(*Les Cliniciens ès lettres*,由法塔—摩尔嘎纳出版社再版,1980)写了序言并讨论了相关问题。当科学汇集着医学知识时,文学能告诉我们什么呢?塞加朗是作家兼医生③,他"自觉错误地依赖了文学作品",因为他的论文以文学作品为依据,只不过是一部"间接的"批评之作,因此他把亚洲、大洋洲的人的真实情况归于一致。如同理解索福克勒斯或马克或福斯理的作品一样,我们也应该捕捉塞加朗的作品的意义:"在作品《远古人》(*Les Immémoriaux*)中,诗人塞加朗以第一人称谈论医学科学语言以第三人称谈论的对象——一种已经尘封的文化之躯,而不给第三人称任何发言权。"这种文化的神圣已经卸去,诗是其"唯一可能的继承者"。批评家别无良策,只能沿着作家的意识轨迹,沿

---

① 这里指小埃阿斯或罗克里斯的埃阿斯,特洛伊战争中的希腊英雄俄琉斯的儿子。他勇敢善战,攻陷特洛伊城后进入雅典娜的神庙,在那里奸污了女祭司卡珊德拉,并把她掠走。雅典娜为了报复,在归途中使他在海陆夹击下粉身碎骨。

② 希腊智慧女神,女战神,即罗马神话中的密涅瓦。主神宙斯听他第一个妻子墨提斯说她将生一个女儿,她女儿的儿子将比宙斯强大。一说她将生一个儿子,他将比宙斯强大,宙斯便把妻子墨提斯吞进肚里。当墨提斯要生产时,宙斯感觉头部疼痛,请火神赫淮斯托斯劈开了他的脑袋,雅典娜全身披戴铠甲从里面跳出。她把纺织、缝衣、油漆、雕刻、制作陶器等技术传授给人类。她与海神波塞冬相争,因出示第一棵橄榄枝而获胜,遂成为雅典城的保护神。

③ 见《疾病—形象思维的不幸》(《批评式叙述》,第214—237页)。——原注

着作家的初旅上溯。这是一条漫长而昂贵的旅程。《运动中的蒙田》直到 1982 年才发表,那是 30 年的心血积累。批评家确实重新勾画了"一种运动","区分了一个思想发展的各个阶段",但是没有"重复前人走过的路",即陈述蒙田关于运动的思想,也没有泛泛而谈地描述他的生活、思想和风格(如弗里德利希或塞斯那样)。这是《卢梭》一书的姊妹篇,比前者晚了 25 年。如同在第一部著作里一样,批评家从作家思想和生存的一个最初行为开始,追踪"一段旅程"。作为批评家之假设和出发点的作家的最初行为,是"对表面现象变幻莫测的义愤"。然而,批评家属于他的时代:"在带着疑问的阅读运动中,批评家随着时间的推移,以自己的独特经历,通过阐释一部依然具有生命力的前人之作,开始明确了自己本身的形势。"透过现象阐明不同作家的"旅程",这便是《运动中的蒙田》一书的作者的任务;把作品"置于它的无限重复和变化的运动中来理解",也要求我们思考"我们自己在世界的处境"。意识批评熟悉各种批评方法,然而并不仰仗其中任何一家,熟悉各种语言,却形成了自己的风格。它明确了自己的任务:通过追踪"意识的旅程",一石三鸟,赋予文学、世界和我们自己以意义。

第四章　客体意象批评

加斯东·巴什拉尔

意识批评突出创作主体。加斯东·巴什拉尔（Gaston Bachelard）进行的革命,则把题材的意象引入批评,作为研究的主要课题。巴什拉尔的九部著作,即《火的精神分析》(*La Psychanalyse du feu*, 1938)、《洛特雷阿蒙》(*Lautréamont*, 1939)、《水与梦》(*L'Eau et les Rêves*, 1943)、《大气与梦》(*L'Air et les Songes*, 1943)、《土地与休憩之幻想》(*La Terre et les Rêveries du repos*, 1948)、《土地与意愿之幻想》(*La Terre et les Rêveries de la volonté*, 1948)、《空间的诗学》(*La Poétique de l'espace*, 1957)、《幻想的诗学》(*La Poétique de la rêverie*, 1960)、《一支蜡烛的光芒》(*La Flamme d'une chandelle*, 1961),刷新了法国的文学批评,震撼了文学批评的种种方法（巴什拉尔的著作在盎格鲁-撒克逊国家里没有取得同样的成功）。直至20世纪70年代语言学获胜之前,来自巴什拉尔的方法几乎独自孕育着所谓的"新批评"学派。巴什拉尔最初是一个认识论者和自然科学的哲学家,进入诗歌评论的圈子很晚,对于创建流派几乎毫不关心。他是一位大教授和大作家,然而也是一个孤独的幻想家。

加斯东·巴什拉尔的方法何止一种,他在孤寂之中创立和修正的方法多至若干种［见米歇尔·芒絮伊（Michel Mansuy）:《加斯东·巴什拉尔与元素》(*Gaston Bachelard et les éléments*), 1967;樊尚·泰里岩（Vincent Therrien）:《加斯东·巴什拉尔在文学批评领域的革命》(*La Révolution de G. Bachelard en critique littéraire*), 1970］,因此,有必要跟踪哲学家的原则及其应用情况,谨防歪曲理解或将它们混为一谈。另一困难来自批评家为"精神分析"、"现象学"、"诗学"等常见词汇所赋予的新意。一切都从1938年的《火的精神分析》一书开始(火是作者第一部和最后一部著作的主题),元素"火"有可能被科学界所忽视,却逃不出幻想的魔掌。这部书标志着从科学认识到诗的认识的过渡:"问题正在于从经验知识和科学知识的基础出发,发现潜意识价值的作用。""潜意识"一词的意义应当加以明确,这里指"相对较浅较有理性的一个精神层次"(即"浅意识"或"前意识")。同样,梦被幻想所代替,幻想"与梦的区别极大,因为它总是或多或少地集中于一个目标之上"。毫无疑问,幻想决定"情结",因为一部诗作的"统一性"来自它的幻想。但是,这些情结有了新的名字[普罗米修斯(Prométhée)、恩培多克勒(Empédocle)、诺瓦利斯、霍夫曼]。与弗洛伊德相比,它们更接近荣格(Jung)的理论(巴什拉尔曾计划对荣格的理论给予"补充"):在这些情结中,性的作用有限。批评家的第一个方法是"对客观认识的精神分析",对原始意象引发的心理倾向的精神分析。随着论述的深入,作者从一种方法过渡到其他方法,他开始较少引用科学论著的例证而更多地以文学作品为据:"霍夫曼的酒可以燃烧,它是质量、阳性和火的标志;爱伦·坡的酒能够淹没,使人忘却一切,置人于死地,那是数量、阴性和水的标志。"于是,巴什拉尔发现诗之精神"完全服从一种受偏爱的意象的诱惑"(第182页)。他没有放弃科学精神,"故事作家、医生、物理学家、小说家,全是梦幻家,从相同的意象出发,迈向相同的思想",其目的却是为了与"传统的精神分析"保持距离。巴什拉尔的材料不是那些"精神病患者",在他看来,排斥不仅是一种"正常的"活动,而且是"令人欢乐的"。客观认识的精神分析有助于在欢愉中承认错误:"精神上的纯粹的欢快由此而生。"人们于此达到了"对主观世界的客观认识",于此才发现了"辩证的升华",这种升华恰恰是由于"系统的排斥"而诞生。这样,作者的第一部著作为"客观的文学批评",首先是为构成一种系统、一种"句法"的"隐喻"的批评"准备了工具":每个诗人都提供一份意象的综合,我们可以"事后"去发现它。绘制一幅"曲线图",重新发现一种"逻辑",而非匆忙拼凑平庸乏味的草图,因为"原始冲动分裂之处"存在着幻想的辩证法:"那么,有情人可以既清纯又热烈,既有个性也有共性,既有戏剧性又忠贞不渝,既是瞬间的又是长期的。"这便是"创作心理"。

  翌年,加斯东·巴什拉尔献给由超现实主义者重新发现的作家洛特雷阿蒙一部专著,真正跨进了文学批评的殿堂。专著开宗明义,作者的目的有二：确定"时间联系上令人震惊的严密性"，分离出"兽类生活的情结"和"侵犯力"。他声称，《马勒多罗尔之歌》(*Les Chants de Moldoror*)是纯粹的侵略之歌。专著要成为"生活的精神分析"，其方法就是收集侵犯的标志：动物、力量的化身（与卡夫卡的紧张症的化身相反），里边包含着洛特雷阿蒙对力量的向往。巴什拉尔建议挖掘"文化类情结"（"位于弗洛伊德精神分析所挖掘的原始层之上"），例如杜卡斯的学生时代，其集中的反映，就是"反对儿童，反对上帝"。论及作家的生平时，巴什拉尔断然摈弃了对于作家疯癫的指控，赞美"作品成熟的语言及和谐的音调"，并强调其文字的解放："如果一个人可以变化他的语言，他就是语言的主人……洛特雷阿蒙能够控制自己的幻觉。"洛特雷阿蒙的作品是奇特的，他的生活并不奇怪，心理问题应当通过作品而提出，作品既是生活的反映，又与生活相分离。巴什拉尔的方法在于从语言中找出精神力量。作家的语言重心集中在"进犯时刻"，"语句大概变成了发怒动机的文字形式"，动词使用现在时，没有沉浸在语言的历史之中，没有"像勒孔特·德·利尔(Leconte de Lisle)那样，一味重复属于过去那些英雄人物的经常有气无力总是亦真亦幻的回声"。洛特雷阿蒙作品的语言揭示了"他的情结"。他把诗从描写中解放出来，还我们以自由。巴什拉尔把题材、象征和关键词联系起来，以为《马勒多罗尔之歌》是一首进犯之歌。他并不满足于这层意思，因为巴什拉尔认为，阅读可以改变读者：应当超越洛特雷阿蒙，把他的"扩张力"改造为一首"真正开创意象境界的命题诗"。

加斯东·巴什拉尔还有四部专著是以题材的意象为主题的，分别以四大元素为内容。古代思想曾把四大元素作为"万物的基础"，似乎过去即存在着一种历史的潜意识。系列中最完善的两部专著都以土地为题，从中也可以最好地解读批评家的方法。首先是纵向阅读："我们仅仅是个读者。我们数小时数日持之以恒缓慢地逐字逐句地阅读书籍，尽我们最大的努力抵制故事情节的诱惑（即抵制作品中明显的意识部分），以确保漫游在新颖的意象之中，漫游在使潜意识的原型焕然一新的意象之中。"文学意象使基础意象面目一新，在原型规定的主题基础上发生变化。然而，批评家建立的这种接触也毫不留情地暴露出各种陈词滥调、形形色色的虚假意象和虚假价值："诗作中关于犁的老生常谈掩盖了多少价值观念，进行精神分析确实必要，以便把文学从那些伪耕耘者手中拯救出来。"另外，还应清醒地意识到，对巴什拉尔而言，意象既不是一种修辞形象，也不是文章细节，意象是"一个完整的题材，它呼唤各种不同的来自多渠道的印象的聚合"。意象亦不是"观察到的现实片断以及对现实生活的回顾"的组合,如现实主义文化和批评中那样,巴什拉尔式的艺术家不是好的观察家,而是好的梦幻家。意象正是作品中非真实性的功能的痕迹。意象先于观察而存在,因为它是"一种原型的升华",而非"现实的重复"。当巴什拉尔写作《土地与意愿之幻想》一书时,他的思想接近荣格,但语言表达的方式与荣格不同。许多作者[如珀蒂让(Petijean)、卡尤瓦(Caillois)、鲁普奈尔(Roupnel)、德祖瓦伊(Desoille)]被哲学家如此这般地曲解、转移,弄得面目全非。当哲学家诚实而又天真地引用他们,让他们为新的义务服务时,事情则更为可悲。

另一个应当避免的错误,就是误以为加斯东·巴什拉尔心中仅仅萦绕着内容而对语言无动于衷。《洛特雷阿蒙》(从分析四百余种动物用语入手)已经足以证明这一点,文学意象"永远不能重复同一内容",它创造一种语言,加盟于表达心理力量的强有力的运动。时代要求我们研究意象,之所以要研究文学中的意象——须知巴什拉尔的元素并不是生活中的元素,而是书本里的元素——那是因为意象可以上溯到语言和形象思维的起源,同时又表达"凝聚于事物内部的情感世界"。硬物质、软物质、铸造物,既同为意象内容,又表示种种运动,如跌落题材或反对重力的斗争题材和辩证的张力题材:平静的表面下,一种物质在躁动。当论及各种庇护意象(如房子、母腹、石窟)时,巴什拉尔不满足"回归母体"的结论,他反其道而行之,没有回到心理活动的深刻根源或潜意识,而更喜欢"在多姿多彩的意象中展示心理活动的发展过程"。

让我们着重谈谈意象批评与精神分析的区别吧。精神分析学派的象征是一个"性的概念","意象则不同。意象的功能更积极。在潜意识生活中,它大概也有一定的意义,大概也表示某些深刻的冲动。然而,它更是形象思维积极主动的反映。它既可以掩盖,也可以展示。展示远远超过了掩盖。我们正是从这一奇妙的窗口来研究形象思维的"。这里,我们看到了一位读者,文章对他产生魔力。"当言论的自由把作者心中的复杂力量一泄无余时,它也把凝聚在字词之间的被动的意象印在读者脑际"。通过意象,作者把自己的影子投进物质之中,读者则步作者之后尘。而潜意识、作家的童年[①]、俄狄浦斯危机,这些都没有

---

① 《幻想的诗学》第14页:"至于我们,我们以为无名氏的童年,比有着具体家庭历史背景的个人童年,更能揭示人类的灵魂。"——原注

引起巴什拉尔的兴趣,与弗洛伊德相比,甚至与荣格相比,他更接近马尔罗(Malraux)。

9年后,《空间的诗学》发表。我们可以从中看出加斯东·巴什拉尔的第二个方法:元素的精神分析被意象的现象学所代替。但是,其间的决裂程度没有书中表现得那么强烈。《幻想的诗学》的结尾重新捡起《土地与意愿之幻想》的观点,除此之外,问题可能只是为了把法与事实、原则与实践联系起来。巴什拉尔用"意境的现象学"一词表示"当意象作为心扉、灵魂、人和物的直接产物出现于意识并被人们捕捉到它的现状时,对诗的意象进行的现象研究"。意象没有过去,却有未来。因此,意象与"沉睡在潜意识底层的原型"没有因果关系,没有必要"以肥料解释花朵"。巴什拉尔重新论述他自《火的精神分析》起一直使用的升华观念,认为它便是证据,证明诗"建立在人间痛苦灵魂的心理基础之上"。现象学并不从经验角度描写诗的现象,那样读者是被动的,它要再现"诗的意向性"。意向的结果反映在"效应"之中,与有关物质意象的著作的主要区别便在于此。一个意象对"其他灵魂"的作用不能用客观的描述来解释,"只有现象学,即对个体意识中意象出发点的考察,能够帮助我们恢复意象的主观性并衡量意象的规模、力量及主观浸透的方向"。意象"把纯粹而短暂的主观性"和有时组织得不够完整的现实结合起来,因之先于思想而存在,是"语言的起源"。

因此,加斯东·巴什拉尔的现象学不再分析某一物质,而分析"效应";不再分析重复的现象,而分析单一的无任何迹象的突发性现象。但是它把"诗的结构作为多种意象的组合"这一未免过于庞大的计划搁置一边,防止损害基础观察的纯洁性。这样,读者迈向了创作的乐园,似乎他就是作家及其自由的影子。我们既不必用整首诗(或整部作品)亦不必用明确的现实来论证某一意象,只需停留在由意象构成和限定的"语言空间里",或包括该意象的语句或诗句里。至于意象的组合,则是"次要的任务"。巴什拉尔的批评观就这样把诗的最小单位(及文学的最小单位,因为散文体作品并未排除在外)确定为他的研究的唯一对象。超现实主义者把这一对象置于首要地位,布雷东谓之曰"令人惊愕的意象"。批评家要捕捉这个最小单位的涌现、它与创作者的独特关系,因为它是"绝对的起源",批评家应当与它结为一体,才能写出艺术家的幻想。巴什拉尔就是这样评论魏尔伦的[《蓝天在屋顶之上》(Le ciel est par-dessus le toit)]:"狱中!忧郁之时谁不在狱中?在巴黎我的寓所里,远离故乡,我做着魏尔伦的幻想。昔日的天空在石头城上漫延。而我的脑际里,回荡着雷纳尔多·哈恩关于魏诗的词曲。浓厚的激情、幻想、昔日的影子,在这首诗的上空膨胀。在上空,不在下方,不在我未曾生活过的生活之中,不在诗人的悲痛的生涯之中。在他的深处,对他而言,作品难道没有主宰生活,对于生活的失败者,作品难道不是一种宽恕?"加斯东·巴什拉尔的批评就这样从一个意象出发,重新认识一个世界——艺术家心灵向往的那个世界。

让-皮埃尔·里夏尔

如果加斯东·巴什拉尔没有众多杰出的弟子,人们也许会以为他的方法完全来自他的作家天才,而其他人只不过是发挥发挥或改头换面罢了。首屈一指的弟子当数让-皮埃尔·里夏尔(Jean-Pierre Richard,生于1922年)①。处女作[《文学与感觉》(*Littérature et Sensation*),1954]时期的里夏尔也属于意识批评派(如乔治·布莱在该书前言中强调的那样)。"正是在事物中,在人之间,在处于感觉、欲望和约会时的心灵里,才能检验那些主导我们最隐秘的生活、主导我们对时间和死亡进行思考的若干基本的题材"。每个细节分析都与总体描述相联系,多姿多彩的感觉与唯一的结构即作家的意识相联系。然而作家的意识并不是先天带来的,而是在"改造生活中"、在揭开"我们真正生存的那个世界"的面纱中形成的。批评家发现斯丹达尔被探索和温情所肢解,福楼拜虽被素材淹没,却创造了新的形式,风景征服了弗罗芒坦(Fromentin),"爱德蒙和于勒·德·龚古尔(Edmond et Jules de Goncourt)兄弟是两位表象作家"。里夏尔为1954年的读者们突然展示了一些官方批评无暇顾及又被大学忽视的题材和主题。福楼拜饥不择食,喜欢吞食一切的愿望永无满足之时,恶心接踵而至,然后"身体变形"。或者无穷无尽的变化令人目不暇接,从《圣安东尼的诱惑》(*La Tentation de saint Antoine*)到《布瓦尔与佩居歇》(*Bouvard et Pécuchet*),便是这种景象:"福楼拜的主人公在杂乱无章互不衔接的变形中度过人生";或者把印象主义的画面和斑驳陆离的福楼拜式风景相互交错,前者把总体感觉分割为"无数细致单纯对比鲜明的小感觉",而混乱的风景中,"目光只能在映象间一掠而过"。生存被写得散乱无章,

---

① 想了解里夏尔与巴什拉尔的关系,可参阅后者的《土地与休憩之幻想》"质量的形象思维"一章,第79页。——原注

文字又"把长期积聚广泛分布于全部空间和时间的厚重内容凝聚于一点一时"。在风格方面,福楼拜实践"逐渐凝聚"的方法,"形式在持续的无形中形成"。作家通过风格改变着对物质的感觉,然而感觉的研究是必要的,因为纵观全部作品,感觉乃其素材。里夏尔并没有比巴什拉尔(或乔治·布莱)前进一步,他也没有区别同一作家的不同作品。似乎斯丹达尔或福楼拜只写过一部书,只要打破它的理性的表面,将其重新组合就行了。批评家重新发现或重新建构一种感觉结构、一种生存方式的结构以及"貌似松散"的"深刻的和谐"。毫无疑问,在"回归具体"的过程中,里夏尔一定受到加布里埃尔·马塞尔(Gabriel Marcel)、让·沃尔(Jean Wahl)、梅洛-彭蒂(Merleau-Ponty)等人的哲学思想的影响。他从后者的学说里发现了"我思即我在"、思在先、存在乃自我意识之产物的影子,"这一理论为整整一代感知与感受的精神分析学派开辟了道路"[《法国文学批评的几点新现象》,见《法语在世界》(*Le Français dans le monde*)杂志 1963 年 3 月号]。但是,当巴什拉尔把所有的作家(洛特雷阿蒙例外)混淆到唯一的一种语言时,里夏尔则尊重个体、尊重生存的完整。他没有拘泥于编年顺序,而恢复了生存的辩证关系。他认为,不管是生命的表面顺序,还是作品的顺序,都不是"真正的顺序";生存的"内在进展"的本质是符合逻辑规律的,表现为系统形式。

《诗与深层》(*Poésie et Profondeur*,1955)同样回到"文学创作的最初时刻。其时,作品从孕育它先于它而存在的无声之处诞生……在与作品的具体接触中,作家本人也发现了自己,感到了自己的存在并自我完善。世界通过描写行为终于在这一时刻获得了意义……"文学反映了"意识理解存在的努力",反映了与世界的关系。让-皮埃尔·里夏尔从个人气质出发,认为这种关系是"幸运的"。继小说家之后,批评家涉及诗坛,接触奈尔瓦尔、波德莱尔、兰波、魏尔伦。他的探索风险更大,须知瓦解一首完整的诗比打碎一部小说后果更严重。里夏尔试图捕捉"纯粹的感觉"阶段时诗人们的中心计划,而幻想则延续了感觉并使感觉内在化。批评家还想明确他对巴什拉尔的借鉴内容。他们的作品具有"内在的和谐性",我们在阅读时要把握这一点:"例如奈尔瓦尔在冥思中以为存在犹如一团埋藏的野火,因此他同时寻求日出景观、日落时闪闪发光的红砖景观、接触青年女士红棕色头发时的感觉或她们那丰腴的金色肉体带有野性的温热。"可选择的角度很多,里夏尔这部著作选择了深层以研究"深处的体验"。我们知道波德莱尔对"深渊"的偏爱[邦雅曼·丰塔纳（Benjamin Fondane）已经作过研究]。兰波以"爆发、翱翔、喷射、变形、叛逆"等为由否定深层，试图建立一个没有"深层次"的表面世界。对于魏尔伦而言，深层不啻一块真空，"飘忽不定"。批评家没有因研究深层而忽视语言。关于波德莱尔的语言的几页写得很优美（《诗与深层》，第159—162页）："怎能相信这个生命没有得救，而使命让它写出了如此完美的语句？"奈尔瓦尔平静如水的语言、魏尔伦的无人称动词和"这个"（cela，魏尔伦以介于人称和无人称之间、"半疯半癫"的"匿名方式去感觉"）、兰波的"自然流泻"与"形式"的完美结合，说明感觉只能通过文字来表达——即使这一方法竟使诗人们常常陷入生活拮据的尴尬境地。

1961年，让-皮埃尔·里夏尔发表了他的博士论文《马拉美的意象世界》（L'Univers imaginaire de Mallarmé），同时还首次发表了诗人纪念儿子逝世的文字片段[《献给阿纳托尔的陵墓》（Pour un tombeau d'Anatole）]。里夏尔借此机会在前言里介绍了他的方法，这一方法完全建立在题材的概念之上。受马拉美启发[《全集》（Oeuvres complètes），七星诗社文库，第962页]的一条定义说：一个题材，即是"一项具体的组织原则、一种形式或一个固定的对象，围绕它，可以构成并发展起一个世界"。论文"按照递增原则"统计题材，题材的重复表示某种意念的困扰。然而数量不足以说明问题，一个题材可以由不同的词汇来表示，而词汇的意义随着使用的场合不同而变化。"在题材构成中，意义的存在只能呈现为群体、多元的总体形式"。即使完整的题材清单也不足以说明问题，因为它既不能反映系统的组织情况，亦不能反映意义的辐射效应。如同巴什拉尔的主张一样，一部作品的重要章节的辨认以效应即以观察者为基础，如今甚至自然科学都承认效应的地位。另一条应当记取的准则即题材处于若干经验层次的交会位置，例如马拉美作品中的"裸体"既与色情相关，也反映了"美学的和玄学的幻想"，与思想相关。因此，题材可以使我们在某种程度上纵向地浏览经验（例如"喷射"）的各个阶段。最后，题材还可以在意群中互相组合，以种种对应形式（如封闭和开放、清晰与模糊"等）的多重系统出现，构成一种平衡。

题材亦可以作为象征来捕捉，马拉美诗作里的"白色"分别象征贞洁、障碍、清冷或者自由。人们还可以通过联想从一象征过渡到另一象征："从天蓝色到玻璃、白纸、透明、雪峰、白天鹅、翅膀、天花板。""折叠"形象同时代表"性、纸张、镜子、书、坟墓"，汇集于"私生活"的一段梦境。

第四章　客体意象批评

毫无疑问，这些题材、神话和象征先于艺术家的作品而存在，然而，让-皮埃尔·里夏尔不想知道马拉美是"如何接受他的意象的"，而执意了解他是怎样拿来这些意象为自己服务的。经验的独特性不在于它的成分的独特性，而在于它的"组织"，或者用马拉美的话说，在于它的"逻辑配方"（见《全集》，第902页）。按照里夏尔的说法（假如不是马拉美的意见），这种组织与形式主义者研究的作品结构毫无关系，恰恰相反，它破坏作品的结构。"独立的形式"（如十四行诗、四行诗、散文诗等等）似乎"被某种连篇累牍的表意体即作品所淹没"，这一常见现象无疑能够帮助"理解和论证似乎被它摧毁的形式"，并且找出形式的深刻的必要性，或者说感觉经验是怎样论证形式的。对起先梦寐以求继而成为事实的经验的潜意识的组织便是风格。让-皮埃尔·里夏尔的批评方法试图把形式与"人类的某种方案"联系起来，赋予形式以基础，以"新的尊严"。至于编年顺序，至于题材的出场和退场顺序，里夏尔的方法则很少关心。如同整个当代批评一样，他优先关注"永久题材"，当"作品的外延尊重其内涵的发展时"，批评家几乎要乞求共时与贯时之间的奇妙的吻合了。其实质在于跟踪意识的展示和发展。那么只有把分析的"内在的严谨性"作为"客观性的唯一有效的标准"，并且承认所谓的客观性"永远不可能涵盖文学对象的全部"，除此而外，还有什么方法能够保证不出错误呢？今天的批评只能是"部分的、假设的和暂时的"，反映了"我们的文学和社会处于分崩离析"的状态。我们看到，《马拉美的意象世界》一书的序言构成一份非常完整的声明，而里夏尔已经预见到了某些人日后对他的指责。不过，我们认为，批评作品的"内在的严谨性"并不能证明其他什么，只能证明它自身在思维和文学方面的高水平，真正的证据存在于与对象作品以及与其他批评的对比之中。里夏尔的《马拉美的意象世界》生动、清晰、轻松、新颖，赢得了对比的考验：曙光迎来了朝阳和白昼，黑夜和死亡终于被超越。如果作品显得艰涩，那说明我们还不善于从中看到意识的光明，那么我们或者沿着风格谨严的论述顺序读下去，或者反其道而行之。

让-皮埃尔·里夏尔《关于现代诗的十一篇论文》（*Onze études sur la poésie moderne*，1964）挖掘了与弗里德利希相同的领域，但是以专论的形式出现，分别论述了勒韦迪（Reverdy）、圣-琼·佩斯（Saint-John Perse）、夏尔（Char）、艾吕雅（Eluart）、舍阿德（Schehadé）、蓬日（Ponge）、吉耶韦克（Guillevic）、博纳富瓦（Bonnefoy）、杜·布歇（Du Bouchet）、雅科泰（Jaccottet）、杜潘（Dupin）等十余位诗人。统一性体现在方法之中:"批评家选择作家们初次接触事物这一时机,来研究他们。"每个诗人都有属于自己的由感觉和幻想构成的意象世界。然而现代诗也有共同点,它刻意要从"无意义"中"创造出意义"来。里夏尔援引贝甘的一句话,认为那是对于某些形象中"是否存在某种意义的纯属臆想的盖然判断"。同时,现代诗的语言与题材内容相冲突。然而,批评家再次选择了题材的和谐性(几乎要把它们叫做"题材形式"了),而冷落了断断续续的语言,他的借口的分量略显不足("我们还缺少足以认真表达的工具,首先缺乏暗示语音学,还缺少结构风格学")。例如,在博纳富瓦的诗作中,里夏尔便研究"不孕形象",如石头、风、末日、血液、森林、草、昆虫、沼泽;研究"复兴的原型",如酒神狄俄尼索斯的女祭司、凤凰、蝶螈;研究收缩形象,如布垫、冷风、石缝中的宝剑;还相继研究了涌现、复活和燃烧形象;最后研究了"周而复始无限循环"的时间节奏。

于是,我们可以看到这样的情形:从每个作家的作品里,都可以抽象出一幅"风貌"。让-皮埃尔·里夏尔最好的著作之一便借用"风貌"一词作书名:《夏多布里昂的风貌》(*Paysage de Chateaubriand*)构成"一个生命的象征题材的系统"(第175页)。批评家相继提到的主要题材包括:"死亡及其形象"、野蛮与神圣、挑逗、流露、"反射"、"时间的容量"、"破碎的历史"等[为了与学院式的科学批评保持一定的距离,批评家虽在正文中引用了杜里夫人(Mme Durry)、莫罗(Moreau)、穆罗(Mourot)、维亚勒(Vial)、吉耶曼(Guillemin)等人的名字,却不愿开列任何书目]。但是,在"修辞学与生存"(研究时间与地址的多重关系:同一时间,多处地址;同一地址,不同时间等等)和"生活与文字"两个章节里,他对语言分析的必要性则比较敏感。里夏尔认为夏多布里昂的语言是扩张性的语言,但是向着消逝和死亡延伸(我们可以反驳他的意见:像夏多布里昂那样使众多的场景和人物复活的作家鲜有人在)。继夏多布里昂之后,批评家又发表了《关于浪漫主义的研究》(*Etudes sur le romantisme*,1971)和《普鲁斯特与感觉世界》①(*Proust et le monde sensible*,1974)两部书。在后一部书里,我们似乎发觉了批评家向其他方法开放的苗头,如精神分析法——莫隆(Mauron)曾指责里夏尔没有使用精神分析法——又如修辞学,现在都得到了认真的考虑。《微观解读》(les *Microlectures*,1979)进一步证实了这一倾向,因为在这期间,

---

① 我们曾在《普鲁斯特》(贝尔丰出版社,1983)一书中作过研究。——原注

批评的前景发生了深刻的变化。意象批评无疑在 1960 年至 1970 年间占统治地位。然而 20 世纪 60 年代末,语言学的浪潮席卷一切,表意手段的重要性远远胜过了表意对象,而里夏尔的早期批评几乎给人留下对内容的纯粹主观分析的印象。因此,《微观解读》一书(以及随后一卷)向我们回顾了斯特拉文斯基(Stravinski)努力谱写十二音系列乐曲的故事:是忠实于被时尚不公正地贬为过时的方法,还是牺牲个性让自己的声音在世间回荡,许多艺术家、学者和批评家面临选择,而这种选择是残酷的。

《微观解读》研究一些小的单位,如一个素材〔阿波利奈尔(Apollinaire)诗作里的星辰〕、一个场景、一段节选〔雨果、克洛代尔、格拉克(Gracq)〕、一个词、一个行为〔塞林纳(Céline)作品中的"乘地铁"〕、一个书目〔圣-琼·佩斯的《发病期》(Anabase),附在对作者笔名的研究之后〕。批评家的目光始终对准风貌,抓住某一点深刻挖掘,因为他承认风貌的实质是幻觉,是"某种潜意识意念的产物"。让-皮埃尔·里夏尔透过感觉,发掘了冲动;通过梅洛-彭蒂,挖掘了弗洛伊德〔或弗洛伊德的追随者勒克莱尔(Leclaire)、拉普琅什(Laplanche)、穆阿赞(M'Uzan)、罗索拉多(Rosolato)、阿里(Ali)等人,第 8 页列举了大批人名〕;透过灵魂,发现了躯体;透过所有其他内容,发现了巴特的幻影。

吉尔贝·杜朗

和让-皮埃尔·里夏尔一样,吉尔贝·杜朗(Gilbert Durand, 1921—)起初也是加斯东·巴什拉尔的弟子①,反映在他的前两部著作里:《意象的人类学结构》(Les Structures anthropologiques de l'imaginaire,1960)和《〈巴尔玛修道院〉的神话氛围》(Le Décor mytique de la Chartreuse de Paris,1961)。但是他逐渐离开了物质的意象领域以建立神话批评体系。他于 1979 年发表的论文集《神话形象与作品中的面孔,从神话批评到神话分析》(Figures mytiques et visages de l'oeuvre, de la mythocritique à la mythanalyse)便是这种努力的结晶。

这些著作的第一部——《意象的人类学结构》,构成吉尔贝·杜朗批评系统的哲学基础。意象把自己的价值赋予行动,人活着然后献出

---

① "我的老师巴什拉尔",见《神话氛围》,第 5 页。——原注

自己的生命,"不是为了确信客观的存在,不是为了物质,为了房屋和财富,而是为着信念,为着这种臆想的神秘的把世界和万物连在意识深处的纽带;人不仅为着信念而活着而献身,而且人的死亡也由意象来宽恕"。因此,杜朗作为假设,编制了一套"结构的运行词汇",一套"大的意象群的汇编",它不仅适用于文学科学,而且应该适用于所有的人文科学。杜朗没有选择物质分析家加斯东·巴什拉尔之路,没有选择对题材的客观论证,也没有像弗洛伊德的门徒那样选择主观冲动为研究对象,而对意象世界两大动力之间"永不停息的往复"感兴趣。他在自己的研究中,没有照搬那些孤立的意象,而关注意象群的组合:"上升形象永远伴随着光明的象征,如光环或目光。"词汇的编制自然不能遵循意象出现的顺序,因为意象可以同时出现。杜朗仅把黑夜体系与白昼体系相对立,并从中发现三种主导动作。第一主导动作"要求光明的视觉的材料以及分离技术和纯洁技术,其常见的象征包括武器、弓箭和利剑"。第二动作"与消化系统相关,呼唤深处的物质"。第三种动作是节奏型的,与性活动、四季交替、星宿运转、周期循环相关。这些动作,通过形象思维的简单形式,决定着荣格心目中的"原型"("潜意识中存在的原始图像"①),而"原型"再演变为各种变化的脆弱的易于消逝的象征。神话则把象征、原型和形象汇聚在一个动人的故事里。神话的结构"经常与意象群相符合"。

我们还是不要进入这部主要以人类学为内容的颇为生动的象征词典,而看看吉尔贝·杜朗自己是如何把它应用于文学,首先应用于《〈巴尔玛修道院〉的神话氛围》一书的。他的批评介于形式主义的尝试和历史背景或心理分析之间,止于"原型"。其实,历史可以无限上溯。贝尔(Beyle)受阿里奥斯托(l'Arioste)和塔索(le Tasse)的启发,而他们又……"历史止于神话,而神话促使历史的发展并且回归更古老的历史"。文学批评——按照杜朗的原意,应该是美学——研究形式,作品借助形式对感觉发挥作用。批评位于作品诞生之前,美学位于作品诞生之后;前者研究"如何",后者关注乐趣或激动的"原因",关注"文学作品在意识中产生共鸣"的"基础"。杜朗因此便把表达方式和"语义基础"区分开来,后者系指可以表述的内容[莱维-斯特劳斯也肯定地说,神话"这一语言方式里,忠实或背叛原义的表达(la formule *traduttore*,

---

① 见荣格《人对自己灵魂的挖掘》(*L'Homme à la découverte de son âme*),帕约出版社,巴黎,1963。——原注

traditore)几乎等于零"]。他的假设是，文学作品的意义，因其结构可以理解，即原型和象征可以理解，而发挥它的作用；"从语义基础来讲，美学家可以把任何文学故事划入神话故事，归入能够帮助分离出神话的基本结构的方法的行列"。这里引入了"氛围"的概念：描写的魔力触动了我们的形象思维，因为氛围源自"感染力极强的主观世界"，并且呼唤着那些大的原型。作者随后论述了神话氛围。美学的任务，就是通过一部小说，如《巴尔玛修道院》，"阐明并划分整个人类灵魂中关于故事的文学结构，以期透过概念和文字，重新发现艺术成功的普遍规律"。

小说性(le romanesque)建立在两个相互对立的意象"体系"之上。英雄史诗，与"白昼体系的原型和象征"相关；神秘性，与"温情类象征和休憩类原型"相关。小说时刻正处于这两种运动之间。事实上，它把"上层社会价值观念中的英雄行为转化为爱情的内在的世界以及诗作中饱含的神秘而温情的价值观念"。小说性是英雄史诗和抒情诗之间的一种"过渡"、一种"平衡"、一种"财富"。小说性的养料要从象征和神话中去吸取，杜朗以《巴尔玛修道院》为例勾勒了它们的系统。第一部分（白昼）中，对英雄的赞美服从了集中表现英雄人物命运的三种手法：英雄世家与父亲问题，宿命论（布拉奈斯神甫的预言），对英雄人物的渲染（通过良师益友，通过他的"辅臣、亲信予以补充"）。英雄人物要接受"英勇的对抗"，接受与"神龙"的战斗的考验。

英雄人物的对手有三类。首先是反对他的"怪兽"，赫赫有名的守门者，它使我们想起忒修斯和弥诺陶洛斯、珀修斯和龙、俄耳甫斯和刻耳柏洛斯、俄狄浦斯和斯芬克斯以及赫丘利的英雄业绩等古希腊罗马神话。①《红与黑》和《巴尔玛修道院》的进攻型基调是由"父亲和父系的朋友们"给予的,"孩子切齿痛恨的黑色魔鬼身上聚集的所有特征,将作为传统的反对者形象的缩影"。于连·索雷尔是位充满阳刚之气的英雄,"向复辟王朝渺小污龊世界的魑魅魍魉挑战"。法布里斯·德·唐戈面对父亲和长兄的卑鄙心理,他们是所有叛徒(狱卒巴尔博纳、税官拉西、侯爵夫人拉韦尔斯等)的雏形。在这种背景下的滑铁卢之役,实在是一次"英勇精神的启蒙",而启蒙仪式属于神话英雄的历程。

第二类敌人是"可恶的金钱",是极富诱惑力的财富。象于连·索雷尔一样,英雄人物一贫如洗。相反,在罗马神话或德国神话[《莱茵河

---

① 忒修斯,希腊神话中的英雄,雅典王埃勾斯之子。生于异乡,其父归国时曾留言谓忒修斯成年后,可举一巨石,石下藏有剑履。忒修斯后遵父嘱,果得剑履两物,于是徒步寻父。一路斩妖除怪,威名大震。回国遇父后,获知克里特王弥诺斯强迫雅典人每年以少年男女各七人送给牛头怪物吞食,即奋勇前去杀死怪物。归国时船上误挂黑帆,埃勾斯以为其子已死,悲愤投海。忒修斯遂登王位,统一全国,修建雅典城,被认为是雅典国家的奠基人。后又战胜妇女部落阿马宗的入侵,并娶其女王为妻。

弥诺陶洛斯,半人半牛怪物,是克里特王弥诺斯的妻子帕西淮和波塞冬送来的一头白毛公牛所生,被饲养在弥诺斯的迷宫里,每年要吃雅典送来的童男童女各七人,后被忒修斯杀死。

珀修斯,希腊神话中的英雄,主神宙斯化作金雨和达那厄亲近后所生。曾获众神帮助,戴隐身帽,穿飞行鞋,用神剑砍下怪物墨杜萨的头。后来又除去海怪,解放埃塞俄比亚公主安德洛墨达,并和她结为夫妇。

俄耳甫斯,希腊神话中的诗人和歌手,善弹竖琴,弹奏时猛兽俯首,顽石点头。曾随伊阿宋航海觅取金羊毛,借助音乐战胜不少困难。妻子欧律狄刻死后,他追到阴间,冥后普西芬尼也被他的音乐所感动,答应他把欧律狄刻带回人间,条件是他在路上不得回顾。将近地面时,他回头看望妻子是否跟在后面,因而使欧律狄刻又堕入阴间。

刻耳柏洛斯,三头恶狗,尾巴是蛇,为堤丰和厄喀德那所生,负责看守地狱的大门。如有阴魂企图逃出,就会被它攫住。因此古希腊人在死者下葬时除了在死者嘴里放一枚钱币作为渡冥河的船资外,还要在棺材里放蜜饼,作为投给恶狗的食物。

赫丘利,罗马神话中的英雄,即希腊神话中的赫拉克勒斯。神勇无比,完成十二项英雄业绩。虽不断受天后赫拉迫害,但终能战胜强敌,转危为安。婴孩时代就扼杀赫拉派来的两条毒蛇。后来擒狮斩龙,驱妖牛,除海怪,到世界尽头夺取金苹果,解放普罗米修斯,还下地府战胜死神。最后因误穿染有毒血的衣服,自焚而死。死后成神,与青春女神赫柏结为夫妇。

的金子》(*L'Or du Rhin*)]里,金子起着致命的作用。希腊神话中,金羊毛驱使美狄亚杀死他的父亲,金苹果导致了特洛伊战争。① 童话里有灰姑娘的故事,有"不幸的小妹妹"的故事。斯丹达尔的英雄人物也与金钱的权力抗争。于连·索雷尔对接纳他的上层社会只有仇恨(第十章的标题为"雄心与逆境"),当他发现勒纳尔夫人怀疑他"贪婪"时,便铤而"犯罪"。《巴尔玛修道院》里克莱丽和法布里斯的贫穷和"一切都是金钱交换"的王室,甚至和桑斯韦利娜形成强烈对比,后者忽而腰缠万贯,忽而家徒四壁。"传说和神话中,金钱的危害总是伴随着致命女性的危险"。

  第三类敌人正是致命的女人喀耳刻。杜朗强调,神话故事中女性的危险体现为两种人物形象:诱惑型,如大利拉和卡吕普索;或好斗型,

---

  ① 金羊毛,希腊神话故事。忒萨利亚国王珀利阿斯篡夺王位后,为了阻止侄子伊阿宋争位,叫他到科尔喀斯觅取金羊毛。伊阿宋得天后赫拉帮助,造成快艇阿耳戈,和许多英雄一同起程,经历不少艰险,才到达目的地。科尔喀斯国王要他先用火牛犁地,并把龙牙种到地里,才肯给他金羊毛。该国公主美狄亚爱上伊阿宋,就施展巫术帮助他。龙牙下土后忽然变成许多武士,美狄亚施法使他们自相残杀,全部死亡,又用魔草使看守金羊毛的神龙酣睡,伊阿宋才取得金羊毛,同美狄亚连夜逃走。回国后,美狄亚再施巫术,烹死珀利阿斯。

  美狄亚,希腊神话中科尔喀斯王的公主,精巫术。曾帮助伊阿宋取得金羊毛,并和他结婚。后来伊阿宋另娶,她以婚服一件赠与新娘,新娘披上身后即被焚毙。古希腊悲剧作家欧里庇得斯根据这个神话,创作悲剧《美狄亚》。

  金苹果,希腊神话故事。阿耳戈英雄珀琉斯与忒提斯结婚时,掌管争执的女神厄里斯带来一只金苹果,上刻"属于最美者"字样。参加婚宴的天后赫拉和智慧女神雅典娜、爱神阿佛洛狄忒都自以为最美,应得金苹果,争持不下,请特洛伊王子帕里斯公断,并分别以荣誉、富贵和美女私许帕里斯。帕里斯愿得美女,就把金苹果判给阿佛洛狄忒,后来得到她的帮助,诱走斯巴达王墨涅拉俄斯的妻子美人海伦。墨涅拉俄斯的哥哥阿伽门农因此组织希腊联军远征特洛伊,战争十年,终于用木马计攻破城池,夺回海伦。

如彭透斯莱和阿马宗女兵。① 心理分析学家认为两种类型中都有母亲的影子。再加上传说中那些心狠手辣的仙女和巫女,可以说,"美女、魔女和阿马宗型骁战之妇,致命的女性是洪水猛兽和死亡的温床,是使英雄人物发疯和失去男性特征的温床"。杜朗把斯丹达尔小说中许多"爱得有气无力"的男性人物和"不计其数的颇富阳刚之气的阿马宗女兵女将人物"如阿尔芒斯、瓦尼娜·瓦妮妮、马蒂尔德、拉米艾勒等相对比。被爱慕的女性"就像来自深渊的墨杜萨的呼声一样令人恐惧"②。

如果通过神话内容来颂扬英雄人物构成意象的史诗体系,那么,征服"内心抒情世界"的"神秘"体系的特点便是英雄人物的转化和爱情的神秘。主人公从史诗般的英雄转为抒情,从白昼转到黑夜,这便是小说时刻。正是在斯丹达尔的时代,出现了"包括一些大的象征和原型的黑夜体系的意象群",于是,温情战胜了功名。女性的名誉得到恢复,内心世界被重新发现,情意绵绵和爱情之奥秘重新获得了价值。对英雄转化现象具有启示意义的两大神话是关于欧律狄刻和约拿的神话。③

---

① 大利拉,见《圣经·旧约》。迦萨女人,参孙的情妇。非力士人的首领求她诓哄参孙,以了解参孙为什么力大无比。参孙被她纠缠不过泄漏了秘密,于是被非力士人捕获。后来,人们常以大利拉比喻不忠诚的女人。

卡吕普索,希腊神话中阿特拉斯的女儿,一说是俄刻阿诺斯和忒提斯的女儿。奥德修斯从特洛伊回国时,在长久的漂泊之后登上了她所住的俄古癸亚岛。卡吕普斯想与他结为夫妇,甚至答应他可以长生不老,但奥德修斯终不为所动。十年后,一说七年后,卡吕普斯奉宙斯之命放他回家。

阿马宗女兵,古希腊神话中的一族女战士,住在黑海沿岸小亚细亚和亚速海海滨一带,境内禁止男人居留。她们骁勇,善骑马射箭,以忒弥斯基拉为中心侵略附近各地,她们还帮助特洛伊人作战。忒修斯曾征服阿马宗部,并和阿马宗女王希波吕忒结为夫妻。

② 墨杜萨,希腊神话中的怪物,原为美女,因触犯女神雅典娜,头发变为毒蛇,面貌奇丑无比。谁看她一眼,就立刻变为石头。后为英雄珀修斯所杀。

③ 欧律狄刻,希腊神话中 1.俄耳甫斯的妻子;2.阿克里息俄斯的妻子,达那厄的母亲;3.伊罗斯的妻子,普里阿摩斯的母亲。

约拿,希伯来先知,《圣经·旧约》中十二个小先知的第五名。神命他去尼尼微,他不服从命令,乘船逃走。神便使海上风浪大作,只有把他投入海中风浪方可平息,于是众人把他扔进海里。神预备了一条大鱼,把他吞进肚子里三天三夜。他在鱼肚子里向神呼救许愿,神命鱼把他吐出来。于是他去尼尼微,劝告那里的人悔改。神见尼尼微人离开恶道,便不降灾尼尼微了。

第四章 客体意象批评

　　两个女性的神话对斯丹达尔的小说给予了启发。神话中,珀涅罗珀①与卡吕普索或喀耳刻、玛丽雅与夏娃相对立,勇敢的马蒂尔德与温柔的德·雷纳尔夫人、克莱利亚与桑斯韦利娜构成两组对照鲜明的人物形象。另外,法布里斯在狱中找到了幸福,监狱形象的褒扬,如同塔索作品中的阿尔米德公园,也渗透着约拿神话的影子。获救后的英雄以爱西斯和普绪喀②的面目出现,投入"神秘的爱情"之中。爱西斯的情结在于大自然的秘密,普绪喀的情结则在于寻求爱情的秘密。斯丹达尔的景色是湖边夜景,这种温柔之乡正是厄洛斯③的情人羞涩和幽会之地。我们可以看出杜朗是怎样利用神话来解读斯丹达尔的小说的:两个方面的两部分,一条创作之路,一种转变。

　　《神话形象与作品中的面孔》继承并丰富了上述方法,它再次肯定了"古代神话富有意义的故事梗概与文学、美术、意识和历史等领域的现代文化故事之间的渊源关系"。人们重复"一些著名神话的戏剧氛围和情景"。神话具有启示价值和方法方面的价值。20世纪的精神分析学家和人类学家使神话重新获得了尊严,以"最新的面目"出现,成为"基础故事"。据吉尔贝·杜朗所说,"神话批评"就是要分析神话故事,更确切地说,要分析"任何故事意义中固有的"故事中的故事。读者有一个神话世界,作品亦然。其方法分为三个步骤:"找出神话题材",找出熔人物与氛围于一炉的情景,最后将神话的寓意与"特定时代或特定文化空间"的其他神话相比较。结构已经融于历史,因为一部作品的神话框架不仅面对自身的贯时性("故事的发展线索"),而且面对读者的

---

　　① 珀涅罗珀,希腊神话中奥德修斯忠实的妻子,伊卡里俄斯和珀里玻亚的女儿,忒勒玛科斯的母亲。奥德修斯去特洛伊远征时,她一直守在宫里,拒绝了无数的求婚者,终于等到丈夫归来。

　　② 爱西斯神,古埃及神话中司婚姻和农业的女神。

　　普绪喀,人类灵魂的化身,以少女的形象出现。她和厄洛斯相恋,每天晚上在一宫殿里相会。但爱神不许她看他的面容。她的姐妹们就说厄洛斯也许是个妖怪,要她无论如何也要看看厄洛斯是什么样子。一夜,她趁厄洛斯睡着时,点了一支蜡烛偷看,不慎一滴蜡油落在厄洛斯脸上。厄洛斯惊醒逃走,从此不见,宫殿也随之消失。她到处寻找,历经种种苦难,终于和厄洛斯重聚,结为夫妇。

　　③ 厄洛斯,希腊神话中的爱神,即罗马神话中的丘比特。他生于最初的混沌之中,一说是阿瑞斯和阿佛洛狄忒的儿子。在艺术作品中,他以带双翼的裸体小孩形象出现,携带着弓箭在空中飞翔,谁中了他的金箭就会得到爱情,谁中了他的铅箭就会失去爱情。

意象世界。事实上,神话或老化或变形,或者其精神已经"雾化",或者"字面失去原来的意义"而服务于不易察觉的意图。神话批评就要研究"作者个性特征"作用下的上述变化及其历史文化背景。杜朗把"某一文化时刻"和"一个特定社会整体"的研究叫做"神话分析",神话分析不再研究作家个体。神话分析探讨神话的心理学意义和社会学意义[韦尔南(Vernant)和德蒂埃纳(Detienne)也分析了神话的社会和历史内容],拓宽了文学批评的范畴。批评家谈及埃及神话的应用情况时曾举例如下:"从中世纪到文艺复兴,还有18世纪,伊希斯圣母、自然神、约瑟夫的避难所等神话题材极受重视。文艺复兴和17世纪则赞美史诗奥西里斯/塞拉匹斯①。而18世纪末期,特别是19世纪和20世纪,更加青睐发蒙、死亡和复活时的种种磨难,莫扎特的代表作即是证据。"(神话题材指"神话语言中具有意义的最小单位")

于是,吉尔贝·杜朗视20世纪为"赫耳墨斯②回归"的世纪。他继波德莱尔的作品之后,又分析了黑塞(Hesse)、纪德、普鲁斯特和迈林克(Meyrinck)的作品。波德莱尔与他的时代决裂,自喻为一个"十足的化学家"、一个"炼金术士",他使赫耳墨斯的神话复活。浪漫主义的曲线是一条上扬线。当浪漫主义者围绕普罗米修斯的神话——他被认为是耶稣的先驱——描写"坠落深渊后的攀登"时,波德莱尔则描写禁闭、深渊和死亡,标志着普罗米修斯的末日。然而,在通过苦闷和丑陋寻求美的历程中,它亦包含着对立面的调和以及魔术大师赫耳墨斯的成功。黑塞和纪德则仅仅看到"多重的空虚",看到"狄俄尼索斯蹩脚的

---

① 奥西里斯,古埃及的植物神、尼罗河水神,又为阴间主宰。据古埃及神话,奥西里斯原为地上之王,教人以农耕,为其弟塞特杀害。其妻伊希斯、子荷拉斯觅得尸体并使之复活后,成为阴间之王,审判死者灵魂。该神话曾广泛流传于埃及民间,对后来耶稣基督的传说有一定影响。

塞拉匹斯,由古希腊天文学家、数学家、地理学家、生于埃及、长期居住在亚历山大的托勒玫引入埃及的神,大概因为一所供奉犍牛的神殿而得名,兼有希腊哈得斯神、阿斯克勒庇俄斯、狄俄尼索斯、波塞冬等神的威力,集死神、健康之神、保护神和海神于一身。

② 赫耳墨斯,希腊神话中众神的使者,亡灵的接引神。罗马神话中称为墨丘利,掌管商业、交通、畜牧、竞技、演说以至欺诈、盗窃。他行走如飞,多才多艺,传说他首创字母、数字、天文学、体育运动,发明古代的竖琴,并把种植橄榄树的技术传授给人类。

舞蹈"、"普洛透斯的变化无常"①,这种虚无的语言说明魔力的失败。相反,普鲁斯特的作品属于意象的黑夜体系,重新发现了"神秘的象征主义和赫耳墨斯神话"。其实,这则神话的要素或称神话题材有三个:"卑下者的力量"、媒介作用、把灵魂从一个世界引到另一个世界的"召魂师"。《追忆逝水年华》实为一种启蒙历程。吉尔贝·杜朗就这样通过"对作品的神话批评及分析",向我们展示"个体灵魂或集体灵魂的真实"。英雄人物和诸神提供的种类或范例有助于阅读具体的作品。

《宇宙与意象》

我们在此借用埃莱娜·蒂泽(Hélène Tuzet)的大作的题目(*Le Cosmos et l'imagination*,科尔蒂出版社,1965)作为本节的标题。和吉尔贝·杜朗一样,蒂泽也是加斯东·巴什拉尔的弟子,也从事意象的心理研究。但是,她没有从苏格拉底哲学以前的四大元素开始,也没有从荣格的原型开始。她的视野更广泛,研究科学的世界观的进展与诗人意象之间的关系:"面对现代的种种发现,诗人们的反映方式远不如人们想象的那么新颖。他们感觉世界的方式、形象思维的种种风格,同某些几乎与人类一样古老的观念有着千丝万缕的联系。古老的神话穿着新衣重新登场。精神体系总是那么几家。不管是否被某种世界观青睐或嘲弄,各种思维方式都在寻求适合它们充分发展的场合,潜在的魅力起而发挥它们的作用。总之,诗兴远没有服务于科学,而是利用科学,然后依然按照自己的方向跳跃。"选择"总的世界观"的推动因素有哪些呢?对于某些抽象的概念,每种气质都从情感方面作出自己的反映:"人们可以对大一统的夸张观念或对无限分裂的观念、对静止的观念或对变化的观念作出反应。"一种宇宙观的选择,可以来自感觉甚或潜意识。这样,埃莱娜·蒂泽就与荣格和巴什拉尔很接近,然而她超越了四大元素的意象范围,探讨整个宇宙以及集体的宇宙观。"某些时代的形

---

① 狄俄尼索斯,古希腊神话中的酒神,相传他首创用葡萄酿酒,并将种植葡萄和采集蜂蜜的方法传播各地。古希腊人在祭祀狄俄尼索斯时常表演合唱和舞蹈,希腊戏剧即起源于此。

普洛透斯,希腊神话中变幻无常的海神,波塞冬和特提斯的儿子。能知未来,变幻无常。只有中午他才从海中出来,到岩石的阴影下睡午觉。如谁能见到他,他就可以向这个人预告未来。

象思维存在着真正的病态",诱导着个体,因为人与宇宙之间存在着"共同的基础",神话即由此而诞生,存在着一种亲缘关系。

这部著作的独特之处,在于它既提出了一些原型,又可构成一部世界观的历史。这部囊括哥白尼(Copernic)、布鲁诺(G. Bruno)、开普勒(Kepler)、基尔舍神甫(le père Kircher)、笛卡儿、牛顿(Newton)等人在内的史书受到了科瓦雷[Koyré,《从开普勒到牛顿的万有引力》(*La Gravitation universelle de Kepler à Newton*),1951;《从封闭的世界到无限的宇宙》(*From the Closed World to the Infinite Universe*),1957]、M. H. 尼科尔森[M. H. Nicholson,《科学与意象》(*Science and Imagination*),1956]和凯斯特勒[Koestler,《梦游者》(*Les Somnambules*),1959]等人的启发。因此,意象史一方面依赖于科学史(特别是天文学),一方面又在文学史的范围内发展。这样,我们将发现两大精神家族。"巴门尼德派"(les "Parménidiens")反对变化,反对过程,追求静止物质和球体的完美;而"赫拉克利特的子孙"(les "fils d'Héraclite")则恰恰相反,陶醉于差异、过程和变化之中,"每种倾向都创立自己的哲学,选择自己的科学或使它改变方向,当然也包括自己的宇宙观"。巴门尼德派选择了"宇宙乃球形"的学说,这一观念来自柏拉图、亚里士多德和托勒玫(Ptolémée)等人,中世纪也曾风行过一时,它满足对于安全、"秩序与和谐"的渴望和需求。天文学甚至满足了"天人合一"的愿望。

宇宙观的历史经历了从哥白尼的"完美宇宙"和"经典物体"的宇宙说到球体破灭说的过渡,无限说最终取得胜利。然而,作家们和思想家们可以把自己和某种陈旧而过时的观念联系在一起。如谢林(Schelling)的星球理论继承了开普勒的思想;牛顿同时满足了古典主义和浪漫主义作家,他的万有引力为前者回归到古代的运动学说提供了根据,并使他们相信"世界的和谐"归功于它的"主宰者"。他向浪漫主义者提供了"人具有无限能量的思想",18 世纪的诗人们把人称为"宇宙间的巨鸽",称为"神人"。还有一些作家一直试图重建一个周而复始、无限循环的球形世界,如爱伦·坡的诗《我知之矣》[l'*Eureka*,阐释这首诗,仅靠诸如玛丽·波拿巴(Marie Bonaparte)的精神分析显然不够]。埃莱娜·蒂泽认为这一观念与德国浪漫主义者的"消逝的世界"学说是互相对立的。"消逝说"后来归属于亚历山大·冯·洪堡(Alexander von Humboldt)的"宇宙说"(1845),他认为宇宙保持着破碎的状态,模糊星云游荡其间。这些题材再现于拉马丁(《太阳,与我们一起航行的漂泊世界》)、雨果或奈尔瓦尔的诗作。19世纪末,人们注意到卡米耶·弗拉马里翁(Camille Flammarion)的作品的成功,注意到它们对民间意象以及对宇宙诗人们的影响。他把漂流世界比做"一个人",还提出一套艰涩的假设:原动力容纳着物质和神,在世界的末日里,"表面世界只不过是隐匿世界的一块面纱",灵魂则从一个世界窜到另一世界获得新生,"在隐匿的精神世界"里继续发展。

19世纪末,人们放弃了"世界和谐"的学说:勒孔特·德·利尔、拉福格(Laforgue)、布尔热(Bourges)便是证明,而托马斯·曼(Thomas Mann)博士则是20世纪的代表。他相信宇宙的荒诞的扩张,他的音乐作品《整体的奇迹》(*Les Merveilles du Tout*)展示了"宇宙的残酷无情"。相反,另一派的成员克洛代尔则重新肯定人在宇宙中的地位,肯定人在完美无瑕的神圣作品里的地位,重新肯定了"地心说",似乎现代科学根本就没有发生。研究与宇宙空间即"太空"的关系,也可得出类似的意见:从柏拉图到絮佩维埃尔(Supervielle),人对星际的认识存在着连续性。作家们把地球作为宇宙空间的一座岛屿或者天堂。1850年前后,他们看到的宇宙间只有真空和黑暗,絮佩维埃尔在其作品《重力》(*Gravitations*)中曾试图驯服它们。或者,"太空之游"可以浏览真空,这种文学体裁非常古老,远至古希腊人和但丁,它有自己的创作规律。无极世界有自己的"先驱"和"征服者"。太空之游有时令人心旷神怡,有时风险丛生,其代表作出自让-保尔之手。

科学思想为文学意象提供的第三大题材是关于"宇宙生活"的题材。希腊思想认为星球是有生命的。在世界结构方面势不两立的两大思想潮流在宇宙的生活方面依然对立。文艺复兴时期,生机论神话再次出现,"宇宙是唯一的有机体,天地二元论,星球个性化"是这些观念的三个层次。人的微观世界参与宇宙的宏观世界。但是,由于伽利略(Galilée)发明了天文望远镜①,从而揭示了质变的天体规律,并且发现了许多新行星,人类进入了变化的世界,也失去了对"恒定天体"庇护的依赖思想。我们难以概括埃莱娜·蒂泽详尽的题材分析,她论及万有引力的发现以及诗人们对这一思想的处理(缪塞、雨果),论及启蒙时代生机论思想的膨胀,论及火的神话以及宇宙生命的其他象征,如树(雨

---

① 关于光学与文学的关系,请参阅马克斯·米尔纳(Max Milner)的优秀著作《魔术幻灯》(*La Fantasmagorie*,法国大学出版社,1982)一书。该书说明"光学设备"是如何诱导神怪故事的,后者也成了一种"展示机器"。——原注

果、勒孔特·德·利尔)、水蛇[雨果、布尔热、吉卜林(Kipling)、劳伦斯(Lawrence)]。光明与黑暗的斗争,若明若暗等题材,渗透在黑夜中的母亲、"胚胎生长的乳白色海洋"、大海、黑夜等形象之中。科学发现了星云,不管是乳白色的星云或者是模糊星云,诗人们都把它们运用在自己的作品里。作者还分析了关于世界末日的神话,当世界在一场灾难性的火灾中面临它的末日之时,一切都归于毁灭[施沃博(Schwob)、韦尔斯(Wells)]。弗拉马里翁预言星体将要复生,因为火和凤凰一样,都是复活的象征[普安卡雷(Poincaré)、莫勒(Moreux)继承了这一思想]。然而在光明的王国里,宇宙将最终获得新生[但丁、克罗卜史托克、让-保尔、奈尔瓦尔、雨果和泰亚尔·德·夏尔丹(Teilhard de Chardin)]。至于宇宙在核打击下的消亡,埃莱娜·蒂泽的著作仅用几行文字一带而过。然而,对于所有关心整体人类学、关心科学作品和艺术作品中的意象、关心上述不同领域的相互作用的人,蒂泽的研究实为扛鼎之作。大作家们的科学视野与人类思想中的宇宙史密切相关,于是,从柏拉图到20世纪的原型被置于时间的坐标之上,历史和结构在宇宙观中获得协调。

诺思罗普·弗莱

截至现在,我们考察了加斯东·巴什拉尔及其弟子们的意象批评。在我们没有提及大概也不熟悉的另一方天地,加拿大教授诺思罗普·弗莱(Northrop Frye,多伦多大学)1947年发表了他的《批评的解剖》(*Anatomy of Criticism*,法文译本发表于1969年)一书。这部巨著的第二部分提出了一套"关于象征的理论",第三部分则研究"原型批评"和"神话理论"。这就是说,我们又碰到了意象人类学的内容。

原型批评开始于神话,"神话是一些题材典型或纯粹的文学典型,完全无视真实性的规律"。神话是对"欲望所想象的行为的模仿",例如诸神的爱情和战斗。神话包括"文学的结构原则",但是与自然主义针锋相对。小说故事则与神话"拉开距离":神话向我们展示"神与太阳",小说则炫耀"近似太阳"的人物。归根结底,除讽刺成分外,现实主义潮流距离神话最远。在纯粹的神话世界内部,诺思罗普·弗莱又区分了魔鬼与醒世两类意象,魔鬼与地狱相联,醒世则指上天。醒世意象展示城市、花园和牧羊生活;耶稣既是神(神之世界),又是人(城市)、羔羊(动物世界、牧羊生活)、生命之树(花园)。弗莱借助圣经,继续进行意象研究,例如分析了白鸽、玫瑰、水、火等意象。魔鬼意象与"地狱的存在"相关。当苍天变得莫测高远时,魔鬼意象把"大自然的力量"人格化。我们在"个性、两性生活和社会生活中"都可以发现魔鬼意象。世界包括暴君及其受害者;这个世界的植物界则有灾难、荒漠、危险的森林、深渊、迷宫等等。

我们还可以把意象区分为"受欢迎的意象"和"不受欢迎的意象"。神是"受到无限欢迎"的意象。希腊悲剧促使我们接受诸神的正确的盛怒。另外,诺思罗普·弗莱还说明,随着故事的进展,我们"周期性"地从一种结构进入另一种结构:神的死亡和再生、一年的节令、醒与梦、人的生老病死、四季更替(有时由神的个性来体现,如阿多尼斯或普洛塞耳皮那)、文明的黄金时代或未来的毁灭、从霏霏细雨到浩瀚无垠的大海的水的象征意义等。像后来埃莱娜·蒂泽所做的那样,弗莱在此也遇到了宇宙观的问题[但丁、弥尔顿(Milton)]。弗莱从这两位作家的世界观出发,得出故事的"两种主要运行方式:如自然界那样的周期运动以及向着启示录中更高境界发展的辩证运动"。

《批评的解剖》划分了很多类别。作者首先区分"作品中的意象方式",并提醒我们,在第一种方式即神话中,英雄人物都是神。其次,"高级摹仿方式"中的主人公都是传奇人物,悲剧或史诗的英雄都是首领。与我们相似的主要人物出现于"低级摹仿方式"中,似乎低于我们的人物则出现在讽喻类作品之中。欧洲文学走过了从第一类到最后一类的发展历程。诺思罗普·弗莱的其他分析与叙述理论有关。只有他的原型理论"交际的象征媒介"对于本文有着特殊的意义,引起我们的关注:"一个象征性意象,如大海或荒原,超出了康拉德或托马斯·哈代的作品⋯⋯通过其具有象征意义的原型,而与整个文学相关。"莫拜·迪克[(Moby Dick)《白鲸》中的主人翁]回归龙的行列。诗人从名著的"宝库"中获取自己的力量,批评家的责任就在于明确一部作品"与所有其他文学作品"的关系。艺术作品是"将惯例与梦幻熔于一炉的神话"。

正如非弗洛伊德式的意识批评一样,同样非弗洛伊德式的意象批评沿着两条道路发展。一条是物质意象的道路,反映为意象的积淀;另一条是神话批评,接触荣格的种种原型和希腊神话、罗马神话、印度神话或者说全世界的神话。关于元素意象或者更小一些的题材,巴什拉尔及其追随者发表了不少著作[前者如乌仕巴(Ushiba)或门德尔松(Mendelssohn)关于普鲁斯特作品中水或玻璃的研究;后者如布隆贝(Brombert)的《浪漫主义之牢狱》(*La Prison romantique*, 1975),

卢·凯勒(L. Keller)的《彼拉奈兹与法国浪漫主义作家》(*Piranèse et les Romantiques français*)①,米歇尔·芒絮伊(Michel Mansuy)的《关于生命意象的研究》(*Etudes sur l'imagination de la vie*)等]。另一倾向的代表人物是皮埃尔·阿尔布伊[Pierre Albouy,《维克多·雨果的神话创作》(*La Création mythologique chez Victor Hugo*)、《神话集》(*Mythographies*)],他的《法国文学中的神话和神话学》(les *Mythes et Mythologies dans la Littérature Française*,1969),提供了一部丰富的神话发展史及其参考书目。玛丽·米盖(Marie Miguet)1982年为这一方法提供了又一典范[《马塞尔·普鲁斯特的神话学》(*La Mythologie de Marcel Proust*)]。最后,还应该提到比较文学工作者的活动[如特鲁松(Trousson)、布吕奈尔(Brunel)],他们有时显得更关注题材,而较少注意原型。然而,当他们论及厄勒克特拉②或变形时,便回到了无限丰富的意象世界。自从马里奥·普拉兹(Mario Praz)的代表作《肉体、死亡和魔鬼》(*La Carne, la morte e il diavolo nella litteratura romantica*,1930;法文译本,德诺埃尔出版社,1950)发表以来,比较文学团体的研究就开始双向发展。普拉兹这位意大利的大学者在其著作中研究"墨杜萨的魅力"、"撒旦的变形"、"侯爵神的影子"、"狠毒的艳丽夫人"、"拜占廷文学"、"英国人的缺陷"等,他在自己的题材研究中向那些被忽视的作家们借鉴了丰富的历史知识。其中的题材都是时人驱赶不走的题材,因此也就确定了一个流派、一个时代、一个世纪的意象内容。

---

① 彼拉奈兹(1720—1778),意大利绘画家、雕刻家和建筑师。
② 厄勒克特拉,希腊神话中 1.迈锡尼王阿迦门农和克吕泰涅斯特拉的女儿。阿迦门农被妻子及其奸夫杀害后,她把弟弟俄瑞斯特斯托付给父亲的好友收留抚养。弟弟长大后,二人共谋杀其母与奸夫,为父亲报仇。她后来与俄瑞斯特斯的朋友皮拉德斯结婚。2.普勒阿得斯之一,与宙斯生达耳达诺斯。

第五章 精神分析批评

意象分析如果不想徒劳无益地空徘徊，就会与精神分析法相遇。加斯东·巴什拉尔虽然使用了"精神分析"这一术语，却使它与原意相去甚远，而且从来没有向这一学派的创始者靠拢过。让-皮埃尔·里夏尔起初是从感觉径直到意识，拒绝加入其他内容，后来在《普鲁斯特与感觉世界》和《微观解读》两书中使用过精神分析学的一些概念，却使这些概念处于从属地位，没有把它们融入一个系统。最后，神话批评则从集体的、有时甚至是超越时代性的遗产中而并非从个体的潜意识历史中汲取营养。我们无意为应用于文学领域的精神分析学再撰历史，步他人之后尘[如安娜·克朗西埃（Anne Clancier）:《精神分析与文学批评》（*Psychanalyse et Critique littéraire*），普里瓦出版社，1973；马克斯·米尔纳:《弗洛伊德与文学之阐释》（*Freud et l'interprétation de la littérature*），塞德斯出版社，1980；让·贝勒曼-诺埃尔（Jean Bellemin-Noël）:《精神分析与文学》（*Psychanalyse et Littérature*），法国大学出版社，1978]，仅想说明依赖于精神分析的文学批评流派在作品的研究中究竟使用了哪些方法。

弗洛伊德

我们在此首先提及精神分析学创始者的大名，旨在说明他对文学作品的分析属于批评的范畴。在他看来，作品是把一门科学应用于外物的范例和机会。我们则反其道而行之，把文学应用到弗洛伊德（Freud）关于小说、故事和诗的语言中去。在《我的生活与精神分析》（*Ma vie et la Psychanalyse*）一书中，弗洛伊德把作品等同于日常的梦，认为作品是对潜意识欲望的一种想象中的满足，后者又唤起和满足其他人的同样的欲望；发现形式美的乐趣本身具有一定的诱惑力。

但是，《扬森①〈轮〉一书的谵妄和梦》(Délire et Rêves dans la 《Gradiva》 de Jensen, 1907；法文译本, 1949) 和《应用精神分析学论文集》(les Essais de psychanalyse appliquée, 1906—1923；法文译本, 1933) 里对文学作品的研究带来了更具体、更复杂和更微妙的因素。假如《风趣语言与潜意识的关系》(Le Mot d'esprit dans ses rapports avec l'inconscient, 1905；法文译本, 1930) 对喜剧理论有所补益的话，却不大适用于文学作品，内中包含的一些风趣语言和康德 (Kant) 在《判断力批判》(la Critique du jugement) 中引述的那些风趣语言一样，已经不再能够引起人们的欢笑了。面对扬森的《轮》，弗洛伊德所做的第一项工作，就是把一类文章即有关梦的故事、"小说家赋予他的作品中的人物的"梦的文字区分出来并加以考察：小说家和诗人"了解天地之间很多事，我们的书生智慧尚难以想象"。有两条路可走：或者选择一个具体事例，"一位小说家在其一部作品里所臆想的梦"（有人把这一做法用于奈尔瓦尔、普鲁斯特和布雷东）；或者把所有作家作品中的所有梦例"拿来比较"。我们知道，弗洛伊德在此选择了第一条路。他首先概述小说，没有放过顺便给予心理点评的机会（如被排斥的记忆等等）。事实上，我们只能通过整体来了解细节，而小说家对精神生活的表现唯独呼唤"科学的技术术语"。然后，弗洛伊德通过主人公的幻觉和谵妄，发现其动机来自"潜意识的性的因素"，并根据他的《梦的科学》(la Science des rêves) 的理论，把主人公的梦重新拼凑起来，置于整个小说的背景之中。其次是释梦，即透过梦的表面内容，发现"梦的潜在思想"，这种思想不是"单一的一个念头"，而是"一堆交错的思绪"。重要的是把对梦的"主要特征的理解"和它"在整个故事脉络中的地位"联系起来。许多批评家忘记了这第二个原则。为了阐释一个梦，要随着故事的进展，"尽可能多地摘取梦者外部生活与内心生活的细节"，把梦"融入人物的精神命运之中"。没有细节，释梦便是一句空话。梦的内容的每个部分、每个细节，其实全都来自"梦者的印象、记忆和自由组

---

① 扬森 (1873—1950)，丹麦小说家、散文家、诗人。早年在哥本哈根学医，后游历美国、法国、西班牙及东亚等地，当过报纸通讯员。主要写神话，并写游记和抒情诗。主要作品有小说《长途旅行》六卷，从人类原始社会一直写到哥伦布发现美洲。他还写有长篇小说《轮》、散文集《新世界》和《新加坡小说集》等。1944 年获诺贝尔文学奖。

合"。释梦之后,被释之梦很可能会与以前的梦相重叠,人们便解开了谵妄与真相之间的含混不清的关系。小说家和分析家便一同了解了潜意识现象。弗洛伊德说:"艺术家只要关注自己灵魂的潜意识,留心其所有的潜在性,艺术地再现它们,拒绝通过意识批判而排斥它们就足够了。他从自己的内部世界了解我们通过他人了解的事物。"因此,释梦就是要从中找出潜意识的规律,作家由于"其智慧的宽容性"已经将它们融入作品之中。5年之后,弗洛伊德明确指出,精神分析意在"了解作家是带着什么样的个人印象和个人记忆基础而创作他的作品的"。这即是说,要从作品过渡到生平,从人物过渡到作家。

《扬森〈轮〉一书的谵妄和梦》把梦的语言重新置于作品的结构之中。收集在《应用精神分析学论文集》中的某些文章使我们提出这样的问题:精神分析批评是否可以了解作品的其他现象?《文学创作和白日梦》(1908)一文提出了题材的起源以及题材在我们身上产生的情感问题。弗洛伊德肯定说,诗的世界是不真实的,是一场游戏的结果。"艺术技巧"能使某些事物产生乐趣,如果这些事物是真实的,便无法产生同样的效果,而"许多本身痛苦的情感,却可以成为听众或观众享受的根源"。这里,批评家离开了作品内部的梦文字,把他的理论扩大到所有的幻觉现象。他声称,须知幻觉都有一段历史,因为"欲望善于利用现实提供的机会,按照过去的模式,勾画未来的图像"。充满幻觉的白日梦便出现于小说的创作之中。坚强不屈的英雄人物,他所激发的爱情,所会见的次要人物,他的敌人,这些都是"白日梦的必要条件"。离这一模式最远的作品,人们也能"通过一系列过渡",把它们与白日梦连在一起。于是,弗洛伊德进入心理小说的技术分析,心理小说的特征是将作者的自我分割为若干"部分的自我";不同的英雄人物代表小说家精神生活的不同潮流;如果在其他小说里主人公成了见证人,那么他在某些梦中也处于见证人的地位。

承认文学作品与白日梦的相似性之后,弗洛伊德建议再回到生活与作品的关系上来。这一建议如果没有提出新的设想,与幻觉相关的欲望的三段论设想,就会平庸不堪甚至令人大失所望:"现时发生的一件强烈的事件唤起创作者对往事的回忆,最常发生的是对儿时某一事件的回忆。后来在文学作品中得以实现的欲望即从这一原始事件中产生。我们从文学作品本身,既可辨认出今日印象的因素,也可辨认出对往昔回忆的因素。"归根结底,作品是"昔日儿时游戏的替代物"。儿时之梦,也可以来自神话,神话反映了"全民族的欲望",是"人类年轻时代的百年之梦"。这篇文章没有进行详尽的分析（如《扬森〈轮〉一书的谵妄和梦》那样），更像一种程序性分析。程序的最后一点，是研究对读者产生的作用。作者的幻觉与神经症患者的幻觉不同，能够借助艺术技巧，提供乐趣，克服反感情绪。艺术技巧使用两种方法：形式乐趣（"诱惑力"、"初级乐趣"，它们可以打开"来自更深的精神层次的高级审美情趣"之门）和掩盖创造者利己主义的"面纱"。毫无顾忌地"享受我们的幻觉"，我们就会"解除某些紧张状态"。因此，这篇文章建议进行作品的形式研究，研究人物之间的关系、英雄人物的回忆、他们的欲望的生命历程、他们与时间的关系以及风格特征。但是，如果我们对作者感兴趣，我们就会发现纠缠他的顽固念头的网络，发现他对儿时的回忆，尤其是他的种种面具，并一个个地撕破它们。然而，这篇文章的最精彩之处，还在于通过作品建立起来的两个赤裸裸的人之间的关系。

《歌德对儿时的一段回忆》(1917)是这种系统、这种链条的范例和构成部分。弗洛伊德仅仅采用了歌德《诗与真》(*Fiction et Vérité*)里关于作者少儿时期的一个情节：最多不过4岁的小歌德，在兄长和邻居的鼓励下，很得意地把陶制餐具摔碎了。发现精神分析法之前，人们"绝不会留意"这个情节。批评家认为，少儿时期的任何记忆都是至关重要的，既然它似乎无足轻重，"阐释工作"便必不可少。这即是说，要把它与其他重要事件联系起来，因为记忆只不过是这些事件的"小荧屏"，或者用其他内容代替了它们。弗洛伊德曾经碰到一位患者①，这位患者对弟弟的出生很嫉妒，屡有过火行为，如把餐具从窗户扔出去。而歌德的一个弟弟比他小3岁，6岁时即夭折。因此，小歌德完成了一次"神奇之举"，弗洛伊德用自己病人的行为解释歌德的行为。他的小弟弟的夭折解放了未来的作家，起初他以摔餐具的方式表示自己的愤懑（餐具的重量象征怀孕的母亲）："于是，似乎歌德这样说：'我是个幸运的孩子，是命运的宠儿。命运把我留在人间，尽管我本来是要夭折的。然而命运最终除去了我的弟弟，再也没人和我分享母爱了'。"作为母亲的"宠儿"，歌德终生都保持着"自命不凡的感情"，"对自己的成功充满信心"。歌德的生平，他的辉煌的历史，都从这一无足轻重的记忆中找到了根源。因此，弗洛伊德的方法就在于发现一段因为微不足道而变得神秘莫测的文字的潜在意义：精神分析批评是意义的一种挖掘。

---

① 随后又碰到第二位患者，其病情由另一位医生的观察予以补充。——原注

另一篇文章《关于三个装饰匣的题材》(1913)，说明阅读时会碰到应当"解决的问题"。和对歌德的分析相比，重叠是新的因素。文章谈到莎士比亚的两个戏剧场面："一个喜庆场面，一个悲剧场面。"前者选自《威尼斯商人》(le *Marchand de Vénise*)：求婚者要想娶波尔西雅为妻，就必须选准三个装饰匣中的一个，里面装着波尔西雅的画像。正如梦境指示的那样，这里的三个装饰匣象征着三个女性。第二个场面借自李尔王和他的三个女儿。神话里还提供了其他类似的场面（如帕里斯、灰姑娘、普绪喀）。那么，为什么是三个女性，又为什么要选择最后一个？梦和民间故事都告诉我们，三姑娘是个聋哑人，象征死亡，似乎指的是命运三女神帕耳喀。然而，《威尼斯商人》和《李尔王》(*Le Roi Lear*)里的三姑娘却是最漂亮或者最聪明的一个！因为"精神生活的某些动机导致了事物的正反交换"。神话故事让爱情女神替代死亡女神。同样，题材的选择也颠倒了已有的成见。诗人回到了"原始神话"。在精彩的结论部分，弗洛伊德说，科迪莉亚死在了奄奄一息的李尔王怀抱，她象征死亡；如果我们"把剧情颠倒过来"，那么就是"死亡女神把已经命丧黄泉的英雄带离战场"。三姐妹分别象征"生命的诞生、延续和毁灭"，或者"生活中母亲形象的三种形式：母亲本身、男子按母亲形象选择的情人、重新接收男子的地球母亲"。这一结论中凝聚了古代神话和批评家之分析的共同结晶，因为与母亲的关系来自弗洛伊德对患者的观察。相反，对李尔王的精神分析方面，弗氏未作任何尝试，作品的统一性和秘诀的范畴被外部手段缩小了。

对于弗洛伊德而言，如果精神分析批评的首要功能就是阐释一部作品的神秘段落时——不是解读整个莎士比亚，而是莎氏戏剧的两个重叠场面——弗氏的著名文章《令人担忧的奇特情节》(1919)则是展示这一功能的最精彩的一篇，那是弗洛伊德式读析的缩影。因为一部作品如果没有引起我们的某种担心，则不必要求首先弄懂它的含义，而这类作品（与神怪故事不同）恰恰被美学界所忽视。弗洛伊德列举了大量范例，引述了大量章节，通过词汇研究，说明什么是"令人担忧的奇特情节"。他的有些例子来自霍夫曼的故事（《沙滩上的男子》，批评家提供了详细的故事梗概），霍氏的小说《厉鬼》(*Les Elixirs du Diable*)以及"化身"题材［奥托·朗克(Otto Rank)已经研究过"化身"题材］。弗洛伊德随后开列了"把仅仅令人担心之处转化为使人恐慌的奇特情节"的诸多因素：泛灵论、巫术、魔力、意念的绝对力量、与死者的关系、无意识的重复和阉割情结。当日常生活或文学作品中幻想与真实的界限消失之时，恐惧之情便油然而生。然而，文学作品中令人恐惧的奇特情节要比现实生活中丰富得多，因为"幻想领域"不接受"现实的检验"。而读者的这种体验，"来源于现实生活。在现实生活中，当被排斥的儿时情结因某种外部印象而复活时，或者当已被克服的原始信念似乎重新得到证实时，恐惧便产生了"。文学作品与现实生活中的恐惧情节具有同样的效力。这便是弗洛伊德解读的几个发展阶段：抓住一个令人恐惧的因素，研究一段情节，追索它的根源。批评家博大精深的文化知识和文学知识伴随着这一过程。

大师之后，许多精神分析学家——他们都不是文学批评家——对文学发生了浓厚的兴趣。例如拉康（Lacan），他分析过巴塔耶（Bataille）、克洛代尔、歌德、雨果、乔伊斯、莫里哀、帕斯卡尔、普劳图斯（Plaute）与莫里哀、莎士比亚、韦特金（Wedekind）等人的作品。在他的几部重要著作中，还研究过爱伦·坡、杜拉斯（Duras）、纪德的作品〔见M. 马里尼（M. Marini）为《拉康》一书整理的参考书目，贝尔丰出版社，第275—297页〕。

夏尔·博杜安

1930年前，在法语范围内，把精神分析应用于文学批评的，人们大概只看到过雅克·里维埃（Jacques Rivière）关于普鲁斯特与弗洛伊德的研究。然而，1929年，夏尔·博杜安（Charles Baudouin）就已经发表了他的《关于艺术的精神分析》（*Psychanalyse de l'art*）①一书。博杜安著述甚丰，我们还可从中举出《魏尔哈伦作品中的象征，论艺术的精神分析》（*Le Symbole chez Verhaeren, essai de psychanalyse de l'art*，1924）、《对维克多·雨果的精神分析》（*Psychanalyse de Victor Hugo*，1943）和《英雄人物的胜利》（*Le Triomphe du héros*，1952）为例。《关于艺术的精神分析》意在"探索作者及作品的沉思者心目中艺术与个人情结或原始情结的关系"。该书分为三个部分，第一部分专论创作，第二部分谈沉思，第三部分论艺术的功能。博杜安受弗洛伊德、亚伯拉罕（Abraham）、朗克和荣格等人的启示，从神话素材中找到了"原始情结"："神话是一场大梦的表面内容，原始情结可能是这场梦的潜在内容。"概括介绍了弗洛伊德的理论之后，作者潜心研究艺术作品中的俄

---

① 作者把这部著作献给弗洛伊德，这一点应特别说明。——原注

狄浦斯情结,他发现暴父素材[如席勒的《唐·卡洛斯》(*Don Carlos*)和《威廉·退尔》(*Guillaume Tell*)、兄弟反目素材[如《布列塔尼居斯》(*Britannicus*)]中都有俄狄浦斯情结。是的,席勒没有兄弟,然而他把目光盯上了妹妹:"对母亲的爱恋转移到了妹妹身上,同时,在某些幻想作品中,对父亲的仇视也转移到一个想象中的兄长身上。"博杜安还概述了琼斯的《哈姆雷特与俄狄浦斯》(我们在让·斯塔罗宾斯基一节里已经谈论过):琼斯从莎翁的剧作中读到了俄狄浦斯冲突,他的著作是对莎学专家们的一个补充。莎氏的剧作和许多神话一样,把父亲形象一分为二(父亲和暴君)或一分为三(如果加上波洛尼厄斯,他被哈姆雷特所害)。最后,我们知道《哈姆雷特》作于莎士比亚晚年。这一分析同样适用于《麦克佩斯》(*Macbeth*),他是杀害邓肯的凶手。博杜安赞同奥托·朗克的观点,认为唐璜(勒波亥罗仅仅是他的化身)始终怀有沉重的负罪感,其根源在于俄狄浦斯情结,对骑士的报复进一步证实了俄狄浦斯根源。但是,作品中表现的,"不是俄狄浦斯本身,而是与俄狄浦斯相似的一些极具个性特征的情形"。如果我们不了解这一点,作品的阐释很快就会变得千篇一律,我们最终只能说"原来成千上万的作品只写了同一件事(俄狄浦斯)"。

夏尔·博杜安随后探讨了自恋情结,包括恋母情结。威·施莱格尔说:"任何诗人都是那喀索斯",陶醉于自恋之中。托尔斯泰便是明证。他对早年的回忆"集中表现了一个完整的个性"。托尔斯泰幼年即发现了自己的身体美,以其呐喊表示了对外部世界的强烈反对。托尔斯泰的自恋情结具有"双重价值"。他一会儿自爱,一会儿自恨,徘徊于"自我"与"理想中的自我"之间。托氏的许多人物都具有作者的这些特征,把好色和对自我的柔情截然分开,"由此产生了下述情况:托尔斯泰的主人公,尤其是那些作者影子最浓的主人公,在分析他们的爱恋之情时,不得不得出纯属自我欺骗的结论。让我们想想感人肺腑的《克莱采奏鸣曲》(*Sonate à Kreutzer*)吧"。甚至小说意识中,"源自意念的行动"中,那种对思想具有极大力量的信仰,也来源于那喀索斯。思想的锋芒反过来向小说家提出挑战,使小说家自我折磨,由此产生了"一系列悲惨的精神危机和激动人心的升华"。博杜安的分析有助于理解托尔斯泰小说人物的心理和行为,有助于(继朗克之后)理解以化身题材为内容的众多作品[缪塞、安德森(Andersen)、霍夫曼、让-保尔、王尔德(Wilde)、莫泊桑(Maupassant)、爱伦·坡、陀思妥耶夫斯基]。化身题材常与自恋情结的传统素材结合在一起,如镜子,又如惧怕衰老等,主人公被自己的化身所折磨。选择这类题材的作家们在他们的幻觉生活、双重人格、精神病甚或精神错乱中备受其苦,因为自恋情结的"敌视因素""投射到化身身上"并给予它"这种令人恐惧的可怕性格"。如同弗洛伊德的情形一样,精神分析帮助博杜安和朗克理解并缩小了作品的某些难点。然而自恋情结则是和艺术家的内向性格、构成"内向情结"的其他"消极因素"连在一起的。因此,艺术既和"精神病系的严重衰退"有联系,也和"人类最健康的愿望"结缘,审美情趣便构成"既十分宝贵又很不稳定的一种平衡"。

自恋情结与爱好炫耀的嗜好、与"轰动情结"相联系,夏尔·博杜安再次以托尔斯泰或卢梭为例。裸体题材或华丽的首饰题材,便可以这样解释,后者既表示一种排斥,又反映了引人注目的意愿,由此获得种种惩罚(如俄狄浦斯、俄里翁①和禁止观看题材:欧律迪刻、普绪喀)。展示与藏匿通过排斥产生了联系,如同看与知的关系一样[弗洛伊德曾以达·芬奇(De Vinci)为例分析过]。为了使人们更好地理解"轰动情结",博杜安分析了维克多·雨果的《意识》一诗[见《历代传奇》(La Légende des siècles)]。对该诗的研究建立在对雨果稍后发表的全部作品中象征的分析基础之上,因为"批评家应当把一个艺术家的作品当做有生命的整体来看待,其中每一部分都与整体相关,只有通过整体才能读懂。不研究诗人的全部作品,深入分析一首诗是不可能的"。其方法就是分析"意群"。这首诗的中心题材是骨肉相残,它与"雨果的一个重要情结"相关——诗人幼年时曾与他的兄弟姐妹相对立。对立情绪后来虽被排斥,但仍然留下了"深刻的潜意识的痕迹"。雨果作品中的怪人(如冰岛渔夫和加西莫多)反映他担心成为丑陋孩子的恐惧心理。他的许多诗中都可见到对弟兄们妒嫉的痕迹,因此《意识》一诗中表现出负罪感,这种感情与"捕捉"和"目光"两个重要的素材都有联系。

捕捉素材"潜在的情感因素很浓",反映在不少诗作中(如《历代传奇》里的《鹰盔》、《加利西亚的小国王》、《杀害父母之罪》等)。它与具有双重价值(故需要对立面)的父兄情结关系密切,后者甚至传给了拿破仑。情感的"反面因素"将系于拿破仑三世之身:逃亡中的雨果找到了幸福,他以夏多布里昂为榜样。卡安的逃亡表示"对父亲的逃避"和"潜意识的自我惩罚"。至于目光的象征性,我们知道视觉题材在雨果作品

---

① 希腊神话中英俊的猎人,是波塞冬的儿子,因与厄俄斯相爱被阿耳忒弥斯用箭射死。

里是何等地重要。他早期的回忆与目光和炫耀不可分割。它们产生了"始终伴随着负罪和烦恼的一系列思想",其中的"消极因素在戏剧和主观抒情中得到升华",而"积极成分一方面升华为视觉意象,一方面抽象为玄学方面的担忧"。对力量的追求是对"原始自卑感"的一种补偿,与"视觉本能"相交织,而"视觉本能"又与"被禁忌的儿童情欲和好奇心"、与"求知的欲望"联系在一起。"力量"和"求知"是目光的两大特征,博杜安引述的大量例证证明了它们的存在,两方面的例证全都带有明显的负罪感和惩罚色彩(以眼还眼,以牙还牙)。那么,这首诗的分析技巧就在于"把全诗的主要素材相互联系起来",阐释它们的意义,并且客观地找到诗人的原始情结和诗人的潜意识。后者的负罪感并不等于"真的过错",在超我看来,"被压抑的本能与不受压抑时这些本能可能导致的行为同样有罪。我们知道,压抑愈甚,超我便愈加严厉……因此,顽念纠缠型的精神病患者的内疚心理比真正的罪犯要强烈得多"。艺术升华使雨果避免了意念纠缠型精神病。

  艺术的精神分析有能力恢复"一部作品的渊源",当然不是通过手稿(手稿是另一方法的工具),而是通过传记:新近的一次印象可以使"甚至深层潜意识中与即使遥远的过去相联系的诸多因素发生震颤"。刺激与各种情结相连,围绕着这一刺激,则形成了作品的结构。精神分析阐释法应当围绕这种刺激而进行。作品不只"表达情结",它反映现时的或新近的一种状态,因此它"努力把握这一状态",在"状态与已有情结之间"建立"融洽的然而不可预测的关系"。夏尔·博杜安在此对一首诗和一位诗人进行了"精神分析",他的分析是十分成功的,与诗人的艺术作品一样,避免了倒退式的陈词滥调。

  这部重要著作的第二部分以"凝神"即以读者的"下意识"反映为内容,截至当时批评界对此一直是忽视的。方法便是揭示潜意识的意义组合,前提是了解组合者主体并分析他:患者"不再以梦为中心而是围绕一部艺术作品进行组合"。对读者接触作品的具体情况的一系列观察得出下述"结果":"作品似乎是由凝神者自己选择的象征构成的,它表达了欣赏者自己的情结。这不啻要人们相信欣赏者即是作者,或者说他梦想过这部作品。"读者通过作品实现了他们的潜意识倾向,把他们的冲突以及对冲突的解决方法投放到作品中去(因此产生了享受的感觉)。关键问题是作者与读者在"潜意识领域"的交流。特别是当做品包含"原始情结"即"属于大家共有的情结"的"典型意象"时,交流便产生了。但是,"欣赏者"也可把与艺术家毫无关系的个人情结和冲突投放到作品中去。

因此,这一研究突出了艺术与梦的亲缘关系:作品"使人耽于梦幻",即促使读者对意象和意义进行组合,然而它们不致于丧失自己的根源,即作品"不停地又放又收",因为它界定了"一个有限的意识范畴"。由于作品的"启示"作用,读者则处于有张有弛的混合状态(节奏是这种催眠术最明显的方法之一)。和梦一样,艺术意象也要服从"浓缩和转移两大基本规律"。一方面,它们把构成情结的若干事实浓缩为一个视觉场面,另一方面,在这种综合作用下,某些重要因素有可能藏匿在次要因素的背后,由于排斥的原因,次要因素则代替主要因素成为重心。精神分析随后又重新发现了亚里士多德的"陶冶"思想,即净化和升华,并研究人的潜在情感与作品中的潜在情感的"积累"和"释放"。与梦的不同之处,在于艺术把虚构的意象投放于真实之中,与他人交流,并"使我们走出自我"。作为表达方式,艺术具有升华和交流的功能。

美学内容的加入奠定了批评的基础,"艺术作品传授一种语言"。意象的语言吗?是的,然而作者的意象和读者的意象并不完全吻合,因为交流永远不可能是全面的。从潜意识到潜意识的交流不可能全面,只有在"原始"区域,在以象征和神话表达思想的"集体潜意识区域",才可能恢复全面的交流。另外,意识领域可以保持全面交流,而这一点精神分析学有可能忽视。超现实主义试图把交流局限在第一层次,提供了"可观的材料",其阐释工作将是漫长而艰巨的。使用神话也并不是一副灵丹妙药。在自己的潜意识——而不是在自己的文化里——遇到某一神话后,要"重新体验这一神话并对其进行再创作",使"灵魂深处的活力真正产生抽象功能"。于是夏尔·博杜安概括了艺术家的道路:"创作者在忠实表达自己最隐秘的情感时一度走得很远,他遇到了意想不到的阻力,走入了某种死胡同,他只有找到一种更客观更大众化的艺术形式才能走出困境。客观化成了一种真正的解脱。"相反,在一段漫长的危机中,席勒不得不放弃诗歌创作,因为他所涉及的素材"过于微妙,情感上过于主观",而后来的《唐·卡洛斯》升华为一部"受公众关注的政治悲剧",使席勒避免了俄狄浦斯式的烦恼。

作品是由象征构成的。而象征又集中了"原始的、本能的、幼年的"和"源自个人感情生活"方面的各种材料,同时也汇聚了"道德、社会、哲学和宗教等领域的高层次材料"。"我们分析出的种种情结表明,在《意识》一诗中,雨果把潜在的不同情结都转移到道德观念上来,成为诗的主题"。文学批评不能仅仅通过情结来理解作品,还应该通过情结的"派生现象"和"升华现象"来理解作品。否则,正如博杜安正确指出的那样,"所有作品就可能归结为几个总是相同的类型"(如俄狄浦斯情结、阉割等)。既要"解读作者对情结的表达,也要或更应解读作者克服情结"的努力,这正是"升华部分"。这就是说,"美产生欲望,随着时间的推移,美不再产生欲望,而受人观赏"。

在《英雄人物的胜利》一书中,夏尔·博杜安研究了 16 部史诗,从中辨认一段原始情结、一个"纯粹意象"的神话故事,即"珀耳修斯斩龙拯救安德洛墨达的故事"[①]。每次再创作都使这一情结得到了"升华",而我们并不了解艺术家的潜意识,然而我们猜想某些"个人因素"一定延续了集体的材料。"对盲人弥尔顿而言,'失乐园'本身与失明融为一体"。我们可以看到,严谨的精神分析解读法酝酿着其他方法,然而并不强加于其中的某一种。

夏尔·莫隆与精神批评

夏尔·莫隆(Mauron)也是这么想的,他似乎继承了夏尔·博杜安的事业[莫隆曾在《关于马拉美的精神分析》(*Psychanalyse de Mallarmé*)中引用过博杜安的观点]。莫隆之前,玛丽·波拿巴发表了著名的《爱伦·坡,精神分析研究》(*Edgar Poe, étude psychanalytique*,1933)一书,拉福格那本令人遗憾的《波德莱尔的失败》(*Echec de Baudelaire*)也曾面世(1931)。我们应当恢复莫隆著作当之无愧的首要地位。他的著述分三个阶段。第一阶段是探索,除了在伦敦发表的美学作品[《艺术和文学之美》(*Beauty in Art and Literature*),1927;《美学与心理学》(*Aesthetics and Psychology*),1935]之外,早期的精神分析研究成果相继问世,如《晦涩的马拉美》(*Mallarmé l'Obscur*,由科尔蒂出版社 1968 年再版)、《奈尔瓦尔与精神批评》(南方手册,1949)、《拉辛作品及其生平中的潜意识》

[①] 安德洛墨达,希腊神话中的埃塞俄比亚公主。她母亲夸口说她比海中仙女还美,因而触怒仙女涅瑞伊得斯。仙女们请海神波塞冬用洪水淹没该国全境,并派海怪骚扰,同时提出只有把她献给海怪,祸患才能平息。她的父母为了免除灾祸,把她送到海边绑到一块岩石上。正当海怪要吞噬安德洛墨达之时,珀耳修斯从此路过。他杀死海怪,救出安德洛墨达,并与她结为夫妻。

(*L'Inconscient dans l'oeuvre et la vie de Racine*,1957)、《米斯特拉尔研究》(*Estudi Mistralen*,对米斯特拉尔作品的精神批评,1953)、《关于马拉美的精神分析之导论》(*Introduction à la psychanalyse de Mallarmé*,1950;1963;法文版,1968)。然后是他的大部头博士论文《从顽固隐喻到个人神话,精神批评导论》(*Des métaphores obsédantes au mythe personnel, introduction à la psychocritique*,论及波德莱尔、奈尔瓦尔、马拉美、瓦莱里、高乃依、莫里哀等作家,1963),对自己的方法作出准确的总结。莫隆把自己的方法应用到后来发表的几部著作之中,如《喜剧体裁的精神批评》(*Psychocritique du genre comique*,1964)、《后期的波德莱尔》(*Le Dernier Baudelaire*,1964)、《维克多·雨果的人物》[见雨果《文集》(*Oeuvres*)第二卷,法国图书俱乐部出版,1967]、《费德尔》(*Phèdre*,1968)、《吉罗杜的戏剧》(*Le Théâtre de Giraudoux*,1971)等。

　　夏尔·莫隆在《关于马拉美的精神分析之导论》(初版本,1950;增写本,1968)里,作为原则,强调了他之前一直被忽视的一件事实的重要性:当5岁丧母的不幸儿马拉美15岁时,他又失去了比他小两岁的妹妹玛丽亚。这一事件可以对诗人的生平和作品作出解释:"要确定最初这次感情震颤的作用,揭示它的反响和象征,追踪意义组合的线索,总之,研究情感及其语言的复杂网络,至少从初步探索来看,妹妹之死是这个网络的唯一中心。"那么,这时应该转而进行"精神分析"。一方面,我们看到了一次强烈的精神创伤;另一方面,是诗作中"重复出现的稳定意象的一张网络"(莫隆在1941年发表的《晦涩的马拉美》一书中已经从题材学角度研究过这些意象)。这一组合网络(如秀发、火光、落日、爱情的胜利、死亡等)应该与隐藏在"明显的意义"背后属于潜意识的一种"稳定结构"相区别。于是,我们又回到了精神分析学派关于"表面内容"与"潜在内容"的基本区别。而莫隆寻求的,是介于圣伯夫①的批评与拉福格(关于波德莱尔)以及玛丽·波拿巴(关于爱伦·坡)的纯粹精神分析法之间的一种分析方法。但是,分析遇到了难题:缺少可以数年间为评论家提供大量信息的自述资料,也没人提供珍贵的史料。像弗洛伊德或博杜安一样,莫隆承认只能利用自己的医生经历或科学经历来"阐释文学作品",即一首诗加上生平片断。最后,文学批评家不

---

　　① 圣伯夫(1804—1869),法国19世纪著名的文艺评论家、诗人、小说家。又译为圣勃夫。

超越症状,"不寻求诊断";在文学批评中,只有"征象"才构成艺术作品。我们的任务可以概括为:恢复意象网络、意义组合网络和种种"隐喻体系",然后透过它们揭示"传统的情结"。象征既可以表达"下部的潜意识",又可表达"上层的精神活动"。全书的结论说,"母亲和妹妹亡灵的萦绕,没有激发马拉美的作品,也不能解释它们,它决定了诗人的作品,从根本上确定了它"。马拉美的诗作异彩纷呈,其中体现的潜意识却是千篇一律,然而这一结构中心诱导并不影响艺术家走上解脱之路(后者如果被那些顽固型意念所控制,有可能自绝于世)。这样,诗便"从顽固型意念开始",经过诗句的改造,经过诗句"阶段","上升为风格"。顽固型意念和风格是两个稳定持久的因素。毋庸置疑,不管是顽固型意念,还是明显的含义,都不能解释诗的全部。但是,"不了解它们我们又能获得什么呢?"这部论文一首诗一首诗地追踪马拉美的幻觉世界的发展过程,没有把作品看做短暂性的阶段产品(这一方法在《后期的波德莱尔》一书中再次使用),产生了巨大的影响。批评史表明,它诱发了若干部著作的问世,没有它,这些著作也许根本就不会存在[如阿伊达(Ayda)、塞利耶(Cellier),甚至还有里夏尔的论著,后者虽然在博士论文中批评过莫隆,但他自己恢复的意象群并不少]。

夏尔·莫隆在其最厚的一部论著《从顽固隐喻到个人神话》里明确地确定了自己的方法:《晦涩的马拉美》一书向他提供了顽固型隐喻,《关于马拉美的精神分析》提供了个人神话;还需要作出总结。精神批评独立于所讨论的时代和文学体裁,其切入点是普遍适用的。批评一般包括作家的环境及其历史,作家的个性及其演变,作品的语言研究。如果我们把精神批评放置到批评的大范畴来看,它应当位于第二轴线并构成这一轴线的一部分,因为精神批评所瞄准的,正是作家的潜意识的个性。另外,传统批评不研究潜意识,而精神分析则研究病态的潜意识;题材批评(如里夏尔、布莱)确确实实在探讨深层的自我,然而与精神分析仍有明显的区别,因之,它的"自我"亦不够准确。精神批评认为精神分析是一门应该了解和运用的不可或缺的科学,但是不考虑用它来治病,它通过精神分析把一门科学与艺术联系起来。精神分析批评"透过作品精心谋虑的结构,寻求无意识的意义之组合",揭示一些不为他人觉察的网络。一门"真正的科学"保证对深入潜意识挖掘意识和潜意识的边缘地带有所帮助。

分析的顺序如下:比较若干作品,找出组合网络,把顽固型和下意识性意象聚合在一起。然后通过作品追踪这些或者勾画形象或者交代情景的结构的变化情况,以期分离出"个人的神话"。个人神话与作家的潜意识个性有关,与一段内在的悲剧形势有关,虽然外部因素不断地改变着这一形势,然而它总是顽强地存在着,总是可以辨认的。最后寻找与作家生平的相似点(《晦涩的马拉美》一书的步骤恰恰相反)。于是,分析方法对意识语言和潜意识语言提出综合性的总结。语言把若干种逻辑同时包容在一起,正如批评家可以从弗洛伊德主义到文学一样。

精神分析批评法(似乎只有夏尔·莫隆一人使用这一术语,尽管经常有人使用他的方法)从理论上受到了批评。热奈特(《修辞形象》,1963)指责莫隆的唯科学主义。杜勃罗夫斯基[Doubrovsky,《为什么要开展新批评?》(*Pourquoi la nouvelle critique?*)]批评莫隆破坏了作品的独立性(这一批评可以针对任何结构方法),因为后者有意把一个作家的不同作品混淆为一部作品;批评莫隆毁坏了体裁,拉辛的戏剧已不再是戏剧,而是戏剧家的一场恶梦;最后还批评了莫隆的创作观:不再视作品为面向未来的蓝图,而是对单一主题的重复。①

无论如何,一种方法的评价不能仅仅依据它的设想,而要看它的应用情况。我们仅以对雨果、拉辛、季罗杜的三段分析为例,展示这一方法的应用情况。在《维克多·雨果的人物》(1967)一文中,莫隆肯定存在着把小说和戏剧融为一体的一个领域,这便是梦的领域:"梦中的戏剧与真实的戏剧的区别,首先在于梦是以自我为中心的,而且感情导向非常明显。这一思想引导我们立即考察雨果的主人公,其次考察阿南凯。""所有具有活力的关系都交织于主人公之身"[《国王寻乐》(*Le Rois'amuse*)的主人公不是弗朗索瓦一世,而是特里布莱,韦尔迪已经清醒地看到了这一点]。于是,批评家把作者的主人公(特里布莱、加西莫多、孚洛罗)进行重叠对比,然后对比故事情节,揭示出"隐蔽很深的幻觉"。阿南凯(或宿命)代表着"主人公与毫无上诉和赦免希望的判决之间的关系"。这是一种"令人恐慌不安的存在",与"潜意识中的某种真实有关……后者虽然很隐蔽,却给人以威胁,有时表现为某种情绪(嫉妒、报复心理),有时投射到他人或外物身上(人物或不祥之物),或者以梦和梦中的制度的形式出现(合法的集体杀戮、迫害、针锋相对的复仇行为、酷刑、牢狱、极刑等)"。每当出现含糊时(是神意还是宿命,是狼狗还是狼,是正义者还是罪犯),梦都起了决定性的作用,或鲜明对

---

① 贝勒曼-诺埃尔的立场表达得更为具体,态度比较友善。——原注

照,或截然相反,"梦创造了形象并偏向思想明朗的一方"。莫隆就这样透过诗人的早期作品,透过 1830 年前后的创作,从《吕克莱斯·博尔吉亚》(*Lucrèce Borgia*)到《布尔格拉弗》(*Burgraves*)三部曲,透过《悲惨世界》(*Les Misérables*)、《海上劳工》(*Les Travailleurs de la mer*)和《笑面人》(*L'Homme qui rit*),追踪个人幻觉的产生过程。我们可以看到,即使有时莫隆把作品堆积起来以期从中寻找出共同的结构,他的方法仍然很关注根源,关注时间顺序。男女主人公"应该共同迈向不可避免的死亡之路"。巴黎圣母院把"两类思路——幻觉和历史变迁的记载——综合在一起",批评家通过空间和心理两种渠道(宗教和世俗)从圣母院走向巴黎。这座古老的建筑物目睹了英雄人物的不幸,他们全都孤苦伶仃,似乎很久很久以前,无数创伤已经蒙上了他们的造物主。从一部作品到另一部作品,批评家发现人物"都是按照来自古老冲突的精神面貌排列的"。《悲惨世界》"从里到外"都产生于一场"定向梦"。诗人内心的紧张情绪产生了悲剧情节,悲剧情节要求人物,作者的记忆、观察或阅读为他提供了这样的人物[莫隆在此借鉴了儒尔奈(Journet)和罗贝尔(Robert)根据手稿进行的生成研究]。幻觉向悲剧方向发展,但是"抵制恐慌的自卫机制改变了这一命运,把忧郁结局改造为神灵出现的胜利结局"。好几部作品里的主人公,或隐遁,或献身,或冒名抵罪,都是为了从阿南凯救出一对年轻夫妇或孩子们。两大基本的恐惧是"恐惧他人"和"恐惧邪恶"。随后,批评家把这些从作品本身得来的分析结果与雨果的生平相比照。雨果出生 8 个月时,因为与母亲分开了 14 个月而险遭夭折。精神分析表明,婴儿 1 岁时母爱的缺失可能造成了严重的后果。"我认为这些事实很重要,"莫隆写道,"它们足以解释面对不可改变的命运而产生的类似妄想狂式的恐惧"。莫隆列举了雨果生平中几次大的危机(青少年时期、丧父、妻子阿黛尔撒手归天)后,得出下述结论:这就是"通过梦把生平与创作联系起来的辩证方法"。然而对体现在人物网络之中的顽固型意念网络的研究越细致,越独特,越深入,就越怀疑上述假设的正确性。可是,归根结底,对于了解作品而言,这又是无关紧要的。

批评家在《费德尔》的研究(1964—1965;1968 年发表)中提出了下述观点:"舞台戏剧即是幻觉;拥有情感色彩,曾经由作者体验过,也应该由观众来体验。"于是,舞台代表着"一个精神空间",上演着"一出灵魂的戏剧","一出戏剧情节体现着内在精神境界的一出情节",当然还有其他东西。然而,尽管莫隆并不排斥任何其他批评形式,他真正关注的，还是作品来源于自我深处，来源于潜意识的自我。为了揭示拉辛的个人神话（或幻觉），也要对作品进行重合对比。《巴雅泽》(*Bajazet*)、《安德洛马克》(*Andromaque*)、《布利塔尼居斯》等作品里的男主人公都躲避"一位具有强烈占有欲望、嫉妒而粗犷的女性"，希望"获得一位不多心、易于驾驭的弱女子"。这些情节的背后隐藏着相同的幻觉——对爱情欲望的惩罚。《米特里达特》(*Mithridate*)引入了新内容——"父亲的回归"。归来的父亲掌握了审判和惩罚权，凶杀案演变为"道德之战"，增加了幻觉的故事情节。《费德尔》再现了上述两种结构模式，女主角没有获得爱情，走上了犯罪之路，重新投入了被抛弃的情人们的怀抱（埃尔米奥纳）。"伊波利特追求阿里西而拒绝了费德尔"，这出剧可以概括为"一个难以走出昔日旧情的青年的幻觉"。最后，拉辛作品里的父亲形象（与高乃依的父亲形象截然相反）纯粹是惩罚的工具，他冷酷无情，用"遗弃的恐惧"和孤独的死亡来惩罚"对爱情的不忠行为"。可是，对遗弃的恐惧心理先于负罪感，"父亲把你抛弃了，使你在占有欲极强又继承了权力的母亲面前变得束手无策，你多么希望有一位稍微和蔼一点的妇女来代替母亲啊"；其次才是"对遗弃的内疚心情"，更"增添了俄狄浦斯情结"。当然，父亲形象丝毫不影响这一个人神话与传统文学和集体神话的有机结合。

最后一个例子选自《季罗杜戏剧集》。夏尔·莫隆逐剧逐剧地复原了作者的戏剧结构，诸如清纯的女性形象，或集扯谎、通奸、卖淫于一身的荡妇形象。透过和谐的世界，他解读出一出作者"内心的戏剧"，那是季罗杜戏剧作品所勾画的所有模式的"共同点"。自我被分解为双重个性，或者无动于衷面向实际，或者呈现病态把目光盯住母亲和童年，发展的结果使"个性的一部分对另一部分企图以不道德的爱情冲动和侵犯性冲动取代母亲的温柔给予不懈的抨击。这种内心冲突纯粹是精神上的，无任何社会意义"。捍卫"纯洁的夫妻关系"是对逐渐上升的恐惧的一种斗争。同样，莫隆在这里本应当突出一些文学特征，揭示出一些结构，即使有人反对深入潜意识，批评家亦应作出一些正确的总结，并指出季罗杜的创作倾向：希特勒的侵略使季罗杜发生了心理"拟制"现象，如"性心理拟制"一样，以致他当时的作品出现了明显的"逃避现实"、"否定斗争"的倾向。莫隆的理解可以是他个人的管窥之见，但是值得注意、尊重，有时甚至值得模仿，尽管顽固隐喻明显要比"个人神话"的假设更能站得住脚。

对作品进行精神分析

让·贝勒曼-诺埃尔曾经问道：我们能否把作者搁置一旁或忘掉他而"借助弗洛伊德读懂一份文学汇集"呢？这里，他其实已经看到了"文学的精神分析"的研究趋势（《文学与精神分析》，第 102—103 页）。这一新学科被称为"文本的精神分析"。如果我们不能严格地对作者和他的人物进行精神分析，除了"对文本进行精神分析"之外，我们还有什么呢？贝勒曼-诺埃尔在他的《对斯瓦讷的梦进行精神分析？》一文中已经提出了这样的问题［见《诗学》，1971 年第 8 期；收入《走向文本的潜意识》(Vers l'inconscient du texte)一书，法国大学出版社，1979］。按照这一设想，存在着"文本的潜意识"，它不混同于作家的潜意识。

在《童话及其幻想》(Les Contes et leurs Fantasmes，法国大学出版社，1983)一书中，贝勒曼-诺埃尔明确谈到他希望考察"童话中魔幻表现形式的组织以及读者或听众对它们的反映"。童话因为是匿名的，后人可以不受著作权的约束而添油加醋。这类研究有两种切入方式。第一种与我们刚刚考察过的几位批评家的方法相似，即把"弗洛伊德藩篱内的观念和形象"应用到文本中去，"叙述段落是众所熟悉的一种图解模式的某种体现，主导童话创作的装扮点缀所使用的种种方法有目可查"。琼斯正是这样分析哈姆雷特的，马塞尔·莫雷(Marcel Moré)和西蒙娜·维埃尔纳(Simone Vierne)也循此道分析儒勒·凡尔纳(Jules Verne)的作品，弗洛伊德本人第一个把它应用于扬森的《轮》一书。然而，批评家提醒道，我们从这种阐释方式中得不到任何新的东西，弗洛伊德学说的材料已很丰富，不再需要补充；文学家们亦会反驳，说我们发现的总是这些可怜的秘密——俄狄浦斯、自恋倾向、变态等。于是便有第二种方式——文本的精神分析，其目的在于"突现出独立文本的独特的潜意识欲望"。每个读者的独特性将介入每部文本，而我们正想和读者的独特性联系起来。

这类分析之所以能够成为可能，是因为信息总有发出方和接受方，即使其中一方"缺席或隐姓埋名"，"人们可以从单独一方触及信息的意义"。批评家能够了解到"推动文本的潜意识结构的真相与效果，在于他为此而调动了他自己的潜意识结构"。"支撑一切的基本机制是（像电流一样）贯穿叙述文的叙述力量"。文本中一个声音对我说："你瞧，这儿就是你。"人物们的欲望亦即读者的欲望。其实，对文本进行精神分析式的解读将两种方法结合在一起：一方面通过形象破译童话，一方面通过读者对文本的带有倾向性的介入开展细节阐释。例如《灰姑娘》(*La Belle au bois dormant*)中的纺锤、伤痕、睡觉、老妇、被遗忘的仙女，一切都可以如此阐释：去势情结、父亲贪婪的欲望、幻想中的母亲的阴茎，等等。但是，还要把童话放在一种结构里进行阐释，贝勒曼在一百多页之后就是这样做的。他这种做法与贝特尔海姆(Bettelheim)的《仙女童话的精神分析》[*la Psychanalyse des contes de fées*,《魔法的使用》(*The Uses of Enchantment*)]相反，他曾批评后者的阐释学究味太浓。贝特尔海姆认为童话"是对正常情感的学习阶段"，而欧洲的弗洛伊德的门徒们则认为童话可以使孩子们"为乐趣而幻想"。贝尔曼-诺埃尔是这样理解《灰姑娘》的：一位公主"尚未走出心理正在形成过程的混沌状态……我们刚好处在与母体融为一体的子宫内生活之后、带有乱伦犯罪色彩与镜子经验相关的自恋情结到来之前"。我们于是重新发现了"感官的乐趣"和"原始的强烈愿望"，发现我们身上"一种古老的带有犯罪色彩的自恋情结"。总之，批评家希望随时投入被分析作品的"幻想力"，从悠闲读书的"沙发"上转到"改变"自己阅读方式的"座椅"上，其余的原始乐趣尽在细节的分析之中。

　　在局限于文本的精神分析方面，应当指出马尔泰·罗贝尔(Marthe Robert)的著作的重要性。我们觉得她最完整最重要的著作当属《有关起源的小说和小说的起源》(*Roman des origines et origines du roman*)一书（格拉塞出版社，1972；伽利玛出版社，"如此"丛书，1977。我们知道马尔泰·罗贝尔还发表了关于弗洛伊德和卡夫卡的著作）。我们可以从中看到，运用弗洛伊德式的精神分析不仅可以了解一部作品，而且可以了解一种文学体裁的浩瀚无比的大量作品，而且从不涉及某位或所有小说家的潜意识[另外，我们还将看到，马尔泰·罗贝尔的研究是以笛福(Defoe)和塞万提斯(Cervantès)为主要研究对象的，也很难挖掘作家的潜意识]。著作从弗洛伊德的一种发现谈起。弗氏曾在《精神病患者的家庭小说》(*Roman familial des névrosés*，发表于1909年，但是自1897年起就开始提到)一书中介绍了他的发现：有一种"初级虚构形式，孩子们能意识到，正常的成年人意识不到，在许多精神病患者那儿则表现得很顽固"，其结构总是包括同样的背景、同样的人物、同一主题，它与"形象思维的原则本身"是有关联的。孩子起初很崇拜自己的父母，继之对他们感到失望。被逐出天堂之后，他怀疑自己是"捡来的，或收养的"。失去自己的贵族双亲后，他又感到被"平民"

父母抛弃了。孩子于是"独自一人面对两对地位迥然不同的父母,他同样地尊敬他们,又同样地怨恨他们"。在第二阶段里,对性的发现使孩子今后只对父亲产生种种幻想。父亲是国王和幻想者,而母亲则依然是近在咫尺的平民。第一阶段是"被捡来的孩子"的阶段,第二阶段是"私生子"的阶段。这一故事梗概有助于确定所有小说的性质,因为它揭示了"这一体裁的心理根源",因为它"即是这一体裁本身"。小说因而再现了已经具有小说雏形的幻觉,从幻觉中汲取了它的必要的素材和自由变化的形式。它想给人以"真实感",然而也从令人失望的尘世退隐,或模仿或虚构。它推出两个英雄人物:以被捡来的孩子身份展开种种梦幻的唐·吉诃德,他与改造世界的私生子鲁滨逊的"心理年龄"不可同日而语。马尔泰·罗贝尔写道:"其实,这正是小说可能发生并且在其历史沿革中已经发生的两大潮流的分界线。严格地说,创作小说的方式也只有两种:写实主义的私生子方式,既辅助社会又正面抨击它;以及被捡来的孩子的方式,由于缺少采取行动的知识和手段,只能以逃遁或赌气来躲避斗争。"

事实上,这正是关于小说史的两种"观点",这两种观点可以在同一作家的作品中交相出现。但是,对于"主流观点"来说,干预社会生活的作家带有"私生子俄狄浦斯"的遗传因子,而另辟一个世界的小说家则让人听到了被捡来的孩子的声音。马尔泰·罗贝尔把巴尔扎克、雨果、欧仁·苏(Eugène Sue)、托尔斯泰、陀思妥耶夫斯基、普鲁斯特、福克纳、狄更斯等归为第一类作家,把塞万提斯、西拉诺·德·贝尔热拉克(Cyrano de Bergerac)、霍夫曼、让-保尔、诺瓦利斯、卡夫卡、梅尔维尔(Melville)等归入第二类。一方面小说家"模仿神",另一方面他自己"就是神"。从弗洛伊德的这一模式出发,马尔泰·罗贝尔开始解读作品,如仙女童话、德国浪漫主义的作品、卡夫卡的《城堡》(*Le Château*),"那是一个无名之乡和失乐园";然后鉴赏《鲁滨逊漂流记》(*Robinson Crusoé*)和《唐·吉诃德》,把它们作为分析的中心,并分析了大批模仿者的种种"鲁滨逊模式和唐·吉诃德模式"。批评家把"整个"当代小说纳入"或肯定社会或否定现实这两种态度中进行考察,对于任何有影响的作品而言,它们既是大量新思想的源泉,又可构成作品的紧张情节本身"。任何时候,马尔泰·罗贝尔都没有分析巴尔扎克的潜意识,或者卡夫卡的潜意识。她从巴尔扎克的系列社会画面中,看到了弗洛伊德式的"私生子"现象,并在《人间喜剧》里追踪这一方式的所有细节。相反,谈到福楼拜时,她则回到弗洛伊德的其他著作,并发现《狂人回忆录》(Les Mémoires d'un fou)里有"原始场面"的痕迹,这一点对"家庭小说"是个补充。解读一部作品,对马尔泰·罗贝尔而言,即从中分离出弗洛伊德式的种种类型,对作家生平的了解因此而变得毫无必要。

作家的精神分析

然而,即使马尔泰·罗贝尔也抵制不住对福楼拜的小说分析之后再对小说家进行精神分析的诱惑,尽管她的分析散见于注释之中。因此,我们对某些批评家立意要写出真正的精神分析式的作家传记或精神类传记就更易理解了。玛丽·波拿巴的《爱伦·坡》、让·德莱(Jean Delay)的《安德烈·纪德的青年时期》(La Jeunesse d'André Gide,伽利玛出版社,1956)、让·拉普琅什(Jean Laplanche)的《霍尔德林与父亲问题》(Hölderlin et la question du père,法国大学出版社,1961)之后,多米尼克·费尔南德斯(Dominique Fernandez)在《树之根底,精神分析与创作》(L'Arbre jusqu'aux racines. Psychanalyse et Création,格拉塞出版社,1972)一书中提出了一种方法①和三个范例[米开朗基罗(Michel-Ange)、莫扎特、普鲁斯特],旋即又把这一方法应用于爱森斯坦(Eisenstein)。这表明这一方法适用于所有的艺术家[莫隆本人也留下了关于凡·高(Van Gogh)的研究],正如弗洛伊德曾用它研究达·芬奇、E. 和 R. 斯特巴(Sterba)曾用它研究贝多芬(Beethoven)一样。这一方法的目的在于"捕捉创作中潜意识的论证过程",在于"辨别出连接艺术家个人生平及其艺术产品的根深蒂固的纽带"。作品来自"孩提时代的经验"。因之,精神传记作家研究作品中"儿时创伤的反映",但是,生活与作品来自相同的潜意识源泉。精神传记正是要研究"人与作品之间的相互关系,并在作品潜意识的论证过程中捕捉和研究人与作品的统一性"。与圣伯夫从成年开始的做法相反,批评家从儿童时代开始,从作品开始,不光从作品的显性内容或潜内容开始,还从作品的形式开始(文学体裁、词汇等)。就这样,批评家发现帕弗泽(Pavese)的"主导原则"原来是一种"失败后自我惩罚式的精神病"。同

---

① 关于这一方法的批评,见贝勒曼-诺埃尔的《精神分析批评与文学》,第90—93页,和前引安娜·克朗西埃的著作。在普鲁斯特身上的应用,见拙作《普鲁斯特》(贝尔丰出版社,1983,第 192—194 页)。拙作第 191—198 页整理了对《追忆逝水年华》作者进行精神分析的一份研究总结。——原注

样，费尔南德斯还研究朱利恩·格林作品中的同性恋的根源（作者在自传体故事里歪曲了这一现象），其结论不再是"什么人写什么书"，而是"什么孩子出什么作品"；生活和作品都是"后来构筑的避风港，旨在改变尚未完全克服掉的儿时情景的导向或驱逐它"。生平境遇代替了分析疗法的自由组合，和德莱一样，费尔南德斯认为写作就是"一种治疗"，因为小说家与他的化身之间产生了一种转移。诚然，有些人被他们的童年所抑制〔如爱伦·坡、帕弗泽、拜伦、列奥巴尔迪（Leopardi）、凡·高等〕，其他作家则战胜了自己的童年。精神传记解释前者比解释后者的作品更得心应手。它亦可能遇到资料短缺的困惑，精神传记作家如何选择自己的对象依然是个谜。费尔南德斯承认这是他的方法的三个局限性。费氏的方法对莫隆的方法仍然是一种补充。从弗洛伊德到我们这个时代，从作品到人，从意识到潜意识，从批评家到作家，周期运动永不停息。

第六章　文学社会学

　　截至现在我们所分析的批评方法，或涉及个体意识，或与作家的潜意识相关。文学社会学的特点，在于建立并描述社会与文学作品之间的关系。社会存在于作品之前，作家受社会的制约，反映社会，描写社会，力图改造社会。社会存在于作品之中，我们从作品中可以看到社会的影子，看到关于社会的文字。社会还存在于作品之后，因为还存在着阅读社会学和读者社会学，从统计研究到接受理论，它们都可以产生新的文学现象。对社会与文学关系的分析并不是 20 世纪的首创，19 世纪的批评家——其中包括史达尔夫人（Mme de Staël）和泰纳（Taine），哲学家如黑格尔（Hegel）和马克思（Marx）——已经提出了基本的原则。以后的所有发展，有意识的或无意识的，都依赖于这些基本原则。20 世纪初，几乎与杜克海姆（Durkheim）①的研究同时，朗松提出了"文学史与社会学"的关系问题［《玄学与道德杂志》（*Revue de Métaphysique et de Morale*），1904］。很快，以马克思主义者为主体的一场大辩论便紧锣密鼓地展开了，关于这场辩论可以开列出一份长得惊人的参考书目。文学社会学分裂为若干流派，例如以研究作品为第一宗旨的社会批评。②

---

　　①　又译作涂尔干。
　　②　由 R. 埃斯卡尔皮（R. Escarpit）主编、弗拉马里翁出版社 1970 年出版的《文学与社会，文学社会学的基础知识》（*Le Littéraire et le Social，éléments pour une sociologie de la littérature*）附有一份全面的参考书目；C. 杜歇（C. Duchet）的《社会批评》（*Sociocritique*，纳唐出版社，1979）和皮埃尔. V. 齐马（Pierre V. Zima）的《社会批评讲义》（*Manuel de sociocritique*，皮卡尔出版社，1985）对上述书目作了补充。——原注

一、创立者

乔治·卢卡契

乔治·卢卡契(Georges Lukacs,1885—1971)在20世纪的文学社会学领域占有主导地位,因为长期以来,哲学压倒了统计调查或实地调查。《小说理论》(*La Théorie du roman*)是卢卡契的第一部重要的批评论著①,写于1914—1915年间,1920年发表于柏林,1963年译成法文(由贡蒂埃出版社发行)。该著作成书于这位匈牙利哲学家的重要的马克思主义阶段之前,更接近黑格尔、狄尔泰和马克斯·韦伯(Max Weber)的学说。卢卡契是这样确定"精神科学"的方式和方法的:他从自己直观捕捉到的某一时期的若干典型特征出发,提出一些具有普遍意义的概念,"然后再用推论的方式,回到各个具体现象,试图达到进行宏观概括的目的"。卢卡契从黑格尔那里主要借鉴了"美学类型的历史学"观点,以此为基础,创立了文学体裁的辩证法。这一辩证法与社会密切相关,《小说理论》肯定说:"小说形式是破碎世界的反映。"大概是受1914年的战争的影响,这场世界大战使卢卡契看到了现世的罪恶,他的上述观点离开了黑格尔的理论,而向克尔恺郭尔(Kierkegaard)靠拢②。卢氏的著作还从理论上不断地把文学演变与社会进化联系起来,把一种文学结构与"历史的和哲学的辩证"阶段联系起来。一种大的文学形式符合社会历史的每个阶段。

卢卡契于是对历史发展进程中的各个社会进行了全景式的概括。希腊文明是一个封闭式的完美的社会,在这个社会里,答案先于问题,灵魂与社会相得益彰。一些"模范的永恒形式""符合当时社会的结构",如史诗、悲剧、哲学等,它们有力地表现了荷马的"有活力的人",表现了悲剧英雄和柏拉图的先哲人物。中世纪时期,希腊人的封闭社会在圣·托马斯和但丁笔下的基督教社会里得到了再现。当生活的意义受到质疑时,小说代替了史诗,散文体于是取代了英雄史诗,诗则演变

---

① 卢卡契1911年曾发表《灵魂与形式》(*L'Ame et les Formes*)一书。——原注

② 克尔恺郭尔(1813—1855),丹麦唯心主义哲学家。他的思想成为现代西方哲学流派存在主义的理论根据之一。

为抒情诗。于是,在琐碎的世界之中,个体的价值也发生了疑问,"小说是一个没有上帝的世界的史诗"。狄更斯小说人物的小资产阶级平庸性代表了当时"资产阶级社会能够和睦相处没有内部冲突的理想典型"。19世纪反映内心世界的小说表明英雄人物拒绝实现自己的社会价值,躲避在自我之中,认为与外界的斗争是无所作为的。这是幻灭的小说。英雄人物与社会的不和谐最彻底地表现在时间领域:"主观世界反对毫无意义的社会结构及其代表人物的斗争收效甚微。面对时间的惯性,面对似水流年,它显得那么脆弱。相比之下,后者更深刻地表现了主观世界的无能为力,无法证实自己的存在,这是它的最大屈辱。"相反,史诗的英雄人物都是长生不老的。时间概念与小说形式相联系,因为小说的内容便是寻觅根本无法找到的实质。卢卡契并不熟悉普鲁斯特,他认为小说的情节"反映了对强大的时间力量的斗争",并且不断地取得了胜利。在卢卡契看来,《情感教育》(*L'Education sentimentale*)是这类小说的代表作:"一切倏忽而至的事物都是毫无意义的、不和谐的、令人难以忍受的,但同时又辐射出某种希望之光和怀旧之光。"我们因此而理解到美学革命其实是有历史原因的,面对支离破碎的世界,既完整又完美的作品已经不复存在。《小说理论》最后描绘了陀思妥耶夫斯基的形象,他是"新世纪"的小说家。这部著作依然带有浓厚的黑格尔的色彩,但是,作者在社会发展之中再现文学结构并把两者联系起来的做法、他的"左派的伦理学",借用卢卡契自己1962年序言中的一句话,就是为他日后的马克思主义著述中反复使用的某些批评工具做了准备。对于那些没有系统读过卢卡契的作品的读者来说,《小说理论》不失为一部好书,它介于德国理想主义和奥尔巴赫的批评之间。

作者1951年把1934—1935年间的一些文章汇集成册,以《巴尔扎克与法国的现实主义》(*Balzac et le réalisme français*)为题重新发表(1967年译成法文)。这部小册子论述的作品与《小说理论》完全一样,因而更明显地表现了卢卡契的进化过程。关于后一本书,哲学家1962年曾这样说:"这部书写作时的气氛是对世界形势的持久的失望。直到1917年,我此前一直以为无法解决的种种问题才获得了答案。"共产主义与卢卡契的思想的关系,与他所研究的作家们与他们所处时代的社会的关系是一致的。《巴尔扎克与法国的现实主义》一书的批评思想有两个来源——20世纪的小说史和马克思主义。小说史的背后是历史,其意义由历史之哲学来表示。卢卡契从《情感教育》出发,提出了下述问题:"昏暗的天际——《情感教育》第一次准确地描述了这一现象——

是终极的不可更改的命运，还是一条虽然很长然而却隐含着一条出路的隧道？"现在，他的思想已经依赖于"马克思主义的史学理论"了，那是"人类总体上处于上升运动的科学"①。这一科学有助于鉴别出表现"人类整体"的伟大的经典作品，它们具有两大特征：一方面反映"人类进化的各个大的阶段"，另一方面指导"为达到完美的自我而进行的意识形态领域的斗争"。这正是希腊人以及但丁、莎士比亚、歌德、巴尔扎克、托尔斯泰、高尔基（Gorki）等作家的作用。文学作品表现过去社会的一个阶段，在现实生活中发挥作用，并引导我们面向未来。

现实主义作品又是经典作品，它们的突出作用正体现于此。现实主义作品的特征表现为典型的塑造，典型"凝聚和汇集了一定历史时期人类的和社会的所有基本的和决定性的因素"。现实主义反对生理主义和心理主义的肢解做法，它们缩小了文学的范畴。文学既是表现手段又是宣传手段，因为人"与历史和社会的构成因素之间存在着密切的有机关系"，既是一种社会现象，又体现了要完成的任务。作家"为现代社会提供了一副透视镜，我们今天可以从中追随全人类的戈尔戈塔之路"②。作家的对象——人，"与社会生活、社会的斗争和社会政治不可分割"，他来自社会，又要回到社会中去。现实主义小说位于过分狭窄、要求"深思熟虑的命题小说"和"反映私生活的隐私小说"两个极端之间，开辟了"第三条道路"，适应一种时代的要求。在这个时代里，"从破产到复兴的过渡以危机的形式出现"。凡是伟大的作家，莫不钟情于现实，现实战胜作家的偏见和个人意愿。卢卡契在此引用了以后又多次引用的恩格斯（Engels）关于巴尔扎克的一段论述。巴尔扎克虽然是个正统派，但是他成功地分析了他的时代的社会结构。小说人物并非按照作者的个人意愿而是按照"他们的社会存在与心理存在的内在的辩证关系"而发展的。这一切提出了作家的"世界观"问题。作家的"思想"构成世界观的表面内容；世界观的深层结构里，包容着"时代的重大问题和人民的痛苦"，它们通过人物表现出来。所有伟大的现实主义作家的共同点——我们知道，对于卢卡契来说，只有这些作家才有价值——"在于紧紧抓住他们时代的重大问题，无情地再现社会现实的真

---

① 见乔治·卢卡契：《文学史家马克思和恩格斯》（*Marx et Ehgels historiens de la littérature*），1931—1935，法文译本，阿尔什出版社，1975。——原注

② 戈尔戈塔，福音书中的耶稣受难地，相传位于耶路撒冷的西北部，那里有耶稣的圣墓。

正的本质"。那么为什么伟大的作家们又互不相似呢?卢氏的回答则用模糊的语言提到了"艺术个性"。关于巴尔扎克的《农民》(*Les Paysans*)的一篇文章阐明了这些观念:巴尔扎克的小说描写了马克思在《雾月十八日》(*Le Dix — Huit Brumaire*)作为"法国大革命后土地革命的实质"而描绘的内容。批评家了解19世纪的经济和社会变迁,他把小说与先哲的论述相对照,以是否符合先哲的模式来评判作品。他对马克思的模式作了具体的说明。丰富的具体内容,是文学的构成部分。评判家的任务,在于从小说人物和情节中重新发现"影响社会革命的伟大力量"。卢卡契还从《幻灭》(*Illusions perdues*)出发,或以《斯丹达尔的批判者巴尔扎克》为题,在1935年的两篇文章里进行了同样的分析:两位伟大的小说家,代表了"1789—1848年间的资产阶级社会革命的各种立场中颇具意义的两个极端"。

然而,卢卡契论述文学内容的代表作,当推《历史小说》(*Le Roman historique*,1937;法文译本,帕约出版社,1965)。在1960年写成的序言中,卢卡契明确阐述了自己的方法:"探索经济和社会发展与世界观以及由世界观所产生的艺术形式之间的相互作用。"作者认为他这部四百余页的著作仅仅"是个开端,是一次尝试","是对马克思主义美学和唯物主义文学史观的初步贡献"。然而,与他的众多的追随者不同,卢卡契并没有满足于为自己的理论点缀几个范例而已,他的著作既具有史学研究方面的价值,同时也提出了一系列方法论原则。如果说"现代的社会动荡"是历史小说盛衰的起因,如果说历史小说的"诸多形式问题仅仅是这些社会动荡的艺术反映",批评家的作品分析却始终内容丰富且颇具新意,尽管有时与支撑分析的理论稍有出入,或者理论使分析变得有些累赘。在历史小说方面,这部著作依然具有权威性。

历史小说以历史为题材,历史发展产生的这一体裁形式具有关键的意义。因此,卢卡契首先研究"历史小说产生的社会历史条件"。大革命和拿破仑使人们发现了历史的意义,发现了民族感情,产生了社会变革的意识。这一切构成了"沃尔特·司各特(Walter Scott)的小说根源的经济和意识基础"。司各特的小说人物代表了当时各种不同的社会力量、社会斗争和对立,任何人都没有他做得那么卓越。自然,他的主要人物都是端庄得体而又有一定局限性的普通人,他们代表了英国的中产阶级。小说描写极端力量的冲突,进入情节的关键时刻后,主人公帮助建立敌对社会力量之间、两大阵营之间的人道关系。例如斯图尔特人和汉诺威人之间的韦弗利,接近日常的大众生活,尽管内战爆发,然而生活依旧。"伟大人物"则是积极的或消极的群众愿望的旗手。某些文学形式,如戏剧性材料、事件的浓缩和对立方的大量的对话,即来源于这些社会现实。因此,普遍而深刻的历史危机决定了人物之间的表面危机。历史小说并不堆砌繁琐的历史细节,对危机的深刻体会构成了小说的主要内容;并不试图唤起博闻强记者的好奇心,而是帮助重温"人类发展的一段历史"。托尔斯泰正是这样,他根本没有叙述战争的细节,而是采撷若干有意义的情节,以期表现"俄罗斯军队的整个精神状态并进而表现俄罗斯人民的精神状态"。相反,当他试图描写拿破仑时,他干脆走出了小说形式,放弃了"文学的表现手段",而采用了论说文的种种智慧手段。历史小说应当艺术地再现历史真实。这就是说,小说人物要个性化,重要人物真正在重要的时刻才出现,如同小说中的次要人物一样,这样,他们的形象才能保存得更好,塑造得更成功。

其次,卢卡契从司各特的作品里看到了所有的社会阶层,看到了"民族生活的全貌":"作者把社会下层看做上层的物质基础和艺术解释,表现了他严谨的人民性。"此外,司各特是"社会进步"的捍卫者,他赋予"各种历史的、社会的和人类的力量以诗意般的生活。在长期的进化过程中,这些力量使我们的生活形成今天的模式"。于是,批评家把司各特的整个社会体系分解为阶级:除"若干推动历史前进的领袖人物——尤其是路易十四"——以外的已经衰落的上层社会、与人民尚保持联系的贵族、盎格鲁-苏格兰资产阶级、"独立的自由"农民。在分析苏格兰的氏族时,司各特既表明了它们早期的伟大之处,又指出它们必然衰落的悲剧命运,以至于"摩尔根(Morgan)、马克思和恩格斯创立和明确论述的史学理论,栩栩如生地以诗的形式出现在沃尔特·司各特最优秀的历史小说里"。小说家把恩格斯的论证变成了形象,但是他仍然小心翼翼,力求避免在古老的背景之上安排一群现代化人物。卢卡契曾指责浪漫主义作家们的这种做法。

当卢卡契研究司各特对马佐尼(Manzoni)、普希金、果戈理的影响时,他再次使用了同一方法。果戈理的《塔拉斯·布尔巴》(*Le Tarass Boulba*)出自大手笔,但是,当果戈理虚构了一段悲剧情节时,他"竟能把这段情节有机地加入整体之中,并使人相信情节反映的不是个别现象,而是更发达的周边文明对一个原始社会造成影响的根本问题,是整个原始结构必然衰落的悲剧问题"。于是,批评家评判任何创作、任何变动,都是以它们是否符合一定的模式,是否符合一定的社会学理论为依据的。卢卡契认为普希金高于司各特,他的判断是正确的;然而两位作家对历史的理解是一致的,他们的差别仅仅是艺术范畴的差别,那么卢氏的方法就难以使他论证自己的判断。此外,既然批评家把小说家的艺术演绎为概念,取消了构成小说魅力的具体内容,他得到的不是司各特,也不是果戈理,而是马克思和恩格斯。当卢氏指责维尼和雨果受保守的和反动的浪漫主义的影响,把历史真实改造为"道义故事"时,我们丝毫也不感到惊奇。梅里美(Mérimée)有写历史细节的观念。他的错误在于在《查理九世时代轶事》(la Chronique du règne de Charles IX)一书中,没有把小说人物的私生活里的事件和"人民的真实生活"联系起来,亦没有和"他试图表现的重大的历史事件"——圣巴泰勒米惨案①联系起来。斯丹达尔尽管正确地批评了当时的资产阶级社会,但是没能看到"历史的必然性"。只有身处法国浪漫主义时代的巴尔扎克,懂得吸取司各特的教训并且超越他。其根源本身也是历史性的:因为司各特生活的年代,英国资产阶级社会的前程似乎尚有保证,而巴尔扎克则生活在社会力量的真正的大动荡时期。对1830年革命的分析有助于了解法国社会的脆弱性,而《人间喜剧》正是由社会孕育反映社会现实的历史小说。历史的必然性推动巴尔扎克,也推动托尔斯泰,完成了他们的巨著。一种体裁是"对生活中独特现象的独特的艺术反映"。

　　这里出现了一种异议:如果我们对历史的社会真实的了解仅仅来自小说的描绘,那么怎么知道它是真实的呢?如果我们是通过小说以外的其他途径了解历史上的社会真实的,那么小说又有什么用呢?这种艺术反映几乎有可能与水中捞月亮一样徒劳无益。总之,只有"当现在的社会结构、它的发展水平、它的阶级斗争的特征等等,有利于、妨碍或阻止对历史发展的恰如其分的了解时",作家才能了解过去。卢卡契在此阐明了社会小说与历史小说的相互作用:前者使后者成为可能,后者把前者改造为"一段宛若眼前的真正的历史"。显示卢卡契的批评方法是怎样天真地让文学批评服务于历史唯物主义,比概括他的这部巨著似乎更重要:"我们还远远不能把资本主义的散文体形式当做一个已经完全过去的、确确实实只属于过去的人类发展阶段来考察。"他在结

---

　　① 圣巴泰勒米惨案,亦称"圣巴泰勒米之夜",1572年法国胡格诺战争期间发生的大屠杀事件。因发生于圣巴泰勒米节日(8月24日)前夜和凌晨,故名。当时,胡格诺派的重要人物聚集巴黎,参加首领亨利(那瓦尔)的婚礼。天主教派突然发动武装袭击,胡格诺派死二千余人。此后两派内战更趋激烈。

论中这样写道："苏联内务政策的一个主要任务，就是在经济领域和意识形态领域消灭资本主义的残余。这一事实说明，即使在社会主义的现实中，资本主义的散文体虽然已经失败或者注定要走向最后解体，但仍然是一个不容忽视的因素。"具有论争性质的战斗的文学社会学，应该永远揭示现实，澄清过去和预见未来。

同时期，即1932—1940年间写于莫斯科、收入《现实主义问题》（Problèmes du réalisme）一书（德文版，1971；法文译本，阿尔什出版社，1975）的论文，对文学社会学理论给予了重要补充，如《关于讽刺》、《伟大的表现主义及其颓废》、《叙述或描写》、《艺术形象的知识面貌》、《作家与批评家》等篇章。每个问题的提出都以一定的社会历史基础为依据：社会现状产生了讽刺现象，讽刺则以隐蔽的形式揭示社会的本质。作家"具体的阶级地位"及"在此基础上可以接受的正确内容"决定了作家认识事物的"正确"观念。人物如果能够像感受"自己的个人问题一样感受时代最抽象的问题"，如果能够与普遍意义相联系，便具有理性形象。巴尔扎克小说中的沃特兰或戈博赛克，是两位最清醒的主要人物，代表了中心形象。体现理性在卢卡契所钟爱的"典型"概念中起着决定性的作用，它与形式主义的区别在于它反映了"人与人之间的冲突关系"的此起彼伏或鲜明对比并将它们普遍化。至于描述战胜了隐秘力量的史诗形式，那是左拉的自然主义和两次大战之间苏联文学的主要特征。小说从干预走向观察，从结构有序走向"笼统化"。"占统治地位的描述方法与我们伟大时代的基本的历史事实是互相矛盾的"，卢卡契1936年曾经这样说。最后，"作家与批评家"的分离是资本主义发展的产物，资本主义"把作家和批评家同时推入专业人员队伍的狭小圈子里，剥夺了他们关心人类利益、社会整体、政治斗争和艺术概貌的全局观念和具体意识，而全局观念与具体意识正是文艺复兴、启蒙时代和所有民主革命的准备阶段的文学的共同特征"。

看看30年后非斯大林化是如何改变卢卡契的思想是件饶有趣味的事，这一变化体现在他的《索尔仁尼琴》（Soljénitsyne，1970）[①]一书中。这位哲学家指出，当文学开始征服社会，或者恰恰相反，当文学已经结束对社会的征服时，短篇小说应运而生。薄伽丘（Boccace）是现代小说的先驱，莫泊桑向巴尔扎克的世界告别。短篇小说不涉及整体世界，而描述一件个别的现象。与其说"伊万·德尼索维奇"象征着一个

[①] 本书的两篇论文分别写于1964年和1969年。——原注

时代的结束,斯大林(Staline)和斯大林主义的统治时代的结束,毋宁说它预示着一个新时代、"马克思主义复兴"的时代的来临。文学放弃了社会主义的现实主义,也改变了自己的形式,因为"作家们在探索自己时代的生活时,也在探索最能代表这一时代生活的特殊的、富有活力的结构形式,并且自信能够发现反映自己时代的形式,使时代最深刻最典型的特征得到充分的表现,而任何真正新颖的风格正是基于这一事实才产生的"。问题始终是同一问题:如何透过诗的形式重新发现"具体发挥作用的社会力量"呢?在这一点上,索尔仁尼琴是以托尔斯泰和陀思妥耶夫斯基的继承人的面目出现的,他是一位"平民"作家,可惜不是共产主义者——卢卡契对此感到遗憾,他直到生命的最后一刻,如果不再忠于斯大林,至少还是忠于列宁(Lénine)的。因此,如同分析巴尔扎克的作品一样,要把他的表面思想与对深层结构的描写区分开来。

吕西安-戈德曼

1947年,吕西安-戈德曼(Goldmann Lucien,1913—1970)就提出了一种设想,并始终不渝地坚持他的观点。这一设想决定了他的方法:"历史唯物主义在文学研究领域的基本观点,认为文学和哲学是世界观的不同的表达方式,世界观不是孤立的个人现象,而是社会现象。"[《文学上的辩证唯物主义和历史唯物主义》,见《辩证研究》(*Recherches dialectiques*)一书,伽利玛出版社,1959]这一思想的中心是关于"世界观"的观念,世界观是对"整体现实的一种既和谐而又统一的看法"。这种看法不是指个体的不断变化的观点,而是处于相同的经济和社会条件下的一个团体的思想体系。作家表达了这一体系,他的表达是很有意义的,因为许多作家便代表了一个团体,例如17世纪前的第三等级和现实主义文学,小贵族阶级和浪漫主义,袍子世界和冉森派教义等。

探索作品与同时代的社会阶级的关系之前,研究的第一步应该是"理解作品自身的意义"。吕西安-戈德曼自1947年即肯定了这一点,他是最早阐述这一观点的批评家之一,后来巴特和当代批评界一再重申了它的正确性。按照巴特的说法,作家并不比他人更了解"自己作品的意义和价值",依赖作家的见证和书信并不一定是理解其作品的最好的途径。艺术家的动机和他表达其世界观的形式之间,可能存在某种差距,卢卡契也曾强调过这一点。"内在的美学分析"将分离出"作品的客观意义",批评家然后将其与"当时的经济的、社会的和文化的因素联系起来"。最基本的准则仍然是"美学价值"。美学价值越大,则方法运转愈灵，愈可以通过作品自身来理解作品，后者也愈深刻地体现一种世界观。"此外，世界观尚在形成之中，在社会团体的意识里，它也刚刚脱胎而出"。研究作家生平和动机的必要性愈小，"当歌德失去自己昔日的深度时，读者才可在他的作品里感觉到魏玛公国大臣的形象"。作家与他所隶属或所表现的团体之间的关系有可能受到影响甚或中断；这种关系绝对不是一种因果关系。"正是当拉辛和帕斯卡尔与波尔-鲁瓦亚尔（Port-Royal）讨论时，他们才酝酿成熟了该团体及其所代表的阶级的最佳的哲学和文学的表达方式"。

吕西安-戈德曼在其生涯中形成的作品观向他的老师卢卡契的作品观中带有概念化的成分发起了斗争。艺术家"并不照搬现实"，而是"创造出一群有血有肉的人物"，一个具有一定结构的艺术世界，其美学价值正在于它的丰富多彩和完整统一。他指出："因此，有可能出现真正的艺术作品，例如里尔克（Rilke）的诗，它们表现了种种神秘而反动的世界观。因此，伟大的艺术作品可以永保它们的价值。"然而，天才作家"只需表达自己的直觉和情感，便同时表现了他的时代的实质及其所经历的沧桑和变迁"，天才永远是"进步者"。"反动者"走进了戈德曼的天堂，却没有跨进卢卡契的天堂；当然，他们不占据首要位置。总之，我们既不能从作家的生平出发，也不能单从他的作品出发。两种方法各自都是不完整的，不管怎样，批评家都不可能像歌德和但丁那样去爱，去思维。因此，又回到了社会学的阐释方法。对此，戈德曼的态度与莫隆对待精神分析的态度同样谦虚，他承认社会学分析法"难以穷尽艺术作品的含义"，但不失为迈向这一道路的"必不可少的第一步"。

在他的博士论文《隐蔽的上帝》（*Le Dieu caché*，伽利玛出版社，1956）及前后发表的文章中，吕西安-戈德曼把自己的方法付诸实践。他的博士论文围绕冉森教派进行了大量的研究，内中提到了帕斯卡尔和拉辛的名字，他们理应获得更多的尊重，那些草率仓促的论战者们对他们有时有失恭维。社会学家戈德曼依然是马克思主义者，但是他亦接受了皮亚杰（Piaget）的《遗传认识论》（*L'Epistémologie génétique*，1953）的影响，不再重视思想内容，而专注于"集体思想的图解式的结构"及其可能产生的影响。他比较帕斯卡尔与拉辛的作品，研究悲剧思想中的"反论结构"，确定了冉森教徒中的"一个团体和一股思潮"，它们使人看到了"决定这些作品产生的社会和文化条件"以及拒绝干预政治的冉森教派与政权发生冲突的根源。帕斯卡尔和拉辛所表现的社会团体——他们阐述了这一团体的世界观，尽管他们的世界观尚不明朗——主要包括资产阶级、僧侣贵族和议会阶层。批评家于是把文学结构，例如悲剧的文学结构（见《拉辛》一书，阿尔什出版社）与思想或世界观的结构进行对应比较，认为文学结构不是一个整个阶级的思想或世界观的结构，而是某一社会团体的思想或世界观结构。

十年后，吕西安-戈德曼在《小说社会学》（*Pour une sociologie du roman*，伽利玛出版社，1964）一书中再次强调"文化创作的真正主题是社会团体而非孤立的个人"，当然他也同时承认"创作个体是团体的组成部分"。他指出，并不是只有社会学家才可以宣称小说是社会的编年史，反映了当时的社会，因此，他没有追究小说文学的内容是否与社会现实完全一致，而是把小说文学置于社会环境的结构与小说形式的关系之中予以考察。小说的文学形式与人们之间的相互关系以及人们与财产的关系是同源的。因此，在"一个市场社会里"，交换价值代替了使用价值，质量胜过数量。正如小说世界的真正的价值一样，使用价值只具有隐性作用，小说形式的发展史与"物化"的结构史类似，马克思曾经这样分析过。在确定经济结构向文学表现形式的过渡中，戈德曼注意到四个因素：

——"媒介类"的诞生，这是资本主义社会思想的基本形式：金钱和社会地位不再是媒介因素，而具有绝对价值。

——依然存在着一些"有问题的个人"，他们的思想和行为仍然被质量价值所左右，他们是作家、艺术家，但是，他们也不能完全逃避"市场规律"的影响。

——小说体裁是从"尚未概念化的不满情绪"和对"质量价值的热切期望"的基础上发展起来的，它们均产生于社会。

——在市场经济的自由社会里，一些普遍意义的甚至与竞争相联系的价值（"自由、平等、博爱"）仍然存在着。小说就在这些价值的基础上发展起来，恰似个人传记——像作者这样"有问题"的个性的传记。小说形式演变的结果，便是"个性人物、主人公的逐渐解体和消失"。

关于马尔罗的一章详细说明了具体方法。首先确定作品的颇有意义的内在结构，然后寻找与作品时代的文化结构、社会结构、政治结构和经济结构的相似性以及有意义的关系。戈德曼多次以"新小说与现实"的研究为例，说明他关于罗伯-格里耶的小说世界的物化特征的理论。论文的最后一章题为"文学史的结构主义生成法"，再次肯定并概括了基本原则："伟大的作家正是能够在某一领域——文学作品的领域（或绘画、理论、音乐等领域）——成功创作出一个严密的或几乎紧凑严密的意象世界的特殊个性,这一意象世界的结构与整个团体的趋向结构相一致。"作品的结构愈接近紧凑的严密性,其水平愈高。它不是集体意识的"影子",而是后者的构成部分。如果团体至少致力于了解"全面的人生观",作品可以帮助团体了解自己的思想和感觉。戈德曼未能就自己对作品的调查展开论述,也未能概括描述文学语言与产生该语言的社会结构或它所表现并超越的社会结构之间的关系。

米哈伊尔·巴赫金

如果把米哈伊尔·巴赫金(Bakhtine Mikhaïl,1895—1975)博大的著述局限于文学社会学那是不公平的,巴氏著述的主体部分似乎更应属于诗学范畴。但是,人们通常强调巴氏著作中的两个方面①,它们表现在《弗朗索瓦·拉伯雷的作品与中世纪及文艺复兴时期的民间文化》(*L'Oeuvre de François Rabelais et la culture populaire au Moyen Age et à la Renaissance*,1965;法文译本,1970)和《陀思妥耶夫斯基的诗学》(*La Poétique de Dostoïevski*,1963;法文译本,1970)两部书中,并补充了戈德曼的作品:借助民间文化,民间文化是某些伟大作品的广阔天地和内容;通过小说的不同语言表现各种不同的世界观。

拉伯雷的作品起源于民间文化。早在古代,民间文化就已经出现在佩特罗尼乌斯或亚里士多德的作品中,文艺复兴时期又出现在薄伽丘的作品里。"拉伯雷的直接起源,是中世纪和文艺复兴时期的民间喜剧文化"②,即与官方观念不同的具有自己形式的独特的世界观。研究果戈理的作品,就要发现他与"故乡的民间享乐形式的直接关系"③。关于乌克兰的节日和集市的记叙,由研究班学生和下层神职人员四处传播的"怪诞现实主义",使果戈理的作品接近拉伯雷的作品。《死魂灵》(*Ames mortes*)里其乐无穷的地狱与《卷四》(*Quart Livre*)的地狱很相似,都记叙了到冥世的一次"狂欢节"式的出游。果戈理的语言吸取了古老的已被遗忘的民间营养。民间文化中的狂欢节体现在这种"战胜一切"、"陶冶粗俗气氛"的笑声之中。按照巴赫金的想法,文化发展不是直线的和持续的,而是以突然涌现的形式向前推进。文化属于集

---

① 主要见皮·齐马的《社会批评讲义》一书。——原注
② 《小说美学与理论》(*Esthétique et Théorie du roman*),伽利玛出版社,1978,第366页(莫斯科,1975)。——原注
③ 米哈伊尔·巴赫金,见前引,第478页:"拉伯雷与果戈理"。——原注

体，构成一种补充媒体。按照卢卡契和戈德曼的说法，文化是对世界观观念的一种补充，世界观是基本媒体，因为它是一种语言现象，可以被语言学界和文学批评界所研究。

米哈伊尔·巴赫金批评中属于文学社会学的另一基本特征即小说的多声音结构（复调小说）。事实上，这类文学体裁将不同的声音混在一起。巴赫金分析《叶甫盖尼·奥涅金》①时，发现"不同的语言形式和风格形式"分别属于"小说语言的不同体系"，没有任何东西直接来自普希金。如果小说这种"对话体系"包括再现与语言不可分割的各种"口语"、风格和具体概念，如果小说永远都是时代文学语言的自我批评，《叶甫盖尼·奥涅金》便是真正的小说。小说"成熟于民间口语所熟悉的种种形式之中"，经历了漫长的酝酿期，我们可以从中发现"古老的部落纠纷、民族纠纷、文化和语言的冲突"，发现笑声和"多重语言现象"。于是，我们从普希金的人物塔悌雅娜的语言中，便可以看到"以内心对话形式出现的警局小姐的理查森式的梦幻情语与婴儿期童话、传统故事、民歌、天真的预言等形式的民间口语的组合"。甚至小说的抒情段落也把诗"小说化"了。"作者参与了他的小说（到处都有作者的影子），然而几乎没有直接属于他自己的语言。小说语言是在对话过程中相互阐释的语言体系"。挖掘作品中永恒的民间文化的喜剧资源，最广泛地挖掘小说中的不同声音，两者的前景是互相关联的，因为对巴赫金而言，小说产生于喜剧体裁，例如默尼贝讽喻文②，而喜剧体裁同时又是丰富多彩的。社会学不可能脱离语言研究某一现象，也不可能单独研究语言中的某一现象，而是综合研究作为小说人物和作为小说语言构成部分的社会结构。

一个范例：米歇尔·克鲁泽

米歇尔·克鲁泽（Michel Crouzet）博大的著作［例如《斯丹达尔与语言》(*Stendhal et le langage*)，伽利玛出版社，1981；《斯丹达尔的诗学，兼论浪漫主义的起源》(*La Poétique de Stendhal, essai sur la genèse du romantisme*)，弗拉马里翁出版社，1983；《斯丹达尔与意大利

---

① 米哈伊尔·巴赫金，见前引，第 401—410 页。——原注
② 默尼贝，犬儒学派的哲学家和诗人，腓尼基人，被释放的奴隶。其作品多为滑稽可笑的故事。默尼贝把散文和诗混杂在他的滑稽文字之中，后人谓之默尼贝讽刺文体。

色彩，兼论浪漫主义的神话学》(*Stendhal et l'italianité, essai de mythologie romantique*)，科尔蒂出版社，1982；《亨利·布律拉尔的生平或叛逆的童年》(*La vie de Henri Brulard ou l'enfance de la révolte*)，科尔蒂出版社，1982]似乎全部以一位确实博大精深的作家斯丹达尔为题。但是《斯丹达尔作品中的自然和社会》(*Nature et Société chez Stendhal*，里尔，1985)一书则有力地显示了如何从一位作家过渡到一个社会，再过渡到抽象的社会。斯丹达尔是位浪漫主义者和现代作家，因为他是叛逆者。对自由的酷爱以及毁灭社会的战争，在作者的笔下，莫不表现得栩栩如生，其目的在于说明社会性之后，人性尚未泯灭。处于矛盾之中的斯丹达尔，既是那喀索斯，又是卢梭的弟子，经历着种种冲突，"进步具有两面性"，进化同时又是蜕化，叛逆同时标志着"新的开端和没落"。假如"创立社会"即"逃避自然规律"，那么批评家就提出了"文明的全部问题"。在多么大的范围内一位作家独自一人发现人类条件的基本冲突是自我与社会的斗争呢？米歇尔·克鲁泽不断地提出这一问题，其批评的思想深度——既非细致剖析的魅力，又非僵化哲学的威力——使它属于社会学的批评范畴。

二、社会批评

社会批评"首先瞄准文本"，克罗德·杜歇这样写道。"社会批评接过了形式批评所创立的文本概念并且把文本当做优先的研究对象，从这种意义上说，它是解读内在内容的。然而目的不同，社会批评的意愿和战略就是恢复形式主义者的文本的社会内涵"(《社会批评》，纳唐出版社，1979，第3页)。社会批评在文学社会学里所占据的位置，犹如精神批评在精神分析学里的位置一样。社会批评不再把文本当做一种反映、当做对先前内容的一种包装，文本具有自己的美学价值。然而我们还会受到先前的约束，发现"社会文化方面的榜样"以及社会和制度方面的诸多要求。杜歇甚至谈到"社会潜意识"现象，即形象思维的形式。他一方面承认文本中的一切都来源于"社会的某种作用力"，即马克思主义所说的"生产关系"，一方面又肯定任何东西都不可能直接来自这一力量。我们再次遇到了卢卡契和戈德曼曾经遇到的媒介体问题。社会批评继承了戈德曼的雄心，宣称既笃信唯物主义又忠实于"马克思主义的研究方法"。与其说它已经完成了若干研究课题，毋宁说它提出了以三个内容为重心的研究计划，这三个内容是"主体(不是作者)、意识、体制(les institutions)"。批评家要同时考虑文本中的体制问题、文化典范甚至校园的典范以及作品在体制中的地位。社会批评不可能回避意识,"意识是社会的一种规模形式,因劳动的分工而产生,与政权的结构密切相关。意识是任何语言的产生条件,同时又是语言的产品"。

皮埃尔·齐马在他的《社会批评讲义》(皮卡尔出版社,1985)一书中,为该学科下了一个确切的定义:社会批评等同于"文本社会学"。这即是说,它没有像文学社会学的其他分支那样关注作品的题材和意义,它的"兴趣在于了解社会问题和团体利益是如何从语义、句法和叙述等方面扭结在一起并得到反映的"。它既不放弃批评式的评论,也不放弃价值的判断。与法兰克福学派[阿多诺(Adorno)、霍克海默(Horkheimer)、马尔库塞(Marcuse)]颇接近的齐马却没有全盘接受它的观念,也没有受它的限制。据齐马自己说,那些限制完全继承了康德、黑格尔和马克思的语言。他认为,法兰克福学派是一个哲学学派,而阿多诺本人甚至不是一个文学批评家,而是一位在课间休息时谈论文学的哲学家。这部《讲义》大概是第一部试图系统介绍一种方法的历史并提出自己的分析技术的专著。讲义的第一部分论述"方法和范例",即论述社会学的基础概念,如社会体系、制度、集体意识、劳动的分工、阶级、意识、交换价值、物化和异化等。马克思统治了文学社会学,意思是说,对于从事文学社会学研究的理论家们,文学作品只能发挥例证的作用。理论家们有时也把计划与耐心的调查工作混为一谈,调查显然是徒劳的,不会有什么收获,然而却很有用。尤其是在波尔多,以罗贝尔·埃斯卡尔皮为主展开了声势浩大的调查工作[《文学与社会》(*Le Littéraire et le Social*),1970]。"经验主义的方法"与"辩证法"之间大概存在着某种对立,后者在卢卡契、戈德曼、阿多诺、马歇雷(Macherey)等人的研究中占了上风。齐马还指出了体裁社会学的存在事实:埃里希·柯勒(Erich Köhler)便把中世纪的史诗与贵族的集体利益①、古典悲剧与路易十四的宫廷生活、喜剧和小说与资产阶级的上升联系在一起(第48页)。让·杜维尼奥(Jean Duvignaud)是位戏剧社会学家,他认为正剧是一个时代发生价值危机的标志,例如文艺复兴时期的"英雄"罪犯象征着这个时代的"病态的集体意识"。朱莉

---

① 埃里希·柯勒:《骑士的冒险行为,骑士小说的理想与现实》(*L'Aventure chevaleresque. Idéal et réalité dans le roman courtois*,1956;法文译本,伽利玛出版社,1974)。——原注

娅·克里斯特瓦(Julia Kristeva)的《诗歌语言的革命》(La Révolution du langage poétique, 1974)部分地属于诗的社会批评的范畴，涉及的面比较狭窄。相反，瓦尔特·本雅明(Walter Benjamin)的文章早就树立了一个光辉的典范(《关于波德莱尔的若干题材》,1939)。

在《讲义》的第二部分，皮埃尔·齐马借助《局外人》(L'Etranger)、罗伯-格里耶的《窥视者》(Le Voyeur)和马塞尔·普鲁斯特的作品，介绍了自己的"文本社会学"。其实质就是要"同时以语言和社会的结构形式"来再现文本的"不同层次"，要借助"某些现存的符号学概念"而使用"它们的社会学意义"。社会是一个"集体语言的整体"，文学文本吸纳并改造这些语言。因此，齐马提出了两个定理(说它们是两个公理更准确一些)："社会价值不大可能脱离语言而独立存在"；"语言、语义和句法单位凝聚着集体利益并且可能成为社会斗争、经济斗争和政治斗争的赌注"(第141页)。于是，我们就可以用语言、词汇(宣扬基督教义的、马克思主义的、法西斯的词汇等等)，通过语义对立和文章来表现社会冲突。语言工具中可以表现出意识形态，意识形态即"特殊的社会兴趣"，那么对主体而言，特殊的社会兴趣的表达则是非常自然和"顺理成章"的事了。带有意识形态倾向的语言不会开展自我批评，并且堵住了"理论对话"和"实践检验"的路子。意识形态语言与政治权力有着密切的联系，并且成为"所有专制独裁语言的特征"。文本中可以描写正在流行的各种意识形态。首先要确定作者及其社会团体经历过的文本的"社会环境和语言环境"。然后，我们便会看到被作品"吸纳"的各种语言，例如穆齐尔(Musil)的《没有优点的人》(L'Homme sans qualités)就包括了许多这类互相竞争、互相戏谑的意识形态语言。叙述者的意识形态语言具有自由主义危机时期的"所有文化价值的多重特征"，因此，它的文字是非传统的、不完善的，比较接近论说文。《局外人》里的冷漠态度揭示了"意识形态语言的空洞"，检察长的语言正是这样的虚幻语言。同样的情形，如果发生在《追忆逝水年华》一书里，则会导致我们把小说批判的语言视为了解"整个文本结构"的一种方法。"悠闲阶级"自我表现的对话形式酷似叙述者的自恋情结。这里似乎被齐马忽视的问题是任何文学社会学都会碰到的问题："书面会话"与口头会话有何区别？既然普鲁斯特批判"上流社会的言语"并与之决裂，那么社会批评还有什么内容呢？另外，把《追忆逝水年华》局限为批判上流社会言语的一篇文字，那是极不恰当的。社会学家公之于众的方案没有实施；理论家多如牛毛，犹如林立的党派一样。给他们权力吧，他们不会实施自己的计划。会话与文字的对立不足以说明《追忆逝水年华》的结构,按照齐马的思路,这部小说有 200 页也就足够了。从艺术的卓越成就中仅仅发现"资产阶级的世俗社会",掩卷回顾时觉得文本竟不如开卷时那么内涵丰富,齐马的这一结论其实是很可悲的。

因此,在社会批评的范围内,面对那些耸人听闻的理论和令人失望的佐例,人们更喜欢直接以文本为对象的专著和细节研究,如亨利·密特朗(Henri Mitterand)的《小说言语》(*Le Discours du roman*,法国大学出版社,1980)。对历史条件和文学生产的系统的清理,帮助作者确定了文学生产的"条件、症结和规律"。读者每年都可读到不同言语相互交错或对立的作品,每种言语都可以通过其他言语而得到理解,因此要分析"伟大作品的全部背景材料"(《关于种种"整体"的社会批评。1875 年度》)。但是那些伟大的作品,如《情感教育》或《小酒店》(*L'Assommoir*),尽管它们也由当时的"社会内容"所决定,却常常扰乱读者所接受的语言,并使这种语言偏离常规。左拉(Zola)之前,文学中的人民群众都是知书识礼的,只要不是滑稽人物,他们很快就树立了自己的建设性形象。《小酒店》里的普通群众既非罪犯,又没有得到拯救。形式研究位于所接受的社会言语研究和"小说陈述文"即作品的明显内容的研究之间。居伊·德·卡尔(Guy des Cars)的一部小说名为《犹太女人的城堡》(*Le Château de la Juive*),使人想到这种做法"违反了一项禁令":"人们听到了恢复秩序的呼吁和政治警告:法国属于法兰西人民!"同样扮演"社会主义者"的人物形象,在福楼拜的作品里,是个傻瓜(《情感教育》里的塞内卡尔),在左拉那里则是真正的英雄(《小酒店》里的朗蒂埃)。因此,只要认真研究文学结构,就不难从文学结构里发现"社会结构",后者无论如何是要向文学提供素材的。皮埃尔·巴尔贝利斯(Pierre Barbéris)也继续了这类研究工作并发表了一系列著作,如《巴尔扎克与世纪病》(*Balzac et le mal du siècle*,伽利玛出版社,1970)、《夏多布里昂的〈勒内〉》(*René de Chateaubriand*,拉鲁斯出版社,1973)、《现实主义的起源时期:贵族与资产阶级》(*Aux Sources du réalisme : aristocrates et bourgeois*,UGE 出版社,1978)等等;"整个利益、习惯和传统网络都是阶级关系的产物,构成现实主义小说的基础,它们并不是小说虚构的。文学以其独特的方式再现和分析源于事物的本质和运动的冲突,考察文学不可能不涉及它赖以发展并与之斗争的社会历史环境。"①社会批评力求"引人入胜"并具有"政治色彩",毫不留情,有时甚至不尊重它不赞成的批评方法。关心结果的读者自然更喜欢分析文章,而不大敢恭维卢卡契和其他马克思主义批评家的抨击文章。人们对一位英国教授特里·伊格尔顿(Terry Eagleton)的诸多著述也持这一态度,他在《文学理论》(*Literary Theory*,牛津,布莱克韦尔出版社,1983)的结论部分希望展开"政治批评"。

对于上述著作,我们谨以布尔迪厄(Bourdieu)关于"文学场"的一段思考予以补充:文学制度、作家的社会环境、其"基本的文化模式"、"文学创作中发挥作用的一系列媒介体",都要通过文学场的社会学去分析。②

三、接受美学

文学社会学不仅关注作者和作品,同时也关注读者大众。这便是阅读社会学和接受美学的研究范畴,或者至少应包括接受美学的一部分。这一部分研究群体对一部作品的接受情况,作品与读者之间的关系将作为独立的主题与它们所从属的诗学一道进行研究。

阅读社会学

如前所述,我们的宗旨是介绍某种在方法论上有重要意义的见证著作,而不是所有著作。于是我们就从 Q. D. 利维斯(Q. D. Leavis)的著作《创作与读者》③(*Fiction and The Reading Public*,1932,1979 年由企鹅书库再版)谈起。作者自己说她的方法不属于常见的文学批评,而属于人类学和兴趣史学。它不像通常那样研究代表作,而更多地研究 18 世纪末以来一部小说取得成功的原因和读者对阅读的态度的具体体现。为什么研究小说的成功原因?因为对大部分读者来说,"书"即"小说"。通过新闻媒体对书籍市场、公共图书馆、书店和报亭的调查可以确定大部分读者(指 1930 年的英国读者)所喜闻乐见的书籍,它们构成了大众文学。当时读者是通过新闻媒介了解书籍的存在情况的,

---

① 见《现实主义的起源时期》,第 18 页。——原注
② 阿·维亚拉(A. Viala):《作家的诞生》(*Naissance de l'écrivain*,1985)。——原注
③ 未有法文译本。——原注

因此,利维斯在英国报纸上发表了一份文学批评的清单以及各报纸认可的批评标准:读者在购书之前或借阅之前就已经作出了决定;图书俱乐部帮助读者预先作出决定。有些书籍兜售成功故事的写作技巧。调查者曾向60位小说家寄去了他们的问题,小说家的回答说明了他们与读者所保持的关系类型。这次调查还显示,英国自19世纪末产生了严肃小说与畅销书的分野。此前,像狄更斯那样的小说家是面向所有读者的。严重的分野还是一个为时不远的新现象。读者分裂为若干等级,"现代派"文学的读者最少,尤其是广大读者对诗和批评都不感兴趣。另外,与亨利·詹姆斯(Henry James)相反,畅销小说家必须与他的读者保持密切的联系,向他们提供娱乐、遁世和认知的机会。利维斯的调查结果引导她把目光投向过去,说明读者群体是怎样形成的,又怎样在经济发展的影响下而分裂。

其实,17世纪初的普通读者只能欣赏莎士比亚的戏剧而没有其他选择,那时的小说太难(如纳什的小说①)。接着是清教时代,清教徒只能读圣经、班扬(Bunyan)和弥尔顿(Milton)等三部书。笛福适应他的资产阶级读者的趣味,坚决反对情感主义和浪漫主义(于是星期五在半句戏言之中被扼杀),而产权和道德的价值始终受到尊重。18世纪的回忆录,特别是经营书店的拉克金顿(Lackington)的回忆录(写于1791年)以及其他下层人士的同类文献,对当时的读者情况提供了见证材料。18世纪的小说家拼命向读者灌输理性主义,不给读者以情感愉悦,不给读者任何逃避尘世的可能。描写感情生活的词汇非常抽象,因为支撑作家文笔的要求是"高尚的趣味"、"高尚的情操",保持一定的批评距离。这种规矩在19世纪消失了,文学读者的历史就是各种规矩承上启下的历史。18世纪末阅读范围的极大的扩展导致了众多的变化,涉及作者、出版商、期刊、读者的期望和小说家的理想。出借图书的图书馆走向普及,使读者的水平有所降低;读者呼唤给人以强烈感觉的图书,曾经欣赏《特利斯脱兰·香代》不断呼吁其续集的高雅读者消失了。18世纪末,批评界对大部分小说不屑一顾,大众小说的风气应运而生。然而工业革命分裂了读者大众:城市里当然容不下传统的乡村的悠闲生活。连载形式的出现改变了小说的结构和基调,它力求摄人心魄,使

---

① 托马斯·纳什(Thomas Nashe,1567—1601),英国讽刺作家、剧作家、小说家,主要作品有流浪汉小说《倒霉的旅行家,又名杰克·威尔顿传》、讽刺假面剧《夏天的临终遗嘱》等。——译者注

文学与生活的界限以及批评精神渐渐销声匿迹。两种水平的读者开始分离,当然还不像20世纪那样壁垒分明;然而狄更斯继续面对所有读者。廉价版本的出现[史密斯(Smith),1848]加剧了分离现象。19世纪末时,像康拉德(Conrad)或詹姆斯这样的严肃作家很难靠写作谋生,而乔治·艾略特则绰绰有余。据Q.D.利维斯所说,书市向大批读者的开放损害了严肃文学的市场;新的读者群体呼唤简易读物,呼唤小说。其他作家(如穆尔、康拉德、詹姆斯等)以福楼拜、左拉、屠格涅夫为榜样,继续发表艺术作品,然而也要求有品位的读者;广大读者越来越理解不了他们的阳春白雪。对19世纪文学新闻的认真研究给予全景以必要的补充,再次显示水平的下降,而经济利益和广告的上扬则形成鲜明对比。严肃批评消失了,它似乎对广大读者不够忠诚,它所要求的努力似乎是对普通读者的侮辱(第158页)。批评的价值体系与读者的价值体系混淆了。Q.D.利维斯甚至提醒读者注意新闻界的某些做法,出版商如果要他们登广告,他们才肯对相关书籍发消息,而广告永远不会涉及艰深的作品。

现在与过去的对比促使利维斯女士从读者的角度研究畅销书的意义。小说的演化与休闲时间的变化有关。读者的增加,出版商的工业化,作家们随时准备研究和满足市场的需求,这些都是变化的基本条件,然而主要原因存在于经济环境和社会环境的改变。这种分析的继续发展提出了没落或进步的问题。批评家本人的态度是明确的:购买畅销书有损文学,割断了普通百姓与文学的关系;普通百姓因此而失去了古老的民间文化,在畅销书中消磨时光;它的语言甚至都蜕化了(普鲁斯特通过比较弗朗索瓦兹与他女儿的语言亦证实了这一点)。须知只有读书——读诗、戏剧和最优秀的小说——可以改变和纠正环境的影响。畅销书与伟大的小说的区别,犹如坏诗与好诗的区别一样。如果詹姆斯或弗吉尼亚·吴尔夫的一部小说未能打动广大读者的心扉,那是因为广大读者已经没有读诗的训练,他们受到了惰性的毒害,而坏的文学作品丝毫不能改变惰性。斯特恩、弥尔顿、蒲柏(Pope)的读者能够聚精会神,永不厌烦,这些传统都丢失了,部分原因是因为城市社会的消遣不需要它们。在家庭里高声朗读曾是聚精会神的标志,如今也消失了。代之而起的文学只要求中等水平和一般风格,因此诗面临它的末日,没有人再读诗;而17、18、19世纪时,诗还广泛传播。读者的需求降低,作品的质量亦随之降低,读者赖以规范自己生活的榜样空洞了,萎缩了,变得危险起来。Q.D.利维斯分析了若干畅销书对读者的影响,按上、中、下三个档次去衡量它们后得出了上述结论。主要问题是语言问题。广大读者的语言缺乏艺术源泉,思想和情感老化,而好小说经常碰到读者的偏见,对读者的道德习惯提出了质疑。为了向读者屈从于文化工业的现象作斗争,利维斯在结论部分要求开展更多的(像她那样的)文化人类学研究,呼吁青年一代和教育界开展真正的完整的批评,呼吁出版商们无私奉献出版好书。人类学调查的结果因而捍卫了文学的价值系统。

对研究文学读者的关心50年后使雅克·利纳尔(Jacques Leenhardt)和皮埃尔·约兹萨(Pierre Józsa)写出了《解析阅读现象》(*Lire la lecture*,无花果出版社,1982)一书,分析法国和匈牙利两国对相同小说[佩雷克(Perec)的《事情》(*Les Choses*),恩德雷·费伊斯(Endre Fejes)的《发锈的墓地》(*Le Cimetière de rouille*)]的阅读反映。阅读社会学把阅读看做一种独立的现象,需要进行科学的研究,"明确描绘出读者行为的社会面貌"。阅读社会学的先驱包括:道格拉斯·韦普尔斯[Douglas Waples,《抑郁性读者的社会面貌的研究备忘录》(*Research Memorandum on Social Aspects of Reading in the Depression*),1937]、韦普尔斯和贝雷尔森[Waples et Berelson,《群众阅读什么?》(*What Reading Does to People*),1940]、罗贝尔·埃斯卡尔皮(《文学社会学》,1958)。利纳尔与约兹萨的调查目的在于显示"对小说作品阐释的多样性及阐释结构",可以从社会、政治、伦理和哲学等角度阐释一部小说。他们还把这些阐释本身与支撑它们的社会结构及"意识形态"进行对比分析。另外,批评家们尽量避免割裂"内容效果"与"形式效果"。两种阅读类型脱颖而出:一种注重"英雄人物",另一种注重作品中的社会现象。两位作者还提出了"阅读方式"的概念:第一种阅读方式停留在所叙事件的表面,只谈现象,不加评论;第二种阅读方式是"认知—感情式"阅读,与认知程序有关,即使是现代作品,如佩雷克的一部作品(1965),也难以避免认知现象;第三种阅读方式可称作"分析—总结型",力求了解某种形势的因果关系。三种阅读方式既可以用于人物,也可以用于社会。另外,每部小说都提出一套价值观念,读者的阐释反映了这套观念,还是添加了自己的私货?"在交流过程中,被交流的内容根据确定信息发出方、接受方和传递渠道的参数的变化而发生意义的变化"。利纳尔和约兹萨认为,"个人的价值首先取决于他对社会团体的从属性"。最后,三种社会因素对个体产生影响,这三种因素是:"既定文明的总体文化"、"民族文化,民族的过去、传统等"、"社会团体意识或阶级意识"。显然,匈法两国读者的比较分析帮助作者论证了他们的上述结论。

《解析阅读现象》一书的主要创新不在于它的原则,而在于作者们开展的调查本身。要进行包括各种不同社会及专业团体的人口抽样活动(如包括工程师、泛知识分子、职员、技术人员、工人、小商人等);要开列两份问题单,一份涉及阅读习惯,另一份涉及具体书目;对陈述文进行"编码";建立数据统计体系;确定回答之间的相互关系。作者们随后描述并确立了四种"阅读方式",它们不限于智力范围,也包括价值观念在内。这四种方式是:"现象阅读"、两种"评论性阅读"和"总结性阅读"。我们不必进入分析的细节,仅说明调查的结论部分强调了作为调查内容的阅读方式的差异和作品结构的差异。我们希望多开展这类调查,以显示国别和社会团体的不同会对个人阅读产生什么样的影响。

最后还需说明的是,深受马克思主义影响的瓦尔特·本雅明对此亦不甘落后。他说:"要了解一部艺术作品或一种艺术形式,把目光盯住艺术作品或形式的对象是不会有任何收获的。参照既定的读者群体或其代表是必然要误入歧途的,不仅如此,甚至'理想读者'这一概念就会危害任何形式的关于艺术的理论研究,其先决条件只能是一般意义上的人的存在和人的本质。"[《选集》(*Oeuvres choisies*),朱利雅尔出版社,1959,第 57 页]

接受美学

康斯坦次学派的研究工作引起了人们对接受美学的关注。汉斯·罗贝尔·尧斯(Hans Robert Jauss)是该学派最杰出的代表人物之一,他的主要研究成果收集在《接受美学》(*Pour une esthétique de la réception*)一书中(1972—1975;法文译本,伽利玛出版社,1978)。尧斯认为作品"同时包括文字结构本身以及读者或观众对它的接受和领会"。作品的结构要经过它的接受者"具体化"才能真正"进入作品的高度"。作品的内涵不是永恒的,而是在"历史的过程中形成"的。每当"接受作品的历史和社会条件发生变化",作品的意义也随之变化。要把作品的"作用、效应"与它的接受情况分开。效应由"作品自身决定",接受情况则由作品的对象决定。不要把作品看做一成不变的僵化物,就像人们谈论"法国文学中的拉伯雷形象"那样,形式以及内涵的意义是通过对话形式或辩证形式而形成的。如果作品超越它的时代,那是因为其形式仍然具有意义,能够适应另一时代——我们的时代——的要求。这里存在着"当代主题和过去的语言之间"的对话,然而问题和答案均隐含其中,绝不像教理问答课本那样简单明了。因此,仅仅把艺术作品的"生产"与当时的经济条件联系起来进行研究——如某些马克思主义者所信奉的那样——是不够的,对其时代的接受情况的调查才能触及"真正的主题,触及发展的社会媒体"。作品自然包含一个"文学期待区"——对它所能产生的功能和效应前景的期待和第二个社会区域——对读者的"审美情趣"给予估量。读者们通过第一"区域"开始理解作品,但是他们在分析过程中,在给予作品以现实意义的过程中,具体引入了一场对话——与他们自己对世界的理解的对话,而他们对世界的理解又是由他们的社会、阶级和经历决定的。"两种区域的融合"有时是完全的,如纯粹的享受和即时认同时;有时"取反省形式,如分析时批评者要保持一定的距离,如感觉陌生、发现艺术手法或回应某种精神鼓动时",读者甚至可以拒绝把这种文学经验与自己的经验融为一体。融合可以是共时的——与作品同一时代,或者历时的——发生在作品之后的某一时代;可以意味着"规范的传递、创新或决裂"(第261页)。

在同一文集里,作为接受美学的例证,汉斯·罗贝尔·尧斯研究了拉辛和歌德的《伊菲格尼》($L'Iphigénie$)以及《家庭的温情;1857年的抒情诗是以文学形式传递社会规范的范例》。第二份调查提供了19世纪"资产阶级社会日常生活"的信息,说明不仅小说,抒情诗也可以提供有关读者的期待、见解和意识方面的情况,这里则提供了包容着资产阶级幸福的小家庭的情况。其实,自从他的《文学史:向文学理论的挑战》的研究论文起,尧斯就反复说明,要在新的基础上编写文学史,就必须看到,"不仅把作品的承继与创作主体联系起来,同时也与消费主体联系起来,与作者和读者的相互影响联系起来,文学和艺术才能成为有序的历史"。正如青年马克思曾经预见的那样,作家改造着读者的敏感性,反过来,读者也参与"创造历史",他们不是被动的,而是主动的。这样,我们就可以恢复被历史主义割裂的存在于过去和现在之间的联系。首批读者的接受情况已经是一种"美学价值的判断","对作品的首次领会随后可以一代一代地继续发展和丰富,并且通过历史构成一条'接受锁链',决定作品在历史上的重要性,表现它的美学地位"。历史学家应当书写一部"不断承接的接受史",建立"昔日的艺术与当代艺术之间、传统价值与我们今日的文学经验之间没有断层的继承关系"(第46页)。

汉斯·罗贝尔·尧斯于是提出了涉及重写文学史的基本原则的七个论点。史学家要改变把"文学史实"有机地堆积起来的做法,留心"读者当时阅读作品的体验"。史学家本人也设身处地,"成为由读者构成的历史链条的一个环节"(第 47 页)。文学作品具有辩证的特点〔当佩吉(Péguy)在《克利奥》(Clio)中把读书看做读者与作者的共同行为时,他曾强调了这一点〕,事实只是这一辩证过程的残余。没有读者对作品价值的实现,与其他历史事件相反,作品将失去任何作用和力量,最终也将失去它的存在意义。第二个论点明确指出,文学分析应当恢复作品的首批读者的"期待区",亦即"建立在三大因素之上"的参照系。三大因素是:"读者对作品体裁先前已经具有的经验,作品设想读者对以前诸多作品的形式和题材的了解,诗的语言与实践语言、意象世界与日常现实之间的对立"(第 50 页)。第三个论点认为,介于读者期待区与某作品的新经验之间,以成功、奇文、失败为衡量标准的一篇美学文字,"可以成为历史分析的一个标准",因为某些作品获得读者的速度很慢很晚。正如魏因里希(Weinrich)1967 年喻示的那样,还存在着一部"读者文学史"。第四个论点说,在恢复某作品首次被接受时所存在的期待区时,我们就明白了"作品试图回答的问题",就可以设想当时的读者是如何理解作品的可能性。按照第五个论点的意思,接受美学要求把每部作品"重新置于它所隶属的文学系列之中","后一部作品有可能解决前一部作品所搁置的遗留问题",而创新可以引起某些复活,例如现代诗的艰涩促使了巴罗克诗歌的复兴。第六个论点总结说,人们可以通过接受理论构思同代作品的体系,可以在此基础上断代。文学的句法是稳定的(如体裁、风格、辞格等),文学的语义是变化无穷的(如主题、原型、象征、隐喻等)。史学家可以确定文学史上的昌盛时代。最后一个论点强调要把学科史即文学史与通史联系起来:"如果探索在什么样的历史时期文学作品曾经打破了占统治地位的道德禁区或者使读者对自己生活中的行为钻起牛角尖来",那么这种探索就为文学史开辟了新的领域。问题不再是说明历史是如何在文学作品中得到反映的,而要显示文学是怎样完成它的"社会创造"的功能的。

接受美学因此而成为我们时代的非马克思主义文学社会学最富革新意义的创举,同时也刷新并活跃了文学史的观念,转移了文学史的重心。再现若干代批评者相继对一部作品的接受情况,其目的不是要编撰一部蠢话集,而是要显示作品与读者集体的辩证关系的价值,不断揭示一位作家、一个神话(如伊菲格尼)、一个词(如尧斯关于"现代"一词的卓越的章节)的新面貌。居斯塔夫·朗松曾经敏锐地预感到这一点,他在自己专业生涯的晚期这样写道:"对于历代批评家和读者一再赏玩的文学名著,大家反复提到的共同意义可能会产生一点累赘和平庸的感觉,但是仍有必要重复这些意义,并把各个时代各界人士提出的所有细微差别与之联系起来。有必要从共同意义开始探索独特意义,探索作者的初衷、首批读者的理解以及作品相继遇到的所有法国和外国读者的理解。每部代表作的历史都浓缩着生产该作品的民族以及接受这一作品的其他民族的兴趣史和敏感史。"[《法国研究》(*Etudes Françaises*),1925年1月1日,第42页]

第七章 语言学与文学

一、语言学

本弗尼斯特

1960年前后,语言学犹如一条地下河流冲出地面,荡弃包括现象学在内的一切陈旧的方法,把它们淹没在自己的潮流之中。结构语言学的影响集中体现在罗曼·雅各布森(我们已经按照他活动的时间顺序而没有考虑他产生影响的年代在第一章里作过介绍)和埃米尔·本弗尼斯特(Emile Benveniste)两位大师身上。克罗德·莱维-斯特劳斯的一篇文章使法国认识了前者①。后者1950年的文章继承了费迪南·索绪尔《普通语言学教程》(*Cours de linguistique générale*)一书的思想,批评并超越了索绪尔的著作,并于1966年发表了《普通语言学问题》(*Problèmes de linguistique générale*,伽利玛出版社)一书,概括了他的研究精华。② 本书不打算再现结构语言学的历史,仅展示若干指路灯式的著述是怎样对文学批评造成巨大影响的,它们何以能够被反复模仿、发挥或否定而毫无损失,丝毫不失大师手笔的力量。本弗尼斯特曾用寥寥数语概括了这一历史(语言学的"结构",见《普通语言学问题》一书,第93页):"语言作为系统的概念长期以来已经被那些接受

---

① 《结构与形式》,见《I. S. E. A. 手册》,1960。结构人类学的影响促进了这一潮流的发展,人们把这一潮流简称为结构主义。——原注

② 巴特立即祝贺这部书的出版。见"我为何热爱本弗尼斯特"一文,1966,收入《语言的声音》(*Le Bruissement de la langue*,1984)。——原注

过索绪尔关于比较语法学和普通语言学的教诲的人们所接受。如果加上索绪尔的另外两个论点,即语言是形式而非内容,以及语言各单位之间的关系只能通过它们的相互关系来确定的论点,就等于指出了几年后阐明语言学系统的理论基础。"其基本原则可以概括为:"语言构成一个系统,它的所有构成部分由相互支持和相互依赖的关系联结在一起。该系统把各部分组织在一起,它们是相互联结相互区别相互限定的清晰符号。结构主义的理论认为系统高于构成部分,力求从部分的相互关系中分离出系统的结构并展示语言变化的有机性。"如果我们用"文学作品"代替"语言"一词,就可以立即看出这一方法同样适用于文学,尤其因为作品亦是语言。

本弗尼斯特的其他文章确立了文学研究的关键性区别。首先是《法语动词的时态关系》一文(1959,《问题》第 237—250 页)。作者在文章中提议对语言形式重新进行合理的划分。他发现时态概念、语态概念都不足以描述法语的动词形式,以表述过去时态的两种并存形式作为他的出发点,这两种形式:il fit 和 il a fait 似乎构成某种累赘。由此开始,整个法语动词系统应该重新构建。事实上,有两种时态体系——历史体系和言语体系。

历史是对过去事件的记叙,说话者绝不介入叙述的内容。事件一旦"被录入历史时态的表现形式之中","属于过去"即成为它们的特征。基本规则是"历史意图构成语言的主要功能之一"。历史记叙文以形式准确为其特点。第一是否定形式的运用,即没有"任何自传体的语言形式",如我、你、这里、现在等。历史记叙文仅使用"第三人称的各种形式",而言语的形式体系则恰恰相反,"我你关系"的使用成为它的显著特点。第二种形式(并非按编年顺序而是按叙述顺序排列)即"表达需要的时态范围",包括三种时态:简单过去时或确指过去时(不定过去时)、未完成过去时(包括以 rait 结尾的所谓的"条件式")、愈过去时以及少量的"迂回式将来时"(展望未来)。最基本的一点是排除了现在时的使用。本弗尼斯特以两部历史著述和一部小说的节选为例,三部作品所使用的时态是一致的,因为题材的内容相同。小说作者反串历史学家,小说家消失了,"这里没人讲话;历史事件本身似乎在互诉衷肠"。

第二种体系即言语体系,其概念为"包括讲话者和听者的任何陈述文体,其中前者试图以某种方式影响后者"。言语体系可以是口语形式,也可以是书面形式,如雄辩、书信、回忆录、戏剧、训导著作等。言语体系不是区别书面语与口语的标准,它同时从属于两种语言形式,而记叙文永远是书面语形式。言语与记叙文的区别在于动词时态和代词的使用形式不同。言语体系可以自由使用所有形式的人称代词,然而更突出"我你关系",第三人称"与历史记叙文体中的价值也不相同",相当于"无人称"形式。同样,除"历史记叙文的典型形式"简单过去时或不定过去时以外,所有动词形态皆可使用。但是,言语体系有"三大基本时态":现在时、将来时和完成时态,这三种时态在历史记叙文中是找不到的。未完成过去时两者共有。这样,加缪(Camus)写作的《局外人》,没有使用记叙文体的简单过去时,而使用了属于言语体系的复合过去时这一事实,就使他的小说得益于第二体系:"这一时态说明叙述者是以见证人和参与者的身份叙述事件的。谁想让被叙述事件引起我们的共鸣,与我们的现在联系起来,谁就会选择这一时态。"

复合时态与简单时态一起使用(如现在时—复合过去时、未完成过去时—愈过去时、简单过去时—先过去时、将来时—先将来时等),不表示时间关系,而提供了一种"完整的"即"已完成"的概念和"现在的"状态。复合时态的动作先于简单时态而完成,因此它们更多地表示一种"语言内部的逻辑关系",而不表示属于"客观现实"的时间顺序。因此复合形式不能独立使用。

《关于代词的性质》的研究(1956,《问题》第251—257页)对动词体系的研究给予了必要的补充。与动词时态一样,各种代词也没有处于同一水平线上。人的概念在代词"我"和"你"上有明显体现,在"他"字上则无。分析应从代词"我"开始。一个名词对应一个"稳定的客体概念",始终如一。"因为没有一个客体可以确定为'我'",代词"我"的参照物每次都是迥然不同的。"我"不是物,而"表示陈述包括'我'在内的现在这段言语的人"。每个"我"字都有自己的参照物,这样一来,"我"既指谈话的人,又指被谈论的对象——谈论者谈论有关他自己的事。代词"你"的道理亦然。"你"指"包括语言实体'你'在内的本段言语中"人们的谈话对象。由此推论,"对言语主体的这种参照,对陈述行为的参照,把'我'和'你'与一系列标志如代词、副词、副词短语等联系在一起(不管是时间性副词短语还是指示性副词短语,它们都不满足于"指示"功能,而与谈话的主体联系起来)。这些标志与"在场的这位言语者"紧密相连,否则就可能使用下面与前者相对立、与历史真实相联系的其他词语:"我"与"他"、"这里"与"那里"、"现在"与"当时"、"昨天"与"前夕"、"下周"与"次周"相对立等等。根本问题是要理解到这套表达形式并不与现实发生关系,而仅仅与"包含它们的陈述现象发生关系,陈述现象每次都是独特的"。与客观现实相比,它们是空洞的符号,而一旦说话者使用它们,它们就变得充实起来。它们"将语言转化为言语",这一程序可以传及所有能够接受转化的语言成分,如动词,动词永远依赖于言语的行为。

然而事情并非永远如此。本弗尼斯特于是确定了可以避免"受制于人"的叙述文概念,这些叙述文"不再从自身寻找参照物,而记叙一种客观现实",这是"第三人称"的天地。第三人称是"唯一可使言语实体不必参阅自身的陈述方式",并取代"叙述文中的一个物质成分"。第三人称"可以和任何参照物相结合",永远不反映"言语实体",具有多种代词形式或指示代词形式。因此,言语有其"自身的标志",它与语言不同,"语言是符号的汇集"。

同时期关于《语言中的主观性》的研究(1958,《问题》第258—266页)明确了语言的下述特性。作者肯定说,语言不是一个工具,即不是人为创造的物体,"语言存在于人的本性之中,人没有制造语言"。我们永远不可能达到那个神秘的时刻,据说那时有两个人发明了语言,也不可能到达一个人离群索居的时刻,"我们发现世界上有一个人在对另一个人讲话,而语言甚至传授着人的定义本身"。其根本原因在于"人在语言中并通过语言而成为主体",成为会说"我"的我。主观性"只是语言一个基本特性在人身上的体现"。"我"与"你"密切相关,因为人只有在比较中才能意识到自己的存在,"这种对话条件是人称的构成部分,当对方以'我'自称而发布谈话时,'我'则相应地变成了'你'"。"你""我"两词"互为补充"而且可以"互相置换"。"主观性的语言学基础存在于包括'我'和'你'在内并说明它们是互相依存的一种'辩证关系'之中,全部语言都来自主观性"。事实上,任何语言都不乏人称代词,"没有人称表示形式的语言是不存在的"。人称的参照物并不是某个一成不变的人,也不是"我"这个概念,而是"个人的言语行为,这一言语行为使用了该人称并用它表示说话者"。当他说"我"的时候,他就"占有了全部语言",并进而占有了表示时间状态的权力。任何语言都是以现在为基点组织时间概念的。而现在只能以"一定的语言材料为参照依据,即被描述事件与描述该事件的语言实体相吻合"。现在即"人们谈话"之时。因此,对时间状态的表述也是对主观性的表述,"从某种意义上说,语言提供了若干'空洞'的形式,每个发表言语的人将它们据为己有并和他的'人称'联系起来,同时确定他为'我',而他的对话者为'你'"。代词"他"必然属于"'我'所发表的言语"。本弗尼斯特的

第七章 语言学与文学

结论是,"如果我们视言语为说话者的语言,在言语的范围内,在具有主体间性的条件下——主体间性是实现语言交际的必不可少的条件——重新确立某些概念",许[多]语言学和心理学的概念都会发生变化。我们说,许多文学概念亦将[随即发]生变化。在文学领域,普鲁斯特先于本弗尼斯特,在他的《关于[福楼拜的]风格》[1920;收入《驳圣伯夫》(*Contre Sainte-Beuve*)论文集,[伽利玛出版]社文库,1971]一文中指出:福楼拜"对确指过去时、不定过去时、现在分词、某些代词和介词的全新的具有个人独特风格的使用实践,刷新了我们对事物的观念,几乎可与当年的康德及其范畴理论、认知理论以及关于外部世界真实的理论相媲美"。

本弗尼斯特的研究改变了我们对文学的理解,首先因为文学亦是语言。如果文学以语言为材料,这个材料已经充满意义。作家继承了代词体系和动词体系,他没有选择它们,而以它们为玩的对象。我们可以从人称代词中演绎出一部文学体裁的风格学:代词"我"属于抒情诗、自传、日记和个人小说;"你"则与抨击文章、爱情诗,与米歇尔·布托尔(Michel Butor)的《改变》(*La Modification*)相联系(布托尔的《改变》打破了个人小说的惯例)。小说的特点是"历史记叙文"和言语兼而有之,交替性言语指哲学对话、政论性对话和戏剧的对白。我们因而可以建立与雅各布森的功能理论之间的联系:代词即是功能的标志。"我"代表情感功能,"你"代表祈示功能,"他"与参照功能相连。然而,本弗尼斯特的诸多文章中,对文学批评产生过最大影响的,大概应首推《法语动词的时态关系》一文,因为它区分了史记和言语两种文体。此后,这一区分一直被沿用,人们甚至改变了原来的术语:虚构与叙述[里卡尔杜(Ricardou)用语],故事与叙事(热奈特),叙事与评说(魏因里希),故事与主题(俄罗斯形式主义者)等等。总而言之,原则上很少谈论文学的著作在它们的应用中却产生了巨大的文学影响,这是极其罕见的。本弗尼斯特弟子如云,对手也很多。像那些大师们一样,本弗尼斯特以其深刻清澈永远立于不败之地。

魏因里希和时态理论

哈拉尔德·魏因里希(Weinrich Harald)的论著《时间。叙事和评论》(*Le Temps. Le récit et le commentaire*,1964;法文译本,瑟伊出版社,1973)补充并发展了本弗尼斯特提出的原则,使读者更容易理解不同的文学体裁的运作方式。尽管有些学者认为句子是"语法描述的最大单位"[布卢姆菲尔德(Bloomfield)、莱昂斯(Lyons)],魏因里希却拒绝把自己局限在句子里边,而提议从文本开始。他的方法叫做"文本语言学",是对结构语言学的发展,"其中包括使音位学中的音节范畴、语义学中的词汇范畴,尤其是句法学中的句子结构解体"。文本的定义为:"两个明显的交流断层之间的语言符号意义承续"(例如"一部书的封面与封底之间")。

魏因里希把时态分为两组,那么法语中第一组时态包括现在时、复合过去时和将来时,第二组包括简单过去时、未完成过去时、愈过去时和条件式。第一组时态存在于"评说"之中,第二种使用于叙述之中。"这一发现既适用于整部整部的文本,也适用于长短不一的片断"。因此,形式分析将把准确的信息传递给听众和读者:"这是评说"或者"这是叙述",因为动词时态的影响力可以扩及整个文本。人称代词对信息给予补充,把交流世界分为三种状态:说话者或接受者(雅各布森用语)的状态、听者(或接受者)的状态以及"所有其他"状态,使人们任何时候都知道谈论谁,谈论什么。与评说世界的时态相关的形式有:"戏剧对白、政治备忘录、社论、遗嘱、科学报告、哲学论文、法律评论等",说者和听者都处于"张力"状态,因为任何评说都是"行为的一部分"。叙述世界的时态则导致其他形式的产生,例如"青年轶事、狩猎故事、童话、美丽的传说、'书面性'很强的新闻、历史故事或小说"。具有叙述价值的"语言标志"告诉读者这篇文章"只不过"是个故事而已,"从某种程度上说,他可以听之任之"。

这一区别从根本上肯定了下述论点:不要用时间、期限、关于过去的概念等来概括动词时态,而应把动词时态置身其中并作为其标志的文体是言语还是记叙文作为动词时态的主要特征。关于这一点,各种语法书籍的表述确实是犹犹豫豫,据说,现在时表示"现在"、"习惯"、"跨越时间概念的事实"或"过去已经发生将来还会发生的事实"。我们由此断定,现在时其实代表着"遣词造句的某种态度",说明"这是一篇评说文"。记叙文的动词时态的道理是相同的。未完成过去时、简单过去时可以指时间长河中的任意阶段。例如幻想小说就使用未完成过去时或简单过去时;童话故事经常以"从前"一词作为开端,其中的未完成过去时仅仅表示"所叙世界的开始","这个世界与我们周围的世界不同"。托马斯·曼(Thomas Mann)在他的小说《魔山》(*La Montagne magique*)中使用了未完成过去时,说明小说的这段过去与世界和现实是割裂的,只能通过故事的形式接触世界及其秘密。像许多批评家一样,魏因里希又把时态区分为故事时态和叙述性时态,叙述性时态不受故事时态的约束,可以随心所欲地浓缩或扩展事件,或贴近现实。魏因里希承认在这方面接受过本弗尼斯特的启发,但又比本氏更严谨。首先他认为同一时态不能既属于评说体系又属于叙述体系;其次,一个时态不能随人称的变化(如第一或第三人称,"我"或"他")而从一组跳跃到另一组。魏因里希提出了两个完整而封闭的体系,既无保留又无例外。本弗尼斯特的分析也许更细腻,区分更细微,而魏因里希则更注重全局,其分析也许更坚实,尤其因为他的研究对象是若干完整的作品。

那么另一种可以引入的区别是将时态区分为情节时态和行文时态。两种时态有时有差异,有时互相重合。不管是评说体系,还是叙述体系,都有"一个零点"。现在时是评说体系的零点,未完成过去时或简单过去时是叙述体系的零点。"其他时态要求读者对行文时态与情节时态的关系给予一定的关注",不管文章是"倒叙"拟或"顺叙",这是"叙述角度"名下的两个术语。这样,将来时在评说体系中表示"顺叙",条件式在叙述体系中表示"顺叙"。复合过去时在评说体系中表示"倒叙"①,简单过去时在叙述体系中表示"倒叙"。但是,切莫把过去时态与叙述混为一谈,"因为,我可以叙述过去,这亦是通过故事语言把我从过去解脱出来、超越过去的一种方式。然而我也可以对过去加以评说……语言包括两种过去:一种是我的过去,离我很近,犹如我置身具体语言环境之中所碰到的全部事件一样,我对此给予评注;叙述则犹如过滤网一样把另一种过去与我隔开,与我拉开距离"。相反,故事并非永远叙述过去,它有时也可以叙述现在或未来。另外,时态并不担保事件的真实性,"评说世界有其真实(反之则是错误和谎言),而叙述世界也有自己的真实(反之则是虚构)。同样,它们也有自己的诗:评说世界的诗是抒情和戏剧,叙述世界的诗是史诗"。

在叙述态度(记叙或评说)和叙述角度(倒叙、零点、预叙)之后,魏因里希又引入了第三个概念——突出手法。这一概念的含义是:时态可以"把作品的某些内容置于首要地位,而把其他内容推入背景的影子里,发挥其突出某些内容的功能"。从一时态到另一时态的过渡要服从一定的规律,并不是偶然为之。他发现,在叙述体文章里,从未完成过去时到简单过去时的过渡和从简单过去时到未完成过去时的过渡,基本上保持平衡。但是两者的根本区别不像教科书上有时还在教授的那

---

① 这里的"倒叙"与通常的"倒叙"概念不同。魏因里希把叙述"零点"以后的事件称为"顺叙",把叙述"零点"以前的事件称为"倒叙"。

样,即未完成过去时表示期限,而简单过去时表示过去的某一时刻。根本规律应该是:"未完成过去时是记叙文中的背景时态,而简单过去时是处于前场的时态。"那么叙事的前场包括哪些内容呢?魏因里希提出了这样的问题。他开始接近文学,他的文本语言学开始从文学中寻找范例。前场是叙事文的主旨,要交代报告的主要内容,要扣题,或者与日常生活不同、吸引读者的故事部分。相反,"单独的背景部分不会引人入胜,只能帮助读者理解被叙述的世界,使阅读变得容易一些"。被评说世界的体系(现在时、将来时、复合过去时)经常处于前列地位,交代"语言之外的情势",没有这种前场和背景相互交替的现象。

在叙事文中,前场与背景内容的分配属于"记叙体裁"的问题,同时也与"作者的气质"相关。例如伏尔泰的《老实人》(*Candide*),未完成过去时很少,"整个故事几乎未离开前场",紧凑有力,节奏快,具有强烈的漫画作用。恰恰相反,福楼拜的小说里,19世纪的现实主义或自然主义小说里,未完成过去时占主导地位,因为"(社会学的)背景与前场已经互易其位,背景愈来愈重要,相比之下,前场则黯然失色"。出于同一原因,某些表示瞬间意义(如"死亡")或持续意义的文本,既可使用未完成过去时,也可使用简单过去时。

魏因里希随后讨论了叙述与评说之间、叙述时态向评说时态的过渡问题。这类过渡(异质过渡)比一部作品中同一体系内的过渡(叫做同质过渡)要少得多。同质过渡可以保证一部作品的紧凑和"坚实",异质过渡则增加信息的丰富性。如果我们分析从叙述向评说的过渡现象,就会发现叙述使用第三人称,而评说则交相使用第一和第二人称,而且评说世界的时态取代了叙述体系的时态(异质过渡),后者还经常使用一个"连接动词"(动词"说")。相反,如果言语和对话是间接引入作品的,以间接形式出现,则"人称变化和时态过渡等基本标志"是不会出现的。于是只有寄希望于连接动词了,自然也会附之以时态标志——没有简单过去时和先过去时的形式。至于"内心独白",亦可称作"栩栩如生的言语"或"自由间接引语",这种间接的言语形式不再依赖连接动词("他说到"),而且既包括话语,也可以包含丰厚的思想。人们可以借助"风格材料的堆积"来辨认"内心独白",它们的目的在于说明它是"口语风格"。

时态的配合问题与时态的过渡有关。如果从句子这个层次提出问题,文本语言学则超越了这样的问题及争论,它把争论留给了语法学家。是否可以说:"Je savais que la terre tournait autour du soleil?"或

第七章 语言学与文学

"Je savais que la terre tourne autour du soleil?"（我知道地球绕着太阳转）前一句的时态过渡属于叙述领域内的同质过渡；后一句则是异质过渡，从叙述领域进入评说体系。整个分析最终又和魏因里希的三大理论区别即行文态度、行文角度和突出手法联系起来。从现在时过渡到未完成过去时，行文态度发生了变化；从现在时过渡到复合过去时，是行文角度问题；从未完成过去时到简单过去时，等于采用了突出手法。这些概念使魏因里希能够同时考虑到条件式、"狭义"的未完成过去时、非现实性和虚拟式（其作用正是要"限制言语的效力"）。他还发现某些副词——并非所有副词——习惯于和叙述体或评说体配合使用（如"昨天"、"现在"、"明天"等用于评说体；"前夕"、"那时"、"翌日"等用于叙述体），突出手法的情况同样（如"旋即"和简单过去时用在一起，"永远"和未完成过去时用在一起）。有些副词或连词旨在表明同质过渡或异质过渡（"然而"和简单过去时连用，表示进入前场）。至于语式（不定式、分词式、虚拟式），魏因里希摈弃了传统理论，认为它们是些"半成品"形式（因为它们有时牺牲了行文态度，有时牺牲了突出手法），只能转达"有限的信息"。它们的存在自有其理由，因为"语言环境没有更多的要求。半成品形式并非独自存在。我们亦不可能接二连三地使用不定式、分词式和虚拟式来表达自己的思想，更多地使用完整的动词形式。正是后者提供全面的信息，明确行文的状况。一种半成品形式可以伴随完整形式，省略已经准确无疑地交代过的这种或那种信息"。

我们由此看出，新的语言学分析也可以解释文学现象，而每个时代、每代人都可能需要重新描写它的语言。如果没有关于时态、代词、言语方面的语言学理论，我们就无法阐释《局外人》（因为作者不断使用复合过去时）、《改变》以及《在斯瓦讷家这边》开头的那些句子。本弗尼斯特或魏因里希值得人们称道的是，他们没有提出战斗宣言，也没有列出研究方略，而是直接拿出了成果。关于由文学作品的语言学描述所引起的争辩，我们从《法语语言》（*Langue Française*）杂志的专号（1970年9月）以及《风格学》（*La Stylistique*）专号（1969年9月）中尚可看出痕迹。诗人们历来断言，没有语言理论是无法理解文学作品的。进入20世纪后，保尔·瓦莱里的《手册》（*Cahiers*）大概对此提供了最全面的说明。[法国国家科研中心全文发表了《手册》的复印件，共28000页；读者还可参阅由朱蒂特·罗班松-瓦莱里（Judith Robinson-Valéry）编撰的七星书库文集以及 J. 施米特-拉德费尔特（J. Schmidt-Radefeldt）的著作《"手册"中的语言学家保尔·瓦莱里》（*Paul Valéry linguiste dans les Cahiers*），科林克塞克出版社，1970，其中文集对《手册》从题材方面作了分类］

语言学家保尔·瓦莱里

我们从《手册》中首先可以读到关于语言功能的理论。语言行为在表意前首先标志有人要说话，并总是同时假设一位接受者。交流建立后的语言有如货币：一个语词的意义便是这个词的"汇率"，只有在兑换时才有价值。日常信息的目的一旦达到，即被理解，该信息就自行销毁。相反，诗的信息则趋向于保存诗的形式，因为好诗句一旦被理解便被反复吟诵。朦胧原则有助于诗的保存，诗句的含义愈多则诗句就愈像物（任何物的含义都是模糊的）。诗语的"创造"功能多于传递功能，一句好诗"不再是标志，而是物"。

这一理论与雅各布森的理论非常相似。在它的背后，有批评家对符号的思考。自 1902 年起，保尔·瓦莱里即强调符号的专断性和可传递性。既然理解是对符号的取消，那么"符号的意义等于它的作用，即它所引起的行为"。符号首先是三元结构（对象、精神意象、符号本身），然后是四元结构（符号再分解为声音以及产生该声音的行为）。语言把异质事物重新组合在一个同质体系内；词汇并非事物，只有作家才能把读者导入以词代物的连续状态之中。于是语言的最大奇迹在于无厚此薄彼之嫌，一视同仁地书写"无穷无尽、房间、大洋或面盆"，仅有的限制来自句法。

符号与其意义绝无相似之处，保尔·瓦莱里设想它们之间的相互关系是一致的，这种相互关系确定词的概念（此外，词与停顿相同，停顿等于"充实新的感觉或转换语气"）。然而，这一现代思想的第三点说明"词只要从属于言语运动，就是不可分割的"，词不能脱离它所从属的体系，只有在语言环境中才有意义。句子代表着期待和阶梯，因为全部意义决定于最后一刻，"如果意义半途即被猜出，那么句子则是失败的"，因此名词是记忆，分句是对期待的回答，句子属于行为，即参与行为。材料的这种组合，从最普遍的到最具体的材料，加在一起，构成符号体系，各种意义从中互相修正并互相渗透。

诗则超越了符号的左右，达到声音和意义的平衡，阻止某种意义穷尽符号的内涵。意义的语言形体应该既坚实又朦胧，以致语调本身亦具有意义，而词汇的意义则有声有色。此外，文学符号之间除语义关系之外还有其他关系（对应、对比、明显的相似、和谐效应、格律）。因此，诗是依赖语言发挥作用的机器,利用词汇的感应和语义特征改变读者。文学语句不表示一成不变的意义,而是不断地投入它的富有感染力的结构之中,不断地展开幻想的翅膀。

保尔·瓦莱里以牺牲文学为代价,在《手册》里最缜密最明确地表达了他的诗学理论和语言学理论。诗人与语言学家的关系,犹如物理学家与工程师的关系。然而,1922年这一年,语言学家战胜了诗人。人们欣赏这位像马尔罗一样靠自学成才的天才独自一人发现或重新发现了索绪尔结构语言学的主要成果,欣赏他像泰斯特(Teste)先生一样没有发表这些成果的态度。集想象与知识于一身的瓦莱里没有亲自向我们揭示诗与语言学在他身上的结合。另外,当诗人视文学创作为其理论探索的副产品之时,语言学的发展证明,其他语言学家发挥了瓦莱里未曾发表的思想。科学进步的秘密在于任何科学家都会有其替身。瓦莱里这位谨慎的绅士死于香烟缭绕的晨雾之中,酷似他的语言学家不计其数,然而像他那样的诗人却没有一个。

二、风格学

风格学是语言学的一个分支,应用于文学范畴。显然,首部《风格学》(*Stylistique*)专著,即巴伊(Bally)的专著(1905),没有直接论述文学。当时它的定义是描述语言所提供的表达手段,而并非研究作家是如何使用表达手段的。按照巴伊的说法,语言包括现成的风格学价值,作家拿来即是。现代风格学从诞生之日起,就注意区分语言和话语(从索绪尔《普通语言学教程》中继承来的概念)、体系和文本、编码和信息等概念。在本书第二章里,我们曾经介绍过莱奥·施皮策的情况。几年后,他把风格学应用于文学作品,而且经常用于一部具体作品,甚至用于若干诗句;俄罗斯形式主义者也常常这样。他们以革新者的激情,勾画了各个时代、各种体裁的风格学,勾画了一些作家、一些作品、一首诗、一页文字、一个词的风格学,但是放弃了巴伊的思想,放弃了非文学的语言风格学或僵化的话语风格学。我们不可能在这里叙述这一变化的历史,请读者参阅《法语语言》杂志的"风格学"专号(1969年9月),参阅皮埃尔·吉罗(Pierre Guiraud)的《风格学论文集》(*Essais de stylistique*,科林克塞克,1970)以及奥斯瓦尔德·杜克罗(Oswzld Ducrot)和兹维坦·托多罗夫(Tzvetan Todorov)的《语言科学百科全书词典》(*Dictionnaire encyclopédique des sciences du langage*,瑟伊出版社,1972)。

　　传统风格学长期以来建立在统计分析的基础上,显示作家与作为规范的日常语言或科学语言的差别。差别即"风格"。这种方法有其缺点,应当用另一种方法给予补充。正如风格学的大师之一热拉尔·安东尼(Gérald Antoine)强调的那样:"差异即不合语法规则,凡寻找差异占主导地位的实践活动中,对表达方式及内容的分析,大部分属于数量分析。相对于习惯语言,人们可以列出各种错误,同样,相对于文学的习惯用法,人们亦可以罗列出各种奇异之处。这一任务颇有刺激性,然而总体上比较容易。反之,但凡词汇纯洁,句法清晰,形象简明,总而言之,语法规范之时,研究者就会被导入耐心、细致的质量探讨范围。"[《面对面或双重批评视觉》(*Vis-à-vis ou le double regard critique*),法国大学出版社,1982]如果说70年代宣判风格学的死刑并非有悖于时尚,然而这一做法却忘记了某些专著所发挥的不可或缺的作用,例如J. 穆罗(J. Mourot)的《〈墓中回忆录〉的节奏和声音效果》(*Rythmes et Sonorités dans les* Mémoires d'Outre-Tombe)或J. 米利(J. Milly)的《普鲁斯特的语句》(*La Phrase de Proust*)。同时期,当代最优秀的批评家之一迈克尔·利法泰尔(Michael Riffaterre)发表了他的《结构风格学论文集》(*Essais de stylistique structurale*,弗拉马里翁出版社,1971)。

　　在这部处女作里,利法泰尔借助结构语言学来研究文学风格,并且把风格学当做科学。文学风格的语言学分析是不够的,要把风格现象与语言学现象、把语言与文学区分开来。风格是一种"稳定的形式",要求读者一定要注意文字序列的某些因素。利法泰尔从交际理论出发,说明风格为简单的信息"增添""色彩",在这种色调的基础上,读者(而非作者,后者的动机并不完全清楚,或并非永远产生效果)把艺术手法作为标志来识别、了解信息。

　　为了使自己的调查更客观,避免莱奥·施皮策式的印象主义(利法泰尔认为施皮策的分析以"第一迹象"为基础),利法泰尔引入了阅读之合的概念,为其提供大批标志,更准确地说,为其提供大批"激素"、刺激和回应。他把阅读之合称作"广义读者"。对于过去的作品,批评家可以为每代人选定一个广义读者(这样,利法泰尔填补了接受理论的空白,为其增加了风格学的内容)。这是调查的第一步,内容为搜集大量相关的现象。批评家并不认为这些现象是对某种无法严谨确定的规范的偏离,而是对语言环境的偏离。他指出:"广义读者预先鉴别了风格

第七章 语言学与文学

手段,任何风格手段都有具体的、稳定的背景作为环境。"一次倒装现象,一句古语,一个形象,当它们产生"决裂效应从而改变环境"时,它们都是有意义的;当因读者反复吟诵、"回味而发生微妙的变化"时,当若干层次的效应聚合在一起(如声音效果和语法效果)时,这类效应就尤其重要。

一种理论比其批评家的解说要复杂得多,提出的问题也是多方面的。我们能说文学风格是信息的简单注解或者是信息的"价值实现"吗?就定义而言,雅各布森的"功能理论"更充实一些,因为它们摈弃了二元论思想。其次,不管是文字还是阅读,都不能被视作一系列"电休克"("激素"),那么普鲁斯特所钟情的"大师们的铜绿"、"色泽",即作品首要的整体结构会怎么样呢?习惯于统计分析手法的学者对此却不加考虑。诚然,利法泰尔承认"风格体系中的非显性材料与显性材料同样重要,那么怎样区分两者呢?其实,文学体系中的任何材料都可以交相成为显性和非显性材料;是我们的注意力区分甚至创造出技巧(老生常谈例外),并非相反;是我们的注意力"激发"作品,作品给予"回应"(或不给予回应)。

因此,广义的读者是无用的,那不过是主观性的多元论招牌而已,除非按照统计学的方法进行舆论调查。同样,当利法泰尔出色地分析《反回忆录》(*Les Antimémoires*)时,读者只有利法泰尔一人,他违背了自己的理论。其实,既然杰出的语言学家利法泰尔摈弃了动机风格学,既然他不相信一位作者关于风格的思想能够给我们以启发,那么怎么让人相信他自己的动机呢?我们可以支持这样的观点:他对雨果、波德莱尔、马尔罗的研究是无懈可击的,仅此而已,而且它们与卷首的公设是相悖的。

不管是《雨果作品中词汇的诗化现象》,还是雨果的"幻觉",不管是对马尔罗的研究,还是有关波德莱尔的篇章(这一章节有理有节地批评了雅各布森和莱维-斯特劳斯的著名文章,但是没有像两位前辈那样严谨地研究《猫》一诗的韵律和格律),都说明利法泰尔确实是位批评大家(奇怪的是,他不仅关注风格手段,也关心荣格的原型理论)。然而,不管他自己怎么想,他与施皮策只能是比肩而立,既非更高明,亦不逊色;他带给施皮策的只是现代色彩而已。利法泰尔大概亦意识到上述矛盾现象,永不停息地探索,他后来的著作,如《文本的生产》(*La Production du texte*,瑟伊出版社,1979)和《诗的符号学》(*Sémiotique de la poésie*,瑟伊出版社,1983),开拓了新的领域,从风格学转向诗学和符号学。我们将分析与上述学科相关的章节。

要勾勒风格学的全景,首先要明白风格学是多姿多彩的,存在着若干风格学。正如海因里希·普莱特(Heinrich Plett)所说[《文学理论》(*Théorie de la littérature*),阿·基贝迪-瓦尔加(A. Kibédi-Varga)对此书作了介绍],各种风格学的区分标准是它们看待风格的方式。旨在表现作家个性的风格学叫做表现风格学。关注接受情况,突出材料与环境之关系的叫做语境风格学(利法泰尔)。如果视风格为"语言的特殊的组合",则同时涉及差异风格学、统计风格学和语境风格学。差异风格学假设文学作品与语法规范和词汇规范有一定的差距,人们常常谈论"诗歌方面的破格"、"诗的词汇"、"诗的形象",大量的文学形象被看做一种差异。皮埃尔·吉罗、康拉德·比罗(Conrad Bureau)和艾蒂安·布律内(Etienne Brunet)的著作以作家们的词汇、句子的长短和题材的重复等为内容开展了统计风格学研究,计算机的发展使这一研究方法有着广阔的前景。一个题材的出现频率或缺失、句子的节奏、与语言中或一套贯时或共时文学作品中的平均使用情况的差异,所有这些也许还不足以确定一种风格,但是有助于更严谨地表示一种风格的特征。这些材料也许还不够,但是对它们漠然置之我们又能获得什么呢?

利法泰尔早期的著作是阐明语境风格学的最主要的著述。正如我们上文已经提到的那样,语境风格学没有把作品与作品之外的某种规范相对立,而是把作品的某一点与其环境对立起来。我们不能奢谈雨果的"诗的词汇",因为从本质上讲,诗的词汇是不存在的。词汇之成为诗的词汇概念由于它的环境,并且成为诗人作品的显著特点。词汇所隶属的结构给予它以价值,环境的变迁使词汇的价值随之发生变化。在不同的诗里,波德莱尔的"暗夜"或"狰狞可怖"或"温馨可亲",马拉美的"天空"酝酿着灾难。也许应当把不同的风格学方法如语境风格学、数量风格学、差异风格学、表现风格学,把计算机提供的资料和阅读印象的精华结合起来,才能根据风格提出的种种问题完整地描述一种风格。如果准确的描述无论何地都会提出一种理论,都要求关于程序的争执和论战让位于实地的调查,那么只有随后将风格研究与作品互相对比才能根据结果确定方法是否切合实际。风格学的难度较大,这门学科正面临考验。在结束这段论述前,我们还应补充说明,风格学的相对衰落正好与同时期修辞学的复兴相吻合。

三、修辞学的复兴

如果说修辞学是语言学的祖宗①,然而它起初并不是关于文学的思考,更像是一门用言辞战胜对方的艺术,是自亚里士多德[《修辞学》(*Rhétorique*)]至塔西佗[Tacite,《演说家的对话》(*Dialogue des orateurs*)]所宣扬的律师和政治家的技巧。我们知道修辞学包括"命题"、"布局"(演说各部分的提纲:开场语、叙述、讨论、结论)、"表达技术"(句子的安排、措词)、"语调"和"强记"等涉及口才的技巧。正如《语言科学百科全书词典》指出的那样,古代人仅仅把演说分为三类:(政治)决议类、司法类和应对类(颂扬或指责,赞美或抨击)。渐渐地,特别是在17世纪和18世纪,修辞学成为典雅风格和"谋篇"的艺术。这种修辞学体现在诸如丰塔尼埃(Fontanier)的《论修辞法》(*Le Traité des figures*,1821—1827,1968年再版,弗拉马里翁出版社)等著作中。19世纪末期,新的索邦大学排斥修辞学的教学[参阅安·孔帕尼翁(A. Compagnon)的《文学上的第三共和国》(*La Troisième République des Lettres*),瑟伊出版社,1984],由文学史取而代之。20世纪60年代起,修辞学重新抬头,有时甚至取代了风格学。我们上文已经说过,风格学超越了"谋篇"的范畴(奥尔巴赫在《摹仿论》中提醒说,古代人仅仅区分三种风格)。修辞学采用对立法来确定作品中的修辞手段。另一种修辞学重视论据,与本文没有关系。有些学者,例如奥利维埃·勒布尔(Olivier Reboul),建议把两种修辞学融为一体:"对我们来说,任何包括取悦、教育和激发情感三种功能而且三种功能互为依存条件的言辞、任何依靠取悦和激发感情打动听众并以论据作为支持的言辞都属于修辞学的范畴。"[《修辞学》(*La Rhétorique*),"我知道什么?"丛书,法国大学出版社,1984]

令人惊讶的是,当代论述修辞学的著作已经不再提及让·保朗(Jean Paulhan)的名字,如果我们在潮流的影响下,忘记他这样一位作家,那是极不公平的。自《塔尔贝之花》(*Les Fleurs de Tarbes*,1941)一

---

① 为了解必不可少的历史知识,请参阅两部库尔蒂斯式的总结性大作,一部是马克·福马洛利(Marc Fumaroli)的《雄辩的时代》(*L'Age de l'éloquence*,德罗出版社,1980),另一部是阿兰·米歇尔(Alain Michel)的《话语与魅力》(*La Parole et la Beauté*,美文学出版社,1981)。——原注

书起,让·保朗就不知疲倦地为修辞学呼吁,抨击"文学中的恐怖现象",并且反复说明任何作家都在不知不觉地使用修辞学,说明修辞学在我们内心里滔滔不绝而我们竟然毫无感觉。他指出:"没有比修辞学更平庸的学科了,我正想强调这一点。和讲话一样平庸,因为它就是讲话;和写字一样平庸,因为它就是写字;它仅仅给予写和说以稍许关心。如果我说当今社会没有比修辞学更神秘、显然无用而又荒诞不经的学科,那等于废话一堆。然而,自克里斯托夫·道森(Christophe Dawson)以来的历史学家一致认为,学校里教授西塞罗(Cicéron)的《演说家》(l'Orateur)之日,就是欧洲的诞生之时。"[保朗关于修辞学的全部作品收集在他的《全集》(Oeuvres complètes)第三卷,珍本学会版,1967]说巴特和热奈特是保朗的自觉或不自觉的弟子毫不过分。他们会使老师黯然失色吗?诚然,保朗的观点是作家的观点,而我们的观点则是批评家的观点。

其实,当代修辞学关注的中心正是关于修辞形象(语象)的理论以及如何理解风格的修辞形象。我们知道热奈特的前三部著作正是以此为题的。自《语象卷一》(Figures I,前译《修辞形象卷一》,瑟伊出版社,1966)开始,他就把修辞学定义为"修辞形象的体系",没有修辞形象、"零起点"、崇高而又朴实无华等,是这一体系的基础。他还把修辞形象定义为差异,定义为"字与义、诗人的文字与思想"之间的空间:"语言符号的字里行间(如'悲伤飞走了')和其含义(等于说'愁苦难以长存')之间的空间每次都可以重新设置,这一空间有多少形式,就会有多少修辞形象。"因此修辞学论著[如杜马尔塞(Dumarsais)和丰塔尼埃的著作]中出现的任何修辞形象都在表达中发挥作用。其功能除指示和表达外,还包括迂回的暗示和内含。"当我用'帆'代替船时,我表达了船的概念,然而这一修辞形象还内含着以细节为依据、以明显的迂回表示意义的技巧,从而也内含着一定的观察方式或观念形式"。这一修辞形象虽然已经陈旧,它在此仍然表示着"船和诗"。正如热奈特所言,复活古典修辞学的全部规约将其应用于现代文学的尝试肯定是徒劳无益的。然而越来越多的批评家从这部规约中吸取营养,撷取自己偏爱的修辞形象,并将它们用于文学作品的描绘之中。

于是,《通讯》(Communications)杂志1970年推出了一期修辞学专号。在《古典修辞学》一文中(1964—1965年的研究班讲义),罗兰·巴特极力把"过去的文学实践"或"修辞学"与"新的文字符号学"区别开来。热奈特此前在《语象卷一》中也曾这样竭力地强调过。受库尔蒂斯、查尔斯·斯·鲍尔温(Charles S. Baldwin)、布雷(Bray)、布律诺(Brunot)和莫里耶(Morier)等人的著作的启发，罗兰·巴特的对比图出色地总结了古代至19世纪的修辞学史，并且描述了修辞学的"网络"。作者在结论中断然肯定，对西方修辞学规约的了解必将改变我们对文学、教育和语言的了解；亚里士多德还统治着我们的语言；文学与"政治司法类实践"的修辞学关系密切，只有像抛弃过时的历史遗物一样把修辞学一脚踢开，才能有真正的革命行为，才能创立"新的""舞文弄墨"的"语言实践"。然而，就在同一期杂志上，皮埃尔·金兹(Pierre Kuentz)却对修辞学的回归提出了质疑，不惜否定其存在的理由。热拉尔·热奈特在其文章《有限的修辞学》(后收入《语象卷三》/*Figures III*)中突出了下述现象：人们从谈论修辞学到谈论修辞形象，又从谈论修辞形象具体到谈论隐喻和换喻。俄罗斯形式主义者(艾亨鲍姆和雅各布森)提高了这两种修辞形象的地位，我们后边还将谈到。它们突出了毗连关系和相似关系，所有毗连关系的修辞被归结为空间的换喻，所有相似关系的修辞都一律归于"隐喻名下"(而比较的生命力极强，连民间语言也不例外，普鲁斯特把比较和换喻统称为隐喻，例如用"叠卡特来兰花"表示"做爱"的说法)。尤其当他谈到超现实主义时，"意象"一词也被颇为广泛地滥用了。因此，我们说修辞学复活了，然而被改造了，内容缩小了，大概是由于自波德莱尔到超现实主义和俄罗斯未来主义的影响，自然也受到了普鲁斯特关于隐喻的理论的影响。

1973年，米歇尔·勒盖尔纳(Michel Le Guern)的《隐喻和换喻的语义学》(*Sémantique de la métaphore et de la métonymie*，拉鲁斯出版社)的发表就不足为奇了，那是对上述倾向的承认。这部书为风格的分析提供了"工具"，并勾勒了语义学理论的雏形。换喻瞄准"语言与被表现的现实之间的关系"(例如以"声音"代替"讲话的人")；隐喻"直接向语言实体开刀"，须知要理解隐喻就必须抛弃第一意义或本义(如用"mur aveugle"表示"假墙")。隐喻的逻辑信息减少时，其喻示功能则提高，它们之间的关系成反比(内涵与外延的关系亦成反比)。喻示和内涵可以无拘无束，也可能"受制约"。批评家单独阐释一句诗时，有很大的回旋余地，然而如果把这句诗置于原诗的环境之中，批评家就受到一定的制约。换喻的程序与此差别很大，它利用"物质之间的相互关系"，无抽象过程(例如以"杯子"替代杯内的内容)，属于语言的参照功能。隐喻则从词汇意义的常用因素中，选择那些"与隐喻式使用该词后的特定环境中新的语义能够相容的成分"。于是，我们可以提出象征与隐喻的关系和差异问题:"在象征结构中,要想捕捉信息中包含的逻辑信息,则意象的领会是必不可少的。"(例如佩吉的名句:"信仰是棵参天大树,是位于法国心脏的根深蒂固的橡树"①)隐喻中,"这一中间环节对于信息的传递并不必要"。象征性意象"必然智慧化",而隐喻性意象既可以"针对想象力,也可以针对感觉"。然而,我们可以把隐喻和象征结合起来(包括在佩吉的大树例子里),关键是要保留象征表达的智慧化过程。此外,象征的参照物是语言以外的现实。至于联觉——最著名的联觉范例见诸兰波(《元音字母》)和波德莱尔(《应和》)的诗作中——它主要捕捉"领会时的对应关系";当然要通过语言来表达这种"对应",然而领会先于语言行为,因此不是修辞形象。

　　勒盖尔纳就这样把当代修辞学最常用的概念逐一进行近义对比,又把隐喻和比较相对比。他强调形式上的差别("如同"、"更")的重要性是有限的,如同我们不能通过形式来区别象征和隐喻一样,"雅克比皮埃尔更笨"和"雅克比驴更笨"两句中完全相同的结构"并不能显示意义方面的巨大差异"。我们只能这样说:比较使用"逻辑工具",而隐喻则不使用这种工具,"隐喻不是逻辑推理"。那么隐喻存在的根据是什么呢?是语言手段的限制即马拉美所谓的"语言的缺陷"吗?是因为情感的表达吗?确实,隐喻竭力"提供高于逻辑信息的信息",如果我们"在隐喻面前"讨论比较,"就会得不偿失"。按照勒盖尔纳的说法,这句幽默语言的意思是说,隐喻具有语言的情感功能和祈示功能(针对接受者),相反,参照功能减弱。勒盖尔纳没有把隐喻也与语言的诗学功能联系起来也许是错误的,热奈特不是曾经说过修辞即诗的话吗?修辞形象分析的难点正在于它试图尽快躲入现实世界,躲入参照系。许多定义只分析"参照物,而不分析意义因素之间的关系的总和"。于是勒盖尔纳建议分析意素(意义的最小单位),列出一个语义单位所包含的所有意素(如"头脑"一词可以分解为:顶端、圆形、前部、上部等)。这样便与语言学的另一分支符号学联系起来。在论述符号学之前,我们仍然要强调即使是缩小后的修辞学对于准确描述文学作品的重要作用。我们认为,相对于无法准确确定的规范,修辞形象绝不是什么差异,而是保证言辞运行的工具。波德莱尔以来的象征主义、普鲁斯特和超现实主义对修辞的高度重视说明现代修辞学的志向虽然不全在文学方面,然而却特别青睐文学。我们自己也曾说明20世纪的叙事诗大量地

---

① 法文中"信仰"(foi)与"肝脏"(foie)同音,且词形很接近。

使用隐喻式意象,它们在诗中的数量与节奏成反比。它们不再发挥"再现"功能,而是直接创造新的意义。① 保尔·里科尔(Paul Ricoeur)的著作《富有生命力的隐喻》(*La Métaphore vive*)一书,展示了关于隐喻方面的所有理论,堪称隐喻方面的百科全书。作者突出了隐喻的下述特点:不描写预先存在的现实,表述只有它才能表述的多层意境,可意会而不可言传。这位哲学家写道:这是因为文学"把我们推到一段同时包含多重事物的言辞面前,而并不要求读者从中作出选择"。

　　修辞学在我们的时代获得了新生,尽管它的范畴已经缩小到若干修辞形象。但是,它的力量是不可逆转的,我们讨论一部作品时怎么可能不涉及隐喻、换喻甚或联觉、换置、承上省略和曲言法呢?修辞学的弱点正在于它是描写式和分类式的,别无其他。与我们截至现在所分析过的其他方法相反,修辞学浮在作品的表面,无意探讨作品的深层,无视它的意义和实质。

---

① 见让-伊夫·塔迪埃的《叙事诗》(*Le Récit poétique*),法国大学出版社,1978。——原注

第八章　文学符号学

　　符号学是关于符号的科学。索绪尔在创立他的语言学理论时,曾暗示说这一理论将在更广泛的或有关符号的理论中找到它的位置(参阅文章《阐释和符号学》,见基贝迪-瓦尔加:《文学理论》)。另外,美国哲学家皮尔斯(Peirce,1839—1914)是符号学的另一来源,直至最近,法国读者对他的理论还是一无所知。杜克罗和托多罗夫在《语言科学百科全书词典》中指出了另一个哲学根源和一个逻辑根源。哲学根源指卡西雷尔(Cassirer)的《象征形式的哲学》(*La Philosophie des formes symboliques*),逻辑根源则包括从弗雷格(Frege)到罗素(Russell)、卡普纳(Carnap)和查尔斯·莫里斯(Charles Morris)的一条源流(莫里斯曾把类别和名称相区别,前者指一类物质,后者指某类中的一种物质。他还区别了符号的语义、句法和实用主义:第一个名词表示符号与类别或名称之间的关系,第二个名词表示"符号之间的相互关系",第三个名词表示"符号及其使用者之间的关系")。前苏联最重要的符号学家之一尤利·洛特曼(Iouri Lotman)也强调指出,"语言以符号为其特征的事实决定了它是符号的体系"。一种语言旨在完成交际功能而拥有的符号成为语言学和句法的对象。语言学确定符号与它所"代替的对象"之间的关系,确定符号的内容;句法则指"主导独立符号组合成序列的全部规律"。洛特曼还区别了"常规符号"(字词,亦包括红灯)和"形象符号"或"圣象符号",后两者的"意义只有一种表达方式"——图画。"在我们所能极力追溯的全部人类历史中,我们可以分析两类相互独立和平等的文化符号——文字和图画"。语言艺术出自第一类,形象艺术出自第二类。然而两类符号互相浸透,诗和文学散文创立了"语言的意象,其图像实质是很明显的",诗人的作品是一种"形象符号"。反之,图画亦在竭力地倾诉[尤利·洛特曼:《电影美学与符号学》(*Esthétique et Sémiotique du cinéma*),1973,法文译本,社科出版社,1977]。最后,与其他符号体系相比,文学语言与艺术语言里符号与内容的关系不同:"这里,语言本身也是内容,有时也成为信息的构成部分。"谈过这些定义之后,我们还要提到符号学上的巴黎学派。巴黎学派认为"符号学的目的就是要建立意义体系的总体理论",其成员包括格雷马斯(Greimas)、阿里韦(Arrivé)、科凯(Coquet)和库尔泰斯[Courtès,见《符号学和巴黎学派》(*Sémiotique. L'Ecole de Paris*),阿歇特出版社,1982;A.-J.格雷马斯和J.库尔泰斯合著的《符号学。语言理论的推理词典》(*Sémiotique. Dictionnaire raisonné de la théorie du langage*),阿歇特出版社,1979]。意大利的安贝尔托·埃科(Umberto Eco)阐发的理论略有不同[《缺失的结构》(*La Structure absente*),1968,法文译本,法国邮报出版社,1972;《一种符号学理论》(*A Theory of Semiotics*),印第安纳州立大学出版社,1976]。

因之,文学符号学,或者说文学语言的符号科学,表面上便与社会学中其他同样论述符号、论述符号学所包括并由之诞生的语言学的方法和学科领域相交会。我们将追踪文学符号学在实践中、应用中、历史中的发展过程,巴特、埃科、格雷马斯、"如是"团体、朱莉娅·克里斯特瓦标志着符号学发展的许多重要阶段。同时,这些著作中的大部分又具有双重属性,同时属于符号学和诗学。符号学与叙事文的分析相交错。这种循环现象与符号学包括语言学有关,然而我们也可以像罗兰·巴特的《符号学的基础知识》(*Eléments de sémiologie*)那样,把前者看做后者的一个分支。同样,格雷马斯和库尔泰斯的《符号学词典》也包括了叙事文体的分析。当安贝尔托·埃科分析伊恩·弗莱明(Ian Fleming)的小说时,他两种方法并用(《通讯》杂志第8期,1966)。

安贝尔托·埃科

《开放的作品》(*L'Oeuvre ouverte*,1962;法文译本,瑟伊出版社,1965)是这位意大利学者兼作家最重要的论著之一,并使作者安贝尔托·埃科(Umberto Eco)成名。论著把文学、造型或音乐等艺术作品作为可以无限阐释的符号体系来分析:"任何艺术作品,即使是已经完成、结构上无懈可击、至善至美'画上句号'的作品,依然处于'开放'状态,至少人们可以以不同的方式阐释它而不致损害它的独特性。"中世纪采纳了一种寓意理论(une théorie de l'allégorie),按照这一理论,文章(其次是诗和形象艺术)可以从四个不同的方向去阐释——奥尔巴赫的《摹仿论》曾重提此事。这四个方向分别是:文学方向、寓意方向、道德方向和类比(analogique)方向。但是,这些阐释规则已经预先确立,并且方向单一,与井然有序、由圣子主导的等级森严的社会相符合。恰恰相反,大约自巴罗克艺术开始,现代艺术作品要受到多种角度的审视。更有甚者,这些经验代表着迥然不同、互相矛盾的世界观。马拉美不再呼唤单一方向的阐释,而20世纪的文学则大量使用象征,例如卡夫卡撰写了一部"开放型作品"。在他的作品里,隐含的思想是多义的,不以任何社会范畴为基点。"用存在主义、宗教、医学和精神分析来阐释卡夫卡的象征,每种方法都只能解释作品的一部分。他的作品由于暧昧而处于永不枯竭的开放状态"。现代作品中的"世界,缺乏明确方向,其价值和信念永远受到置疑",代替了受普遍规律制约的传统世界,乔伊斯(Joyce)是这方面的典型。布莱希特(Brecht)的作品引发了一场辩论,其答案"应当产生于群众的觉醒之日"。

还有另一类作品,需要读者兼操作者"帮助作品的生产",如十二音体系后音乐、考尔德(Calder)式的活页作品、运动艺术、工业绘图、组合家具、活动建筑等。马拉美的书"既无开头,也无结尾",当由活页构成,可以随意添加和组合,如后来科诺(Queneau)的《万亿诗》(*Mille Milliards de poèmes*)一样。这些分析说明,文学形式不是知识的工具,不能"更好地捕捉真实,而是一些逻辑手段。对世界的了解自有其科学渠道"。艺术的功能不在于帮助人们认识世界,而在于"生产世界的补充部分——艺术创作出的独立的形式对已经存在的形式给予补充"。艺术作品只不过是一种"认识论的隐喻形式",一种知识的意象和符号。每个时代的每种艺术形式的结构,揭示了当时科学或文化"观察现实"的方式[哲学家米歇尔·塞尔(Michel Serres)在《雾灯和雾号:左拉》(*Feux et signaux de brume:Zola*)一书中重新探讨了这一主题]。暧昧性和中断性与现代逻辑学和现代物理的课题相混淆。总而言之,"作者让阐释者去完成作品"。但是,他仍然是作品的作者,因为他已经提出了"合理的、具有明确方向和一定组织要求的种种可能"。开篇因此而建立了"艺术家与其读者的新型关系",建立了"新的审美程序"。

如同巴特的《符号学的基础知识》,埃科也分析了诗歌语言的参照、喻示(或内涵)等概念。他强调说,诗把"参照物用于感情色彩",而又"把情感作为参照物"。这里也涉及符号理论:"意义不断地降临符号之身,并因新的反响而愈来愈丰富";涉及诗作中参照物的暧昧性,如雅各布森的论著一样。与古典作品"狭隘"的开放性适成对比,现代作品明显地、最大限度地向信息开放,其特点正是"信息量的增加"。符号学其实与信息论颇为接近。艺术信息"以某种形式否定了日常的可以预料的程序",要调和开放性与有限的阐释之间的矛盾:"对于我们来说,问题仍然是作品的形式与'开放性'、自由的多极性与一惯性以及多种理解可能之间的辩证关系";理解的这种可能性仍然"包含在一定的范围之内"。接受者、消费者也"开放型地享受着"艺术作品,这种享受拒绝心理惰性。只有关心形式来龙去脉胜过关心其客观结构的心理状态才能理解现代作品的开放性,理解人们对意料之外的期待。现代艺术有其教育功能,因为它打碎了旧的形式,打碎了已有结构而开辟了自由之路。这样,《开放的作品》为现代文学和艺术符号的分析提供了作者"设想的一种典范"——而古典作品的开放性要小得多。另外,这部论著还提出了一系列原则,安贝尔托·埃科在后来的《缺失的结构》(1968;法文译本,1972)等著作和文章《詹姆斯·邦德:一种叙述组合》(《通讯》杂志第 8 期,1966)里阐发了这些原则。

罗兰·巴特

在长达 25 年的时间里,这位令人难以琢磨的杰出作家大概代表了法国批评界和语言学界几乎所有貌似现代派的思想。罗兰·巴特(Barthes Roland)并非总是第一个提出某种思想,然而,正如人们形容让·科克托(Jean Cocteau)那样,他总是旗手。直到他在法兰西研究院宣讲第一课(1977)之前,他的格言本应是"左翼没有敌人",当然是指文学上的左翼了。1964 年,他在《通讯》杂志上发表了他的《符号学的基础知识》①。这部书首先把巴特从索绪尔、雅各布森、马蒂内(Martinet),特别是从耶仁姆斯莱夫(Hjemslev)那儿所借鉴来的概念作了明确的分类,虽然他暂时还没有把这些概念应用于文学,但他后来这样做了,尤其在 S/Z 一书中。

巴特区分了四组大的概念:1. 语言和话语;2. 语义和语音;3. 符号群和体系;4. 外延和内涵。第一组也以规约/信息的形式出现(雅各布森),这一组可以外延到所有意指体系,是"语言学分析的主体部分"。

---

① 与作者关于叙事文的主要分析一并收入《符号学的机遇》(*L'Aventure sémiologique*)一书(瑟伊出版社,1985)。——原注

按照索绪尔的意见,第二组的语义和语音是符号的组成部分。巴特引入了"双重组合"的原则,马蒂内突出了这一原则。双重组合指"意义单位"(词或词素,每个词或每个词素都有其意义)的组合和"区分单位"(音或音素)的组合。语音属于表达范畴。语义属于内容范畴。据耶仁姆斯莱夫所说,每个范畴都有自己的形式和实体。表达范畴的形式如句法,实体如音素。内容范畴的形式将语义连接起来,其实体包括感情色彩、意识状态、语义的意义。语义不是物,而是"物的心理表现形式"。"连接语音和语义"、构成完整符号的过程谓之意指行为。第三组"符号群和体系"相当于语言的两条轴线。第一条即符号群、"符号组合"的轴线,属于语言中"不可逆转的直线轴线"。第二条即组合轴线,今天人们也称之为"构词轴线",巴特则谓之"体系轴线"。它即是雅各布森谈到的毗连组合和相似组合,与之相对应的是换喻和隐喻。组合领域或构词领域的词素安排叫做"对照"。最后一组概念即"外延与内涵"。按照耶仁姆斯莱夫的解释,上面描述的整个表达/内容体系相当于"第二体系的表达手段或语音",那么第一体系则属于"外延范围",第二体系则属于"内涵范围"。文学是内涵的典型,是符号学家经过"广泛"挑选"共时的""同类"材料后将从内部潜心研究的"汇编材料"之一。巴特本人就是这样做的。他曾研究过有关时装的语言[《时装体系》(*Système de la mode*),1967]、摄影[《明亮的房间》(*La Chambre claire*),1980]和日本文明[《符号的帝国》(*L'Empire des signes*),1970]。

　　巴特当然也要研究文学。《写作文字的零度》(*Le Degré zéro de l'écriture*,1953)主要侧重于社会学研究,《米什莱自述》(*Michelet par lui-même*,1954)侧重于题材研究和巴什拉尔式的研究。S/Z(瑟伊出版社,1970)提出了记叙文的符号学理论,我们从中发现了《符号学的基础知识》的基本思想,略有修改。《记叙文结构分析之导论》(《通讯》杂志第8期,1966)一文对《基础知识》又给予了一定的补充。我们还将在有关记叙文分析和散文体诗学一章里再次谈到。S/Z一书中的巴特仍然忠实于关于外延和内涵的区分、"种种语义"的捕捉、所选文章的统一性(这里指巴尔扎克的短篇小说《撒拉辛》)和换喻等思想。巴特自己发明的规约与赫仁姆斯莱夫的层次概念相符合,但是没有等级之分,例如关于情节的规约、古典文献和真实的规约、文化规约、象征领域等。

　　另外,巴特于1966年发表的论著《批评与真理》(瑟伊出版社)源于与雷蒙·皮卡尔的一场论争,皮卡尔曾攻击巴特的《拉辛》一书。随着时间的推移,我们可以更清楚地看到关于符号学的思考对于这部论著的批评理论的帮助。巴特摈弃了"客观性",针对语言准确无误的特点,提出"多义的"、"深刻、广泛、运用象征的""第二语言"。"没有方法论方面的范例"(例如语言学为我们提供的范例),我们就无法找出一部作品或者一种体裁的结构。同样,当巴特肯定"批评家的所有客观性并不取决于规约的选择,而取决于是否严格地把他选择的范例运用到作品的分析之中"时,他又回到了《基础知识》的结论。在精神分析的影响下,我们的时代重新发现了结构主义、语言学和语言的象征实质。意义的多样性并不是相对主义,"作品的结构使它同时具有多重意义,这不是读者的过错"——象征即是意义的多元化。文献学确定一段陈述文的准确含义,语言学家(或符号学家)给予"意义的飘忽不定之处以科学的地位"。作品可以导致两种不同的语言:一种是"文学科学"的语言,寻求作品中包含的全部意义;另一种是"文学批评"的语言,只瞄准其中一种意义。"文学科学"可能借助于生成语言学的范例,讨论作品可能产生的多种意义。不存在什么拉辛科学,而存在着言语科学,言语科学要研究句子以下和以上的语言单位。文学科学要描述"能够为人们的象征逻辑所接受的意义产生的逻辑基础"。然而,"批评"并非因此而对符号学的范例无动于衷,因为作品构成一个"意义体系","如果其中的所有话语未能找到易于为人们所理解的合理位置",这一体系"就没有完成"。与简单的数量统计相反,文学批评进行的普遍的质量评述会把"任何字词,即使是稀有词,置于"按对照方式形成的"总的关系体系之中"。尽管"批评"与"文学科学"的区别很脆弱,我们仍然要看到这两种活动的方法是一致的,一旦视一部作品或一定的文字汇编为承受象征逻辑的制约而发生变化的语音体系,那么这种方法就是符号学的方法。

A.J.格雷马斯,格雷马斯与普洛普

如果不首先介绍一下前苏联学者弗拉基米尔·普洛普(Vladimir Propp)的《童话形态学》(*Morphologie du conte*, 1928;法文译本,1970),我们就无法理解 A. J. 格雷马斯(A. J. Greimas)的符号学的意义和重要性。普洛普似乎推出了一部关于童话的形式研究(从这个角度而言,他亦可以出现在我们关于叙事文分析的章节里),其实,他的分析的主要特点还是对意指的分类。这一分析曾被广泛引用、发挥、修改,如今已经成为某种经典。就意指分类这一点来说,它宣告了符号学的诞生。弗拉基米尔·普洛普试图揭示神奇童话这一文学体裁的特

点，探讨主导其结构的形式和规律，因此，他用结构学的观点代替了寻根溯源的研究角度。

普洛普研究了四大规律：

——人物的姓名、标志可以改变，然而他们为数不多的功能不变。一个名词表示一个动作（如禁止、提问、逃跑等）。动作由其在故事进程中的情景决定。功能即人物的作用，从情节展开过程中的意指角度来决定。

——童话包含的功能有限。

——功能的承继关系始终如一。

——就结构而言，所有的神奇童话属于同一类型。

功能共有三十一项：

1. 童话以原始情景开始（描写家庭概况）；
2. 紧接着发生下述情况之一种：出走，禁止出走；
3. 违反禁令；
4. 侵犯者试图获得某种信息；
5. 他获得了信息；
6. 侵犯者试图欺骗受害者：欺骗行为；
7. 受害者被欺骗：同谋关系；
8. 侵犯者的恶行；
9. 恶行露出端倪，人们求助于英雄人物：媒介行为，过渡状态；
10. 英雄人物同意出动；
11. 开始行动，英雄出发；
12. 赠予者的第一次举动；
13. 英雄人物的反应；
14. 一件神奇之物被授予英雄人物；
15. 途中：英雄人物接近猎捕对象；
16. 英雄人物与侵犯者展开搏斗；
17. 英雄人物接受荣誉称号；
18. 侵犯者失败；
19. 最初的恶行受到报应，过失被弥补；
20. 英雄人物踏上归途；
21. 英雄人物受到跟踪；
22. 英雄得到帮助；
23. 英雄回到自己家里，隐姓埋名，或到达其他地点；

24. 假英雄出现；
25. 英雄人物接到一项艰巨任务；
26. 任务完成，真英雄被认出；
27. 英雄受到公认；
28. 假英雄的面目被揭穿；
29. 真英雄以新的面貌出现；
30. 假英雄受到惩罚；
31. 英雄完成婚礼，登上王位。

这些功能按人物和范畴分配如下：

侵犯者的范畴包括恶行(功能8)、与英雄对斗(16)、跟踪(21)。赠宝人的范畴包括转达神奇之物(12)、供英雄使用神奇之物(14)。附属范畴包括英雄在途中(15)、恶行受到报应(19)、跟踪中的帮助(22)、艰巨任务的完成(26)、英雄面目的改变(29)。寻找对象公主及其父亲的范畴包括要求完成艰巨任务(25)、授予荣誉称号(17)、识别冒牌英雄(28)、认出真英雄(27)、惩罚假冒英雄(30)、婚礼(31)。受托人的范畴包括派遣英雄(9)。英雄人物的范畴包括踏上征途(11)、对赠宝人的要求的反应(13)、婚礼(31)。冒牌英雄的范畴包括出发救人(11)、对赠宝人的要求的反应(13)、试图靠谎言达到目的(24)。从这些动作、功能和功能范畴出发，我们很容易组织神奇童话的片断，删去或重复某些内容。"主题"包含在结构之中，"相同的结构可以成为不同主题的基础。不管是龙夺走公主，还是鬼怪夺走农民的女儿或东正教神甫的女儿，结构上没有差别。但是这些不同的情况却可以导演出不同的主题"。

格雷马斯的《结构语义学》[①]

我们无意在本研究范围内确定语义学的定义，研究语义学作为语言学一个分支的历史和功能，而研究它对文学批评的贡献。格雷马斯要求自己对意指给予科学的描述，即不仅开列一份简单的清单，而且通过营造一个"典范"，找出意指的"基本句法"和词汇。语义描述先于风格分析。格雷马斯以普洛普、苏里奥(Souriau)关于戏剧的分析[《二十万戏剧情景》(*Les Deux Cent Mille Situations dramatiques*)]和泰斯

---

① 格雷马斯的《结构语义学》(*Sémantique structurale*)，1966 年由拉鲁斯出版社出版，1986 年由法国大学出版社再版。——原注

尼埃尔(Tesnière)的句法理论为基础,引入了"施动者"的概念。施动者不仅发挥某种作用,更承担着一种句法功能,即主语。每两个相互对立的施动者组成一组:

主体　　　　　　　与　　　　对象
信息发出者　　　　与　　　　信息接受者
辅助者　　　　　　与　　　　反对者

由此形成的"施动"结构或"施动"模式,可以帮助我们分析神话故事:"其简单性在于整个模式是以主体的欲望对象为轴线的,作为交流内容,欲望对象位于信息发出者与信息接受者之间,而主体方面的欲望将投放到辅助者和反对者身上。"这一模式可以用下图表示:

信息发出者　　　→对象　　　　→信息接受者
　　　　　　　　　　↑
辅助者　　　　　→主体　　　　→反对者

格雷马斯接过普洛普的作用说,把它们改造为施动者,这样就简化了功能清单,将功能总数压缩到二十个[《结构语义学》(*Sémantique structurale*),第 194 页]。反之,他把故事区分为两大类:第一类"接受"现有秩序,第二类"拒绝"现有秩序。在第一类故事里,考验与追寻建立了一种秩序,把世界"人间化",把人融入这一世界。在第二类故事里,人要改造世界,"于是,故事模式似乎成了一种媒介原型,成了拯救人类的一种许诺"。

这一理论实际上比上述描写要复杂得多,更具有技术性。格雷马斯旋即把这一理论应用到贝尔纳诺斯的世界,具体表现在他的批评论著《贝尔纳诺斯的意象世界》(*L'Imaginaire de Bernanos*)一书里,搞了一次二级批评,把他人的言语形式化。其出发点是被视作施动者的一组词"生命""走向""死亡"的出现频率,它们与另一组反义词"无生命"和"未死亡"相对立。第二个例子把"真实"与"谎言"组成一组反义词。其中之一类似于"品质形容语",后者则发挥其"功能"作用。每个例子都包括若干从属于它的意群(意素)。于是批评家接着探索其中的辩证关系,这种辩证关系在贝尔纳诺斯的作品里则反映为一场前途未卜的斗争。关键是内容和意指的安排。因为故事是随着时间的推移而展开的,所以故事的发展本身就改变着意指结构。如果我们假设

V＝生命的正面表示
M＝死亡的正面表示
非 V(无生命)＝死亡的反面说法

非 M(未死亡)＝生命的反面说法

那么在"谎言"的前提下,就要发生三种意指行为:

"否定 V 并假设无生命

假设 M,使未死亡成为悬念

肯定无生命与 M 之间的关系的存在。"

在坚持"真实"的前提下,则要

否定 M,假设未死亡

假设 V,以否定无生命

肯定未死亡与 V 之间存在着关系。

如果"无时间变化的原始结构"是"存在",那么新获得的两个结构即"死亡"和"生命"。形式分析可以概述如下:"存在表现为针锋相对的生命因素和死亡因素的复杂交错。从存在的内容出发,通过已有内容结构的解体,把原有内容或者改造为理想的生活,或者改造为彻底的灭亡。通过这种分离,摧毁先前的混沌现象,"这便是"历时演变的观念意义"。

格雷马斯的符号学首先应用于故事的分析[《神话故事阐释理论的基础》,见《通讯》杂志第 8 期;《莫泊桑,文本符号学》(*Maupassant, la sémiotique du texte*),瑟伊出版社,1976],也用于诗作和整个语言的分析[《诗歌符号学论文集》(*Essais de sémiotique poétique*),与他人合著,拉鲁斯出版社,1972;《符号学。语言理论的推理词典》,阿歇特出版社,1979]。17 年后,在为一部新的符号学论文集[《论意义卷二》(*Du Sens II*),瑟伊出版社,1983]所写的引言中,格雷马斯又谈起自己的科研道路和理论的演变过程,谈起"超越个人努力的符号学实践的主线和主题"。他首先把一系列事件转化为由一系列"陈述段落"组成的"叙述图示",叙述图示的多次重复允许我们"创立一种语法",语法是"这些规律性的组织模式及其论证模式"。而规律性则是反映在语言意群轴线上的范例。然后,他又把"事件"(événement)与"行动"(action)相区别,前者是行动之外的某施动者对"做"的描写,后者则依赖于"做"的主体。主体可以是"主体本人,或者他的协助者、信息发出者、受托人或执行者",这就大大简化了普洛普的示意图。同时,格雷马斯不再谈论"英雄与叛徒",他认为故事让"两个主体狭路相逢"。主体及其对象的关系也将遵循"试图、应该、能够、懂得"的模式去考察。这样,格雷马斯就构成了自己的"行为符号学"(包括认识和行为)、"欺骗符号学"、"惩罚符号学"。另外还有对象符号学,与主体符号学适成对比,对象符号学涉及对世界的认识和改造。最后,"模态符号学"(les Sémiotique modales)专门讨论义务、禁忌、爱情、权力、知识等问题。按照格雷马斯的说法,原始句法模式服务于任何有关意义的描写,这类描写将随时间的推移而演变而完善。然而,这位思想家的论著并未得到一致的赞同,他的一家之说并不代表全部符号学的理论。关于这一点,有关词典和参考书目向我们提供了佐证。

"如是"团体和朱莉娅·克里斯特瓦

《如是》杂志创立于1960年,多年由菲力普·索莱尔(Philippe Sollers)主持。菲力普·索莱尔不同时期曾先后接近巴特、福柯(Foucault)和德里达(Derrida),因此,《如是》杂志从理论和实践上对语言学、精神分析和阿尔都塞(Althusser)颇感兴趣。杂志的黄金时代大概正是《整体理论》(Théorie d'ensemble)的发表时期(瑟伊出版社,1968),这部书陈述了"如是"团体的基本观点。

首先是"文本"概念。菲力普·索莱尔当时即强调了"作者"和"作品"概念的可疑性,更喜欢使用"抄写者"和"文本"等术语。"文本"一词突出了历史决定论和一种生产方式,"文本属于大家,不属于任何个人,文本不可能成为完成的产品"。文学属于过去,让位于"一门新兴科学,即文字科学"。文本里的文字是书写实践及理论的用武之地。这类力求以马克思主义面貌出现的术语影响了一代人,他们也奢谈"文本"及"文字",反对把文学概念划分为"意义"、"主题"和"真实"等类型,这类"宗教神学式"的划分压制了"有限文本的多元性"。索莱尔和巴特以及热奈特一样,激烈反对古典作品那种"完满、封闭、僵化"的结构。他向巴赫金借用了"文本间性"这一概念,我们在考察朱莉娅·克里斯特瓦时还将谈及这一概念:"任何文本都位于若干文本的交会点,它是这些文本的阐释、集中、浓缩、转移和深化。"另外,性与文字密不可分,性隐喻着文字,而文字又隐喻着性。最后,"文字与革命构成共同的事业,互相充实。它们的互相充实极有意义,极富建设性:向对方提供武器,提供新的神话"。

随后,朱莉娅·克里斯特瓦在《整体理论》里介绍了符号学这门"批评的科学和/或科学的批评"。朱莉娅·克里斯特瓦从索绪尔关于符号学的定义出发,把马克思和阿尔都塞联系起来。像马克思和马歇雷一样,她也用"生产"这一概念代替"创作"概念,因为"生产"意味着劳动和

第八章 文学符号学

社会关系。同时,她还从弗洛伊德的学说出发,也少量地借用了胡塞尔(Husserl)和海德格尔(Heidegger)的思想,谈论什么"先于表现的生产",希望"根据意义生产的具体模式,建立表意实践的类型学",以至于对于符号学而言,"文学是不存在的"。文本被视为一篇"文字"的生产、"不可简化为表现(再现)的生产"。朱莉娅·克里斯特瓦谈到文本的结构问题时,从乔姆斯基(Chomsky)和索姆让(Saumjan)那里借用了转化模式,并用于小说。她提出即使表意手段不同而语义仍然相同的思想,提出意义不受转化影响的思想。例如:"让·德·圣泰首先是侍从,后来成为著名的将军。"这一叙述中表意手段范围的这种变化,不涉及语义,即不涉及书本的道德和言语的信息。它使批评家断言,"主导小说(包括提纲和定稿)的意义不受内部变化的影响而保持一致这一点,揭示了小说'活力'的虚假的一面,由此也揭示了任何表现、表达、'文学'活力的虚假性,它们没有抓住意义生产(言语生产)问题的要害"。

在对双价因素(如是否、幻影、面具、背叛行为等)的总结中,朱莉娅·克里斯特瓦找到了肯定与否定的对立(如生命与死亡、爱情与仇恨)。在这种对立中,她再次发现了包括表意手段和语义两个方面的小说的二元化特点。她认为,"意在发展(表意手段)并且瞄准一个目标(语义兼表意对象)的小说结构(符号结构),不可能开始'新的''生产'行为,而是在人们称之为符号的'裁决'空间(语音与语义之间的空间)里,通过自我变化从而进行再生产";而且"哪里有暧昧之处,哪里就体现出时间概念"。变化分析是"这种言语的一面科学的镜子"。这种符号学分析既描述了属于过去的作品,又希望生产出现代文本,那么哪类文本受到克里斯特瓦的青睐呢?是那种"放弃表现(再现)意图、记录自身生产的文本",如马拉美(关于马拉美,朱莉娅·克里斯特瓦1974年曾发表了《诗歌语言的革命》一书)、洛特雷阿蒙、鲁塞尔(Roussel)。通过变化分析,文本不再发挥表现功能。于是,克里斯特瓦提出一种新的符号学模式,将文本区分为两种。一种叫基因文本(生产文本、生成文本或生殖文本几种译法均可),即处于生产、"生成"层次的文本;另一种叫现象文本,即完成文本。基因文本包括施动因素(相当于句子中的词汇)、文本间性、叙述序列(一个叙述序列是指"小说的一个意群序列,有各种叙述情形的叙述序列",与句子包括若干从句的现象相似)。在现象文本里,我们则可以找到角色、引语和剽窃现象,找到叙述状态。批评家把叙事文当做一个"巨大的语句",使上述概念得以发挥。

"叙述序列"的转化首先依赖于"辅助成分",即加在施动者身上的叙述意群，引起两种变化：有时在动作开始前先"修饰"施动者（如同句子里的品质形容词），然后故事里的"动词"引入动作（谓语性补充成分），或者补充成分推动叙述行为的进展；有时急转直下，产生与叙述开始时完全相反的意义。另外，克里斯特瓦把涉及时间、地点、叙述方式的序列叫做"标志类叙述序列"，以与"矫正型叙述序列"相区别，后者使信息发出者的陈述表现为陈述主题，并以自己的意志组织叙述，继续或中断永无止境的名词意群代或动词意群代。

文本间性是朱莉娅·克里斯特瓦引入的关键概念（借自巴赫金）。她认为二分法的转化分析犹如"符号思想的同谋者"一样，仅仅适用于封闭型结构，难以捕捉"这种结构在社会文本或历史文本中上下交错的关系"。她提出一种不同的"转化方法"。一种文本的不同序列是"来自其他文本的序列"的转化形式。这样，15世纪的小说转化为若干规约：经院哲学、艳情诗、口头文学、滑稽文学。文学结构处于"社会整体这一总的文本之中"。文本间性指"某一单一文本内部所发生的文本间的相互影响"，是一种文本"解读历史并置身历史之中"的方式的标志，并且赋予一种文本结构以显著的特点。朱莉娅·克里斯特瓦指出《小小的让·德·圣泰》(*Petit Jehan de Saintré*)一书中分别属于经院哲学的成分（章回体结构、训导性质）、艳情诗的成分（贵夫人）、城市生活的成分（商贩的叫卖声、当时的经济文本）、滑稽文学的成分（文字游戏、张冠李戴、角色游戏、面具等）。这些多姿多彩的陈述段落用于新的结构，随即发生意义的变化，构成一个具有多重性质的整体，把这一整体与同时代的其他文本联系起来，即构成"文艺复兴时期的言语单位"。克里斯特瓦把能够将某一具体结构（例如小说）与其他结构（例如科学语言）联系于一个文本间空间的功能称之为"观念因素"。这样，符号学就可以在社会和历史的大环境中考察文本（社会和历史亦被看做文本）。象征是一种"观念因素"。这种与天体演化相联系的符号学实践，与难以表现的普遍的超验性相联系。象征与被象征之物并不相似，被象征空间与象征空间是相互分离的。神话思想（史诗、民间童话、配合动作的歌曲）以有限的象征单位普遍涵盖了被象征之物。符号也是一个观念因素。和象征一样，符号具有双重性，具有划分等级的功能。从垂直方向而言，符号比象征所涉及的实体规模要小得多，具体得多，并且涉及以物质面貌（如现象、人物）出现的共象。词汇比肩而立，犹如陷入一条由多种间距构成的链条（叙事文），其环节永不停息地转化着。

朱莉娅·克里斯特瓦在《符义解析探索集》(*Recherches pour une*

sémanalyse，瑟伊出版社，1969）一书中再次讨论了所有这些理论问题。该书的文化容量令人头晕目眩，从多种学科借鉴而来的概念比肩而立，我们可以从中窥见当代法国符号学的粗线条。"如是"团体的《整体理论》还收入了新小说派的理论家和实践者让·里卡尔杜（Jean Ricardou）的一篇文章。里氏笔下所关注的依然是文本与社会关系这一基本问题。里卡尔杜以为文学不可能提供社会的"替代物、图画"和"再现社会现实"，而"推出完全相反的内容体系和关系总和"。文学具有"生产"功能和批评功能。其发展方向有三：再现社会的幻想（巴尔扎克）、文学的自我表现［新小说派的"纹络"（套式）结构（la "mise en abyme"），这是一个复杂的诗学概念，我们将在以后介绍这一概念所包含的内容及其发展演变过程。——译者注］、反对再现（索莱尔、"如是"团体）。最后一种倾向"绝不拒绝语义，然而，通过文字游戏逐字逐句持续不懈地予以评说，阻止语义掩盖使其形成的工作"。让-路易·博德里（Jean-Louis Baudry）在同卷中总结了这种文本理论的最新动向（《文字、虚构、概念》）。文本不是孤立的个人的"创作"，而是"广义文本"的个体表现形式。作者不再存在——对个体、人、主体的拒绝代表着自拉康到巴特再到福柯等一个时期当代思潮的主流——真实不再存在，再现也不再有什么必要。作为"对宗教意识的逆反"，文字只表现它自身，因为这些动向是"上帝已经死亡"（主体已经死亡）这一基本思想的延续。于是人们打碎了文本、结构、意义的藩篱。现代文本"不堪卒读"——巴特的理论在这里被引向极端。朱莉娅·克里斯特瓦的思考是这部书和这一流派的总结①，我们从中已经可以看到她后来提出的"符义解析"的轮廓。这是一种新的符号学理论，是"关于文本形成过程中产生的表意手段的思考"，即意指的"地下"生产过程近似于精神分析——而远离传统的符号学理论，导致结构文本的解体。相反，文本可以永无止境地自我繁殖。

J.-C.科凯和其他接近格雷马斯的专家们对法国学者在符号学方面的探索作了暂时的总结（《符号学。巴黎学派》，阿歇特出版社，1982）。这一学科是开放的，几种理论互相争论，有时方案多于实践。

---

① M.利法泰尔的文章《法兰西的形式主义》激烈地批评了符号学的巴黎流派，见《结构风格学论文集》（文章写于1969年）。——原注

在这种前提下,米歇尔·阿里韦①总结文学符号学的方式可以用来作为我们的结论。阿里韦指出,这些辩论首先"围绕'文学性'的概念"展开(1921年由雅各布森推出)。什么是一部文本?文本是开放型的还是封闭型的?如果我们接过"言语"和"故事"这组对立的概念,那么前者是"开放型"的,后者则是"封闭型"的。第二个问题即"参照系"的问题。参照系是实物?还是概念?一张桌子活生生地存在于现实之中,那么正如路易·马兰(Louis Marin)的问题一样,从尤利西斯到伊萨卡②又当何论?第三个问题是巴特等人长期提出的"内涵"或外延问题,前者指文本整体,包括其第一义所喻示的第二义。第四个问题是文学作品与某种规范的"差异"问题,风格学一直不停地提出这一问题。如果我们放弃这一问题,就可以接受格雷马斯的观点,把"文学"看做随时代和人类空间而变化的"社会文化内涵"。当我们讨论上述问题时视文本为"符号体系或意指体系——该体系的构成单位不能与通常的语言单位混为一谈,但是性质相同,而且能够按照与语言学相似的程序予以描述——的言语表现时",我们就进入了符号学的范畴。J.-C.科凯等学者还说,符号学家要明确文本的语言学处境的性质,分析"初级'语言意义'的地位,然后才显示无穷无尽的引申意义"。但是,因为内容范畴(如一段故事)与表现范畴不尽相同(可以用不同方式使用多种语言叙述同一故事),人们便提出了两种范畴的"同构性",即两种范畴的"结构方式类似"。那么在内容方面,同构性是否也适用于外延方式和内涵方式?

由此可见法兰西符号学是一门复杂的艺术,包括各种应用类型,经常以文章的形式出现。主要著述如下:由格雷马斯主编的《诗歌符号学论文集》(拉鲁斯出版社,1972)、路易·马兰的研究成果《爱的符号学》(*Sémiotique de la Passion*,奥比耶出版社,1971)、利法泰尔的《诗的符号学》(*la Sémiotique de la poésie*,法文译本,瑟伊出版社,1983)、安东尼·孔帕尼翁推出的文学引语符号学《第二手资料》(*La Seconde Main*,瑟伊出版社)、安德烈·米凯尔(André Miquel)关于《〈一千零一

---

① 米歇尔·阿里韦本人亦出色地应用符号学的理论分析了阿尔弗雷德·雅里(Alfred Jarry)的作品。——原注

② 伊萨卡,荷马史诗《奥德修斯》里尤利西斯的祖国,据说是包括希腊凯法利尼亚、赞特和附近岛屿在内的一个海上王国的中心,荷马曾在此逗留。现代作家认为《奥德修斯》的描写更接近略卡德岛。

夜〉的一个童话》(*Un Conte des Mille et Une Nuits*)的研究(弗拉马里翁出版社,1977)。在米凯尔的著作里,他"仅仅从两个主要人物的姓名开始",研究"奇迹"、空间、时间、事件和言语,打破了普洛普的类型划分,而他正发蒙于普洛普的理论。

前苏联的符号学与尤利·洛特曼

1970 年,在莫斯科的"构建艺术理论的符号学研究"丛书里,尤利·洛特曼(1922—)的著作《艺术文本的结构》(*La Structure du texte artistique*)面世(法文译本,伽利玛出版社,1973)。该书以其涉猎学科之广泛、表述之清楚,堪称符号学领域最重要的著述之一,同时也堪称我们时代的巨著之一。

尤利·洛特曼从交际理论出发,肯定艺术是一种交际手段,是"一种特殊结构的语言"。"以这种语言交际"的艺术作品,可以作为传替"特殊的艺术信息"的文本来处理。从具体意义上讲,艺术信息不能脱离艺术文本的结构;从广义上讲,艺术信息不能脱离艺术语言的结构。论著解释了文本结构"与思想结构的联系"。洛特曼首先把艺术作为语言来研究,继承了俄罗斯形式主义的传统,描述作为"第二语言"的艺术和"作为这种语言一种文本的艺术作品"。然后他把结构的复杂性和信息的复杂性联系起来,认为"诗的语言具有极其复杂的结构"。另外,"对艺术作品的艺术语言的研究不仅向我们提供了审美关系的一定的个人规范,同时也再现了轮廓及结构原则方面最为普遍的一种世界模式"。随着时间的推移,对作品的审视角度在变化——首先视作品为信息,然后为形式。

作品是一个"互相套在一起"的符号和再生符号体系。艺术语言的"复杂的等级关系中包含着互相关联的若干语言",以致文本给予每群读者的信息各不相同,而我们每重读一次,都会获得大量新的信息。交际理论于是探讨艺术规约的多元性:或者信息发布者和接收者共用一套规约,或者各有各的规约。无论如何,诗人不会选择一个没有任何特色的主题,他所选择的段落"成为整整一个世界的典范",他没有选择的主题可能成为世界的其他典范。典范出现于文本之中,文本由表达、分段、结构等所形成,内部包括层次或小文本(如音位学、语法等内容)。文本可以提供智识方面的享受(理解)和感官方面的享受,后者的效应更长。因此,他假设一个娱乐体系和一个逻辑体系:这是一部虚构作品,然而我落泪了。可是和艺术相比,游戏则显得"没有内容",科学语言则显得"没有生气"。容纳多种体系、在多种层次上发挥其活力的文本,要求从横向和纵向两个方面去理解。文本的这种构建理论与雅各布森的理论很接近。雅各布森也是从意义和词汇两条轴线上去阅读文本的。

　　尤利·洛特曼接着研究诗与散文的关系、诗句的重叠和断节问题;在这些词类层次的研究之后,又切入"结构的意义层次";最后研究"口头艺术作品的结构",构成其著作中大概最有新意的一章。洛特曼首先提出区别艺术文本与"非文本"的"范围说"。"内容确定而有限"的文本同时又架构了"一个无限的物质模式",即现实社会。《安娜·卡列尼娜》(*Anna Karénine*)既表现了一个具体而有限的命运,同时又再现了"任何女性、任何人"的命运,再现了一个具体时代和任意时代的命运。文本的"神话"氛围与整个社会息息相关,它的"虚构"成分可以在"现实社会的任何现象中"找到它的影子。作品的结局就证实了这一点。"从女主角的悲剧命运而言",作品的结局是悲剧性的,作者同时又揭示了"整个世界的悲剧命运"。如果说最后一个情节是"新的叙述的起点",那么就应该把这一情节理解为"新故事的开始"(普鲁斯特的作品亦如此,只是洛特曼没有引用)。文本的"发端"旨在"规范"该文本,最大可能地为读者提供关于体裁、风格、艺术规约方面的信息。因此,文本是一个空间,是"社会空间结构的缩影",上与下、需要跨越和冲破的界限概念、关和开等构成了文本。与艺术空间这一概念"密切相关的,还有主题概念"。事件是主题结构中的最小单位,其实,事件即"人物跨越语义场界限的运动"。事件打破了某种禁令,这一"本来不该发生的事情发生了"。文本的人物或施动者,在其周围的语义场中活动,并跨过界限,进入另一"相反的语义场"。

　　这些见解也可以适用于非艺术文本,于是尤利·洛特曼探索"艺术世界的独特性"。其独特性表现为"主题中每一成分都具有若干意义,它们同时存在",使得互相矛盾的现象能够共存,而在科学文本中则是不可思议的。"艺术真实同时存在于若干语义场"。正如我们上文已经谈过的那样,因此,文本才能同时表示普遍意义的部分和整体。洛特曼随后又从美学角度区分了"统一"和"对立"、陈词滥调与新奇等概念。然而作者与读者是对立的。读者希望以"最小的努力"获得信息,而作者则倾向于"使性格复杂化",或者力求在短小的文本中"加入超越文本的丰富的文化内涵"。

第八章 文学符号学

　　由此可以看出，尤利·洛特曼的符号学视文本几乎为活的机体，其研究具有"普遍的科学意义"。作者选择了自己文本的语言。该语言越难，语言规约的破译所揭示的信息量越大。文本"同时属于两种（或多种）语言"，它亦可以打破人们期待的结构规范。各种文本都有自己的功能，然而作者可以违背这一功能，例如陀思妥耶夫斯基使用了侦破小说的结构，另如诗人写散文或散文家写诗等。分析一部艺术文本，就要捕捉文本置身其中的众多结构。对于这些结构层次的描述具有启示价值，然而可能会使读者忍无可忍。于是要作出总结，"那是对艺术作品的最后的阐释"。这些就是洛特曼心目中文学符号学的主要线条以及应解决的问题。他对所举例子全都给予了极其细腻的分析，并且几乎没有向现实主义让步。更具体地说，洛特曼继承了形式主义的传统，通过展示作品如何同时表示、象征和"架构"作品自身及世界的片断和整体的过程从而与现实联系起来。符号成为一切的符号，符号学亦因此而避免了纯粹的形式游戏。

第九章 诗 学

"最容易的莫过于高谈阔论无法驾驭之事物;一首诗常常会受到百家诗学的青睐"。伏尔泰这一警示丝毫没有吓倒他的后人。我们首先在俄罗斯形式主义者那里,大约20世纪60年代以来,又在当代学者那里,确确实实看到诗学的复兴势头。当然不是为了学习做诗,或写小说,或编剧本,而是展示它们的共同性,它们的创作经过各自的体裁的本质。一位学者把诗学定义为"文学理论"(基贝迪-瓦尔加)。另一位学者肯定诗学以构建能够同时捕捉到所有文学作品的同一性和多样性的类型为己任。个人的作品则体现这些类型,具有范例的地位,而不能代表最后的模式(托多罗夫)。第三位学者考察了研究对象中的"过渡文本",揭示其中的"跨文本性",即"所有使该文本与其他文本发生联系的因素"(热奈特,1982)。最后,还有许多杂志、评论集、辞典以诗学等命名。20世纪诗学方面的大部分论文要求我们区分散文体诗学和诗的诗学。一般来说,它们的问题、方法以及研究方面的专家有很大的不同。在散文体的诗学内部,小说诗学的地位最重要。它作为阅读面最广、在文学殿堂中取代了史诗和悲剧而独占鳌头的文学体裁自然也会受到最多的分析。还有,为了不致把本章节变成一份批评书目,或褒扬名单,或洗衣店的流水账,我们仅选择了那些能够代表重要阶段并且依然具有现实意义的著作。与它们相似的著作,则无法一一赘述。

一、散文体裁的诗学

1. 小说诗学

英美学派

卢伯克

俄罗斯形式主义的研究工作显然也属于诗学范畴,我们已在本书第一章做过介绍。几乎与俄罗斯形式主义同时,首先在英国,旋即亦在美国发展起一股分析小说的潮流。他们放弃了传统的历史方法,重在分析小说的内部规律。第一部论著是珀西·卢伯克[Percy Lubbock, 1879—1965,图书馆馆员、批评家、《佩皮斯》(*Pepys*)和《伊迪丝·沃顿》(*Edith Wharton*)的作者]的《虚构技巧》(*The Craft of Fiction*,伦敦乔纳森·凯普出版社,1921;多次再版,遗憾的是尚未译成法文)。卢伯克的第一个原则如下:既然小说是艺术品,我们就不能沉迷其中,而应当保持一定距离,全面地考察它。我们应当探索它的形式、总体意图、结构,就像对待其他艺术作品一样。卢伯克的唯一问题是:小说是怎样形成的? 即是说,读者也应成为小说家,不要把小说的创作看做是作者一个人的事。因此,不了解各种形式的叙述方式,是无法研究一部小说的。关于这一点,卢伯克指出他的时代还没有一套严格的批评言语。奇怪的是,他选择了最庞杂、最松散的小说之一《战争与和平》,来开始他对小说的具体研究。《战争与和平》里面躁动的"生活"掩盖了它的形式。托尔斯泰的巨著包括两部历史:一方面是一代人、一代青年的历史,另一方面是一场战争史,犹如两部小说相互交错。《战争与和平》的形式并非最佳形式,因为它没有最大限度地挖掘作品的题材。然而,它通过人物的老化使时间交替,解决了大批人物的处理问题。我们从《虚构技巧》中可以看出批评家对小说创作的不同方式的区分。《包法利夫人》与《战争与和平》恰恰相反。关于福楼拜,批评家区别了两组基本的概念:故事的场景和全景的区别,作者独家叙述与借助人物以表达自己两种方法的区别。此外,作者还可以用"图画"方式或者"戏剧"方式处理一个主题,这就提出了下述方法问题:视野的中心是什么? 视点是什么? 是作者自己的视野吗? 在《包法利夫人》一书中,尽管有时候福楼拜认为有必要从外部来观察爱玛,尽管女主人公的能力太差,不足以总揽整个世界,尽管没有任何其他人物可以替代她,而作者不得不以其娴熟的过渡艺术间或地代替她,但爱玛仍然是视野的中心。这一做法之所以成为可能,是因为福楼拜的讽刺艺术与爱玛·包法利本人保持着一定的距离。

珀西·卢伯克把"全景"与"场景"相对立:萨克雷(Thackeray)的视野是全景式的或图画式的。"画面"与"剧情"是一部小说的根本的相反命题,来自亨利·詹姆斯(Henry James)为自己的小说所写的若干篇序言[为1907—1909年纽约版全集所写的前言,后收入1934年的《小说的艺术》(*The Art of the Novel*)一书]。在"画面"情况下,读者听叙述者介绍情况;在"剧情"情况下,读者犹如置身剧院之中,直接观赏故事。萨克雷不断出现在他的小说之中,从不让读者忘记他的存在;莫泊桑则截然相反,在他那里,似乎都是故事自己娓娓道来。叙述者的介入有时会降低作品的紧凑性,因此要予以限制。

珀西·卢伯克在此引入了以第一人称叙述形式出现的"我"这一关键的概念,以取代作者之"我",于是坚实性取代了在"视野"中占有一席之地的作者的影子。所述故事重新获得了紧凑性和戏剧力量。故事可以以自传形式出现,也可以模拟自传形式(卢伯克认为自传是一种无形式的体裁)。然而观察也可以是第三人称的观察,他的意识通过其内心的活动来展示,而无须叙述者的中介——这位以第三人称出现的人物观赏舞台并活动其中。自传体虚构作品确实有它自己的局限性[詹姆斯的《大使们》(*Les Ambassadeurs*)恰恰表现出了这些局限性],它可以使第一人称"我"与小说内容保持距离,而根据题材的要求,主要问题在于"视点的戏剧化",在于场面的戏剧化。《大使们》描述了"灵魂状态",这一灵魂状态已经戏剧化、主观化,然而仍然是一个"场景"。詹姆斯代表了小说的某种局限性,他有言有隐,有展示有评说,然而他的评说位于主人公的视野之中,好像我们永远也无法了解剧情的全部真实。如果一个主题囊括的空间很大,历史跨度亦很大,且人物众多,事件纷杂,就可以采用"画面"的方式来处理,从叙述者的角度来观察世界。其他小说仅以场景和会话构成[如詹姆斯的《艰辛的年代》(*L'Age difficile*)],然而纯粹的"戏剧性"可能会抽掉作品的环境、深度、氛围和背景。巴尔扎克从场面到戏剧,说明画面印象可以加快戏剧化进程;反观之,他的小说故事里则浸透着绘画艺术。《安娜·卡列尼娜》是两种方法兼而有之的另一典型。小说由一系列画面构成,但是,其总体结构具有强烈的戏剧性。

因此,珀西·卢伯克的主要论点如下:虚构技术中占主导地位的是视点问题,是叙述者与故事的关系问题。如果作者言其所闻,如果叙述者被导入故事之中,则作者"入戏"了。而第三人称时,读者被置于视角的位置。在戏剧性主题里,揭示人物内心世界的视点消失了,因为人物的思想、动机皆成为情节的内容。视点可以将空间和时间随意伸缩。如果作者有意将视点缩小,那么就将他的处于"观察"状态的人物变成了舞台上的演员。就这样,《虚构技巧》提出了若干基本原则,帮助避免了关于"生动小说"、"观察类小说"、"现实主义小说"方面常见的陈词滥调。然而这部著作略嫌简短,需要发挥和补充。

福斯特

E. M. 福斯特(E. M. Forster)在其《小说面面观》(*Aspects of the Novel*)里正是这样做的(爱德华·阿诺德出版社,伦敦,1927;无法文译本),他本人即是一位大作家。福斯特从共时的角度考察小说,正如他自己所说,似乎所有小说家,在同一时间、同一房间、同一凝固不动的历史中,写出了他们的小说;用托·斯·爱略特的话来说,即"超越了时间概念"[《圣林》(*The Sacred Wood*)]。他所确定的七种概念不仅涉及叙述角度(我们将看到这一区别的重要性),而且触及小说的整体。这些概念是:故事、人物、情节、想象、预见、结构和节奏。小说发端于《一千零一夜》式的叙述故事,故事按照时间顺序安排并叙述事件,因之,读者希望了解下文(或不希望,因为故事编得很糟)。这是最简单、最"底层"的文学结构。然而故事的背后,尚有叙述者的声音。远古时期、文学的起源时期,唯一重要的问题是:"然后呢?那么后来呢?"人物是故事的演员,他们有姓名,有性别,有动作,作品还直接引用他们的话语。历史体裁仅交代个人的外貌,而小说还揭示他们的内心生活[这一区别是从阿兰(Alain)的《美术的体系》(*Système des Beaux-Arts*)中借鉴而来的]。在现实生活中,我们互不理解,如果小说家愿意,小说中的人物却可以被完全理解。即使作者并未专门介绍某一人物,人们却能够理解他。批评家按照人物的平庸程度将他们划分为单层面人物或"重头人物"。前者是一些类型化、漫画化的人物,有时一句话就足以概括他们的性格,这句话成了他们的口头禅(如普鲁斯特笔下的帕尔姆公主)。读者可以立即辨认出他们,其形象亦不会磨灭,如狄更斯的小说人物。然而多层面的重头人物要高于他们,例如简·奥斯汀(Jane

Austen)、陀思妥耶夫斯基和普鲁斯特的人物，他们一出场就造成某种轰动效应而给读者留下深刻的印象。福斯特再次回到故事叙述起点的视点问题上来，把视点与人物联系起来，并概括了卢伯克及其著作《虚构技巧》的思想。但是，他还是从狄更斯的《荒凉之屋》(Bleak House)和《假币制造者》(Faux-Monnayeurs)等作品的相反的例子出发，说明视点技术可以增加小说的趣味性，却无法增加小说的"生命力"。作者应禁忌滥用人物的隐私，禁忌过多地直接评论人物——这一点并不适用于对生活和社会的笼统表述，如哈代和康拉德那样的表述。

情节把我们引入一个更高的层次，其定义如下：按照因果关系对事件的叙述。因果关系保留并超越了故事的时间序列，回答"为什么?"的问题，不仅要求好奇心，而且要求智慧和记忆力。情节中的每句话、每个动作都很重要，有机地联系在一起。如果我们说小说包含着故事、人物和情节，我们还没有说出它们的全部要素。试想想《特利斯脱兰·香代》或《白鲸》(Moby Dick)。想象——有时表现为幻觉或空想——描述我们难以企及的事物，与描写现实的小说相反，《特利斯脱兰·香代》正是这样的小说。根据不同的作品，或者可以假设超自然性的内容，或者不能表现这类内容。福斯特为幻觉性想象概念加上了"预想"概念。"预想"不是预测未来，而是以世界为题材，以抒情为基调。D. H. 劳伦斯、梅尔维尔都有这种"预想"风格。而陀思妥耶夫斯基的作品里，人物和情景则包含它们自身以外的东西，意味无穷。对于批评家而言，信息的内容并不重要，发出信息的语调、旋律更重要。福斯特指出预想类小说的重要特点中包括谦虚和缺乏幽默两点。

批评家的后两个概念使他又回到了形式领域。他首先以亨利·詹姆斯为例解读"结构"(这一概念使人联想到绘画)。然后又从普鲁斯特的作品出发评说"节奏"(这一概念借鉴于音乐)，节奏是变化和延伸中的重复。这样，福斯特就在视点理论之外，又为小说的分析和分类增加了其他标准。埃德温·缪尔(Edwin Muir)的论文集《小说的结构》(The Structure of the Novel, 1928)和罗伯特·利德尔(Robert Liddell)的《论小说》(A Treatise on the Novel, 1947)以及《虚构的若干原则》(Some Principles of Fiction, 1953)继承了福斯特的上述研究。

然而，我们完全可以这样说而不必担心出错：芝加哥大学教授韦恩·C. 布思(Wayne C. Booth)的著作《小说修辞学》(The Rhetoric of Fiction)概括了整个英美学派的小说诗学。这里，"修辞学"一词是"诗学"的同义词。著作包括三个部分："艺术的纯正和小说修辞学"、"虚构作品中作者的声音"、"无人称叙述"。布思在第一部分指出,早期的著名故事中,叙述的口气比较专断,圣经和《伊利亚特》(L'Iliade)就曾经指出我们应该思考的问题。指示还是显示?这是第一个区别。卢伯克已经隐约提到了这一点。布思逐一考察了支持作者的客观性或无人称性的种种论据,亦没有忘记作者可以隐身其中而并非完全消失的观点。从詹姆斯到萨特(Sartre),许多理论家表述的第一规律即小说应该真实或者是现实主义的,不管是主题,还是外部世界,或者感觉和叙述技巧,都应该真实。他们常常把目的和手段混为一谈。许多现代小说家共有的第二条标准是客观性的标准,包括三种态度:中立、公正、无动于衷;或者叫做含而不露、不对人物作出选择、不对他们表示任何感情。但是,布思指出,无人称叙述方式并不排除主观性,有时也表现出某种主观性;也许作者的激情、作者含蓄的判断能够成就大作。

  经常提到的第三条准则主张真正的艺术无视读者的存在,主张"真正的艺术家不为自己而写作"。这一准则关系读者。纳博科夫(Nabokov)或福克纳(Faulkner)在他们的声明中似乎很歧视读者,正如他们歧视商业化艺术和畅销书一样。这些理论其实还是为艺术而艺术、纯粹的诗的理论(当然,它们与针对现实主义的理论还是有区别的)。然而,布思肯定地说,写一个故事这一简单的事实,即"要求创造出一套表达技巧,使作品最大限度地为读者所接受",例如乔伊斯曾经几近绝望地盼望有人读他的书。我们能够幻想一部"纯粹的小说"问世吗?任何作者都必然要采用某种修辞形式,即通过理性思维、价值、意义,甚至悖论等呼唤读者的艺术。麦克贝思寝食不安的灵魂比他的罪行所传递的信息更能发人深思。

  第四点亦应提及:有些批评家认为,作品在读者身上激发的悲伤或欢乐、激情和信仰,可能损害作品的艺术价值。他们说,读者不应关心情节、情感,不应关心诸如无辜者的善良和苦难所代表的全部夸张的剧情内容。这类批评的根据是"审美距离"的概念,在关于艺术的思考中,"审美距离"这一概念代替了浪漫主义和自然主义。现实主义曾经作为邪恶而鞭挞的所谓"距离"在世纪之交时变成了一种美德。如果一个嫉妒自己妻子的男子观看《奥赛罗》(Othello),他将从非美学的角度受到感动。布思说,然而,这种"距离"可以加大激情。还有,作品是一个复杂的体系,它引导读者投入或超脱的情趣非常庞杂,与人类的情趣不分伯仲。这些智慧或认识方面的、性质方面的、实践范围的审美情趣或与之相反的审美距离,我们可以列出一份明细表。第一类情趣促使我们揭示并解释某情节的真实和意义。性质类情趣与智慧类情趣不同,涉及原因与结果的关系,对惯例(结局、末句诗)、抽象形式(对称、重复、对比)、作品从一开始就确定的讽喻、深刻或崇高等风格的期待等等,我们不可能期待蒙田改变风格。最后一类情趣是实践范围的情趣:读者对人物及其命运的同情或反感;廉价的情感小说与艺术巨著的区别是艺术巨著的思维要深刻得多。另外,任何作品都不可能完全排除道德的判断,哪怕只剩下一种价值,这一价值就是对艺术的钟情[乔伊斯:《青年艺术家的肖像》(*Portrait de l'artiste jeune*)]。诚然,作品永远是由"实用材料"、"非审美材料"构成的。然而,没有一部大作建立在单一的情趣之上。它们相互结合,相互冲突。建立情趣的等级秩序将摧毁整个文本,但是作者不可能同时追求暧昧和清晰、简洁和复杂。因此,要突出作者和读者的"信仰的作用",突出他们的信义。新批评主义的创立者 I. A. 理查兹(I. A. Richards)1926 年曾断然肯定:"我们不需要信仰。当我们阅读《李尔王》一书时,我们确实不需要任何信仰。"然而,作者的可贵之处不是他的生物人,而是写作者,是作品中的第二个自我。同样,读者的可贵之处不是日常生活中的个体,而是正在阅读之人,两者是有区别的。最理想的解读能够使作品所创造的两个自我取得完全的统一。毋庸置疑,信仰的差异影响我们对作品的理解(例如一个天主教徒或无神论者心目中的弥尔顿;或民主的信仰者解读法西斯分子)。有些作品似乎能够和多种信仰平安相处,然而即使是莎士比亚的作品也要求我们能够接受一定的道德价值,当代文学正是因为推翻了原有的价值体系而显得荒诞不经。敏感是弗吉尼亚·吴尔夫《灯塔下的漫步》(*La Promenade au phare*)一书的主要价值,不同意这一意见的读者们阅读作品时的快感明显减弱。我们应当承认无法成为"客观的读者"、"没有激情,完全无动于衷"的读者。

于是,布思考察了连接作者与读者的技术因素,即"叙述类型"。第一个因素是人称(第一人称或第三人称);第二个因素是叙述者是否"介入"情节,或者是隐藏在叙述背后的"隐形"作者;第三个因素是"观察者",以某种身份出现的情节的叙述者媒介;第四个因素涉及场景与"梗概"(卢伯克叫做场面与剧情)、情节部分与叙述部分的区分。第五个因素涉及评论者,第六个因素涉及作家叙述者:作家是否意识到自己扮演了叙述者的角色(汤姆·琼斯、特利斯脱兰·香代、《追忆逝水年华》的叙述者属于前者,《局外人》属于后者)。布思还考虑到叙述者或观察者与作者、人物、读者的"距离的变化因素"。不管叙述者们是否可靠,其他叙述者都可以纠正或肯定他们的叙述。能够识别瞒过现实主义目光的事物的能力，布思谓之曰"天赋"。无所不知是最高的天赋。叙述者有时颇能对某人物的内心世界探微知幽，有时懂得捕捉情节漩涡的细枝末节。对内心世界的了解是布思考察的最后一个叙述类型。

在《小说修辞学》的后两部分，韦恩·C.布思主要从英国文学[《汤姆·琼斯》、《特利斯脱兰·香代》、《埃玛》(Emma)]和亨利·詹姆斯的具体范例出发——后者在盎格鲁—撒克逊人关于小说的思考中始终占据着主导地位——发挥他对叙述模式的分析。这正是布思著作的重要性之所在：向位于新小说派之前的先语言学时代的浅显的批评告别[虽然他引用了罗伯-格里耶的小说《百叶窗》(La Jalousie)①]。同时，他的论著全面探讨小说的规律，而没有像符号学那样有时竟把小说局限为一幅符号图。布思的告别之举孕育了包括若干法国著作在内的其他论著。伊恩·瓦特[Ian Watt,《小说的兴起》(The Rise of the Novel)，伯克利，1957]和诺思罗普·弗莱关于小说的分析[《世俗的经典》(The Secular Scripture)，《罗曼思的结构研究》(A Study of the Structure of Romance)，哈佛，1976]，都表现出同样的雄辩之才。如同对圣经的研究一样[《伟大的规约》(The Great Code)，1981]，弗莱在上述著作中追踪了"我们传统文化的结构"。

法兰西诗学

第二次世界大战的硝烟刚刚散去，几部重要的著述就各自孤立地出现在法国文坛。它们的诞生受到过让-保尔·萨特[萨特本人也是一位卓越的文学批评家，尤其表现在《情景卷一》(Situations I)、《波德莱尔》(Baudelaire)、《圣·热内》(Saint Genet)和后来的《家庭的白痴》(L'Idiot de la famille)等著作中]的思想和以多斯·帕索斯(Dos Passos)、海明威(Hemingzay)、福克纳等作家为主的美国小说浪潮的催生。这些著作主要是让·普雍(Jean Pouillon)的《时间与小说》(Temps et Roman，伽利玛出版社，1946)、克洛德-埃德蒙德·马尼的《美国小说的时代》(L'Age du Roman Américain，瑟伊出版社，1948)、《恩培多克勒的货船》(Les Sandales d'Empédocle，巴科尼埃尔出版

---

① la jalousie 一词还有嫉妒的意思。作者一语双关，用细腻的笔触，通过百叶窗，间接描写嫉妒的心理，把两者紧紧地纽结在一起。译为《百叶窗》更符合新小说派以现象影射本质的写作手法。

社)和《1918年以来的法国小说史》(*Histoire du Roman Français Depuis* 1918,瑟伊出版社,1950)、加埃唐·皮孔(Gaëtan Picon)的《作家与他的影子》(*L'Ecrivain et son ombre*)、《话语的使用》(*L'Usage de la parole*)、《马尔罗谈自己》(*Malraux par lui-même*)等。这个时期的批评还比较接近哲学,注重思想内容的分析[例如皮埃尔-亨利·西蒙(Pierre-Henri Simon)的《人的见证》(*Témoins de l'homme*)、《争讼者》(*L'Homme en procès*)、《主人公的诉讼案》(*Procès du héros*)、《精神与历史》(*Esprit et Histoire*)等]。应当特别提及乔治·布兰(Georges Blin)的名字,他是一位大批评家,自那时起担任法兰西研究院的教授。

乔治·布兰

我们说1939—1945年的大战之后,是乔治·布兰(Georges Blin)以其《斯丹达尔与小说问题》(*Stendhal et les problèmes du roman*,科尔蒂出版社,1954)创立了法国的小说诗学,这是毫不为过的。他不仅分析了斯丹达尔的小说美学,还引起了人们对现代小说重大问题的关注。首先是"主观现实主义"问题,即在电影和现象学的双重影响下,对无所不知无所不在的叙述者的拒绝问题。斯丹达尔堪为先驱。在他的作品里,一切"依赖于情景和视点",一切都被置于发展的目光之下,因此,斯丹达尔本人很喜欢以第一人称出现的体裁,如日记、书信、旅行印象、回忆录等。他的小说确实是以第三人称的面目出现的,但是都被置于一个中心人物的目光之下。这个中心人物逐渐揭示世界,仅仅给予我们其他人物的表象。如果说《巴尔玛修道院》的情节有时还发生在克莱莉娅、莫斯卡、桑斯韦利娜的目光之下,那么法布利斯则确确实实成为"目光的主要的辐射源"。斯卡隆(Scarron)、菲尔丁、狄德罗、司各特式的"作者的介入"(在以第一人称出现的体裁中如假性回忆录、书信小说等不存在任何问题),与上述视点技术形成某种平衡。作者的介入可以为虚构作品提供"围护"作用,渲染作品的真实性,一般承担作品的铺陈功能,特别是为剪裁、省略以及无力描写时提供论据。作者的介入与设想中的读者——可能持支持或反对观点的读者——建立了直接的交流。作者的介入也是作品中的辩护、讽刺和道德评判部分。斯丹达尔早年放弃了戏剧创作,戏剧不接受这类作者评论。

从叙述者的声音中,我们已经看到了后来受语言学的启示而出现的陈述文与陈述行为的区别的萌芽。布兰明确指出,叙述者的"声音为我们恢复了叙述行为的现实性"。他还先于里卡尔杜和"如是"团体,说明小说不仅是"故事的虚构之作,而且也是虚构行为的故事":"一方面,小说使我们成为人物的同时代人;另一方面——人们经常忘记这一点——也使我们成为叙述作者的同时代人,只要他的叙述格调很有个性。"当未来1970—1980年代的诗学忽视或者没有能力建立作家及其作品之间的联系时,布兰[他还发表了一部里程碑式的著作《斯丹达尔与个性问题》(*Stendhal et les problèmes de la personnalité*)]却早已绘制了作者及其小说之间的圆周图:"总而言之,作为人,他是自己的小说家;作为小说家,他是一个无法放弃自我的笨拙的作者。即使他的目的似乎只是描摹朱利安、吕西安或者法布利斯的生存侧面时,他不仅把自己浸透在他的人物身上而不能自已,更有甚者,他还过多地攫取了个人的智慧、风度和特长,以致小说主人公的弱音恰恰体现了零星日记中善于自夸的小说家的强音。"除技巧之外,作者、叙述者、世界观、真实与想象,布兰在此提出了小说诗学的这些基本问题。他关于波德莱尔的著作亦很权威。在《小麦筛选机。批评》(*La Cribleuse de blé. La Critique*,科尔蒂出版社,1968)一书中,布兰阐述了他的批评观。

米歇尔·雷蒙

《从自然主义的翌日到20年代的小说危机》(*La Crise du roman, des lendemains du Naturalisme aux années vingt*,科尔蒂出版社,1967)展示人们是如何调和文学史与艺术问题或诗学问题的矛盾的。只需把调查的重心从作品的结构转移到美学和理论性争论方面来,并且把自然主义的翌日与1926年两个结构并列起来——历史和结构互相补充——这样,我们就能获得一段小说美学史和一段小说史的美学。该著作论述的主要课题包括诗体小说,"小说中的小说"(《假币制造者》是这类小说的典型),新的记叙方式,如内心独白、视点及其意义、视点技术、"结构的变化"、潜意识和非逻辑性等人物心理学的新观点等。一部新小说就会写下一部新的美学并意味着与世界的新型关系。"从《逆行》(*A Rebours*)到《在那儿》(*Là-Bas*),从《月桂树被伐》(*les Lauriers sont coupés*)到《贝雷尼斯的公园》(le *Jardin de Bérénice*),世界不再是斗争的场所或赌注,而是幻想、发掘或提问的对象。我们所研究的时代的深刻运动,除了象征主义者对真实性和偶然性的歧视外,其特征便是长期努力试图重新获得社会和生活"。米歇尔·雷蒙在《大革命以来的小说》(*Le Roman depuis la Révolution*,科兰出版社,1967)、《蒙泰朗的小说》(*Les Romans de Montherlant*,塞德斯出版社,1982)和《普鲁斯特》(塞德斯出版社,1984)等著作中继续了他的研究工作。由此我们可以看出文学史家对诗学的贡献。L. 韦尔西尼(L. Versini)的《书信体小说》(*Le Roman par Lettres*,法国大学出版社)也是这类文学史著作的一个范例。

托多罗夫

兹维坦·托多罗夫(Todorov Tzvetan)是俄罗斯形式主义者的翻译者(《文学理论》,瑟伊出版社,1965),一直是他们最忠实的信徒。与我们本章截至现在已经考察过的诗学研究方法相比,托氏方法的变化具有决定性的意义。他以结构语言学甚至以语法为榜样,着手建构叙事诗学[1967年的《文学与意指》以拉克洛(Laclos)为研究对象,《〈十日谈〉的语法》(*La Grammaire du Décaméron*)则以薄迦丘为对象]。理论家的首要任务是建立一架描写"仪器",托多罗夫1964—1969年间所写的文章正是基于这一目的,这些文章后来汇编成集,名曰《散文体诗学》(*Poétique de la prose*,1971)。诗学的目的在于借助划分手法的概念描写文学言语的运作过程(在这里,"言语"一词包括"文本"一词的意思,并且与"故事"一词不矛盾),巴特称之为"文学科学"。托多罗夫把巴特心目中的"批评"概念叫做"解读",即某部具体文本的研究。

故事的分析与"言语的构成部分如专有名词、动词、形容词等有着惊人的相似之处"。故事各成分之间的关系可以参照句法模式去考虑。这一思考的根据是:语言是文学的出发点和归宿,(正如本弗尼斯特所说)因为人类是从语言开始确立自己的地位的,又因为语言是文学的可以感知的材料。然而托多罗夫只字未提文学语言与其他语言的区别,把我们置于转动的轮子之上:"只有学习思考语言的主要表现形式——文学,才能理解语言","作家唯一的工作,就是教人解读语言"。事实上,如果我们把描写非文学语言的概念用于文学,我们就恰好抓住了文学特殊规律以外的皮毛之相。同时,托多罗夫一反沿袭2500多年、笃信文字反映事物的写实主义传统,肯定支配文学语言的不是它与现实的关系,而是文学语言自身的规律,例如有利于身心健康。当然文学语言没有垄断健身的权利,但是这一条呼唤人们的关注,适用于任何主张语言与社会完全脱节的理论。我们并不阻止作家及其读者利用文学以阐释社会:如果单词"狗"不咬人,《癌症患者的小屋》(*Le Pavillon des cancéreux*)里的狗也不咬人吗?托多罗夫认为,一个故事永远意味着"另外一个故事"。由于时代的共同规约把一物与另一物、一种表现形式与另外一种表现形式联系起来,人们总可以从一个故事进入另一个故事。对故事的理解顺序总是由最易到最难(从现成的故事本身到加上修饰语后的象征意义)。"语义的数量压缩了,它们的性质也预先知之"。例如《格雷尔的追求》(*La Quête du Graal*)包括三个层次:圆桌周围的骑士们、约瑟夫·德·阿里玛蒂和耶稣、旧约。因此托多罗夫断言:"一次奇遇既是一次真实的奇遇,也象征着另一次奇遇。"

诚然,托多罗夫所选择的叙事,如《一千零一夜》、《奥德赛》、亨利·詹姆斯的短篇小说等,的确是叙事中的叙事,然而并非所有的叙事都是这样。即使文学言语的折射对象是它本身,它亦能够从自己的参照功能中获得效益或影响,而叙事之从文字中吸取营养完全是因为叙述社会的需要。因之,当托多罗夫把语法分类的概念应用到文学叙事中,视文学叙事为一个句子时,他实际上发现了人们加入该叙事的所有成分和内容,真可谓一个宏观的句法结构,一个巨大的语句。他的任务是严谨地描述这一巨型语句而无需阐释。大概意识到这项工作的艰巨性,托多罗夫在后来的一部著作《批评之批评》(*Critique de la critique*,瑟伊出版社,1984)中,似乎告别了形式主义,并且发现文学既是"建构工程",又要"探索真实"。

热拉尔·热奈特

热拉尔·热奈特(Genette Gérard)早期的文字更接近修辞学,收入《语象卷一》和《语象卷二》(*Figures II*,前译《修辞形象卷二》)两部论文集里。自那时起,他作为新诗学的主要代表人物之一的地位就已经奠定了,他的《语象卷三》(*Figures III*,前译《修辞形象卷三》,瑟伊出版社,1972)率先在国际上引起了公众的广泛兴趣。我们说新诗学,因为"它较少涉及按照古典修辞学和古典诗学所理解的形式和体裁的研究范畴……更多地挖掘言语的各种可能性"。现有作品和形式是一些特定的文学现象,其他组合的多种可能性或者存在,或者应该排除。热奈特把自己的开放型诗学与古典主义者的封闭型诗学相对立。他把文学研究的附属学科如文学史及其分支、传记、根源及影响批评、作品的创作渊源及对后人的影响等与文学批评相区别,后者指具体作品的研究。批评的基本功能就是要"维持一部文本与一个意识的和/或潜意识的、个人的和/或集体的、创作者的和/或接受者的心灵的对话"。诗学则是批评的一种补充,与批评保持必要的"往返关系"。

《语象卷三》确定了这些原则之后,其主体部分由《叙事言语》一文构成。这篇文章不是热奈特对《追忆逝水年华》的研究,批评家从"个别到一般",提出了一种"分析方法",这是一种叙事理论或一部"叙述学"。与本弗尼斯特和魏因里希的两分法相比,热奈特增加了第三个内容,他的区分是:"故事"(叙述的内容)、"叙事"(表意手段或叙述文本本身)、"叙述"即"生产性叙述行为"。继托多罗夫之后,热奈特把叙事文的问题分为时态、语式和语态三个类型,似乎叙事文就是对"动词的表达"。因此,他研究"叙事文和故事世界之间的时态关系"、"叙述的表现形式"、"叙述情境或叙述机制"以及与叙述情境相关的叙述者和接受对象等方面的决定因素。其中第一点包括所述时态范围与叙事文中事件安排的相互关系、事件的虚构时限与解读这些事件的虚构时限的关系以及频率关系和重复关系等。语式分析叙事文的视野安排,而语态则分析与叙述者相关的问题,如时态、一级叙事或二级叙事、第一人称或第三人称的使用等。这些概念的清晰有序为他赢得了声誉。作者后来又发表了《新叙事言语》(*Nouveau discours du récit*,瑟伊出版社,1983),那是对他的第一篇论述的再次解读和批评。

在《新叙事言语》一书中,热奈特再次讨论了时态、语式和语态问题,并且增加了由叙述情境引起的其他问题,如叙述的接受对象、作者或读者的介入等。他还顺便明确了若干词汇的定义,如被述故事世界(la *diégèse*)的概念、无对话形式且与"摹仿说"相对立的"纯叙事"(la *diégésis*)的概念、*diégétique* 从 *diégèse* 一词派生而来。热奈特建议用"叙事速度"代替"叙事时限"这一概念——《欧仁妮·葛朗台》(*Eugénie Grandet*)平均每页涵盖90天,《追忆逝水年华》每页涵盖5天。他亦回到了"话语叙事"形式。继多里特·科恩[《内部世界的透明度》(*La Transparence intérieure*)]之后,认为"内心独白"可以叫做"自白"。关于其他数点,热奈特与他自己的批评者展开论战,他们多是美国人,人数之多说明叙述学在美国已经掀起热潮。人们有时指责叙述学过于繁琐,新的划分和新名词令人目不暇接。按照史坦泽尔[Stanzel,《叙事理论》(*Theorie der Erzählens*),哥庭根,1979]和其他"类型学家"的说法,最新的繁琐划分大概是关于"叙述情境"的论述——大谈特谈独占式、个人式和第一人称式。[继普兰斯(Prince)的一篇文章之后]热奈特还再次谈到了"叙述对象"这一概念,即叙述的接受对象,包括文本内和文本外的对象。至于"介入作者","凡文本使我们得以了解作者的所有内容",都与这一概念有关。而"介入读者"则是现实的作者头脑中的"潜在读者"。叙述学家就这样永不停息地修订、打磨自己的工具。如果我们对叙事文的认识因此而得以深化，那又有何不可呢？

同样，在他的《广义文本之导论》(Introduction à l'architexte，瑟伊出版社，1979)一书中，热奈特回到18世纪以来体裁理论的三大类型即抒情诗、叙事诗和戏剧问题上来。叙事诗之下有史诗、小说、短篇小说，戏剧包括悲剧、喜剧、正剧，抒情诗则包括颂歌、赞歌等。抒情体裁是唯一不以情节而以情境取胜的体裁。其实，这本翔实的小册子，以其高超的打木偶游戏的技巧，勾画了一部真正的体裁理论史，其风格使我们再次想到了被人们遗忘的让·保朗。三分体裁的做法并非源自亚里士多德，亚氏把抒情诗排斥在他的诗学门外，三分法是德国浪漫主义的首创。亚里士多德式的划分是以作品的"陈述方式"为基础的：酒神赞美歌属于纯粹的叙述，悲剧和喜剧是戏剧性模仿，史诗属于"混合叙述型"。浪漫主义不再以"简单的陈述方式"为基础，而建立了"真正的体裁"。须知"体裁是真正的文学类型，而陈述方式属于语言学，或者更准确地说，属于语用学的范畴"。三大体裁还可以划分为无限的分支，它们属于"广义的体裁"。然而，叙事诗之包括小说仅仅因为人们把小说理解为一种叙述"方式"。如上所述，亚里士多德时期有"纯叙述、混合叙述、戏剧模仿"三种陈述方式。随后，人们用这三种方式对应"抒情、史诗、戏剧"三种"广义体裁"。其实，体裁与语式的关系要复杂得多，语式可以"超越"体裁。热奈特则建议识别与陈述方式以及"若干大的题材"如英雄主义、情感主义、喜剧性等相关的"超越历史阶段的稳定因素"，"某些题材方面、语式方面和形式方面相对稳定的超越历史阶段的决定因素……在一定意义上描画了文学领域演变的风貌"，并且决定了"隶属关系的潜在空间"。与体裁相关的题材、语式和形式方面的决定因素的总和构成"广义文本"，这正是诗学的研究对象，因为广义文本是"每部具体文本所从属的一般类型或超验类型的总和"。在《隐迹稿本》(Palimpsestes，瑟伊出版社，1982)一书中，热奈特更喜欢谈论"跨文本性"，这一术语的定义是：使一文本与其他文本发生联系的所有成分。

《隐迹稿本》把这些关系分为五类：文本间性，即"一个文本在另一文本中的实际的出现"(见克里斯特瓦)；副文本性，指一个文本与其附属部分(书名、前言、注释、卷首或章前题词、插图、"请予刊登"类插页①)的关系，是作品对读者产生影响的主要部分之一；元文本性(或叫

---

① "请予刊登"指法国出版社在分赠报刊的样书中印有介绍该书文字的插页。

做"评说文本性"),涉及一个文本对另一个文本的评说部分,即批评关系(斯塔罗宾斯基用语);广义文本性;承文本性则指"联接文本 B(我称之为承文本)与以前的某文本 A(当然应该叫做蓝本了)的任何关系,评论例外"。例如,《埃涅阿斯纪》(*L'Enéide*)和《尤利西斯》是"同一蓝本《奥德赛》的两个承文本"。《隐迹稿本》开列了一份表,说明哪些作品像滑稽模仿那样改变了它们的蓝本,哪些作品像仿制那样模仿了它们的蓝本。这是第二层次的文学诗学,大概也是至今热奈特最好的一本书,因为他永不满足地确定、分类和寻求更合适的术语,因为他开垦了一片广袤的研究园地。

巴赫金与小说诗学

作品发表日期的阴差阳错使我们把米哈伊尔·巴赫金(Bakhtine Mikhaïl)放在了热奈特的后边,其实他比热奈特长一辈。他的学术思想先是和两次大战之间的英美诗学同时演变,后又与 20 世纪 60 年代的法国诗学一起走向成熟。克里斯特瓦从一开始就了解并基本接受了他的思想。另外,在文学社会学的范围内,我们已经介绍了巴赫金著作中与文学社会学直接相关的内容。本章内,我们仅限于介绍巴赫金关于小说诗学方面的研究,这方面的研究主要反映在《小说美学与理论》(莫斯科,1975;伽利玛出版社,1978)和《口头创作之美学》(*Esthétique de la création verbale*,莫斯科,1979;伽利玛出版社,1984)两部著作中。

托多罗夫在其论著《M. 巴赫金与对话原则》(*M. Bakhtine. Le principe dialogique*,瑟伊出版社,1981)中对巴赫金人文学科的思想作了总结。其中的基本原则如下:这位苏联思想家的目的是建立新的语言科学;这一理论最重要的一点是"对话原则",即文本间性,因为文化是言语的构成部分;小说是表现这种"多音组合"的最佳体裁,小说所反映的人物是一个对话人物,具有多重性、发展性和未完结性。诗学,巴赫金又谓之"超语言学",把言语即文本中所包含的个人陈述放在历史的、社会的和文化的环境中来研究,与"密切的意识形态倾向"和"密切的形式主义倾向"保持同等的距离。凡是雅各布森谈论信息的发出者与接受者的"接触"的地方,巴赫金均代之以"文本间文本";言语或陈述的类型很多,但亦有限度;"两个陈述中间的任何关系"都是文本间文本(确切地说,巴赫金称之为"对话文本")。文本间性是"小说最显著的特征",因为小说赋予语言的意象即小说的特点。在他关于小说言语的分析中(《小说美学与理论》),巴赫金考察现象的三个方面。接受他人言语的场所是变化的,从社会学意义上来讲是异质的,随时代、阶层,甚至家庭的变化而变化;这一场所是多重言语的交会之地,文学语言是语言的对话。他人言语进入小说的方式是多种多样的:他人言语不由叙述者承担(如滑稽模仿、讽喻;如风格模仿);叙述者在口语或书面情景中追忆;直接引语,而每个人物的言语泾渭分明;多种形式互相交错。最后,还要分析他人言语的出现程度:通过明显的会话形式全貌出现;"杂交"形式(介于人物语言和叙述者的讽喻之间;多种插入形式);无物质迹象,他人的言语借助另一种语言进入小说。作者既不进入人物语言,也不进入叙述者的语言,而是隐藏在他们的背后,"不受单一语言的束缚"(《美学》,第135页)。从历史的角度观察问题,所有这一切又都聚会在一起。一部作品的风格与当时风行的其他风格之间存在着某种对话关系,同一作品里多种风格之间也存在着对话关系。这一现象在现代很普遍(如陀斯妥耶夫斯基的作品)。

诗学研究体裁问题,与巴赫金自青年时代起即捍卫的两大原则保持一致。这两大原则是:形式与内容的结合,社会性主导个性。体裁具有集体性和社会性。一种体裁即"一种相对稳定的陈述方式"。体裁从尚未尽善尽美的社会中选择素材,借助"复杂的手段体系","占有现实,在理解现实的同时使现实臻于完善"。体裁有自己的规律和历史,犹如"集体记忆的一部分"。体裁越高雅、越复杂,它对自己历史的记忆便越深刻。

巴赫金不断地回到小说上来。在他看来,小说与其他体裁不同,是一种混合体裁,大概是先于它而存在的所有其他体裁的综合。我们无法概述巴赫金的所有著作,仅举两例以管窥他的方法。首先是他对惊险小说的分析,其次是他对《小说的时态形式和时空形式》的研究(《小说美学与理论》)。自从骑士小说、英雄故事和希腊小说以来,欧洲的惊险小说皆围绕一种考验意识而结构。直到蓬松·德·泰拉伊(Ponson du Terrail)的连载小说,我们还可以从中看出希腊罗马考验小说的影子,看出考验小说的周期性危机和多次化险为夷的场面。考验意识不要求改善和进步(如德国的成长小说那样),英雄人物没有变化,"准备面对一切",服从于"面对一切"的理想。冒险家与社会规则是格格不入的。

"时空"概念同时属于形式和内容,把"空间和时间标志融为一体,简明,具体"。我们可以利用时空观念重新考察西方小说史。例如希腊的"惊险和考验"小说(2—6 世纪),通常很少成为批评家和诗学家笔下的范例,然而惊险时态的"斧削"却极为成功,该体裁后来的发展几乎毫无增色。巴赫金勾勒了惊险小说的类型模式:一对青年夫妇在一系列令人眼花缭乱的旅行、绑架、逃脱、风暴、海难、海盗的俘获、谎告、假背叛、诉讼案件、出人意料的朋友与敌人间的斗争、预测等事件中,分离、聚合、失散,直至最后喜结良缘。当时涉及的地理范畴非常广泛:隔海相望的三到五个国家,都被描述得非常细致。关于命运和性爱话题的抽象议论,涉及宗教、哲学、政治、科学等领域,每每冲断故事的情节。所有人物都喜欢长篇大论,发表百科全书式的演说,而修辞水平却相当滞后。"希腊小说的结构里几乎使用和融会了古代文学的所有体裁",确立了全新的"时空观念",确立了"惊险事件时间概念方面完全陌生的世界"。这一时间概念不服从"基本的生物增长规律",即时间的计量不累积。"简而言之,白天、黑夜、小时、时刻,这些技术性概念仅仅在每次惊险事件的范围内有效。惊险事件的时间总和含量极高,极不准确,绝不考虑英雄人物的年龄因素",总之,"他们永远年轻"。惊险事件时间的内部结构证实了这一点,"一系列短促的片断相当于一系列惊险事件":逃脱、被抓、幸会;而"突然"、"恰好"等特殊用语表示纯粹的突发、偶合或意外的中断。另外,惊险事件的时间之弦绷得紧而又紧,"一天、一小时,甚至一分钟'之前'或'之后',永远都是生死攸关的决定因素"。惊险事件本身交错堆积于转瞬即逝之间,而无数的"转瞬即逝"构成一个无限的时间系列。"偶然是主导"无限时间中所有时刻的"唯一力量",尤其因为"现实中的因果关系"让位于那些超人的力量,主动权属于"宿命、神灵和恶魔"(而不属于英雄人物)。事情"降临"到个人身上,真正适应惊险事件之人是"偶然"的弄潮儿。神谕和梦幻的作用十分明显,因为理性无法预见事件的发生。

然后,巴赫金说明相会是惊险小说的中心题材的原因:相会是情节的纽结、高潮和结局,安排整个结构。相会与离别、逃跑、重聚、辨别、失散、良缘以及漫漫的旅途空间密切相关。这里,我们便遇到了使时间得以实现的抽象的小说空间问题。要有很大的空间使惊险事件得以展开,然而这一"空间是虚构的"。希腊小说的空间和时间一样,都是抽象的,时间可以复归,空间可以转换。人的形象亦由此衍生而来,人是情节的被动的生物主体,只知道转换空间,然而他对自己战胜自然和超人力量的战斗充满信心。巴赫金再次回到考验意识,考验某人这一思想一直延续到 20 世纪。最后,他强调爱情是中心,一切与爱情相关,甚至战争亦不例外。社会政治事件"只有和私生活发生关系时才有意义"。

巴赫金运用同一方法分析了第二类古代小说——惊险和风情小说〔如阿普列尤斯(Apulée)的《金驴》(L'Ane d'or),佩特罗尼乌斯的《萨蒂利瓦》(le Satiricon)〕。在这类小说中,例如《金驴》,读者可以看到化身和旅途。化身与东方的崇拜和民间文学有关,代表着人在危难时期的个人命运并提出这样的问题:"一个人怎么会变成另一个人呢?"事件的链条变得有限而且有效,改变着主人公,为他构建了经过陶冶获得新生的新形象。事件系列依赖于包括事件在内的另一系列,这一系列从错误到惩罚再到净化,"建立在人的责任感的基础之上"。时间系列变得不可逆转。时空观即"生命之旅"的时空观。

中世纪的骑士小说①与希腊惊险小说的时间观念如出一辙。一种抽象技术把时间"分割为惊险段"。"对英雄真假的考验,特别是对爱情忠贞以及骑士规矩的考验,起着同样的组织作用。读者不可避免地会遇到错综复杂的识别过程:虚构的死亡消息、辨别、杳无音讯、改名换姓,还有诸如《特里斯坦》(Tristan)里两个伊索尔德那样更为复杂的游戏"以及受东方童话启发而来的种种奇迹,"奇迹已经司空见惯"。然而,骑士小说的神秘色彩(仙女、巫师、笼罩着妖气的城堡)取代了希腊小说的偶然性。惊险事件不仅仅是灾难,有时竟会成为英雄人物眼中的某种诱惑,为他带来乐趣。赫赫功勋为英雄带来荣誉,英雄又把荣誉归于他们的君主和贵夫人,君主和贵夫人也因此而走近英雄的探险活动。骑士小说的时空是"惊险时间中的奇妙空间"。时间变得既有魔力,又可以恣意妄为——删掉整段整段的情节,希腊人当时还没敢这么做。同样,空间也"被主观因素和情感因素随意扭曲"。巴赫金在论述小说变迁的历史中,还指出了相会以外的其他时空形式,如旅途(《堂·吉诃德》、骗子无赖小说、沃尔特·司各特的作品)、城堡、沙龙(巴尔扎克和斯丹达尔)、小市镇(《包法利夫人》)、门口等。因此,时空是"小说主题所包含的重大事件的主要组织者"。巴赫金的历史诗学以德国学者为榜样,统揽若干世纪和数种文学,总是把形式也当做内容,把内容也当做形式。它不太关注界限,不太关注理论含量,不奢望提出多少新的概念,没有形式主义的枯燥,而保留了作品原有的充实和生命力。他分析《作者与主人公》、《写实主义历史上的成长小说》等大手笔也具有

---

① 见埃里克·柯勒:《骑士探险,艳情小说的理想与现实》,伽利玛出版社,1974。——原注

同样的特点。在后一篇中，巴赫金进行了类型学的描述（如游记小说、历险小说、传记小说等）。这些文章收入《口头创作之美学》（莫斯科，1979；伽利玛出版社，1984）。

诗学与符号学：菲力普·阿蒙

菲力普·阿蒙（Philippe Hamon）没有全面论述小说，研究小说的若干构成部分，是他的批评的特点。他的博士论文以左拉为题，专门研究小说的人物；另外如研究描写[《关于描述分析的导论》（*Introduction à l'analyse du descriptif*），阿歇特出版社，1981]、意识[《文本与意识》（*Texte et Idéologie*），法国大学出版社，1984]等。对于通常属于内容分析的若干领域，他则给予了更严谨的分析。阿蒙在他所写的几篇前言中，把诗学与符号学相等同。相对于"描写"一词，作者更喜欢使用"描述"的说法，凡文本中打破线性叙述的部分皆为"描述"。不过，其他诗学家恰恰青睐于对叙述的分析，而对打破叙述的部分不屑一顾。阿蒙把"描述"与它的对象、它的参照物割裂开来单独研究。在描述部分，读者与人物的惊险活动暂时分开，被引入文本的物质性、文本自己的历史，即文本在词汇方面的特长、文本的阅历等等。描述犹如一个词汇库，只有作者的文思枯竭时，才会陷于停顿。"实用"、"高效"、"装饰类"的"清单"模式是描述的典范。某题材或某"词法问题"按照理性的方式，如分类学或模式学，在描述中渐次展开。描述不仅能给读者带来特殊的乐趣，而且还能提供人与事或书本本身的补充知识。通常，这类补充知识"已有出处"。左拉照搬几本园艺学教程的内容以描写《穆雷教士的错误》（*La Faute de l'abbé Mouret*）一书的公园。另外，描述还进行分类（"东边是……北边……南边……"），建立自身的分类学。至少阿蒙使用的自然主义作家的作品显示，描述竭力使自己的内部结构和自己的类型学透彻、清晰。阿蒙把视线、言语、劳动者的作用都引入描述之中，继让·鲁塞之后（他没有提让·鲁塞的名字），精心研究窗户这块方寸之物。该书的语言虽然有时有些艰涩，然而始终力求准确，部分解决了一个令人棘手的难题，即既要充分展示描述的运作过程，又不能照搬描述原文，或改头换面地使用原文。

一部文学文本与"略显松散但是已经相对稳定化的价值体系"之间是什么关系呢？这是《文本与意识》一书提出的问题。这些价值体系具有纵向的、涉及词汇变化的维度，因为任何作品都要建立价值观，肯定和否定一部分价值；它们也有横向的、句法方面的维度，因为在叙事范围内,各类人物都有自己的目的和手段。因此,文本根据一定的"规范",履行自己的"评论"功能。"规范诗学"研究表述人物智慧、行为和喜怒哀乐等作品中的特别时刻。意识形态的概念是从文学社会学那里借鉴来的,或者更准确地说,是掠夺来的,然后为文本诗学所"操纵"。"施动者主体"(即小说的人物)具有自己的价值体系或者投入某一行为。"评论"功能把动机与效果、行为的发展与其规范、一部文本与另一部文本联系起来。小说文本喻示了这样的道理:真实隶属于若干规范,隶属于若干犬牙交错的价值体系,而小说家把这些体系分解为基本因素,如身体、礼仪、艺术作品等。艺术作品是"创作者的辛勤劳动、批评者的话语、观赏者的目光和愉悦以及作品主题间的道德契合的共同的投资场所"。小说家把"评论世界"的价值单位和最小的构成成分如工具、法律、意义、语言等组合起来。他所采用的方法主要有三种:剪辑、调度和表达,"含蓄处理"(这一概念借自施皮策)。后者与"过分突出英雄人物"的做法形成鲜明对比,以便使"作品评判空间的定向更耐人寻味",这是阿蒙的主要论点。"调度和表达"可以使"真实拥有多种写法"。剪辑把世界分解为片断,然后再重新组合。风格方面,因为使用了夸张手法,把正面的或负面的标志炫耀般地堆积在一起,或者使用了"中和"手法(如左拉曾使用"漂亮的恐怖场面"一说),实际上也具有评判功能。小说的评判功能"集中"并"分布"在人物身上,呈"多元化"趋势。然而,左拉作品的结局(成功或失败)、神话或历史知识(如撒旦控诉第二帝国)以及"情感诗学"("人类永久的苦难"是意识形态"稳定"的一个因素)等使"复调小说"具有一定的可读性和易读性。当然,读者是最后的评判者。

苏珊·苏莱曼

上述这一颇有用的方法可以帮助读者分析文本中的意识形态。苏珊·鲁般·苏莱曼(Susan Rubin Suleiman)同时期在《主题小说或虚构的权威性》(*Le Roman à thèse ou l'autorité fictive*,法国大学出版社,1983)一书中提出的方法可以和阿蒙的方法相比较。事实上,确实存在着一种浸透着意识形态的文学体裁或支体裁,苏珊·苏莱曼正好描述了这一体裁。主题小说的定义是:"以向读者进行教育为主要目的,旨在展示政治、哲学、科学或宗教真理的现实主义小说载体。"苏珊·苏莱曼从道德说教性寓言、寓言和榜样小说的典型出发,研究了布尔热[Bourget,《阶段》(*L'Etape*)]、巴雷斯[Barrès,《国民力量之小说》

(*Le Roman de l'énergie nationale*)]、尼赞[Nizan,《特洛伊木马》(*Le Cheval de Troie*)]和马尔罗[《希望》(*L'Espoir*)]等作家的作品。主题小说本身明确表示并多次重复它竭力阐明的观点,构成"现实主义小说的一个分支"(同样,菲力普·阿蒙以自然主义的作品为研究对象)。苏莱曼著作的引人之处,在于它既提出了一个支体裁的概念,又详尽地分析了若干具体作品。如果我们以《希望》为例,可以看出它为什么属于主题小说。真理完全在共和党人一边。小说试图说明纪律、组织性和团结是取得胜利的根本保证。诚然,"正面"阵营里也可能存在着分歧和对话。毋庸置疑,马尼埃尔是从一部反映敌对力量斗争的小说开始发蒙的,他也曾幻想过战争以外的其他的人生价值,但是,整个小说的创作目的只有一个:唤醒读者,争取他们对某种理论和某种政策的支持。因此,主题小说的某些共同特征出现在小说《希望》之中,例如累赘,先后有 7 名小说人物陈述纪律的必要性,其中有些人物竟强调过五次之多。更有甚者,所述事件完全是对理论的一种注释。马尼埃尔终其一生,力求他所信仰的理论得以贯彻,唯恐发生"价值的错位"。

2. 其他散文体裁的诗学

简单形式

诗学研究的大部分成果皆以小说为对象,然而诗学亦应该探讨所有其他文学体裁的问题。诗学是一种理论,然而它与可以上溯到远古时期的古老的体裁理论不同,诗学不是一种规范。它描述文学现象,但是不提出写作要领。莱比锡大学总体文学及比较文学教授安德烈·若利斯(André Jolles,1874—1946)的著作《简单形式》(*Formes simples*,1930;法译本,瑟伊出版社,1972)就是这样一部著作。这位德籍荷兰人本是一位艺术史学家,1919 年起致力于文学研究。他的基本观点是作品根植于语言之中。语言是怎样变成"结构"而并没有中止其"符号"功能的呢?诚然,有些形式算不上真正的文学体裁,甚至不成其为作品,如"传说、武功歌、神话、谜语、短语、主宾格、奇闻轶事、童话、妙语"。"简单形式"的理论以人类学为基础。世界由农民种田、手工业者做工、神甫阐释社会而构成。在混沌的世界之中,人以形式来解释和区分事物。这些形式有它们自身的价值和凝聚力,表现为"言语动作"。这样来定义"简单形式",就使"简单形式"具有现实意义:"传说是一种简单形式;个人传说……圣·乔治的'生平'即成为现代生活中的简单形式。"若利斯不仅为每种简单形式撰写历史，描述它们的结构，还总结了它们的意义。例如，关于神话，他先于莱维-斯特劳斯这样写道："这里没有历史的继承问题，不存在因不满足于神话而从神话过渡到知识的问题，没有排斥其中之一使其让位于另一方的进化的可能性。不管在哪里，它们总是比肩而立，又总是相互分离……知识戴着神话的面具，神话披着知识的外衣，我们简直可以说它们是人类思想的广袤的喜剧舞台上两个出色的演员。"从古代起，"奇闻轶事"就是力求"把一件虚构之事当做真实来表现"的聪明的形式。与其说童话是一成不变的故事，不如说它是邀请人们讲故事的一种形式，是故事的"模具"。若利斯从童话出发，研究"短篇小说和童话形式中的结构规律"：短篇小说是"智慧型形式"，童话则是"简单形式"。短篇小说以其完整的小容量，给予任何描述对象"一个坚实的、独特的、唯一的形象"，而童话这种开放形式保留着"灵活性"、"普遍性"、"多元性"。最后这几个特点适用于任何简单形式。"妙语"是"解开事物症结"的形式。在这方面，若利斯的见解颇为深邃，他说："用语言理解物质内容的任何理解方式及其语言形式在妙语中都有它们的相对应的滑稽之处。"那么滑稽的定义是：面对"难解之物"表现为"简单形式的精神智慧"、紧张之后的松弛、精神"短暂性自我解放的手段"。由此又引入了正面的"谈笑"概念和负面的"戏谑"概念，两者构成一个"互相对立"的二元单位。漫画这种形式则在图解的同时攻其一点。这样，尽管若利斯没有列举所有的简单形式，因为他把智慧型形式（如格言、人物描写等）排除在外，他仍然为诗学开辟了新的研究领域，这些领域远没有得到全面的开发，继续挖掘和发展会使这些形式中的每一种都受益匪浅。

传记

传记是一个非常古老的体裁，如今也特别走运。各种各样的传记，如圣徒、政治家、将军、手工艺者、寡妇、革命家、名妓、作家、磨刀者的传记等，应有尽有。正如韦勒克和沃伦（Warren）提示的那样（《文学理论》），传记主题的不同不会引起方法的区别。按照他们的说法，传记问题是史学家的问题，首先要准确诠释书面的和口头的占有资料，其次按编年顺序行文。

安德烈·莫鲁瓦（André Maurois）的《传记问题》（*Aspects de la biographie*，1928）收入了他的六篇讲演稿。这些讲演与福斯特在剑桥的讲演遥相呼应。福氏的讲演稿汇集成册，名曰《小说问题》（*Aspects of the Novel*)。莫鲁瓦以传记写作者和传记理论家的双重身份（叙事文的分析者则极少有人兼有叙事大家和理论家的双重头衔），摈弃了关于这一体裁的史学著述［例如斯坦菲尔德（Stanfield）、李（Lee）、尼科尔森（Nicolson）等人的著作］，专心研究传记美学。"当代传记"的首要特点是"对真实的大胆探索"。从此后，这一真实显得复杂、神秘，"往往使集事件主角与事件发生场所于一身的当事人不知所云"，传记的主人公发生了变化。"对人物复杂性的关注"是当代传记的第二大特点。第三大特点即忐忑不安的心境。莫鲁瓦肯定地说，传记是艺术作品，首先因为它"把本质的东西从总体中分离出来"并加以表现。传记应遵循编年顺序的准则［与普鲁塔克（Plutarque）的做法不同，普氏首先介绍史实，然后介绍人物性格①］，表现主要人物感情和精神的发展过程；摈弃无用的细节（然而最微不足道的细节可能成为最有价值的史料）；通过重复具有人生重要标志的若干主题，"引入一种节奏"，赋予传记以诗的价值。另外，传记还是一门科学。这方面的准则要求优先寻找原始资料，如日记、书信、作品（关于这一点，莫鲁瓦认为把作品片断当做生命历程是错误的）、同时代人士的回忆录等，探讨"变化细节"和"唯一的然而却是真实的记录"，尚不敢断然肯定已经掌握了历史的真实。传记不是历史。前者再现"人的灵魂的演变过程"；后者要交代背景，然后像画家一样，"把他的典型置于其中"。第三，传记还是"表达手段"，"作者选择这一形式及其主角以期回答他自身本质中的某种潜在的需求"。传记作家以自己的思想为楷模重塑一个人的思想，而读者也从传记中寻求自己的表达手段。"传记作家贴近他的主人公，试图理解他；读者贴近主人公，把主人公作为自己行动的楷模"。传记要切忌为自己"规定道德目的，然而我们最好能够不时地从中听到命运的号音"。

1984年，达尼埃尔·马德莱纳（Daniel Madelénat）发表了《传记》（*La Biographie*，法国大学出版社）一书，这是一部重要论著，包括一份广泛的参考书目。马德莱纳指出，两千年来，尽管传记体裁受到了严厉的批评，它仍然超越攻击它的所有哲学和文学理论而顽强地生存下来。作者较少涉及什么规范问题，更多地推出了一幅全景图，展示传记的多

---

① 普鲁塔克（约46—约120年），古希腊传记作家、散文家。代表作有《列传》五十篇，其中希腊名人传和罗马名人传各二十三篇，彼此对照，成为欧洲传记文学的先驱，为研究古希腊、罗马历史提供了重要资料。还写有关于教育、道德、宗教史等散文六十余篇，广泛引证希腊著作，具有文学史料价值。

样性,并用下述语言为传记作了定义:"叙述者以书面的或口头的散文形式记叙一位历史人物的生平(以个人生命的独特性和个性的延续为重点)。"作者把传记与比较接近的体裁相区别,然后清楚地记叙了传记体裁的历史。论著的第二部分从认识论的角度阐述传记叙述的性质、了解他人的难度、历史提供的范例、了解"内心世界"与解读这一世界的结合等,但是,不要把传记当做科学来处理。传记是作品,"传记文字"有自己的限制和规范,在时间和叙述前景方面,类似于小说故事的文字;涉及人文科学时,有点像论说文。马德莱纳最后考察了传记的多种功能:信息功能、道德功能、宗教功能、意识形态和政治功能、批评功能、玄学功能等。传记在难以把握的个人神话中结束,如亚历山大或拿破仑的传记。至此,我们离文字游戏、杜撰的传记[如施沃博(Schwob)、博尔赫斯的作品]已经相去不远了。

自传

菲力普·勒热纳的几部著作如《法国的自传作品》(*L'Autobiographie en France*,科兰出版社,1971)、《"我"是他人》(*Je est un autre*,瑟伊出版社,1980)、《自传协约》(*Le Pacte autobiographique*,瑟伊出版社,1975)等奠定了他在自传诗学领域的地位。他是最好的,然而不是唯一的自传诗学专家之一。如果他的广度尚未能与乔治·米施(Georg Misch)的巨著《关于自传的研究》(*Geschichte der Autobiographie*,1949—1969,法兰克福,共八卷)相媲美,如果我们还能够从乔治·梅(Georges May)的著作《自传》(*L'Autobiographie*)中获得教益,勒热纳则提出了若干颇有启发意义的定义和概念。勒热纳在《自传协约》中说明这一体裁主要是通过其"条约"性质和"解读合同"的性质,其次才通过形式来确定的。他给予自传的定义如下:"一个真实的人叙述自己人生的回忆性散文,其重心在于描写个人生平,尤其是突出个性的发展历史。"在这类散文中,叙述者、主要人物以及作者是同一个人,他们"同名同姓",他们的姓名即现实人的姓名(假名仅仅是"原名的化身")。"自传协约就是对这种同一性的文字肯定,最终回到封面上的作者姓名"。作者有意"为自己的签名带来荣誉"。这一法律问题并不排除事实方面的出入。自传和传记一样,也是自己的参照系,它的参照系就是真实。然而传记追求相似性,而自传的出发点则是"同一性"。

贝阿特丽丝·迪迪埃(Béatrice Didier)在《自传作家斯丹达尔》

(*Stendhal autobiographe*,法国大学出版社,1983)一书中建议不要使用"协约"一词,而改用自传"行为"的说法,"欢迎读者对该行为的真实性提供担保"。此外,她还强调自传并不仅仅"叙述过去的生活"。"日复一日记流水账的方式未尝不可"。作者在论著《私密日记》(*Le Journal intime*,法国大学出版社,1976)一书中已经在区分自传和日记两个概念。① 她发现斯丹达尔的《亨利·勃吕拉传》(*La Vie d'Henri Brulard*)也是一部日记,而"日记是可以补记的"。同样,自传("我做了什么?")和自画像("我是谁?")② 可能发生混淆,而逻辑顺序和编年顺序可能被打乱。日记与自传的区别"主要表现在形式方面"。"日期是'日记'的重要标志。蒙田每天都在他的稿纸上注明日期,因此,我们没有任何理由不把《随笔集》(*les Essais*)看作日记"。书信体也可以建立作者、叙述者和人物之间的同一性,也服从一定的协约,这一点从一定程度上说明了勒热纳的标准的脆弱性。因此文学批评有助于修正理论,甚至建立理论体系。没有对若干作者的深刻的了解,没有文学批评,就不可能建立行之有效的诗学。菲力普·勒热纳本人也还研究了莱里斯(Leiris)、萨特等作家。

我不知道女性作品是否带有更多的隐私和自传色彩。贝阿特丽丝·迪迪埃还发表了一部关于女性文学的论著[《女性的文字》(*L'Ecriture-Femme*),法国大学出版社,1981],试图探索女性文学在形式和题材方面的局限性。她的著作的前言部分为理论上的阐述,然后是若干专题研究,如"无限的欲望"、"无声的欲望"(克莱夫公主,la princesse de Clève)、"浪漫主义的情欲"(乔治·桑,George Sand)、"呐喊"[科莱特(Colette)、弗吉尼亚·吴尔夫、M.-J.杜里(M.-J. Durry)、K.雷恩(K. Raine)、M.杜拉斯(M. Duras)]。女性文学有什么独特之处吗?它们的共同特征又有哪些呢?女性的地位首先使女作家们易于产生一种"对男性以及由男性支配的社会"的反抗心理,这是一种不和

---

① 我们发现克洛德·莫里亚克(Claude Mauriac)的《凝固的时间》(*Le Temps immobile*,至1986年已发表九卷)既是日记,也是对日记的思考,既是编年史,又是编年史的破坏和重新组合(因为作者把时间上距离很远的岁月并列在一起)。参阅《莫里亚克父子》(*Mauriac et fils*),格拉塞出版社,1986,第460—461页。——原注

② 米歇尔·博儒尔(Michel Beaujour)是这样区分的,见《诗学》1977年11月号的文章《自传与自画像》。请同时参阅《人体描写》(*Corps écrit*)1983年第5期上贝阿特丽丝·迪迪埃的文章《自画像与私人日记》。——原注

谐的气氛。通常，这类自传体作品如抒情诗、书信、日记、小说①、书信体小说，都肯定一位女性主体、女性自我。相反，有些题材则很少涉及，如"荣誉、战争、力量"等，而易于引起幻想、富有诗意的神奇世界、哥特风格以及侦破小说容易吸引女性。女性文学经常再现儿童和母亲的世界，使他们的幻想成为现实。女性的幻想世界常常带有同性恋的倾向，"女主人公经常有个妹妹，或一位贴心女子，或女友……"如乔治·桑和科莱特的作品。相反，令人惊异的是"男性已经从她们的作品里消失"，或者形同木偶，尤以科莱特的作品为最。女性文学"对人物的概念提出了挑战"。作品的风格也更加自由，更口语化，节奏更慢，对清纯的时空更敏感。裸体出现在女性文学之中。"如果说女性文学是一种创新或革新，那是因为它是由女性所写的关于女性形体的文字"（特别是关于同性爱的描写）。女性文学是描写"内部的文字"，永无休止地重复形体和房子。贝阿特丽丝同时指出，上述特点的大部分也可以出现在男性作家的作品里，这是诗学提出的普遍问题。一概而论可能会受到细节的挑战，认真的分析会使总结出现例外。下面还有若干大的概念，能够帮助我们建构、理解和掌握一个新的文学整体："酒神巴克科斯的女祭祀们刺耳的歌声回荡在俄耳甫斯的里拉琴上空。"

二、诗的诗学

诗的诗学、诗的理论与散文体诗学提出的问题不同。我们的目的不是撰写 20 世纪的诗史，也不是为诗人们的诗歌理论撰写历史，而是忠实于我们的方法和本书的宗旨，介绍几种诗歌分析的新方法，它们似乎都可以从结构诗学中演绎而来。那么我们的问题就不是："20 世纪人们怎样看待诗？"或者"什么是超现实主义？""什么是纯粹的诗？"等等；更应该是下面这样的问题："1920 年以来，散文体的分析发生了很大的变化，诗的分析是否也有着同样的经历呢？""如果说诗比小说更深刻地经历了所有的革新，那么我们今天所掌握的概念和工具——大概是由诗人们首创随后被批评家们所接受的这些概念和工具——能够帮助我们既更好地理解古典诗人，又更好地解读现代诗人吗？"

---

① 见 M. 梅尔西埃（M. Mercier）：《女性小说》（*Le Roman féminin*），法国大学出版社。——原注

爱略特

20世纪在确立新的批评方法方面贡献最大的批评家无疑当数托·斯·爱略特(T. S. Eliot)，他同时又是大诗人。人们通常把他归入新批评主义学派，这似乎违背他本人的意愿。新批评主义的主要批评家还有 I. A. 理查兹[I. R. Richards,《文学批评原理》(*Principles of Literary Criticism*)，1924]、W. 燕卜逊[W. Empson,《七种"暧昧"类型》(*Seven Types of Ambiguity*)，1930]以及我们上面已经谈到的小说批评家。① 托·斯·爱略特的几部著作如《圣树》(*The Sacred Wood*，1920)、《诗的功能与批评的功能》(*The Use of Poetry And The Use of Criticism*，1933)、《诗与戏剧》(*Poetry and Drama*，1957)、《论诗和诗人》(*On Poetry And Poets*，1957)、《论文选集》(*Selected Essays*，1932；第三次增订本，1951；法文译本，瑟伊出版社，1950)等，简明、深刻、引人注目，刷新了英语国家诗歌批评的观念，与瓦莱里在法国的作用相似。他的每部著作都是由理论文章和诗人专论所构成。在最早的文章之一《传统与个人才能》中，他阐述了这样的观点，即只有通过研究一个艺术家与所有前辈艺术家的关系才能评价这个艺术家，因为一部真正新颖的作品的产生势必修改现存的整个学科领域，所有关系体系、比例体系以及每部作品相对于总体的价值都将重新评价。每位诗人都在修改传统，他们应该清醒地意识到这一点；而读者关注的不是诗人，而是诗，激情存在于诗之中，而不是存在于诗人的生平之中。《批评的功能》发表于1923年，后来收入《论文选集》一书。文章再次肯定地说，一个大陆或一个国家的文学，构成一个"有机的整体"，即使批评这样第二层次意义上的体裁，亦应探寻可以珍藏的著作以及可以遵循的方法。艺术家的大部分文学创作已经酝酿于身兼批评家的艺术家的内心。其次，艺术家可以围绕他的同行们开展他的批评活动。② 至于专业批评家，爱略特继雷米·德·古尔蒙(Remy de Gourmont)之后强

---

① 关于新批评主义及其拥护者和反对者，参阅 T. 伊格尔顿《文学理论》(1983)，第38—53页。大约因为瓦莱里的存在、翻译作品的缺乏和结构主义的出现等，削弱甚至掩盖了该学派在法国的影响。新批评主义对任何科学阐释的轻视是这一现象的其他原因(基比迪·瓦尔加支持后一观点，见《文学理论》，第45—46页)。——原注

② 爱略特把艺术家从事的这种活动叫做"作坊批评"，"作坊批评"排斥与艺术家本人不相似的内容。——原注

调说,他的两大工具是"比较"和"分析",潜在的危险是读者放弃原著而把目光仅仅盯着评论作品。在《诗的功能与批评的功能》一书中,爱略特重申了下述思想:希望批评家定期"清理"以前的文学。爱略特1956年的一篇演说稿《批评的界限》(见《论诗和诗人》)提出了文学批评或批评的界限,与1923年的文章遥相呼应。每代人都以不同的目光重新审视诗坛,因为他们的知识更丰富,接受的影响更广泛。社会科学和语言学亦如此,给批评带来一定的影响。爱略特说,许多批评家同时又是教授,他们的读者面比19世纪的批评家要窄一些。批评也许迷失了方向……无论如何,诗始终是最佳研究对象,因为形式几乎占据了批评界的全部注意力。更准确地说,诗能够使人最大限度地接近"纯粹的审美经验"。爱略特明确指出他所反对的批评家的方式,如寻根方式[如柯尔律治(Coleridge)的《忽必烈汗》(*Kubla Khan*)、乔伊斯的《芬尼根守灵》等作品,都大大地采用了寻根方式],寻根方式将阐释与理解相混淆。前者是对后者的准备,因为任何信息都有助于理解;然而应当视诗为新事物,自身蕴藏着它的目标,"以前发生的任何事"都无法完全解释一首诗。爱略特对某种过分的技术批评也持保留态度,他戏之曰"榨汁器"。其实,任何阐释都不可能穷尽诗作的全部意蕴,渊源描述的方法也不会比其他方法更幸运。爱略特指责科学批评法"把机器拆开而把重新安装的任务留给我们";但是他承认在我们这个动荡不定的时代,任何技术都不容忽视。他晚年为批评确定的目标是:帮助理解和赋予乐趣,后者的提出先于巴特;理解一首诗即有理有据地从中获得乐趣;不理解而盲目地享受等于从诗作中仅仅解读了自己的思想的影子。要完成这一任务,批评家当然不能仅仅是个技师,他应当是个全面的强手(这一点,他的思想与施皮策颇为接近),还应当懂得让读者独自品尝诗中的意味。因此,应当介于科学批评和印象批评的中间。爱略特在结论中说,1920年时印象主义占统治地位;1956年时科学批评威胁论坛。作为对上述观点的补充,我们理应展示爱略特评论维吉尔或弥尔顿、拜伦或歌德、马洛(Marlowe)或但丁、英国的玄学诗人(1921)或波德莱尔(1930),甚至《诗中之音乐》(1942)时的艺术。最后这篇文章受当时一次会话的启发。爱略特不仅看到诗中音乐的旋律与和谐的一面,他还指出,诗之音乐也有不和谐的一面,甚至噪音,一首诗的音乐强度变化极大,无论如何,要把诗看做整体。爱略特就这样位于诗人的限制与批评家的限制之中。

燕卜逊

英国教授兼诗人威廉·燕卜逊(Empson William)以其《七种"暧昧"类型》(1930;修订本,1947;无法文译本)而闻名。这部论著与雅各布森的理论很接近(见本书第一章),而燕卜逊并不了解雅氏的理论。按照雅各布森的理论,诗以暧昧原则为特征。《七种"暧昧"类型》以最细腻的笔触说明了暧昧原则的含义。凡引起不同反响的语言段落均被视为暧昧段落。第一类暧昧现象是指一个词或一个语法结构产生多层次的意义效果,如多处相似的比较或多处不同的反义成立,以及节奏效果和戏剧性讽刺效果的含糊性。第二类属于意指方面,一种或多种意指与作者试图表达的意义相重叠:作家可以同时使用若干隐喻。第三类指同一表意手段表达了两个不同的意义,例如寓意中那样。第四类中,不同的意指互相组合,以表达作者的心境。第五类属于幸运的混淆:作者写作时发现了他本来无意说明的内容。第六类叫做"矛盾"现象,读者要充分发挥自己的想象力,19世纪的诗提供了众多范例。在第七种类型中,意义的矛盾表达了作者内心世界的分化。燕卜逊的方法在当时颇为新颖,批评家仅以"词汇分析"为基础,调动了逻辑学、语义学、语言哲学(当时在英国居上风)等学科的知识。另外,这一方法有助于理解现代诗(尽管燕卜逊所引用的范例几乎全部来自古典诗人和莎士比亚),因为它把意义的复杂和不均作为内容的深厚来肯定。由此可以超越科学批评与美学批评之间的冲突。

威廉·燕卜逊还是《田园诗的若干形式》(*Soma Versions of Pastoral*,1935)和《复合词的结构》(*The Structure of Complex Words*,1951)两部书的作者。

让·科恩心目中诗歌语言的结构

1966年,让·科恩(Jean Cohen)发表了一部论著,引起了一定的轰动。该论著《诗歌语言的结构》(*Structure du langage poétique*)一开始就把诗学定为"以诗为对象的科学",并确定该书的目的是"分析语言的诗的形式"。于是,科恩把诗分为"语音层"和"语义层"。当诗同时使用两个层面时,科恩把这种诗称作"语音—语义诗"或"完整诗"。散文诗仅使用诗的语义特征。作者谨以法文诗为例,提出了"以观察事实为基础"的所谓的科学方法。诗有哪些区别于散文的共有的特征呢?科恩在此引入了20世纪前半期风格学的中心思想:"既然散文是常用语言,我们可以把散文作为规范,而视诗为相对于散文的一种'差异'文体。"但是他承认"有些差异是属于审美性质的,其他则不是",并以风格学和统计学为工具,验证自己的设想是否正确,由此得出下述结论:"随着诗歌历史的发展,诗变得越来越富有诗意。"

如上所述,科恩把诗分为语音部分(声音效果、韵脚等)和语义部分(如修辞形象)。继耶仁姆斯莱夫之后,科恩又把这种分法转换为另一种两分法:"内容实体,即意指;形式,即风格。"语音部分可以分为声响状况和"词汇－语法"状况。科恩还像热奈特那样强调修辞形象的重要性,"修辞形象是语义的操作者"。因此,他的研究就从声音部分和韵律开始,以上述不同层次为内容。诗句的音步相同,发音相同,"讲究押韵";然而"切断"是诗的主要特点,格律方面的停顿比语义方面的停顿更重要;为了尊重诗的格律要求,不得不经常打碎句法结构和意义结构。越接近现代诗,格律与意义的分离越明显。格律的作用是负面的,影响意义的理解。因此,背诵时诗显得艰涩而难于理解,因为声音应该传达的"不是简单的信息……而是截然相反的东西,是诗"。出于同样的原因,诗不如散文更遵守"语法规则"。诗通过包括隐喻在内的修辞形象,以"不平常的方式表达一个平凡的世界"。隐喻的"第一语义作为第二语义的表意手段而运作","诗的荒诞性并不是诗人的偏见。如果诗人想让语言表达出它按常规表达不出的意蕴来,诗的荒诞性即是诗人的必由之路"。通过这种方法,诗的语义就与散文的"概念世界"的超验性沟通起来。即使诗在概念层次上迷失,也能够在情感层次上重新获得它的完整性,这正是诗的深层潜力。两大表达方式的差别属于语言学范畴,与事物、主题无关。诗的"特征即否定性,构成诗这一特殊语言的任何手法或'形象',都是在不同层次上违背常用语言规约的一种不同的方式"。诗的语言发现了它的"情感"规约,通过否定阶段,即拒绝散文体那样的理性表达方式,以内涵代替外延,从而呼唤"情感世界的回应"。

显然,不管让·科恩的著作多么重要,表述多么清楚,"差异"概念和"反散文"概念是他的思维体系的基础。这一概念招致了激烈的批评,包括热拉尔·热奈特在《语象卷二》里对他的批评。

格雷马斯的诗学

毫无疑问,格雷马斯(A.-J. Greimas)首先是符号学家。然而我们却不得不把《诗歌符号学论文集》(拉鲁斯出版社,1972)卷首的一篇文章《诗歌言语的理论》作为诗学论文来看待。这也足以说明区分不同方法的难度。有些批评家甚至干脆把诗学、修辞学和符号学混为一谈。格雷马斯认为,"诗学对象"的特征表现为"表达层面与内容层面的相互关联"。诗的言语属于双重言语,向两个层面展开(科恩也持这种观点)。诗的符号学建立上述两个层面"可能出现的关联关系的类型学"。诗之符号犹如"情结";符号学的解读方式将其建构为物。言语的韵律层面相当于语音,而句法层面则相当于语义。这两个层面并不一定完全吻合,一句话可以超出一个诗节,也可能比一个诗句还要短。然而格雷马斯还是重复了他的关于表述与内容"同构性"的设想。当然不可能逐字逐句核定诗歌言语的每个节段是否从语音和语义上相互对应,而应探讨"深层结构"中并驾齐驱的音素语言和语义语言是否具有"规律性"。在表达层面,诗的言语讲究多次重复响亮的音节,这是"由声和音构成的语言",不管它们是和谐抑或刺耳。在内容层面,诗歌语言的特点是"密度"大,即"诗体结构要求的关系众多"。多层次的含义、多种叙述方式堆积交错于同一首诗之中(如马拉美的诗),理应理清它们之间的相互关系,并给予"陈述文和陈述行为"以重要地位。陈述可谓诗之分支,它以自身为主题。最后,"语言两个层面的意味深长的关联关系"使诗具有"活力"。诗的活力还只是部分的,"心灵的呐喊"才具有全部活力。

语言学与诗学

达尼埃尔·德拉斯(Daniel Delas)和雅克·菲利奥莱(Jacques Filliolet)以《语言学与诗学》(*Linguistique et Poétique*)为书名(拉鲁斯出版社,1973),推出了一部全景式的工具书,一部用科学方法分析诗歌的教材。他们试图规范"诗之行为"的定义。"在理论上,'诗之行为'的运作以自我为中心"(即以自身为目的),既不把语音压缩为语义,也不把语义等同于语音;"在实践方面,把交际过程中的诗的信息转化为符号形式","诗意的内部标志"由现实的"外部标志"来确定。两位作者在介绍了语言学的研究成果之后,特别是介绍了雅各布森的成果之后,提出了诗歌描述的两种方法或两种程序。他们主张首先分层次进行分析(如句法层次、语义层次、声音层次和韵律层次),然后第二阶段再明确"各个层次之间相互组合的基本特征",即最终应明确"内涵与外延之间所保持的"关系类型。这是这部书最重要的部分。

两位作者首先指出,语义与语音的关系原先表现在口语方面,体现在声乐方面,现代则主要表现在书面、视觉和口语方面,而诗是视觉艺术和音乐艺术的结合。然后,他们指出文本在纸张上的标志——空白和不连贯性;诗体"空间化",犹如一个表意文字[这使我们想起塞加朗的作品,德拉斯并没有提到塞加朗。关于塞加朗的作品,请参阅亨利·布伊利埃(Henry Bouillier)的著作:《维克多·塞加朗》(*Victor Segalen*),法国邮报出版社,1986年再版]。诗的声音感知和视觉感知融为一体。诗的感知要通过两种方法,一是选择信息中的有效成分,二是汇聚法,即把"分头研究过后又经过组合的单位汇集在一起"。最后,读者也有一个"模拟结构",能够汇聚诗的全部组成部分,那是"选择有效单位,把它们汇聚到更高一层的整体中去的一个模式"。由于这一模式,读者有可能统揽大量信息,否则,他将被淹没在信息的大海之中。不同层次的交会之处显然是结构重叠的优先之处。这些分析的技术性无疑很强,然而它们绝不期望把元语言与对象语言混为一谈,即绝不以诗论诗,其丰富性可以与雅各布森的另一弟子、语言学家和诗学家尼古拉·吕威(Nocolas Ruwet)的分析[见《语言、音乐、诗》(*Langage, Musique, Poésie*),瑟伊出版社,1972]相比拟。

利法泰尔的诗学

我们前面曾经提到,利法泰尔放弃了古典风格学[他的博士论文研究戈比诺(Gobineau)的风格,未重印]或结构风格学,《诗的符号学》(1978;法文译本,1983)和《文本的生产》(1979)两部著作更喜欢使用"符号学"这一术语。其实,诗学与符号的一般理论密切相关。没有符号理论,诗学的描写将是静止的;而诗学应该"充分反映诗的意义代的活力"。

把诗作为一个整体,它的意义才能保持统一性。《诗的符号学》里所选用的范例来自19世纪和20世纪的法国作家。作者相信"诗叙述一件事物而意味着另一件事物",建议以"诗作能够生成它的意义"的道理来解释叙述与意味之间的区别。他仅仅选择了"读者易于接受的事实"。"语义的倾斜"现象是由于"转移"、"扭曲"和"创造"而产生的,于是,文学对现实的表现说或摹仿说,受到了质疑。"引申义"是"包括所有倾斜迹象的形式的和语义的单位","意指"则是"摹仿层次上的信息"。正如德拉斯和菲利奥莱曾经指出的那样,把"模拟句",即"最小的忠实于字面意义的语句"——有时可能仅仅表现为一个词——"改造为内容更广泛、更复杂并且不忠实于字面意义的婉转说法",就构成了诗。模拟句拥有它的第一形状或"模式",然后体现于种种"变形"之中。论著绕了一个"大弯",首先考察了摹仿说的各个阶段,即各种表现手段,"以期穷尽可能出现的模拟句的各种变形"。利法泰尔随后研究了符号的生产:"一个词或词组如果以已经存在的一段陈述语言为参照系,那么这个词或词组就具有诗意";通过扩张和变化,于是就"形成了文本"(变化的例子可引波德莱尔的一句诗来说明:"如果我活到一千岁,我就有更多的回忆。"在这句诗里,如果回忆的内涵是贬义的,或者意在说明"生命中包含着死亡"这一主题,那么全诗的意义即随之变化)。利法泰尔还向皮尔斯借鉴了"判断义"的概念:"相对于符号所产生或所修正的意义而言,符号代替了'物',传递了'意义',并且滋生了'判断义'"(皮尔斯)。在诗歌中,这一术语将用于引导读者"进行比较阅读或结构阅读"的符号身上,如双关符号、具有文本间性的文字游戏、双关语书名("双关语书名一方面引入正文,一方面又影射另一文本")。《幻想》(*Chimères*)中一首著名的十四行诗名曰《不幸的人》(*El Desdichado*),使人想起《艾凡赫》(*Ivanhoé*)里的陌生骑士(即理查德国王),他的盾牌上刻着这句格言。这一标题"起着判断义的作用,使诗产生了引申义"。最后,判断义还可由某一"文本符号"来担任,"诗中引述文本符号的目的就是阐释这首诗"。

最后一章题为"文本符号学",研究"作为诗歌解读特点的各种感知方式"。作者分析了散文诗体裁,分析了幽默现象以及由体裁引起的无意义和晦涩现象。每一研究层次都引入了文本间性这一概念。诗始终围绕一个素材而变化,把"一个词或一句话改造成一个文本",或把"文本变成更广泛的整体"。诗"围绕它的内涵采用了迂回形式或周而复始的形式"。"差异"现象犹如一种"游戏","内容"即"迂回前、改造前诗的原始面貌"。利法泰尔的理论虽然发生了变化,但是他始终没有摈弃"差异"这一概念。"差异"介于文本和规范之间,而规范可能是臆想的,从文本出发"推论"的,甚至"上溯幻化而成"。诗不会触动规范,仅更新"风格结构"。因此,读者不可能随心所欲地阐释作品,他必须"在文本间文本的迷雾中"寻找出"约定俗成的形式和象征"。同时,艰涩的符号将迫使他周而复始地反复解读——这里利法泰尔也赶赶时髦,使用了一句时尚的术语——解读"人们称之为诗的引申实践"。批评家并不是通过手稿、通过追踪作品的渊源来研究"文本的生产"过程——利法泰尔本应该考虑到这一方法,这将是生成批评的内容,我们将在下个章节论述——而是从某种理论中推论出"文本的生产"过程;这一理论中混杂着利法泰尔本人几经修改和更新的个人观念以及盎格鲁-撒克逊人的符号学和语言哲学。题材索引使我们窥见了如此产生的概念体系的全貌,洋洋大观,且颇为新颖;诗的分析脱去了抽象常有的晦涩现象。还能要求什么呢？还能嫌弃什么呢？

口头诗

诗学的异乎寻常的发展,诗学在当代所从事的巨大的理论修正工作,使它的范围大大地扩展了。研究中世纪的学者保尔·朱姆托尔[Paul Zumthor,《论中世纪的诗学》(*Essai de poétique médiévale*),1972;《语言、文本、谜》(*Langue, texte, énigme*),1975]推出了他的论著《口头诗导论》(*Introduction à la poésie orale*,瑟伊出版社,1983)。继人类学家和种族学家之后——莱维-斯特劳斯曾经风靡一时,其辉煌犹在眼前——我们的时代重新挖掘了口头文化的宝库。历史学家们捷足先登,菲力普·儒塔尔[Philippe Joutard,《这些声音来自过去》(*Ces Voix qui nous viennent du passé*),阿歇特出版社,1983]推出了一部口头文化的历史文献和整理口头史料的方法学(主要参阅其著作中有关历史档案和口头资料处理的章节)。文学史家最好向他们学习①,诗学专家们步历史学家的后尘,踏入了这一领域。朱姆托尔竭力建立明晰的概念体系。他没有发明"口头文学"的概念,他认为这一概念应该归功于 P. 塞比奥(P. Sébillot,1881),自己则专注于"口头诗"的研究,因为那里的"标志最密集",甚至以"歌诗"为主。他勾勒了历史概貌和地理概貌,探讨了形式、体裁、语态、人体、译者、听众、记忆力、礼仪和情节等问题。来自盎格鲁-撒克逊人的一股清风——英国人始终让自己的所有窗口都敞开着——使文学理论由此回到了自己的源头。朱姆托尔的研究承前启后,接近了人类学的边缘。有时为了调查的需要他不得不离开诗学的严谨方法,但是提供了庞大的参考书目。

三、阅读的诗学

我们在关于文学社会学的一章里已经说过,接受理论同时属于社

---

① 希腊学和拉丁学的专家们经常从研究历史转而研究文学,例如,继雅克琳·德·罗米利(Jacqueline de Romilly)之后,保尔·韦纳(Paul Veyne)发表了《罗曼语的色情哀歌》(*L'Elégie érotique romaine*)一书,是这方面的又一例证。——原注

会学和诗学。我们现在来研究其中的第二方向,这里不涉及读者们如何改变文本的情况,而研究文本中呼唤某种接受方式、把握被感知方式的成分。

《阅读行为。审美效果理论》(*L'Acte de lecture. Théorie de l'effet esthétique*,1976;法文译本,布鲁塞尔,马尔达加出版社,1985)是伊泽尔(Iser)的论著。伊泽尔和尧斯一样,是康斯坦次大学的教授。艺术是怎样影响我们的?这一基本问题又分为三个方面:"文本是怎样被接受的?在读者头脑中,主导文本制作的结构是怎样出现的?文学文本在它们的环境中发挥什么样的功能?"每部文学文本都要从现实生活中选择并摈弃一定的材料,进行新的与现实生活不同的整合,从而形成自己的世界观。选择意味着"取消对现实的参照","整合则推翻词汇系统的语义限定"。"效果美学"把文本理解为若干阅读阶段,理解为阅读过程中所产生的文本与读者的一种辩证关系:"读者意识中文本的形成即作品。"因此,要了解"读者在阅读一部虚构文本把它置于作品之时的感受"即读者"参与文本意图时"的感受。然而谁是文本所设想的读者呢?作品中蕴含着一个"隐形读者"。"这就是说,每部文学文本都为它的潜在的读者们划定了一定的作用"。读者建构并组合文本所提供的各种前景,随着阅读的深入而改变文本的表现方式并最终建立起新的现实。乔伊斯或新小说家的作品里,新颖的视角规律和语句间的关系使读者们始终承受着一种压力,对自己以前建立起来的种种关系提出质疑。在这种语境下,视野和视点概念非常重要。

由此,对阅读的思考以18世纪和20世纪的小说为例,浸透着哲学、心理学和语言学的内容,堪称边缘学科的范例。由此形成的"阅读行为"现象学调动了大量的概念[有些来自罗曼·英加登(Roman Ingarden)的《论文学作品》(*Das Literarische Kunstwerk*),1960],涉及文本的感知、理解和再现等方面,其地位使法国的诗学有些相形见绌,犹如装甲部队旁边的步兵。

与伊泽尔不同,U.埃科在《进入故事情境的读者》(*Lector in fabula*,1979;法文译本,格拉塞出版社,1985)一书里没有研究"审美效果",而关注着"作为合作者的读者阅读作品时自言自语的叙述现象,这是一种阐释行为";没有研究读者如何鉴赏一部艺术作品,而研究"读者如何理解一部文本"。读者与文本合作,他从中"抽取"文本并未表述但是隐含或可能隐含的内容。因之,这是一部阅读符号学,"文本结构的任何描述应该同时又是文本施加的阅读运动的描述"。凡是读者应该

第九章 诗　学　　　　　　　　　　　　　　　　　　　229

阐释内容、补充空白和克服矛盾现象的地方，文本都向他发出了召唤。在结论部分，埃科列举了两个阅读范例来说明"这些阅读战略"，一例是对一部消遣小说的开头的理解，另一例是阅读阿尔方斯·阿莱（Alphonse Allais）的一部短篇小说。

　　最后，还应该提到米歇尔·夏尔（Michel Charles）的《阅读修辞学》（*Réthorique de la lecture*，瑟伊出版社，1977）。米歇尔·夏尔也在探讨文本的这些问题、这些纽结、这些"战略部位"。在这些地方，阅读的内涵不确定、不清晰，读者可以自由发挥。"问题在于考察文本是如何明确地或隐晦地向我们设置或'从理论上界定'一种或多种阅读方式，或者提供我们可以阅读该文本的一种或多种方式的可能性；文本如何给我们以自由（或者使我们自由），它是如何限制我们的。把诗学和修辞学联系起来的注意力，并非系于读者之身，像埃科那样，而是贯穿于作为关系存在的阅读行为之中（如伊泽尔谈论的那样）"。很遗憾，关于作家们的评论脱离了本书的主题，但是作者指出，普鲁斯特为罗斯金（Ruskin）写的序言、佩吉的《克利奥》（*Clio*）、拉尔博的《不受惩处的怪癖：读书》（*Ce Vice impuni, la lecture*）等，已经为阅读诗学、为阅读等于书的建构的定义开辟了道路。书是一个庞大的过程，书的实现刚刚开始，于是叙述学家们谈论什么"叙述的接受者"，即叙述过程中所设想的叙述内容的接受者。我们更喜欢使用佩吉的话，他的话既古老，又颇具现代色彩："阅读是读者与读物、作品与读者、书与读者、作家与读者的共同行为和共同活动……准确地说，它是一种合作，一种密切的、发自内心的、独特的高度合作，也是一种责任的承诺，一种最高的最独特的令人困惑的责任。这是一种神奇的几乎令人惊异的命运。许多伟大的作品、许多伟人的作品、许多非常杰出的伟人的作品，都将由我们、我可怜的朋友，由我们的阅读行为去完成，使它们更完美，为它们戴上桂冠。"（《克利奥》，伽利玛出版社，1932，第20、21页）。

一场争论：暂时的结论

　　20年前，关于"新批评"的争论使罗兰·巴特和雷蒙·皮卡尔（Raymond Picard）针锋相对〔顺便说明，皮卡尔关于拉辛的专论至今仍具有权威性；由七星诗社书库出版的《戏剧集》（*Théâtre*）和《杂作集》（*Oeuvres diverses*），其文学水平、美学水平以及准确的分析，使论著《关于拉辛》（*Sur Racine*）略显老化〕。20年后，热拉尔·热奈特与马克·福马洛利之间的另一场争论，虽然更审慎，气氛更温和，其启示意义丝毫不减当年[见《争鸣》(*Le Débat*)杂志 1984 年 3 月份第 29 期,伽利玛出版社]。前者强调诗学的生命力与原则,我们已经了解。马克·福马洛利则指责"许多文学家的有些耸人听闻的科学主义"。他提醒大家,认识真实的方式有两种,即文学方式和科学知识,"人类"理应与实验室有所区别。他对新科学主义所造成的损失深表遗憾:"一些第二层次的理论虚构"使文学变得索然无味。福马洛利以维柯(Vico)为依据,真诚地呼唤"自我论证且富有诗意的(l'homo loquens et significans)历史现象学";其次呼唤"津津有味富有成果地阅读原文和导读原文的艺术"。热奈特置身其中的理论思考有可能"使教学、科研和文学批评之间密不可分的联系变得无足轻重",并把必不可少的工具的系统化工作交给他人,如"文本的确定、批评版本和参考书目的编制等"。应当能够从现实进入传统,从"文学作品所植根的一定的历史环境"进入形式、体裁、风格等"从属于远古以来的诗学和修辞学传统"。作为补充,我们说,如果理论家的光环取代了研究人员的辛勤耕耘,使他们成为纨绔子弟,成为巴尔扎克笔下依赖昂古莱姆家族而生存的花花公子则是不健康的。热奈特显然不是这类理论家,他的《隐迹稿本》便是明证;但是有那么几位理论家大概有这类倾向。相反,理论家的光环背后理应是艰辛的研究和探索。

另一方面,法兰西研究院教授、主讲诗学功能比较研究的诗人兼批评家伊夫·博纳富瓦(Yves Bonnefoy)①不仅为意义、语义正名,也为诗学经验的参照系恢复了名誉。阅读,既要遇到"词,也要遇到物、人、视野和苍穹。总而言之,整个大地瞬息之间都来满足阅读的渴望。啊!即使面对马拉美的诗篇,这位读者也不必像诗学家和符号学家所要求的那样读诗了!"稍远一点他还写道:"诗人对文本的内涵与价值的观念与如今符号学家所得出的结论不同。"总之,他很遗憾,为什么诗学如此缺少诗意。那么如何论诗呢?如果批评家们遵循博纳富瓦的意见,他们就会较少关注"词汇的作用",而更多地"探讨意义",参与"认识行为"。新的批评钥匙、新的批评手段,为"精神与自我的关系将多打开几扇门"。

---

① 关于伊夫·博纳富瓦的文学批评论著,谨举《兰波论自己》(瑟伊出版社)、《不可能的》(*L'Improbable*)、《红云》(*Le Nuage rouge*,法国邮报出版社)。——原注

第十章 生成批评

近年来,生成批评出现了新的高潮,成为一种时尚。文学批评领域现代方法的支持者,从精神批评到社会学批评再到现代诗学,发现草稿、手稿和各种版本为文学研究提供了这片广阔的天地。然而,自从19世纪德国浪漫主义和爱伦·坡的"创作思想"[《一首诗的生成》(*La Genèse d'un poème*)①]起,许多作家都一再提醒我们注意了解创作劳动、进入艺术家的工房的意义。另外,大型的科学版本,如阿歇特或尚皮翁出版的"法国大作家"丛书,以及现代文学史的奠基者如居斯塔夫·朗松、达尼埃尔·莫尔内、居斯塔夫·吕德莱(Gustave Rudler,当代"生成学家"很少提及他们,有忘掉他们的倾向)等人的著作,都一再确定和修订一些基本原则。时至今日,任何有意出版或评论文学作品及其创作过程的出版商或评论家,依然自觉或不自觉地依赖这些基本原则。

重提朗松

居·朗松(Lanson Gustave)编撰了两部重要的批评版本,一部是伏尔泰的《哲学信札》(*Lettres philosophiques*,1908),另一部是拉马丁的《沉思集》(*Méditations*,1915),并且伴之以《法国现代文学书目教程》(*Le Manuel bibliographique de la littérature française moderne*,1909—1911年共出4卷;1914年又出一卷补充卷)。后者犹如一首低音,伴随着歌剧演员的宣叙调。蒂博代(Thibaudet)这样写道:"编辑朗松的任务,就是把所有有助于阐释一部作品的历史资料汇聚在一起。

---

① 法文译本,夏尔洛出版社,1946。——原注

不管是朗松还是他人,要做到至善至美是不可能的。或者易受滞重冗长之嫌,或者有轻泛短缺之责。第一类错误通常由记者们指出(这是他们的工作范围),第二类则由学者们注明(职业所使)。这样做不无益处。"[《源泉之争》,1923,见《关于批评的思考》(*Réflexions sur la critique*),1939]我们无意过多地评述这两部杰出的批评版本,为了介绍朗松关于生成批评的思想,我们谨参考一篇大概不太知名的文章。文章题曰:《〈保尔和维吉妮〉的一种手稿》[《月刊》(*Revue du mois*),1908;后收入《文学史研究》(*Etudes d'histoire littéraire*),尚皮翁出版社,1930]。其实,文章的主体部分并非源泉批评,而是分析草稿、初稿和手稿。这些资料的意义在于,"我们从中看到了艺术家的全部努力,从中追踪了艺术家艰辛的创作历程,他的探索、困惑和逐渐理清思路的缓慢历程"。朗松从描写手稿的外观开始,甚至包括墨水的质量,从中发现作者的艰辛可与福楼拜相比:"我尤其希望展示这种辛勤劳动的内容和努力方向。从这一考察中,我们可以了解到作家的天才和趣味的一些迹象,"关于"艺术家的气质和顾忌的一些迹象"。贝纳丹·德·圣-皮埃尔(Bernardin de Saint-Pierre)的第一稿是"混乱的"、"夸张、松散、晦涩难懂","谈不上自然流畅"。因之,描写中还夹杂着价值的评价:"人物塑造不可能一挥而就","比喻对人物形象有负面影响","这份初稿显得杂乱无章"。相反,批评家认为草稿中的某一段比定稿胜过一筹。例如,作者划去了"对法国风景的一段细腻的描写",而代之以"虔诚的宗教感情";又如:"这里,草稿中的色彩更鲜明。"此外,有时,贝纳丹·德·圣-皮埃尔的哲学理论直到作者修改草稿时才出现。朗松在其研究的第二部分,直接为读者引用了"两大段文字,读者可以从中毫不费力地看到创作的各个阶段"。批评家除完整引用两大段文字外,把不同稿本全部列入注释之中,详细描述了文字的变化过程。他甚至把同一段落的前三稿文字全部列出,然后再列出1788年的定稿文字。朗松认为另一篇文字的第一稿"枯燥无味",小说家在此基础上增加了曲折性、生动性和显著的"感情色彩"。最后一次改动中"突出了性别和性格的鲜明对照"。这样,朗松先后为四份初稿加注,然后再附上经过字斟句酌并增加了"风景描写或感情色彩"的"誊清稿"。在结论部分,朗松试图寻求创作过程的"方向"和主导力量(我们从中感到了泰纳的影响),总结定稿中的哪些特征是原初的,哪些特征是后来增加的。他未能回答自己的问题,因为他所记录的结果是"对自然而又生动的不懈追求,其中的思考也支持这一风格"。批评家把增加部分的特点集中在一起,指出增加内容突出了形体、态度、服饰和风景的描写,注重文笔的生动,注重道德成分。即使我们可以指责这种分析把描写与评价混为一谈,指责批评家试图从草稿中找出贝纳丹·德·圣-皮埃尔艺术的主要特征、小说家的道德观念和别具一格的风格,应该承认,朗松的分析绝非那么幼稚,绝不迷信正式的版本,比我们的估计更自然,更具现代风格。我们在同一卷另一篇评述米什莱的两稿《法兰西画图》(1833 和 1861)的文章中,也有类似的发现。在这篇文章中,朗松称赞米什莱的第一稿。

吕德莱

居斯塔夫·吕德莱(Gustave Rudler)是朗松的忠实的弟子,长期担任牛津大学教授;佩吉《一位新神学家》(*Un nouveau Théologien*)里面那些既滑稽又冷酷的语言也使他闻名遐迩。吕德莱在《批评和文学史的技巧》(*Techniques de la critique et de l'histoire littéraires*,牛津,1923;斯拉特基纳,1979)一书中最严谨地介绍了批评版本和生成批评的方法。首先是目的:"文学作品在付梓前经历了从创作灵感的产生到定稿等若干阶段。生成批评的目的就是要揭示作品产生的精神历程以及这一历程的规律。"生成研究的另一意义是:确定"作家们的精神机制"的演变过程,观察"其思维活动和处于活跃状态中的创作手法"。其实质就是要超越对凝固结构的简单描述,使批评家的"视点处于动态之中"。

吕德莱随后区别了外部批评与内部批评两个概念。前者收集作家及其朋友们的见证物,分析他们的往来信件,例如关于福楼拜的外部批评提供了许多创作日期、修改日期和动机产生的日期。外部批评还非常关注作品的源泉(sources)。我们知道源泉批评在当时占有何等重要的地位:"了解一个作家如何处理他所借鉴来的种种材料的过程,才能最好地鉴别他的才华的实质及发展方向。"内部批评从熟悉手稿开始,手稿"保证了文本的智慧"。如果我们能够从初稿以及以后的润色中辨别出"稳定的发展方向",那么初稿及修改稿可以帮助了解艺术家的意识走向和潜意识走向。此外,草稿越多,涂抹得越厉害,其价值越高,可以帮助确定作品的整体及各个部分的创作日期,例如维克多·雨果诗作手稿的日期与印刷本上的日期出入很大。我们补充一段趣闻,权作对上述事例的支持。在让·佩尔兰(Jean Pellerin)和弗朗西斯·卡尔科(Francis Carco)送交的《醇酒集》(*Alcools*)的校样上,阿波利奈尔(Apollinaire)在目录部分详细补上了每首诗的创作日期。相反,如普鲁斯特手稿中常见的那类增补文字,使批评家无法再确定有关页码的创作日期。源泉可以昭示作品的演变过程,由维莱(Villey)编撰的蒙田的《随笔集》的著名版本中,充分地体现了这一过程。最大的规则,就是为"作品中的所有事件、所有暗示、所有的思想层次注明日期,并从中得出理性的结论"。注明作品各个部分的创作日期,正是生成批评的"基本的方法"之一。我们谨举菲力普·科布(Philip Kolb)为例,他为马塞尔·普鲁斯特的《1908年的手册》(*Carnet de 1908*)编撰了一份包括每个段落的创作日期的创作时序表(伽利玛出版社,1976)。

手稿之后,还要涉猎作为研究对象的作品以前的其他作品。"如果我们希望捕捉一定时期某作家的精神历程,最好从以前的发展中去了解"。其实,所有批评门类都对生成批评有帮助,因为生成批评要汇总"各方面的分析资料,作出微妙的总结"。吕德莱指出,由于生成批评的难度很大,"真正无愧于生成批评这一名称的深刻的研究论著很少"。我们将看到,近年来,事情发生了很大的变化。

批评家主张首先全面清点"对象作品的构成材料",在吕德莱的全部分析中,这一方法大概是争议最大的部分。清点范围包括"感觉范畴"、"情感范畴"、"思想范畴"。感觉本身又可根据性质、涉及物质的类型、根源(origine)、品位、效果、重要性和价值等来分类,以便探讨"作家的类型"(擅长视觉类、擅长听觉类等等)。还可以按照情感的性质、对象、力度、品质、价值把情感分类,以便描写"作家的艺术灵魂"(不一定与作家的"个人灵魂"相吻合)。最后,思想也可以按照"所反映的问题的性质"分为哲学类、科学类、艺术类、宗教类等。根据它们的特征(实践型、理论型、神秘型等)、它们的表达方式(象征方式、神秘色彩……)、它们的数量和价值,衡量它们与现实世界的关系。吕德莱建议把清单里面的"情感面貌或意识面貌的不同特征联系起来,正如人们通常把感官面貌的不同特征联系起来一样",把三类"面貌"重叠起来,相互比较,从而确定"作家的总体格式"。

这一切还只是预备工作。生成研究随之从确定原始材料和素材入手。"没有这些原始材料和素材,剧本或作品就不会存在"。还要探讨材料背后赋予整体以生命、形式和顺序的"生成"机制。没有材料,没有生成机制,"生成研究犹如空中楼阁"。最后的工作更艰巨,批评家要探讨作家的"制作手法",包括外部环境的限制(体裁、形式和篇幅的选择)

和"内部的逻辑性"。主要的发展手法首先按照毗邻关系来分析,分析词汇在字典里的毗邻关系、物体在空间的毗邻关系、事件在时间上的毗邻关系等;其次按照类同关系来分析(相似性或差异性),借助比喻、隐喻、象征、神话等技巧。把制作手法按照它们的重要性和出现频率来分类,并"确定它们之间的关系"。下来就要研究"架构手法",即把所有感知手段、挖掘手段和制作手段排列为一部艺术作品的技巧。"材料的制作时序或逻辑顺序"以及它们的"最后布局"有助于确定作家的艺术所在。"如果一个作家制作材料的时序或逻辑顺序始终朝着一个方向发展,或者朝着几个相同的方向发展而定期发生变化,那么我们就抓住了这个作家精神方面的习惯或必然性或规律"。吕德莱最后举出若干生成研究的范例,其中朗松关于伏尔泰与他的《哲学信札》的研究和马西斯(Massis)关于左拉的研究[《爱弥尔·左拉是怎样创作他的小说的》(*Comment Emile Zola composait ses romans*),夏庞蒂埃出版社,1906]榜上有名。

文学作品的传记

这是皮埃尔·奥迪亚(Pierre Audiat)为他的博士论文所选定的标题(尚皮翁出版社,1924)。他建议"打开已经装订成册的作品",模仿"创作过程","重新架构和体验一定时期作家的精神生活"。这样,批评家就真正变成了作家,两类文学家之间的对立随之停止。而研究一部作品的生成,理应考虑到"作品创作过程所占用的时间"。把时间概念引入批评,把作品的形成过程分为若干时段,"就像圣伯夫处理作家的做法一样,把作品当做一个活生生的人物,一个不可能永远一成不变的人物,这样,发现各种意念和艺术虚构产生的时间顺序,对于深刻了解文学作品具有独特的意义"。因为我们恢复了蒙田的发展过程,也就更加深刻地了解了他的思想。如果我们弄清了争议段落的创作日期,就自然消除了争议双方的矛盾。但是,奥迪亚没有从细节开始(如同吕德莱所倡导的那样),而是反其道而行之,"从动机到作品,从作品到章节,从章节到语句,再从语句到词汇",首先寻求"生成思想"。

据奥迪亚说,创作之初,存在着一种发现、概念、意象或激情,它们是"生成思想"。人们只能通过创作日记、书信和各种版本来捕捉这一思想。为了研究的方便,尽管风格的虚构过程与思想的虚构过程并行不悖,批评家还是可以单独研究作品风格的产生过程。批评家不必轻信各种前言或作家的其他宣言,它们或者"虚虚实实",或者"进行阐释"。反之,某些规律是颇有帮助的。例如,如果意念产生时笼罩着某种激情,语言会告诉我们。这种激情还会通过"表达作品基调"的一种"典型句型"①反映出来。无论如何,新的虚构每次都会进一步限制作家的自由,而"后来的虚构可能影响甚至改变先前的虚构"。工作日记可以显示思想的发展历程,而不同的版本则不断地充实了思想的内容。所有这一切,使奥迪亚作出下面的理论总结:"生成思想突然产生,表现在两个方面:一种(或若干种)表现形式加某种激情,激情先于或晚于表现形式。"模式、象征、情结可以先于生成思想而存在,例如福楼拜曾经"被某种句子节奏困扰多时"。我们顺便指出,奥迪亚与雅克·里维埃及蒂博代②一样,是最早关注精神分析的几位批评家之一。

奥迪亚建议第二阶段"恢复、描述或解释作品的提纲";如有可能时,解释应力求具有"辩证性"。若干文学作品是"按照提纲布局的,批评家应探讨提纲对生成思想做了哪些修订"。作家的提纲可以分为下列几类:"固定型"提纲(德利尔,Delille);"心中有数型"提纲〔如左拉的《事业》(*L'Oeuvre*)一书的准备材料中包括一份 57 页的初稿、一份 3 页的提纲、一份长 43 页的人物研究、第一批参考资料、十二个章节的详细轮廓、第二批参考资料、后十二章的轮廓等,这些材料在最后动笔前已齐备〕。第三类叫做"雏形提纲"(如波德莱尔),即小规模的作品已经形成。第四类提纲为"多视角提纲","从不同角度"考察主题思想,包括几种设想,如维尼(Vigny)的作品提纲。第五类提纲可以称作"一览型提纲",犹如作家在创作的一定阶段,"向自己正在形成的作品投去一瞥"(如拉马丁;普鲁斯特的草稿本也记录了众多的"一览型"意见)。无论何时何地,生成批评绝不能虚构作家的构思提纲,如果作家曾经有过提纲,生成批评的责任只是描述这份提纲。

生成批评的第三阶段是分析"风格的构成过程"。奥迪亚在这里涉及了现代生成批评日后常论不衰的问题,即手稿的研究问题。主要问

---

① 普鲁斯特在《追忆逝水年华》的第三卷《女囚》(*La Prisonnière*)的第 376 页也使用了这一术语。它们的共同来源可能是 A. 比内(A. Binet)和 J. 帕西(J. Passy)的调查报告《心理年华》(*Année psychologique*)第一卷,1894,第 86、97 页。那里有阿尔方斯·都德的一段声明。都德认为他的小说《弟弟弗罗蒙与哥哥黎斯雷》(*Fromont jeune et Risler aîné*)源于"商业家族的荣耀"一句话。——原注

② 参阅论文《精神分析与批评》,1921 年 4 月,见《关于批评的思考》(*Réflexions sur la critique*)。——原注

题包括手稿的真伪、日期和写作顺序。要研究字迹、修改部分和不同稿本。手稿的"面貌",如清晰或潦草、行距、字迹是否倾斜、思考和评论是采用旁注形式还是脚注形式(斯丹达尔、普鲁斯特)、书写速度等字面状况,可以提供关于作家活动方式方面的信息。修改部分、不同稿本可以揭示他的思想发展方式。然而不要以为它们存在的理由都是出于美学方面的考虑,"对修改部分和不同稿本的判断应当以补充材料佐证或修正"。例如夏多布里昂删掉了《基督教的真谛》(*Génie du Christianisme*,1809)里一句十分优美的句子,因为此前他已经把这句话先后写进《论革命》(*Essais sur les Révolutions*)和小说《阿达拉》(*Atala*)里。也不要以为修改部分和不同稿本里包含着风格方面的所有秘密从而过高估计它们的作用,"没有任何理由加倍关注复杂的构思过程而轻视比较简单的写作过程"。奥迪亚的论证到此戛然而止,显然,他对修改部分的兴趣不如朗松和吕德莱那么强烈。

自那时起,生成研究便一直延续至今。作为我们这部以理论为基调的著述,当然不必开列冗长的名单并且品评一番。然而我们不会忘记罗贝尔·里卡特①[Robert Ricatte,《〈爱丽莎姑娘〉的生成》(*La Genèse de La Fille Elisa*),1960]、玛丽-雅纳·杜里[Marie-Jeanne Durry,《福楼拜与其未曾面世的提纲》(*Flaubert et ses projets inédits*),1950]、克罗迪娜·戈托-梅尔什[Claudine Gothot-Mersch,《〈包法利夫人〉的生成》(*La Genèse de Madame Bovary*),1966]、儒尔奈(Journet)和罗贝尔[Robert,《〈静观集〉的手稿研究》(*Le Manuscrit des Contemplations*),1956]以及让·波米埃(Jean Pommier)等人的著作。后者1949年出版了一部《〈包法利夫人〉的新版本》(*Nouvelle version de Madame Bovary*)。最为轰动的出版物之一,当属雅克·谢勒(Jacques Scherer)的《马拉美的〈书〉》(*le «Livre» de Mallarmé*,1957),那是一部包括202页、纸张大小不一、未准备付梓的手稿,显示了评论对于理解草稿的必要性。谢勒作了评论。另外,斯丹达尔的遗作如《吕西安·娄凡》(*Lucien Leuwen*)②等则留下了永远无法解开的

---

① 罗贝尔·里卡尔还编辑了龚古尔(Goncourt)兄弟的《日记》(*Journal*)和吉奥诺(Giono)的《全集》。——原注

② 由安娜-玛丽·门宁格(Anne-Marie Menninger)编辑,国家印刷社出版发行。克里斯蒂亚娜·莫阿蒂(Christiane Moatti)也研究了马尔罗的草稿(米纳尔出版社)。——原注

谜。最后,《让·桑托伊》(*Jean Santeuil*, 1952)和《驳圣伯夫》(*Contre Sainte-Beuve*, 1954)的面世则进一步唤起了生成研究的热情和争论。

具体研究之一例:《年轻的命运女神》的生成

人们多少忘记了奥克塔夫·纳达尔(Octave Nadal)发表这首诗的手稿、几份初稿和草稿的重要性(最优书籍俱乐部,1957)。然而我们还是认识了一位始终关注作品生成和精神运作的艺术家,一位自以为还是门外汉的批评家。纳达尔掌握着《年轻的命运女神》(*La Jeune Parque*)的草稿,深感有责任"揭示文学创作的秘密和机制",然而研究之初即公布了他的保留态度:"我深信,不管是草稿还是已经初具轮廓的初稿,都不能揭示作品的真谛。创作过程的磨难和艰辛属于孕育,作品真正以作品形式存在之日,才是它的诞生之时……客观地讲,《年轻的命运女神》几乎所有的材料都已包含在它那不计其数的草稿和初稿之中,某些初稿已经非常接近终稿。但是,它们恰恰缺少终稿多出的部分而只能停留在初稿的水平,即缺少不容更改的完整性、统一性、魅力和自己的面貌。"当年,雷蒙·皮卡尔研究《让·拉辛的职业生涯》(*La Carrière de Jean Racine*, 1956;1961年再版)的目的在于说明生活丝毫不能帮助我们了解作品;同样,纳达尔的生成研究旨在证明创作过程只能揭示一次又一次的流产。

然而,他的方法值得继承。批评家从描述手稿的状况入手(手稿包括 800 页)。为了确定各个不同的阶段,他不得不逆着诗人的道路摸索。1917 年笔记本的某一页说明创作发生在 1912—1917 年间,说明瓦莱里齐头并进,同时创作各个部分,说明诗人借鉴了维吉尔、拉辛、谢尼埃(Chénier)、波德莱尔、欧里庇得斯、彼特拉克(Pétrarque)、马拉美、兰波、雨果、瓦格纳和格吕克(Gluck)等作家。一种"全新的创作和组合艺术"从语言中,从一些真正的"骨干词"中首先体现出来。瓦莱里把这些骨干词排列在纸上,然后挖掘所有的同音现象(如同音异义词、迭韵、脚韵等)和同义现象(如近义词、派生词、动词变位等)。按照瓦莱里的说法,读者从这些骨干词就可以"追随语序的进展",它们是"作诗活动的第一貌"。从词到词组,再到更大的语言单位,到句子模式、诗句模式,再到题材(如蛇、睡眠等),以致于从草稿上,"我们能够捕捉到从精神到词汇",再从词汇到精神这一过程。然后瓦莱里再把骨干词汇扩大为诗段。这些诗段就构成了"主题"的不同稿本。1916 年,瓦莱里为这些诗段分别加上了"泪"、"蛇"、"太阳"、"影子"、"诱惑"、"目光"、"清晨"、"X"、"岛屿"、"受难者"、"睡眠"、"床"、"梦幻"等标题。性题材和女性题材直到最后才出现。

纳达尔随后清理了前后七份初稿的情况。"第一稿是未分段的连贯稿"(包括 232 个诗句)。第二稿和第三稿是打字稿(分别包括 224 和 170 诗句)。第四稿是手写稿(和第六稿一样),包括 337 个诗句,此时由两部分构成的结构已经露出端倪,但是结局与发表稿不同。第四稿以自杀结局,瓦莱里代之以"活下去"的结局,而把寻死的念头放在第一部分结尾处。第五稿是打字稿(包括 420 个诗句),虽然不全,但是内容连贯,此时全诗由八个部分构成的框架已很明显。第六稿是手写稿(包括 480 个诗句),与印刷稿的复印件接近(然而不少地方有若干不同稿本,比印刷稿的诗句总数也少一些)。第七稿是真正的手稿,伽利玛出版社据此整理出打字稿,然后将打字稿付梓(第七稿包括 504 个诗句,正式版本包括 512 个诗句)。

描述过初稿的情况之后,纳达尔为诗的标题立史,解释它们的起源以及试图解决的难题。这些标题先后包括:"埃莱娜"、"泪痕"、"潘多拉"①、"诗之源——内心的哀歌"、"草稿"、"孤单的帕尔卡"、"诗屋;晨曦"、"岛屿"等。最后的标题是 1916 年找到的。纳达尔解释说:"形容词'年轻的'完全改变了编织死亡的三位帕尔卡的命运甚至姓名。它使死亡成为不伤害死尸转而啮齿活者的'无形的厉齿',造成人类心灵永恒的缺失和虚无。"批评家随后分析了诗集"基本素材"的生成,这一素材出现于 1912 年。与基本素材密切相关的还有各个题材,纳达尔于是研究了诸如"春天"题材的诞生和发展。对各个题材的发展分析之后,批评家接着研究了它们与全诗的联结关系。最后,纳达尔还研究了全诗的"书法"、瓦莱里对印刷字体以及空白格式的选择等,赞扬诗人犹如"建筑师追踪着工于旋律的作曲家的足迹",并且确定了诗作各部分的创作日期。读者可以根据所了解的理由来自行判断。不过通常生成研究一开始,批评家总是首先把创作日期告诉读者,除非把它们当做"作品的注释"来处理。于是,这部杰出的生成分析,这篇绝妙好辞,在自我批评的同时,使我们从内部重新体验了瓦莱里的工作。批评家所确定

---

① 潘多拉,希腊神话中人类第一个女人。据说,宙斯给潘多拉一个盒子,后来盒子打开,里面所装的各种祸害就被放出来散布人间。自此,潘多拉的盒子即喻一切祸害之源。

的范畴源自艺术家瓦莱里的实际情况，然而每当出现类似问题时，也可以适用于其他作家。最后，艺术家从当初汇拢的所有可能中所作出的选择对终稿本优美的音乐和深刻的语义增色不少，我们对此毫不怀疑，只需对照一下纳达尔版本与阿兰(Alain)对《年轻的命运女神》的评论文章，就会理解这一点。

文前评介

1972年，让·贝勒曼-诺埃尔发表了《文本与文前评介》(*Le Texte et l'Avant-Texte*)一书(拉鲁斯出版社)，那是从理论上对米罗兹(Milosz)的草稿的导读。"文前评介"一词后来收获颇丰。批评家在《文学》(*Littérature*)月刊的一期重要专刊《作品的生成》(1977年12月)里曾再次撰文，论述有关问题，文章的标题是《复制手稿、介绍草稿、撰写文前评介》。手稿是博物馆的收藏对象，人们趋之若鹜，"只能复制"。相反，未完成的草稿却能使读者窥视"作家的动机"，展示"作品优化"的历程，因此批评家兼编辑的评论对专家学者们尤为必要。"批评家从草稿中提炼炮制出文前评介，没有批评文字就没有文前评介"，文前评介主要来自批评家和草稿，而与作者缘分较浅。接着是两个定义："草稿包括所有帮助完成作品编撰的资料，经文学史家整理介绍，以构成作品从形式和内容两个方面完成历程的初步历史。""文前评介是文本前创作历程的某种缩影，由批评家以特殊的方法研究撰写，供读者与作品一起阅读。"

批评家要从草稿中抽取所有征象，如有条不紊的工作态度，或乱作一团的稿纸、速度、书法、作家在自己手稿上的批注(如普鲁斯特关于"资本、资本主义"的批注)，包括作家为自己规定的"约法三章"等，以期"再现创作中的作家"。草稿中出现的创作技巧的研究主要属于诗学的研究范畴，因为诗学要回答的基本问题是"作品是怎样创作的"。

生成学与诗学

这是雷蒙德·德布雷-热奈特(Raymonde Debray-Genette)的双重研究领域和方法[参阅1977年12月份的《文学》月刊、1979年由弗拉马里翁出版社出版的《生成批评论文集》(*Essais de critique génétique*)、1980年由同一出版社出版的《创作中的福楼拜》(*Flaubert* à l'oeuvre)等,里边有德布雷-热奈特的部分论文]。生成学是诗学,甚至整个文学批评的附属,还是存在着"手稿的特殊诗学",存在着"与文本诗学相对立的写作诗学"?

与草稿解读相关的概念有"截稿状态"("最后截稿时的状态")、"完美状态"("文本成为创作的完美点")、"合目的性"(文本是对原定方案的实现)等。不能以"不断进步"的观念去认识生成学,而应该探讨生成与正式文本之间的"差别","这就要求我们首先摆脱对正式文本的崇拜思想"。生成解读把我们重新引入形式的任意性、偶然性和认识过程,超现实主义作品已经提供了这方面的基本概念。另外,面向健在作家的调查向我们提供了关于文学创作方面大量丰富的信息[参阅让-路易·德·朗比尔(Jean-Louis de Rambures)的著作《作家们如何创作》(*Comment travaillent les écrivains*),弗拉马里翁出版社,1978;雷蒙·贝鲁尔(Raymond Bellour)的《他人之书》(*Le Livre des autres*),U. G. E.出版社,1978,该栏目代替了以前由弗雷德里克·勒费弗尔(Frédéric Lefèvre)主持的《与……一小时》]。某些作家还以雷蒙·鲁塞尔为榜样,撰文介绍他们的创作得失[阿拉贡(Aragon):《我从未学过写作或开头》(*Je n'ai jamais appris à écrire ou les incipit*);蓬日(Ponge):《牧场的工坊》(*La fabrique du pré*),斯基拉出版社]。那么如何解读呢?因为"从理解一个词,到面对排列整齐的32开本小说,我们的注意力始终在选择……满足于读还不够,还要懂得读什么"。有些手稿,例如福楼拜的草稿,根本无法准确地全部誊清,那么就要选择。批评家更多地通过文字痕迹,而较少依靠传记材料来研究一个作家,确定他的历程。草稿可以澄清心理环境、社会环境和文化环境,而不是后者澄清前者。作家们在他们的草稿里改写了许多资料,例如福楼拜或普鲁斯特就整页整页地抄录参考资料。生成学家要研究"移花接木现象"。

当进入手稿的内部发展时,批评家面临着多种不同的结构。在福楼拜的手稿里(正如在普鲁斯特的手稿里一样),两种发展类型互相竞争,即词汇类型和意义类型,体现在题材和故事方面。接着便是批评分析阶段,批评家采用的方法有"超验解读法"(lectures transcendantes)和"内在解读法"(ou immanentes)。"与作品研究相比",利用超验解读法,"生成研究可以揭示更复杂多样的倾向和可能性、更广泛的结构形式,直至模糊、似是而非和难以确定等情况"。文本不仅表现为多种层次,还表现为多种"类型",因此还要借助于体裁分析。至于意义方面,草稿的解读具有"否定、揭示和肯定"等功能,福楼拜的《厨娘埃罗狄亚斯》(*Herodias*)就充分证明了这一点。题材问题显示,内在解读最微妙。草稿告诉我们,一个题材可以在定稿之前完全消失,远非人们想象的那样,题材与作家自始至终"休戚与共",唇齿相依。那么有必要通过草稿来撰写题材史吗?是在初稿中还是在诸多修订稿抑或最后的定稿中选取题材呢?难道并存着"虚无缥缈的第一题材研究"和"第二题材研究即结构题材研究"吗?是的。生成学既要研究历程,也要研究结构。对于一部小说而言,主题即可决定它的演变过程,然而"叙述结构的演变则一半取决于对创作总体的思考,另一半则与具体细节,有时甚至是风格方面的细节的考虑和虚构密切相关"。微观影响宏观。因此,要"放弃渐进思想"。市民小说风行一时,旋即衰落。"跳跃性质变的进化思想无疑比渐进性量变的进化思想更正确"。福楼拜的不同稿本导致"文本全部结构的变更"。因此,很难撰写"一部文稿持续不断的发展史",只有"重新组合结构才能清楚地了解变化情况"。

在总结生成学与诗学的关系时,雷蒙德·德布雷-热奈特强调前者对后者没有破坏作用,但是生成学"更多地削弱了正式文本可能给予人们的信念,而不是肯定了这一信念。它突出了变化……和变化体系"。而草稿诗学则可以充分考虑作家们之间的差异、同一作家不同阶段的差异和作品之间的差异,系统介绍变化情况,展示从任意性向结构性的转化过程。

删节的类型学

既然一定要把若干手稿作家、若干读者兼编辑的经验放在一起比较,那么收集一下几位专家的意见不啻是件好事。雅克·珀蒂(Jacques Petit)为七星诗社书库编辑过巴尔贝·多尔维里(Barbey d'Aurevilly)、朱利安·格林(Julien Green)和弗朗索瓦·莫里亚克等人的作品,提出了一套删节理论(《修改稿中的大变动——关于格林和莫里亚克手稿的说明》,见《文学月刊》,1977年12月号)。这套理论以作家们的经验和朱利安·格林的下述重要见解为依据:"最不经心的读者,在阅读任何一部小说时,都不会不跃跃欲试,构筑自己心目中的小说,其材料就散布在他眼前的书卷之中。"这部潜在的支离破碎的"小说"来自"删节",来自"红线"。应当按长度和日期(当时改的或后来改的)把删节线分分类:它们删掉了一个"完整段落"还是未写完的段落?

一个序列还是一句话？其次，被删除的内容之间存在着有机的联系，只有那些重要的删节才能从某种意义上不约而同地使文本面目一新，使情节面目一新，例如莫里亚克的《命运》(Destins)。作家删掉了地理和历史方面的细节描写，增加了暗喻《费德尔》(Phèdre)的神秘气氛。删节的理由可能来自潜意识（如格林），或者出于纯粹的技术考虑，或者时代的趣味使然。初稿给人的印象是自由性较大，因为作家"知道删削是不可避免的"。莫里亚克删掉了《蝮蛇结》(Le Noeud de vipères)的所有过渡段，旨在营造一种"气喘吁吁的节奏"；解释某小说标题的一句话也消失了。然而"被删除的内容犹如背景一样，作品永远不可能彻底摆脱它的影子"。有些场景"既至关重要，又不能保留"，写作之初就意味着将要被忍痛割爱。甚至还有"先于文本的删节，即思想上的删节"，而草稿的某一句话保留着它们的痕迹［珀蒂没有引述朱利安·格拉克(Julien Gracq)的例子。格拉克曾披露，整个《锡尔特海岸》(Le Rivage des Syrtes)是按照小说结局时将发生一场战斗而构思的，这场战斗后来从文稿中消失了，或者可能就没有写出］。"如果我们研究文本结构［如《残骸》(Epaves)］或文字功底（如《蝮蛇结》），就会视被删之物为废料。然而在这里，它要求我们去解读它。如果删节发生在撰写过程之中，它的揭示意义就愈大"。和巴尔扎克一样，格林废弃了不少小说开头，他谓之曰"废墟"。这种现象在莫里亚克那里也发生过。格林被某种顽念缠绕时犹如瘫痪一样，只有重写一段开头或一段故事才能摆脱这种惨状。莫里亚克则从以前的手稿里"寻找一部新小说的开头"。被删内容的多重意义和活力显示了它们的丰富性。因此，了解被删内容，公开解读它们是很重要的。或者说，在其他文本的昭示下，重新发现某一源泉的艰涩之处，在其他作品曲折情节的掩映下，解读无情而又清晰的原稿，是很重要的。后来作家在风格方面精雕细刻，把这部分内容掩盖起来。皮埃尔-乔治·卡斯泰(Pierre-Georges Castex)证实维利埃·德·里勒-亚当具有极其自然的戏剧天赋，他擅长于从某一内核生发出许多曲折的情节来，然后加以删节，使情节的"线索达到精炼的程度；描述、风景、人物塑造及分析，全是后来加上去的"［1954；后收入卡斯泰的《小说的境界》(Horizons romantiques)一书，1983］。如果我们读维利埃的作品，总会回到他的戏剧源泉上来。

草稿内容的精神分析

除却编辑们耐心细致、默默无闻、长年累月的案头工作之外，所有的批评方法都适用于草稿，批评界通常则偏重于技术分析。初稿和删节部分似乎在呼唤着精神分析学、潜意识的言语和检查等概念。于是有人研究了"文前评介中的潜意识活动"(见《文学月刊》,1983 年 12 月号)。贝勒曼-诺埃尔写道："关于日常文笔的精神病理学研究，将会轻而易举地发现写作和说话一样容易犯错误。"福楼拜在《圣于连的传说》(*La légende de saint Julien l'Hospitalier*) 的一份草稿中曾这样写道："你将害死你的父亲和父亲"(显然，父亲是"母亲"的笔误)，表现了居斯塔夫对父亲的俄狄浦斯情结。轮廓的勾勒足可以揭示"意识活动的历程"。雅克·珀蒂以格林为例。除了笔误之外，格林不停地又写又涂。于是珀蒂支持这样一种观点：文前评介显示"作家正在消失，他在删节原稿的同时也在删除他自己"。作家磨钝自己幻想的锐角以避免"冒犯读者"，避免"以分析家的身份对待读者"(贝尔曼语)。其实弗洛伊德早就说过：神经病人的幻想是排他的，而艺术家的幻想则恰恰相反。我们觉得，生成研究正好突出了从非文学性的狂暴向艺术的超脱的转化过程。我仅举孔布雷那个"使人能够感觉到虹膜的小木屋中"的历次手淫场面为例，最后定稿的场面写得最隐晦，因为作家不应从文本中寻求(试想想阿波利奈尔致娄女士以及乔伊斯给他妻子的信)文学范围以外的满足。

生成批评与版本

怎样才能使广大读者——而不仅仅是研究人员，他们有权出入图书馆的手稿珍藏室，接触私人收藏家和手稿商——接触草稿、手稿、打印稿和清样呢？最可靠最令人激动的方法，莫过于影印。保尔·瓦莱里的笔记(29 卷，由法国科研中心出版)和《年轻的命运女神》就采用了影印的方法。但是，它们都不是一种版本。读者面对一大堆资料，不知从何入手，有时干脆就欣赏不了作家们的书法。因此，各国都确定了一套缮写程序，由不同组织负责，出版不同的刊本(在巴黎，由国家科研中心现代文本及手稿研究所负责①)。任何誊写程序尚未获得一致赞同从而废弃其他方法。然而,这是一个技术问题,利用计算机做有效处理也是一个技术问题[见《程序化与人的科学》(*Programmation et Sciences de l'homme*)一书,师范大学,1978年5月出版]。对我们而言,重视若干初稿、梗概和不同稿本的批评版本的大量出现②是一件极其重要的事。恕不一一赘述,在此仅指出巴黎国家印书局出版的"法国文学"丛书。该丛书由皮埃尔-乔治·卡斯泰和皮埃尔·比热任文学主任的七星诗社书库联合主编(1977—1983年已出版26卷)。这套丛书始于1931年,如今不再满足于出版小本的《全集》,而增加了批评工具,资料部分有时几乎占去书卷内容的三分之一。例如由玛丽-克莱尔·邦卡尔编辑的阿纳托尔·法朗士的著作、由克罗德·皮舒瓦(Claude Pichois)编辑的科莱特的著作以及由伊夫·库瓦罗(Yves Coirault)编辑的圣-西门(Saint-Simon)的著作等。1976年,皮埃尔-乔治·卡斯泰推出了《人间喜剧》的宏大版本。他列举了这一工程的下述特点:"博大的评论部分"、恢复了通常被出版社摈弃的巴尔扎克的全部前言、每部小说的文本提要和不同稿本的内容选登。批评版本还附有生成批评所需要的资料索引,如"出版说明、广告或广告文章、时代的勾陈、出版合同、无名氏序或出版社的告读者书、由巴尔扎克授意创作未署巴尔扎克之名的作品"。这些属于外部资料。内部资料则包括:"被放弃的小说开头,有些竟全部废弃,被涂抹得一塌糊涂;断断续续的小说梗概;被废弃的情节发展部分;被弃之不用的前几稿;被判死刑的结论部分或流产的后续部分;重新使用已有文稿的原始说明。"这样,尽管把不同稿本全部编辑出版的奢望不可能实现,我们已经可以"了解作家创作的各个阶段"。批评家应选择"重要的增删部分、被从正式版本中抹去的章节划分、人物身份、地理位置、街道名称、编年顺序、年龄、数字的更改、意义评价方面的差别"等,而忽视"纯粹形式方面的区别"(马拉美或波德莱尔的编辑们未能拥有丰富的资料,乐于连形式方面的改动一起收入批

---

① 国家科研中心的《现代手稿描述标准》(*Le Standard descriptif pour manuscrit moderne*)允许描写手稿,但不得出版。——原注

② 由阿歇特出版社编辑出版的法国大作家丛书计划收入1862年(德·塞维涅夫人、高乃依、马莱尔博)至1960年间的法国大作家。共出十七位作家后中止,其中圣·西门的文集洋洋大观,达41卷(1879—1930)。这套丛书提供了非常完整的批评工具,如帕斯卡尔文集包括14卷(1904—1914),在让·梅斯纳尔(Jean Mesnard)编辑的新版本面世前,仍然具有权威性。——原注

评版本)。

　　生成研究必不可少的重大举措中还应该包括通信集的编辑。为此根据需要成立了若干专门的机构,如索邦大学由 M.昂布利埃-法尔饶(M. Ambrière-Fargeaud)领导的 19 世纪的通信集编辑中心。已经出版或者正在等待英俊的(或不英俊的)王子去唤醒睡美人的大部头的通信集很多,而且经常因为经费短缺,编辑的速度很慢,还迫使编辑们不得不忍痛割爱,例如由罗歇·皮埃罗(Roger Pierrot)编辑的巴尔扎克的通信集(共 5 卷,1809—1850)、由乔治·吕班编辑的乔治·桑的通信集(已出版 19 卷,1812—1866)、由菲力普·科布编辑的普鲁斯特的通信集等。由奥斯汀(Austin)编辑的马拉美的通信集、由莱格(Leigh)编辑的卢梭的通信集、由贝斯特曼(Besterman)编辑的伏尔泰的通信集[法文部分由德洛弗尔(Deloffre)接编]等也即将杀青。

　　我们的时代,特别是我们的科学批评和大学对生成研究的浓厚兴趣值得我们探讨它的根源。首先要归因于人们对未完成状态、对"开放性作品"、对多重意义分离形式和流动结构等现代气息的向往。其次,我们想到了穷根溯源的梦想,这一梦想掀开了萨特关于福楼拜的计划——《家庭的白痴》,这一计划后来未能完成。第三,批评界大概觉得已经研究过所有作家,尝试过所有方法,于是投身于这块被埋没的土地,投身于文学地球仪上的空白区域,如"文前评介"、草稿、轶稿等;大众丛书的成功又进一步助长了这种倾向。这里,我们看到了历史与结构、主体与客体之间的往复运动,这是现代思想的特征之一。

　　因此,当我们结束生成批评这个章节时——关于生成批评,我们仅限于介绍法国的情况——愿意重申 1971 年我们就马塞尔·普鲁斯特的笔记所阐明的意见[《普鲁斯特的见证》(*Proustiana*),帕杜出版社,1973]。作家们的白描犹如画家的素描一样,不仅对了解未来作品的形式和意义具有启示作用,而且显示了它们自身的美,它们更朴素,更原始,更容易接读。另外,对于生成的了解使我们在最后解读作品的结构和定稿时不致误入歧途。长期以历史研究为主的文学批评走上了另一个极端。历史似乎走上了这么一条路:无产阶级致力于博学研究,而贵族则更钟情于阐释。其实,批评家如果忽视对轶作、书信以及作品历史的耐心细致的研究工作,就很可能迅速走上某些管风琴高手的道路,事倍功半,即兴演奏用去一场音乐会的时间。相反,缺乏阐释的生成研究也不够。普鲁斯特的作坊为了解一位伟大作家的创作,了解他的思想、虚构和视野的进展,提供了不同寻常的机会。而这些绝不限于了解一位作家。犹如《追忆逝水年华》是整个法国文学的缩影一样,普鲁斯特轶作中那些意味无穷、变幻莫测的隽永篇章,揭示了文学创作的条件。除了文献学家的关注之外,一个接纳创作过程胜于完成作品、开放型作品胜于封闭型完美佳作、读者的参与意识胜于作家意志的时代,大概正体现在这种由意象、人物和词汇等语言形式组成的巨型拼图之中,体现在这种又拼又拆以致无穷的游戏之中。

结束语　大海和贝壳

20世纪文学批评的首要特征是对作品的内在规律和外部规律的执著的探讨。学者们从漫漫历史中相继探讨了社会、集体潜意识或个体潜意识以及语言结构的意义,试图对文学作出解释:文学与读者是一种社会存在;作家们日以继夜地用他们的生花之笔展示社会,描述社会的行为和事实,其目的并非一定要改造社会。学者们相继运用各种人文学科,苦心孤诣地建立一门文学科学。

20世纪文学批评的另一特征,是对形式、符号、技巧的热衷。批评家们把作品当做一种语言、一个长句、一种符号体系来分析,把诗、小说、自传分解为一个个诗句、一个个人物、一个个声音和一个个意义单位。诗学则推出了一些高度概括性的概念,使人们能够对各种体裁及其分支一览无余。在这一巨大的发展中,高等院校无疑发挥了很大的作用。20世纪60年代高校人数的增加促使研究、博士论文、理论和学术会议的数量随之增长。涉及每个作家、每一题材、每种体裁的藏书数量都大幅度增长,而登记、复制和借阅手段的现代化,从微缩卡到资料库的建立,都大大方便了读者。计算机的屏幕上,可以显示出地球另一端的博士论文。很快,批评界将面临作家匮乏的危机,因此,大学把研究的目光已经瞄准了由老到幼的当代作家,因此,某些新兴文学的价值增加得过快,它们刚刚诞生,就有人迫不及待地为它们编写历史。

同时,艺术评论家、博物馆和文学批评家都把目光紧紧盯着现代艺术和文学前沿阵地的发展变化,某些人"深入陌生之地,追求新颖",于是许多使作品"解体"的流派应运而生。它们(追随莫里斯·布朗绍已经不算新颖的说教)展示作品的无可奈何,突出作品的内部矛盾,宣称作品正是这种斗争的反映。

所谓的"解构主义"批评潮流,反映了思想和理论输出及嫁接的一种奇特现象。这一学派完全以雅克·德里达的哲学思想为基础[《传播学》(*La Dissémination*),瑟伊出版社,1972;《哲学的边缘地带》(*Marges de la philosophie*),子夜出版社,1972;《加利莱的末日》(*Glas, Galilée*),1974;《绘画中的真实》(*La Vérité en peinture*),弗拉马里翁出版社,1978;《从苏格拉底到弗洛伊德及其以后的明信片》(*La Carte postale de Socrate à Freud et au-delà*),奥比耶-弗拉马里翁出版社,1980],没有在法国交好运,却在美国大大地发展起来,特别受到耶鲁大学和约翰·霍普金斯大学(巴尔的摩州)的青睐。其代表人物主要有:保罗·德·曼[Paul de Man,《解读的寓意:卢梭、尼采、里尔克以及普鲁斯特的形象语言》(*Allegories of Reading: Figural Language in Rousseau, Nietzsche, Rilke, and Proust*),1979]、杰弗里·哈特曼[Geoffrey Hartman,《解构与批评》(*Deconstruction and Criticism*),伦敦,劳特利奇与基根·保罗出版社,1979]、巴巴拉·约翰逊[Barbara Johnson,《诗歌语言的形象解析》(*Défigurations du langage poétique*),弗拉马里翁出版社,1979]、J.希利斯·米勒[J. Hillis Miller,《虚构与重复:七部英国小说》(*Fiction and Repetition: Seven English Novels*),牛津,布莱克韦尔出版社,1982]。哈罗德·布卢姆(Harold Bloom)曾经长期与该流派合作,如今转而猛烈地攻击它[《论争》(*Agon*),1982]。

  解构主义以文本为研究对象,置作家及故事情节于不顾,似乎也和形式主义者、诗学家、批评家一样,首先把修辞学应用于文学之中。然而其目的却意在说明编织文本的全部修辞手段显示着明显的矛盾:修辞法与文本南辕北辙。按照保罗·德·曼的说法,文本表明理性与修辞之间存在着冲突,而批评本身亦无法逃避这一规律;批评家永远都不可能达到澄明的真实境界,也许盲视才能看得更清楚。保罗·德·曼论及普鲁斯特和解读的寓意时,竭力证实孔布雷读书场面中的隐喻显示了内部生活与外部生活、形象思维与感知之间的斗争。他声称普鲁斯特的实践与理论格格不入,结论部分矛盾百出,从而把我们推向一个疑难之处。同样,分散的换喻瓦解了隐喻的统一和完整(这使我们想起了雅各布森和热奈特的思考,然而作者的意思大概是反其义而用之)。总之,作者的目的总是"分解"形式的统一性、结构与意义的完整性。对结构的这种怀疑态度——这种怀疑态度在欧洲表现为另一种形式——不属于科学,而属于假设范围——怀疑主义是一种信仰行为。保罗·德·曼在解读《社会契约论》(*Le Contrat social*)时,肯定作品与外部的政治社会无关,而仅仅影射作品自身的结构、自身的修辞规约和修辞手法①。语言在这一结构中犹如"法律文本"和"条文",正如国家是一个概念明确的实体和行为准则一样,稳定而有活力。如果说《忏悔录》宽恕了忏悔者,那么从一开始它就使忏悔行为变得令人生畏。作品在追求真理的过程中,毁坏了它自身,成为纯粹的修辞游戏。卢梭以奇异的故事代替了真诚的自传,使自己的作品沦为一部小说或者一部语法书。正如克里斯托弗·诺里斯(Christopher Norris)指出的那样,解构主义归根结底是一种"专为思想设置障碍"的技术,也是一种论据冗繁的非常肤浅的解读方式。没有论据,解构主义就难以自圆其说。当解构主义把怀疑编织得有板有眼,暂时中止对作品意义的信仰,认定作品是自相矛盾的混合体时,它不可能创造出任何新的意义,只是徒劳地寻问:"这到底是怎么回事?"例如,他们可以说《失而复得的时光》与《追忆逝水年华》的其他部分大相径庭或者背道而驰。

　　J.希利斯·米勒断定语言材料的重复,作为隐喻,表达着与直线型叙述和直线型故事所不同的意义,并据此完成了关于七部英国小说的论著《虚构与重复》。应该说,他的意见不是没有根据的。这些重复现象从内部结构着作品并决定了作品与外部的关系,如与作家的生活和其他作品的关系、与神话的关系等。那么如何准确地理解重复现象呢?读者要有接受同一作品中的"异质形式"和"无机现象"的心理准备。重复可能是模仿,也可能是差异。这两种重复形式之间的关系对非矛盾性的逻辑原则提出了挑战,因为它们是互相排斥的,而作者同时肯定了两者的真实性(如普鲁斯特作品中的有意识记忆和无意识记忆)。解读时则要展示两个不可调和的形式的共存现实。按照解构主义的说法,这种语言中不能再使用"或者……或者……"的句型,也不能再使用"不……也不……"的句型。然而,作为结构主义的继承人,希利斯·米勒希望了解某作品的全貌。文学批评对文学的奇特现象非常敏感,不应该忽视作品中违反规律的地方,我们时代的人文科学非常重视异常现象。每个细节都很重要,然而正如结构主义所主张的那样,这并不意味着这一细节与和谐统一的整体密切相关。不管是作家的意识,还是作品,都不可能统一。那么从语言角度,希利斯·米勒肯定地说,我们将关注异质现象。归根结底,他的批评与保罗·德·曼的批评一样,也属于修辞学方面的批评,由许多具体的"解读"构成。并非因为读者的

---

① 见 Ch. 诺里斯:《解构主义》(*Deconstruction*),第 107 页。

不同就产生了矛盾,矛盾根植于文本之中。

和我们时代的所有理论与实践一样,解构主义也立即拥有了自己的史学家和评论家。他们是诺里斯、卡勒(Culler)、伊格尔顿和布卢姆。①

危机是我们时代的主题和形式之一。危机呼唤着批评的危机,呼唤着把作品当做内部危机的解读方式。耶鲁大学教授哈罗德·布卢姆指责解构主义的支持者们,特别是语言解构主义的信徒们把语言当神一样来信奉。他声称,语言之神并不比意象之神高明[《影响的焦虑》(*The Anxiety of Influence*),1973;《一张谬误图》(*A Map of Misreading*);《论争》等]。这位批评家把批评史和诗史看做是一场永久的斗争,一种"论争",似乎每个作家对他的前辈都怀有一种俄狄浦斯情结,如同柏拉图对待荷马那样,向他们斗争以创作出新的作品。此外,布卢姆认为文学批评可以上溯到阿里斯托芬的喜剧,这一观点确实反映了《蛙》的实际情况。然而他的奇谈怪论还是达到了高峰,直到视批评家为散文诗人,而视诗人为弄诗的批评家,一反"新批评主义"的主张,真正为主体性恢复了名誉。

于是我们发现了这样的现象:试图把艺术、历史和主体从文学批评中驱逐出去的做法适得其反,它们反而倏忽而至。按照弗洛伊德的说法,"逆反"是一种普遍现象。对某种方法的留恋不舍、对新理论的浓厚兴趣、研究计划的迅速夭折、意识形态的激烈争论等,在我们时代的伟大作品面前,都显得无足轻重。翻开马里奥·普拉兹(Mario Praz)那令人赏心悦目的著作《回顾:文学与视觉艺术之比较》(*Mnemosyne: The Parallel between Literature and the Visual Arts*,普林斯顿大学出版社,1970;法文译本,萨尔维出版社,1986),没有任何理论导语,然而作者对他的主题和诸多议题了如指掌。他关心形式的生命,把文学与视觉艺术聚集在几大类型之下,如"诗中有画"、"时间揭示真实"、"纷杂材料中的结构的同一性"、"和谐与(蜿蜒的)曲线"、"弧线与贝壳"、"天体结构、微生物结构和光学结构"、"空间与时间的互相渗透"等。也许应该回到语言之外的其他艺术形式带给我们的乐趣,才能更好地理解文学,还文学敏感细腻的真面目,才能把富有生命活力的形式和意义

---

① J.卡勒:《论解构》(*On Deconstruction*);T.伊格尔顿:《文学理论》,第四章;H.布卢姆:《修订与批评家的人格》,见《论争》一书;Ch.诺里斯:《解构主义,理论与实践》。——原注

带给读者。愿我们谈论过的著作能够反映到我们的风格中来,愿批评像艺术一样,在追求真实的历程中接受科学之外的其他途径,愿微小的贝壳留住大海的涛声。

外国人名译名对照表

Abraham Karl	亚伯拉罕
Adorno Theodor	阿多诺
Alain	阿兰
Albouy Pierre	皮埃尔·阿尔布伊
Alfieri Vittorio	阿尔菲耶里
Ali	阿里
Allais Alphonse	阿尔封斯·阿莱
Althusser Louis	阿尔都塞
Ambrière-Fargeau Madeleine	昂布利埃尔-法尔饶
Amiel Henri-Frédéric	阿米尔
Andersen Hans Christian	安德森
Andler	昂德莱
Antoine Gérald	热拉尔·安东尼
Apollinaire Guillaume	纪尧姆·阿波利奈尔
Apulée	阿普列尤斯
Aragon Louis	路易·阿拉贡
Arioste L'	阿里奥斯托
Aristarque	雅里士塔尔克
Aristophane	阿里斯托芬
Aristote	亚里士多德
Arnim Achim von	阿尔尼姆
Aron Jean-Paul	让-保尔·阿隆
Arrivé Michel	米歇尔·阿里韦
Aubigné Agrippa d'	多比涅

Audiat Pierre	皮埃尔·奥迪亚
Auerbach Erich	埃里希·奥尔巴赫
Austen Jane	简·奥斯汀
Austin Lioyd	奥斯汀
Ayda	阿伊达
Bachelard Gaston	加斯东·巴什拉尔
Bailly Charles	夏尔·巴伊
Bakhtine Mikhaïl	米哈伊尔·巴赫金
Baldwin Charles S.	查尔斯·鲍尔温
Balzac Honoré de	巴尔扎克
Bancquart Marie-Claire	玛丽-克莱尔·邦卡尔
Barbéris Pierre	巴尔贝利斯
Barbey d'Aurevilly	巴尔贝·多尔维利
Barrès Maurice	巴雷斯
Barthes Roland	罗兰·巴特
Bataille Georges	乔治·巴塔耶
Baudelaire	波德莱尔
Baudouin Charles	夏尔·博杜安
Baudouin de Courtenay Jean	博杜安·德·库特内
Baudry Jean-Louis	鲍德里
Beaujour Michel	米歇尔·博儒尔
Becker	贝克尔
Beethoven Ludwig van	贝多芬
Béguin Albert	阿尔贝·贝甘
Bellay Joachim du	迪·贝雷
Bellemin-Noël	贝勒曼-诺埃尔
Bellour Raymond	雷蒙·贝鲁尔
Benjamin Walter	瓦尔特·本雅明
Benveniste Emile	本弗尼斯特
Berelson	贝雷尔森
Bernanos Georges	贝尔纳诺斯
Bernard saint	圣·贝尔纳
Bernardin de Saint-Pierre	贝纳丹·德·圣-皮埃尔

Bernier	贝尼埃
Bernin Le	勒·贝尔南
Besterman Theodore	贝斯特曼
Bettelheim Bruno	贝特尔海姆
Binet Alfred	比内
Blake William	布莱克
Blanchot Maurice	莫里斯·布朗绍
Blin Georges	乔治·布兰
Bloom Harold	哈罗德·布卢姆
Bloomfield	布卢姆菲尔德
Bloy Léon	布鲁阿
Boase A. M.	博厄斯
Boccace	薄伽丘
Body	博蒂
Bonaparte Marie	玛丽·波拿巴
Bonnefoy Yves	博纳夫瓦
Booth Wayne C.	韦恩·C.布思
Borges Jorge Luis	博尔赫斯
Bouillier Henry	亨利·布伊利耶
Bourdieu Pierre	皮埃尔·布尔迪厄
Bourges Elémir	埃莱米尔·布尔热
Bourget Paul	保尔·布尔热
Bray	布雷
Brecht Bertolt	布莱希特
Brenner Jacques	雅克·布雷奈
Brentano Clemens	布伦塔诺
Breton André	安德烈·布勒东
Brik Ossip	布利克
Brombert Victor	维克多·布隆贝
Brunel Pierre	布吕奈尔
Brunet Etienne	艾蒂安·布律内
Brunetière Ferdinand	布伦蒂埃
Bruno Giordano	布鲁诺
Brunot Ferdinand	布律诺

Buge Pierre	皮埃尔·比热
Bunyan	布尼安
Bureau Conrad	康拉德·比罗
Butor Michel	米歇尔·布托尔
Byron	拜伦
Caillois Roger	罗歇·卡尤瓦
Calderon	卡尔德隆
Camus Albert	阿尔贝·加缪
Carco Française	弗朗西斯·卡尔科
Carnap Rudolf	鲁道夫·卡纳普
Cars Guy des	居伊·德·卡尔
Carus	卡鲁斯
Cassirer Ernst	欧内斯特·卡西雷尔
Castex Pierre-Georges	卡斯泰
Céline	塞林纳
Cellier L.	塞利耶
Cervantès	塞万提斯
Char René	勒内·夏尔
Charles Michel	米歇尔·夏尔
Chateaubriand	夏多布里昂
Chaucer Geoffrey	杰弗里·乔叟
Chénier André	安德烈·谢尼埃
Chklovski Victor	什克洛夫斯基
Chomsky Noam	乔姆斯基
Chuzeville Jean	让·舒泽维勒
Cicéron	西塞罗
Citron Pierre	皮埃尔·西特翁
Clancier Anne	安娜·克朗西埃
Claudel Paul	保尔·克洛代尔
Cocteau Jean	让·科克托
Cohen Jean	让·科恩
Cohn Dorrit	多里特·科恩
Coirault Yves	伊夫·库瓦罗

Coleridge	柯尔律治
Colette	科莱特
Compagnon Antoine	安托万·孔帕尼翁
Conrad Joseph	约瑟夫·康拉德
Copernic Nicolas	哥白尼
Coquet J.-C.	科凯
Corbière Tristan	特里斯唐·科比埃
Corneille	高乃依
Corti José	约泽·科尔蒂
Courtès J.	库尔泰斯
Croce Benedetto	贝·克罗齐
Crouzet Michel	米歇尔·克鲁泽
Culler Jonathan	卡勒
Curtius Ernst-Robert	欧-罗·库尔蒂斯
Cyrano de Bergerac	西拉诺·德·贝尔热拉克
Dante	但丁
Daudet Alphonse	阿尔封斯·都德
Dawson Christophe	克里斯托弗·道森
Debray-Genette Raymonde	雷蒙德·德布雷-热奈特
Dedeyan C.	德代杨
Defoe Daniel	笛福
Delas Daniel	达尼埃尔·德拉斯
Delay Jean	让·德莱
Deleuze Gilles	吉尔·德洛兹
Delille	德利尔
Deloffre Frédéric	德洛弗尔
Derrida Jacques	德里达
Descartes René	笛卡尔
Desoille	德祖瓦伊
Detienne	德蒂埃纳
Dickens Charles	狄更斯
Diderot	狄德罗
Didier Béatrice	贝·迪迪埃

Diez Friedrich	弗·迪耶兹
Dilther Wilhelm	威廉·狄尔泰
Dort Bernard	贝尔纳·多尔
Dos Passos John	多斯·帕索斯
Dostoïevski	陀思妥耶夫斯基
Doubrovski Serge	杜勃罗夫斯基
Doyle Conan	科南·多伊尔
Du Bos Charles	夏尔·杜博
Du Bouchet André	杜·布歇
Duby Georges	乔治·杜比
Duchet Claude	克洛德·杜歇
Ducrot Oswald	奥斯瓦尔德·杜克罗
Dumarsais	杜马尔塞
Dupin Jacques	雅克·杜潘
Durand Gilbert	吉尔贝·杜朗
Duras Marguerite	玛·杜拉斯
Durkheim Emile	埃米尔·杜克海姆
Durry Marie-Jeanne	玛-让·杜里
Duvignaud jean	让·杜维尼奥
Eagleton Terry	伊格尔顿
Eco Umberto	埃科
Ehrenbourg Ilya	艾伦堡
Eichendorff Joseph von	艾兴多夫
Eikhenbaum Boris	艾亨鲍姆
Eisenstein Serguëi	爱森斯坦
Eliot George	乔治·艾略特
Eliot T. S.	托·斯·爱略特
Eluard Paul	保尔·艾吕雅
Emerson Ralph	爱默生
Empson William	威廉·燕卜逊
Engels Fridrich	恩格斯
Erlich Victor	维克多·埃尔利克
Escarpit Robert	罗·埃斯卡尔皮

Eschyle	埃斯库罗斯
Etiemble René	勒内·艾金伯勒
Euripide	欧里庇得斯
Fargue Léon-Paul	法尔格
Faulkner William	威廉·福克纳
Febvre Lucien	吕西安·费弗尔
Fejes Endre	恩德雷·费伊斯
Fernandez D.	多·费尔南德斯
Fénelon	费讷隆
Fielding Henry	亨利·菲尔丁
Filliolet Jacques	雅克·菲利奥莱
Flammarion C.	卡·弗拉马里翁
Flaubert Gustave	福楼拜
Fleming Ian	伊恩·弗莱明
Focillon Henri	亨利·福锡荣
Fondane B.	邦·丰塔纳
Fontanier	丰塔尼埃
Forster E.-M.	福斯特
Foucault Michel	福柯
France A.	阿·法朗士
Frank Bernard	贝尔纳·弗朗克
Frege Gottlob	弗雷格
Freud Sigmund	弗洛伊德
Friedrich Hugo	弗里德利希
Fromentin Eugène	欧仁·弗罗芒坦
Frye Northrop	诺·弗莱
Fumaroli Marc	马克·福马洛利
Füssli	福斯理
Gagnebin Bernard	加涅班
Gauthier Théophile	泰·戈蒂耶
Genet Jean	让·热内
Genette Gérard	热拉尔·热奈特

Gide André	安德烈·纪德
Giono Jean	让·吉奥诺
Giraudoux Jean	季罗杜
Gluck	格吕克
Goethe	歌德
Gogol Nicolas	尼·果戈理
Goldman Lucien	吕西安·戈德曼
Goncourt E. et J. de	龚古尔兄弟
Gorki	高尔基
Gothot-Mersch C.	克·戈托-梅尔什
Gourfinkel N.	古凡盖尔
Gourmont Remy de	雷·德·古尔蒙
Gracq Julien	于连·格拉克
Grammont	格拉蒙
Green Julien	朱利安·格林
Greimas A.-J.	格雷马斯
Grimm Jacob	雅各·格林
Grotzer Pierre	皮·格罗兹
Guèrin Maurice	莫·盖兰
Guillemin Henri	亨利·吉耶曼
Guillevic Eugène	吉耶韦克
Guilloux Louis	路易·吉尤
Guiraud Pierre	皮·吉罗
Gundolf Frédéric	贡道尔夫
Hahn Reynaldo	雷纳尔多·哈恩
Hamon Hervé	埃尔韦·阿蒙
Hamon Philippe	菲力普·阿蒙
Hardy Thomas	托马斯·哈代
Hartman Geoffrey	杰弗里·哈特曼
Havránek	哈弗拉奈克
Hegel Georg	黑格尔
Heidegger Martin	海德格尔

Heine Heinrich	海涅
Hemingway E.	欧·海明威
Henriot Emile	埃米尔·昂里奥
Herder Johanne	赫尔德
Hervier Julien	于连·埃尔维耶
Hesse Hermann	赫尔曼·黑塞
Hillis Miller J.	希利斯·米勒
Hjemslev Louis	耶仁姆斯莱夫
Hoelderlin F.	弗·霍尔德林
Hoffmann	霍夫曼
Hofmannsthal	霍夫曼斯塔尔
Holenstein Elmar	埃·奥朗斯坦
Holmes Sherlock	谢·福尔摩斯
Homère	荷马
Hopkins G. M.	霍普金斯
Horkheimar	霍克海默
Hugue Victor	维·雨果
Humboldt Alexander von	亚·洪堡
Ingarden Roman	罗曼·英加顿
Iser Wolfgang	沃尔夫冈·伊泽尔
Jaccottet Philippe	菲·雅科泰
Jakobson Roman	罗曼·雅各布森
Jaloux Edmond	埃德蒙·雅卢
James Henry	亨利·詹姆斯
Jarry Alfred	阿尔弗雷德·雅里
Jauss Hans Robert	汉·罗·尧斯
Jean-Paul	让-保尔
Jensen Johannes	杨森
Johnson Barbara	巴巴拉·约翰逊
Jolles André	安德烈·若利斯
Jones	琼斯
Jourdan Henri	亨利·儒尔当

Journet	儒尔奈
Joutard Philippe	菲力普·儒塔尔
Jouve Pierre Jean	儒弗
Joyce James	詹·乔伊斯
Jozsa Pierre	皮·约兹萨
Jung Carl	荣格
Jünger Ernst	欧内斯特·荣格尔
Kafka Franz	卡夫卡
Kant Emmanuel	康德
Keller Luzius	卢·凯勒
Kemp Robert	罗·康普
Kibédi Varga A.	基比迪·瓦尔加
Kipling Rudvard	鲁·吉卜林
Kleist Heinrich von	克莱斯特
Klopstock F.	弗·克罗卜斯托克
Koestler	凯斯特勒
Kohler	霍勒
Köhler Erich	埃里希·柯勒
Kolb Philip	菲力普·科布
Koyré Alexandre	阿·科瓦雷
Kristeva Julia	朱莉娅·克里斯特瓦
Kuentz Pierre	皮埃尔·金兹
Lacan Jacques	雅克·拉康
Laclos	拉克洛
La Fayette Mme	拉·法耶特夫人
La Fontaine	拉封丹
Laforgue Jules	拉福格
Lafuma Louis	拉富马
Lamartine	拉马丁
Langlois	朗格鲁瓦
Lanson Gustave	居·朗松
Laplanche Jean	让·拉普琅什

Larbaud Valéry	瓦莱里·拉尔博
Larthomas Pierre	皮·拉尔托玛斯
Lautréamont	洛特雷阿蒙
Lavisse	拉维斯
Lawrence D. H.	劳伦斯
Leavis Q. D.	利维斯
Lebègue	勒贝格
Leclaire	勒克莱尔
Leconte de lisle	勒孔特·德·利尔
Lee	李
Leenhardt Jacques	雅克·利纳尔
Lefèvre Frédéric	弗·勒费弗尔
Lefranc Abel	阿·勒弗朗
Le Guern Michel	米·勒盖尔纳
Leibniz Wilheim	威廉·莱布尼茨
Leigh	莱格
Leiris Michel	米·莱里斯
Lejeune Philippe	菲力普·勒热纳
Leopardi Giacomo	列奥巴尔迪
Leroy-Ladurie E.	勒鲁瓦-拉迪里
Lesage	勒萨日
Lévi-Strauss C.	莱维-斯特劳斯
Liddell Robert	罗伯特·利德尔
Lotman Iouri	尤利·洛特曼
Lounatcharski A.	卢纳察尔斯基
Loyson-Bridet	卢瓦松-布里代
Lubbock Percy	珀西·卢伯克
Lubin Georges	乔治·吕班
Lukacs Georges	乔·卢卡契
Lyons	莱昂斯
Macherey Pierre	皮·马歇雷
Madelénat Daniel	达·马德莱纳
Magny Cl-Ed.	克-埃·马尼

Mahl	马尔
Maïakovski V.	弗·马雅可夫斯基
Malherbe	马莱伯
Mallarmé Stéphane	斯·马拉美
Malraux A.	安·马尔罗
Man Paul de	保罗·德·曼
Mandelstam Ossip	曼德尔斯塔姆
Mann Thomas	托马斯·曼
Mansuy Michel	米·芒絮伊
Manzoni	曼佐尼
Marc saint	圣·马克
Marcel Gabriel	加·马塞尔
Marcuse Herbert	埃·马尔库塞
Marin Louis	路易·马兰
Marini Marcelle	马塞尔·马里尼
Marivaux	马里沃
Martinet André	安·马蒂内
Marx	马克思
Massis	马西斯
Mathesius Vilém	维·马特齐于斯
Maupassant	莫泊桑
Mauriac Claude	克·莫里亚克
Mauriac françois	弗·莫里亚克
Maurois André	安·莫鲁瓦
Mauron Charles	夏尔·莫隆
May Georges	乔治·梅
Medvedev	梅德夫代夫
Melville Hermann	赫尔曼·梅尔维尔
Menninger A. -M.	安-玛·梅宁格
Mérimée Prosper	梅里美
Merleau-Ponty M.	梅洛-彭迪
Mesnard Jean	让·梅斯纳尔
Meyer-Lübke W.	迈耶-吕伯克
Meyrinck Gustav	居·迈林克

Michel Alain	阿兰·米歇尔
Michel Arlette	阿尔莱特·米歇尔
Michelet Jules	儒勒·米什莱
Miguet Marie	玛丽·米盖
Milly J.	米利
Milner Max	马克斯·米尔纳
Milosz	米罗兹
Milton John	约·弥尔顿
Minder	曼德尔
Miquel André	安·米凯尔
Misch Georg	乔治·米施
Mistral Frédéric	弗·米斯特拉尔
Mitterand Henri	亨利·米特朗
Moatti Christiane	克·莫阿蒂
Molière	莫里哀
Montaigne	蒙田
Montesquieu	孟德斯鸠
Montherlant Henry	亨·蒙泰朗
Moore Thomas	托·莫尔
Moré Marcel	马塞尔·莫雷
Moreau	莫罗
Moreux	莫勒
Morgan	摩尔根
Morier	莫里耶
Mornet Daniel	达·莫尔内
Morris Charles	查尔斯·莫里斯
Mounier E.	埃·穆尼埃
Mourot J.	穆罗
Mozart	莫扎特
Muir Edwin	埃德温·缪尔
Mukarovski	穆卡罗夫斯基
Musil Robert	罗·穆齐尔
Musset	缪塞
M'Uzan	穆阿赞

Nabokov	纳博科夫
Nadal Octave	奥克塔夫·纳达尔
Nadeau Maurice	莫·纳多
Nashe Thomas	托马斯·纳什
Nerval	奈尔瓦尔
Nicolas de Cues	尼·德·居斯
Nicholson M. H.	尼科尔森
Nietzsche F.	尼采
Nizan Paul	保尔·尼赞
Nodier Charles	夏尔·诺迪埃
Norris Christopher	克·诺里斯
Nourissier François	弗·努里西埃
Novalis	诺瓦利斯
Ors Eugenio d'	欧·德·奥尔斯
Ortega y Gasset	奥尔特加·伊·加塞特
Pascal	帕斯卡尔
Passy J.	帕西
Pasternak Boris	帕斯捷尔纳克
Paulhan Jean	让·保朗
Pavese Cesare	帕弗泽
Péguy Charles	夏尔·佩吉
Peirce Charles	查尔斯·皮尔斯
Pellerin Jean	让·佩尔兰
Perec Georges	乔治·佩雷克
Petit Jacques	雅克·珀蒂
Petitjean	珀蒂让
Pétrarque	彼特拉克
Pétrone	佩特罗纳
Philippe Ch. -L.	夏-路·菲力普
Piaget Jean	让·皮亚杰
Picard Raymond	雷蒙·皮卡尔

Picasso	毕加索
Pichois Claude	克·皮舒瓦
Picon Gaëtan	加埃唐·皮孔
Pierrot Roger	罗歇·皮埃罗
Pivot Bernard	贝尔纳·皮沃
Platon	柏拉图
Plaute	普劳图斯
Plett Heinrich	海因里希·普莱特
Plutarque	普鲁塔克
Poe Edgar	爱伦·坡
Poirot-Delpech B.	贝·普瓦洛-德尔佩什
Pomeau René	勒内·波莫
Pommier Jean	让·波米耶
Ponge Francis	弗·蓬日
Ponson du Terrail	蓬松·德·泰拉伊
Pope Alexandre	阿·波普
Pouchkine	普希金
Pouillon Jean	让·普雍
Poulet Georges	乔治·布莱
Praz Mario	马里奥·普拉兹
Prévost abbé	普雷沃教士
Propp Vladimir	弗·普洛普
Proust	普鲁斯特
Queneau R.	雷·科诺
Quevedo	克维多
Rabelais	拉伯雷
Racine	拉辛
Radeliffe Ann	安·拉德克利夫
Raimond Michel	米·雷蒙
Raine K.	雷恩
Raitt	雷特
Rambures J.-L. de	让-路·德·朗比尔

Ramuz Ch. F.	拉穆茨
Rank Otto	奥托·朗克
Rascliffe A.	安·拉德克利夫
Raymond Marcel	马·雷蒙
Reboul Olivier	奥利维埃·勒布尔
Reverdy Pierre	皮·雷弗迪
Ricardou Jean	让·里卡杜
Ricatte Robert	罗·里卡特
Richard J.-P.	让-皮·里夏尔
Richards I. A.	理查兹
Richardson	理查森
Ricoeur Paul	保尔·里科尔
Riffaterre M.	迈·利法泰尔
Rilke R. M.	里尔克
Rimbaud	兰波
Rivière Jacques	雅克·里维埃
Robbe-Grillet A.	罗伯-格里耶
Robert Guy	居伊·罗贝尔
Robert Marthe	马尔泰·罗贝尔
Romilly Jacqueline de	雅·德·罗米利
Ronsard	龙沙
Rosenstein	罗森斯坦
Rosolato	罗索拉多
Rotman Patrick	帕·罗特芒
Roupnel G.	鲁普奈尔
Rousseau A.	阿·卢梭
Rousseau J.-J.	让-雅克·卢梭
Rousseaux	卢梭
Roussel Raymond	雷·鲁塞尔
Roussel Jean	让·鲁塞尔
Rousset Jean	让·鲁塞
Rudler Gustave	居·吕德莱
Ruskin John	约翰·罗斯金
Russell Bertrand	贝特兰·罗素

Ruwet Nicolas	尼古拉·吕威
Sade	萨德
Saint-John Perse	圣-琼·佩斯
Saint-Simon	圣西门
Sainte-Beuve	圣伯夫
Sand Georges	乔治·桑
Sartre J.-P.	让-保尔·萨特
Saulnier V.-L.	索尔尼埃
Saumjan	索姆让
Saussure Ferdinand de	索绪尔
Scarron	斯卡隆
Schehadé Georges	乔治·舍阿德
Schelling	谢林
Scherer Jacques	雅克·谢勒
Schiller Friedrich	弗·席勒
Schlegel	施莱格尔
Schleiermacher F.	施莱尔马赫
Schmidt-Radefeldt	施米特-拉德菲尔特
Schubert	舒伯特
Schwob Marcel	马塞尔·施沃博
Scott Walter	沃尔特·司各特
Scudéry Mlle de	德·斯居代里小姐
Sébillot P.	塞比奥
Ségalen Victor	维克多·塞加兰
Seignobos Charles	夏·塞纽博斯
Sénancour	塞南古
Serres Michel	米·塞尔
Sévigné Mme de	德·塞维尼夫人
Shakespeare	莎士比亚
Simon Pierre-Henri	皮-亨·西蒙
Soljénitsyne	索尔仁尼琴
Sollers Philippe	菲·索莱尔
Sophocle	索福克勒斯

Souriau Etienne	艾蒂安·苏里奥
Spitzer Léo	施皮策
Stanfield	斯坦菲尔德
Stanislavski K.	斯坦尼斯拉夫斯基
Stanzel	史坦泽尔
Starobinski	斯塔罗宾斯基
Steiner G.	G.斯坦纳
Stendhal	斯丹达尔
Sterba E. et R.	斯特巴
Sterne Laurence	劳伦斯·斯特恩
Stravinski	斯特拉文斯基
Suleiman Susan	苏珊·苏莱曼
Supervielle Jules	儒·絮佩维埃尔
Swift Jonathan	斯威夫特
Tacite	塔西佗
Taine Hippolyte	伊·泰纳
Tasse Le	塔索
Tchekhov Anton	契诃夫
Tesnière	泰斯尼埃尔
Thackeray Wiliam	威廉·萨克雷
Therrien Vincent	樊·泰里岩
Thibaudet Albert	阿·蒂博代
Tieck Ludwig	路德维格·蒂克
Todorov Tzvetan	兹维坦·托多罗夫
Tolstoy Léon	列夫·托尔斯泰
Tomachevski	托马舍夫斯基
Tourgueniev Ivan	屠格涅夫
Troubetzkoy N.	尼·特鲁别茨科伊
Trousson	特鲁松
Troxler	特罗克斯莱尔
Truka	特鲁卡
Tuzet Hélène	埃莱娜·蒂泽
Tynianov Iouri	尤·蒂尼亚诺夫

Ubersfeld A.	阿·乌拜尔斯菲尔德
Uhland	乌兰德
Ushiba	乌什巴
Vachek	瓦谢克
Valéry Paul	保尔·瓦莱里
Van Gogh	凡·高
Verlaine	魏尔伦
Vernant J. P.	让-皮·韦尔南
Verne jules	儒勒·凡尔纳
Versini L.	韦尔西尼
Vesselovski	韦斯罗夫斯基
Veyne Paul	保尔·韦纳
Vial	维亚勒
Viala A.	阿·维亚拉
Viau Théophile de	泰·德·维奥
Vico Giambattista	维柯
Vierne Simone	西蒙娜·维埃尔纳
Vigny	维尼
Villey Pierre	皮·维莱
Villiers de l'Isle-Adam	维利耶·德·里勒-亚当
Vinci Léonard de	达·芬奇
Virgile	维吉尔
Voltaire	伏尔泰
Vossler	沃斯勒
Wagner Richard	瓦格纳
Wahl Jean	让·沃尔
Waples Douglas	道·韦普尔斯
Warren	沃伦
Watt Ian	伊恩·瓦特
Weber Max	马克斯·韦伯
Wedekind Frank	弗·韦特金

Weinrich Harald	哈拉尔德·魏因里希
Wellek René	勒内·韦勒克
Wells H. G.	韦尔斯
Wilde Oscar	奥·王尔德
Wölfflin Heinrich	海·沃尔夫兰
Woolf Virginia	弗·吴尔夫
Wundt Wilhelm	威廉·温德特
Zima Pierre	皮·齐马
Zola Emile	埃米尔·左拉
Zumthor Paul	保尔·朱姆托尔

参 考 书 目

本书目包括作者实际查阅过的书籍。未注明出版地点的书籍其出版地点为巴黎。

I. 概述，导语部分

ARON J.-P., *Les Modernes*, Gallimard, 1984.
BLANCHOT M., *Lautréamont et Sade*, Minuit, 1963.
BOURDIEU P., *Homo Academicus*, Minuit, 1984.
BRENNER J., *Tableau de la vie littéraire en France d'avant-guerre à nos jours*, Luneau Ascot, 1982.
BRUNEL P., PICHOIS C., ROUSSEAU A., *La littérature comparée*, A. Colin, 1983.
COMPAGNON A., *La Troisième République des lettres*, Seuil, 1983.
DU BOS Ch., *Du Spirituel dans l'ordre littéraire*, Corti, 1967.
FAYOLLE R., *La Critique*, A. Colin, 1978.
KIBEDI VARGA A., *Théorie de la littérature*, Picard, 1981.
NOURISSIER F., *Les Chiens à fouetter*, Julliard, 1956.
PIVOT B., *Les Critiques littéraires*, Flammarion, 1968.
POIROT—DELPECH B., *Feuilletons (1972—1982)*, Gallimard.
RUDLER G., *Les Techniques de la critique et de l'histoire littéraire*, Slatkine reprints, 1979.
STEINER G., *After Babel*, Oxford University Press, 1975.
THIBAUDET A., *Physiologie de la critique*, La Nouvelle Revue

Critique, 1930. *Réflexions sur la critique*, Gallimard, 1939.

WELLEK R. et WARREN A., *La Théorie littraire*, trad. fr., Seuil, 1971.

II. 第一章：俄罗斯的形式主义

Change, N° 3 et N° 4, 1969.

CHKLOVSKI V., *Sur la théorie de la prose*, Lausanne, L'Age d'homme, 1973.

ERLICH V., *Russian Formalism*, Mouton, 1955.

Twentieth-Century Russian Literary Criticism, Yale University Press, 1975.

Le Formalisme et le Futurisme russes devant le Marxisme, Lausanne, L'Age d'homme, 1975.

HOLENSTEIN E., *Jakobson*, Seghers, 1974.

JAKOBSON R., *Essais de linguistique générale*, Minuit, 1963.

Questions de poétique, Seuil, 1973.

Théorie de la littérature, Seuil, 1965.

Travaux du Cercle linguistique de Prague, I, 1929.

TYNIANOV I., *Le Vers lui-même*, 10/18, UGE, 1977.

WELLEK R., *Discrimininations*, Yale University Press, New Haven, USA, 1970.

III. 第二章：德意志的文学批评：罗曼语文献学

AUEBACH E., *Introduction aux études de philologie romane*, Istanboul, 1944, Francfort, 1949.

Literary Language and Its Public in Late Latin Antiquity and the Middle Ages, trad. anglaise, New York, Pantheon Books, 1965. Avec une bibliographie d'Auerbach.

Mimésis, trad. fr., Gallimard, 1968.

CURTIUS E. R., *Balzac*, trad. fr., Grasset, 1932.

Essais sur la littérature européenne, trad. fr. incomplète, PUF, 1954.

La Littérature européenne et le Moyen Age latin, trad. fr., PUF, 1956.

Marcel Proust, trad. fr., Editions de la Revue nouvelle, 1928.

FRIDRICH H., *Montaigne*, trad. fr., Gallimard, 1968.

Structure de la poésie moderne, trad. fr., Denoël, 1976.

GUNDOLF F., *Goethe*, trad. fr., Grasset, 1932, 2 volumes.

RICHARDS E. J., *Modernism, Mediaevalism and Humanism. A Research Bibliography on the Reception of the Works of E. R. Curtius*, Tübingen, Max Niemeyer Verlag, 1983.

SPITZER L., *Essays on English and American Literature*, Princeton University Press, 1962.

Etudes de style, Gallimard, 1970.

Linguistics and Literary History, Princeton University Press, 1948.

IV. 第三章:主体意识批评

BEGUIN Albert et RAYMOND Marcel, *Colloque de Cartigny*, Corti, 1979.

BEGUIN A., *L'Ame romantique et le rêve*, éd. revue, Corti, 1939.

Bernanos par lui—même, Seuil, 1954.

Pascal par lui—même, Seuil, 1952.

GROTZER P., *Les Ecrits d'Albert Béguin*, Neuch? tel, La Baconnière, 1967 et 1973.

POULET G., *La Conscience critique*, Corti, 1971.

La Distance intérieure, Plon, 1952.

L'Espace proustien, Gallimard, 1963.

Etudes sur le temps humain, Plon, 1949.

La poésie éclatée, PUF, 1980.

RAYMOND M., *Baroque et Renaissance poétique*, Corti, 1955.

De Baudelaire au Surréalisme, Corréa, 1933; Corti, 1940.

Fénelon, Desclée de Brouwer, 1967.

Jean—Jacques Rousseau. La quête de soi et la rêverie, Corti, 1962.

Le Sel et la Cendre, L'Aire, Rencontre, 1970; Corti, 1976.

RAYMOND M. — POULET G., *Correspondance* (1950—1977),

Corti, 1981.

ROUSSET J., *Forme et Signification*, Corti, 1962.

L'Intérieur et l'Extérieur, Corti, 1968.

Leurs yeux se rencontrèrent, Corti, 1981.

La Littérature à l'âge baroque en France, Corti, 1954.

Le Mythe de Don Juan, Colin, 1978.

Narcisse romancier, Corti, 1973.

STAROBINSKI J., *1789. Les emblèmes de la raison*, Flammarion, 1973.

L'Invention de la liberté, Genève, Skira, 1964.

Montaigne en mouvement, Gallimard, 1982.

Montesquieu par lui—même, Seuil, 1953.

Les Mots sous les mots, Gallimard, 1971.

L'Oeil vivant, Gallimard, 1961.

Portrait de l'artiste en saltimbanque, Genève, Skira, 1970.

La Relation critique, Gallimard, 1970.

J.-J. Rousseau. La Transparence et l'Obstacle, rééd. Gallimard, 1971.

Trois Fureurs, Gallimard, 1974.

V. 第四章:客体意象批评

ALBOUY P., *Mythes et mythologies dans la littérature française*, Colin, 1969.

BACHELARD G., *L'Air et les Songes*, Corti, 1943.

L'Eau et les rêves, Corti, 1943.

La Flamme d'une chandelle, PUF, 1961.

Lautréamont, Corti, 1939.

La Poétique de l'espace, PUF, 1957.

La Poétique de la rêverie, PUF, 1960.

La psychanalyse du feu, Gallimard, 1938.

BROMBERT V., *La Prison romantique*, Corti, 1975.

DURAND G., *Le Décor mythique de* La Chartreuse de Parme, Corti, 1961.

Les structures anthropologiques de l'imaginaire, Bordas, 1960.
FRYE N., *Anatomie de la critique*, trad. fr., Gallimard, 1969.
The Great Code, Londres, Routledge and Kegan Paul, 1982.
JUNG C. G., *L'Homme à la découverte de son âme*, Payot, 1963.
MANSUY M., *Gaston Bachelard et les éléments*, Corti, 1967.
MIGUET M., *La mythologie de Marcel Proust*, Les Belles — Lettres, 1982.
MILNER M., *La Fantasmagorie*, PUF, 1982.
PRAZ M., *La Carne, la morte e il diavolo nella littratura romantica*, 1930; trad. fr., Denoël.
Fiori freschi, Milan, Garzanti, 1982.
RICHARD J.-P., *Etudes sur le romantisme*, Seuil, 1971.
Littérature et Sensation, Seuil, 1954.
Microlectures, Seuil, 1979.
Onze études sur la poésie moderne, Seuil, 1964.
Paysage de Chateaubriand, Seuil, 1967.
Poésie et profondeur, Seuil, 1955.
Proust et le monde sensible, Seuil, 1974.
L'Univers imaginaire de Mallarmé, Seuil, 1961.
TUZET H., *Le Cosmos et l'Imagination*, Corti, 1965.

VI. 第五章:精神分析批评

BAUDOUIN C., *Psychanalyse de l'art*, PUF, 1929.
Psychanalyse de Victor Hugo, Genève et Paris, éd. du Mont — Blanc, 1949.
Le Triomphe du héros, Plon, 1952.
BELLEMIN—NOEL J., *Les Contes et leurs Fantasmes*, PUF, 1983.
Psychanalyse et Littérature, Que sais—je, PUF, 1978.
Vers l'inconscient du texte, PUF, 1979.
CLANCIER A., *Psychanalyse et Critique littéraire*, Privat, 1973.
DELAY J., *La Jeunesse d'André Gide*, Gallimard, 1956, 2 volumes.
FERNANDEZ D., *L'Arbre jusqu'aux racines. Psychanalyse et

création, Grasset, 1972.

FREUD S. , *Délire et Rêves dans la Gradiva de Jensen*, trad. fr. , Gallimard, 1949.

Essais de psychanalyse appliquée, trad. fr. , Gallimard, 1933.

Le Mot d'esprit dans ses rapports avec l'inconscient, trad. fr. , Gallimard, 1930.

LAPLANCHE J. , *Hölderlin et la question du père*, PUF, 1961.

MARINI M. , *Lacan*, Belfond, 1986.

MAURON Ch. , *Le Dernier Baudelaire*, Corti, 1964.

Des Métaphores obsédantes au mythe personnel, Corti, 1963.

L'Inconscient dans l'oeuvre et la vie de Racine, 1957. Réédition Corti.

Mallarmé l'obscur, Corti, 1968.

Phèdre, Corti, 1968.

Psychocritique du genre comoque, Corti, 1964.

Le Théâtre de Giraudoux, Corti, 1971.

MILNER M. , *Freud et l'Interprétation de la littérature*, Sedes, 1980.

RIVIERE J. , *Quelques progrès dans l'étude du coeur humain*, Gallimard, 1985.

ROBERT M. , *Roman des origines et origine du roman*, Grasset, 1972; Gallimard, 1977.

VII. 第六章:文学社会学

BAKHTINE M. , *Esthétique et théorie du roman*, Gallimard, 1978.

L'Oeuvre de François Rabelais et la culture populaire, trad. fr. , Gallimard, 1970.

Poétique de Dostoïevski, trad. fr. , Seuil, 1970.

BARBERIS P. , *Aux sources du réalisme: aristocrates et bourgeois*, 10/18, UGE, 1978.

Balzac et le mal du siècle, Gallimard, 1970.

René de Chateaubriand, Larousse, 1974.

BENICHOU P. , *L'Ecrivain et ses travaux*, Corti, 1967.

Le Sacre de l'écrivain, Corti, 1973.

BENJAMIN W., *Oeuvres choisies*, trad. fr., Julliard, 1959.

CROUZET M., *Nature et Société chez Stendhal*, Presses universitaires de Lille, 1985.

DUCHET C., *Sociocritique*, Nathan, 1979.

EAGLETON T., *Literary Theory*, Oxford, Blackwell, 1983.

ESCARPIT R., *Le Littéraire et le Social, éléments pour une sociologie de la littérature*, Flammarion, 1970.

GOLDMANN L., *Le Dieu caché*, Gallimard, 1956.

Pour une sociologie du roman, Gallimard, 1964.

Recherches dialectiques, Gallimard, 1959.

JAUSS H. R., *Pour une esthétique de la réception*, trad. fr., Gallimard, 1978.

KOHLER E., *L'Aventure chevaleresque. Idéal et réalité dans le roman courtois*, trad. fr., Gallimard, 1974.

KRISTEVA J., *La Révolution du langage poétique*, Seuil, 1974.

LEAVIS Q. D., *Fiction and the Reading Public*, ré éd. Penguin Books, 1979.

LEENHARDT J. et JOZSA P., *Lire la lecture*, Le Sycomore, 1982.

LUKACS G., *Balzac et le réalisme français*, trad. fr., Maspéro, 1967.

Marx et Engels historiens de la littérature, trad. fr., L'Arche, 1975.

Problèmes du réalisme, trad. fr., L'Arche, 1975.

Le Roman historique, trad. fr., Payot, 1965.

Soljénitsyne, trad. fr., Gallimard, 1970.

La Théorie du roman, trad. fr., Denoël—Gonthier, 1963.

MITTRAND H., *Le Discours du roman*, PUF, 1980.

VIALA A., *Naissance de l'écrivain. Sociologie de la littérature à l'âge classique*, Minuit, 1985.

ZIMA P. V., *Manuel de sociocritique*, Picard, 1985.

VIII. 第七章：语言学与文学

ANTOINE G. , *Vis-à-vis ou le double regard critique*, PUF, 1982.

BARTHES R. , *Le Bruissement de la langue*, Seuil, 1984.

BENVENISTE E. , *Problèmes de linguistique générale*, Gallimard, 1966.

DUCROT O. et TODOROV T. , *Dictionnaire encyclopédique des sciences du langage*, Seuil, 1972.

FUMAROLI M. , *L'Age de l'éloquence*, Droz, 1980.

GENETTE G. , *Figures I*, Seuil, 1966.

GUIRAUD P. , *Essais de stylistique*, Klincksieck, 1970.

Langue française, 《La Stylistique》, septembre 1969.

LE GUERN M. , *Sémantique de la métaphore et de la métonymie*, Larousse, 1973.

MICHEL A. , *La Parole et la Beauté: rhétorique et esthétique dans la tradition occidentale*, Les Belles—Lettres, 1982.

MILLY J. , *La Phrase de Proust*, Larousse, 1975.

MOUROT J. , *Rythme et Sonorités dans les* Mémoires d'Outre—Tombe, Colin, 1969.

PAULHAN J. , *Les Fleurs de Tarbes*, Gallimard, 1941.

Oeuvres complètes, Cercle du livre précieux, 1967, t. III.

REBOUL O. , *La Rhéthorique*, Que sais—je PUF, 1984.

RICOEUR P. , *La Métaphore vive*, Seuil, 1975.

RIFFATERRE M. , *Essais de stylistique structurale*, Flammarion, 1971.

La Production du texte, Seuil, 1979.

Sémiotique de la poésie, Seuil, 1983.

SCHMIDT — RADEFELDT J. , *Paul Valéry linguiste dans les* Cahiers, Klincksieck, 1970.

VALERY P. , *Cahiers*, Bibliothèque de la Pléiade, Gallimard, 1973—1974, 2 volumes.

WEINRICH H. , *Le Temps. Le Récit et le commentaire*, trad. fr. , Seuil, 1973.

IX. 第八章：文学符号学

BARTHES R., *L'Aventure sémiotique*, Seuil, 1985.
Critique et Vérité, Seuil, 1966.
Le Degré zéro de l'écriture, Seuil, 1953.
S/Z, Seuil, 1970.
Communications, N° 8, 1968.
COMPAGNON A., *La Seconde Main ou le travail de la citation*, Seuil, 1979.
ECO U., *La Guerre du faux*, Grasset, 1985.
L'Oeuvre ouverte, trad. fr., Seuil, 1965.
La Structure absente, trad. fr., Mercure de France, 1979.
A Theory of Semiotics, Indiana University Press, 1976.
GREIMAS A. J. et COURTES, *Sémiotique. Dictionnaire raisonné de la théorie du langage*, Hachette, 1979.
Essais de sémiotique poétique, Larousse, 1972.
Maupassant, la sémiotique du texte, Seuil, 1976.
Sémiotique structurale, Larousse, 1966, ré éd. PUF, 1986.
Du Sens II, Seuil, 1983.
KRISTEVA J., $\Sigma\eta\mu\epsilon\iota\omega\tau\iota\kappa\grave{\eta}$, *Recherches pour une sémanalyse*, Seuil, 1969.
LOTMAN I., *Esthétique et Sémiotique du cinéma*, trad. fr., Ed. sociales, 1977.
La structure du texte artistique, trad. fr., Gallimard, 1973.
MARIN L., *Sémiotique de la Passion*, Aubier, 1971.
MIQUEL A., *Un Conte des Mille et Une Nuits*, Flammarion, 1977.
PROPP V., *Morphologie du conte*, Seuil, 1970.
Sémiotique. L'Ecole de Paris, Hachette, 1982.
TEL QUEL, *Théorie d'ensemble*, Seuil, 1968.

X. 第九章：一、散文体裁的诗学

BAKTINE M., *Esthétique et Théorie du roman*, Gallimard, 1978.

Esthétique de la création verbale, Gallimard, 1984.

BLIN G., *La Cribleuse de blé. La Critique*, Corti, 1968.

Stendhal et les problèmes du roman, Corti, 1954.

BOOTH W. C., *The Rhetoric of Fiction*, The University of Chicago Press, 1961.

DIDIER B., *L'Ecriture—Femme*, PUF, 1981.

Le Journal intime, PUF, 1976.

Stendhal autobiographe, PUF, 1983.

FORSTER E. M., *Aspects of the Novel*, Londres, E. Arnold, 1927.

FRYE N., *The Secular Scripture, A Study of the Structure of Romance*, Harvard, 1976.

GENETTE G., *Figures III*, Seuil, 1972.

Introduction à l'architexte, Seuil, 1979.

Nouveau Discours du récit, Seuil, 1983.

Palimpsestes, Seuil, 1982.

HAMON Ph., *Introduction à l'analyse du descriptif*, Neuchâtel, La Baconnière, 1971.

Texte et Idéologie, PUF, 1984.

JOLLES A., *Formes simples*, trad. fr., Seuil, 1972.

LEFEBVRE M.-J., *Structure du discours, de la poésie et du récit*, Neuchâtel, La Baconnière, 1971.

LEJEUNE Ph., *L'Autobilgraphie en france*, Colin, 1971.

Le Pacte autobiographique, Seuil, 1975.

LIDDELL R., *A Treatise on the Novel*, Londres, J. Cape, 1947.

LUBBOCK P., *The Craft of Fiction*, Londres, Jonathan Cape, 1921.

MADELENAT D., *La Biographie*, PUF, 1984.

MAGNY C.-E., *L'Age du roman américain*, Seuil, 1948.

Histoire du roman français depuis 1918, Seuil, 1950.

MAUROIS A., *Aspects de la biographie*, Au Sans Pareil, 1928.

MUIR E., *The Structure of the Novel*, Londres, Hogarth Press, 1928.

POUILLON J., *Temps et Roman*, Gallimard, 1946.

RAIMOND M., *La Crise du roman. Des lendemains du Naturalisme aux années vingt*, Corti, 1967.

Le Roman depuis la Révolution, Colin, 1967.

RICHARDS I. A., *Principles of Literary Criticism*, Londres, Routledge and Kegan Paul, 1924.

SAREIL J., *L'Ecriture comique*, PUF, 1984.

SULEIMAN S., *Le Roman à thèse ou l'autorité fictive*, PUF, 1983.

TADIE J.-Y., *Proust et le Roman*, Gallimard, 1971; Tel, 1986.

Le Récit poétique, PUF, 1978.

Le Roman d'aventures, PUF, 1982.

TODOROV T., *Critique de la critique*, Seuil, 1984.

Littérature et Signification, Larousse, 1967.

M. Bahtine. Le principe dialogique, Seuil, 1981.

Poétique de la prose, Seuil, 1971.

VAN DEN HEUVEL P., *Parole Mot Silence. Pour une poétique de l'énonciation*, Corti, 1985.

WATT I., *The Rise of the Novel*, Berkeley, 1957.

X. 第九章：二、诗的诗学
　　　　　三、阅读的诗学

BONNEFOY Y., *L'Improbable*, Mercure de France, 1959.

Leçon inaugurale, Collège de France, 1982.

Le Nuage rouge, Mercure de France, 1977.

Rimbaud par lui-même, Seuil, s. d.

BOWRA C. M., *Heroic Poetry*, Londres, Macmillan, 1952.

CHARLES M., *Rhétorique de la lecture*, Seuil, 1977.

COHEN J., *Structure du langage poétique*, Flammarion, 1968.

Le Débat, N° 29, mars 1984, Gallimard.

DELAS D. et FILLIOLET J., *Linguistique et Poétique*, Larousse, 1973.

ECO U., *Lector in fabula*, trad. fr., Grasset, 1985.

ELIOT T. S. , *Essais choisis*, trad. fr. , Seuil, 1950.
On poetry and Poets, Londres, Faber and Faber, 1957.
Selected Essays, Londres, Faber and Faber, 3e éd. augmentée, 1951. *The Use of Poetry and the Use of Criticism*, Londres, Faber and Faber, 1933.
EMPSON W. , *Seven Types of Ambiguity*, Londres, 1930.
GREIMAS A. J. , *Essais de sémiotique poétique*, Larousse, 1972.
ISER W. , *L'Acte de lecture. Théorie de l'effet esthétique*, trad. fr. , Bruxelles, Mardaga, 1985.
JOUTARD Ph. , *Ces Voix qui nous viennent du passé*, Hachette, 1983.
LARBAUD V. , *Ce Vice impuni, la lecture, Domaine anglais*, Gallimard, 1925. *Ce Vice impuni, la lecture, Domaine français*, Gallimard, 1941.
PEGUY Ch. , *Clio*, Gallimard, 1932.
RIFFATERRE M. , *La Production du texte*, Seuil, 1979.
Sémiotique de la poésie, trad. fr. , Seuil, 1983.
RUWET N. , *Langue Musique Poésie*, Seuil, 1972.
SULEIMAN S. et CROSMAN, *The Reading in the Text*, Princeton University Press, 1980.
VEYNE P. , *L'Elégie érotique romaine. L'amour, la poésie et l'Occident*, Seuil, 1985.
ZUMTHOR P. , *Essai de poétique médiévale*, Seuil, 1972.
Introduction à la poésie orale, Seuil, 1983.
Langue, Texte, Enigme, Seuil, 1975.

XI. 第十章:生成批评

ARAGON L. , *Je n'ai jamais appris à écrire ou les incipit*, Skira, 1969.
AUDIAT P. , *La Biographie de l'oeuvre littéraire, esquisse d'une méthode critique*, Champion, 1924.
BALZAC H. de : *La Comédie humaine*, Bibliothèque de la Pléiade, t. I, 1976, introduction générale de P.-G. Castex.

BELLEMIN— NOEL J. , *Le Texte et l'Avant — Texte*, Larousse, 1972.

BELLOUR R. , *Le Livre des autres*, 10/18, UEG, 1978.

CASTEX P. -G. , *Horizons romantiques*, Corti, 1983.

DEBRAY — GENETTE R. , et alii: *Essais de critique génétique*, Flammarion, 1979.

Flaubert à l'oeuvre, Flammarion, 1980.

DURRY M. -J. , *Flaubert et ses projets inédits*, Nizet, 1950.

GOLDIN J. , *Les Comices agricoles de Gustave Flaubert*, Droz, 1984, 2 volumes.

GOTHOT — MERSCH C. , *La Genèse de* Madame Bovary, Corti, 1966.

Langages, mars 1983, *Manuscrits — Ecriture, Production linguistique*.

LANSON G. , *Etudes d'histoire littéraire*, Champion, 1930.

Littérature, décembre 1977, *Genèse du texte*.

Littérature, décembre 1983, *L'Inconscient dans l'avant—texte*.

MASSIS H. , *Comment Emile Zola composait ses romans*, Charpentier, 1906.

MOATTI Ch. , *Cheminements d'un premier roman d'après l'avant—texte des Conquérants*, André Malraux 6, Lettres modernes, Minard, 1985.

La Condition humaine de Malraux — poétique du roman d'après l'étude du manuscrit, Minard, 1983.

POMMIER J. , Madame Bovary, *nouvelle version*, Corti, 1949.

PONGE F. , *La Fabrique du pré*, Skira, 1971.

Programmation et Sciences de l'homme, ENS, mai 1978.

PROUST M. , *Le Carnet de* 1908, établi et présenté par Ph. Kolb, Gallimard, 1976.

RAMBURES J. -L. de, *Comment travaillent les écrivains*, Flammarion, 1978.

RICATTE R. , *La Genèse de* La Fille Elisa, PUF, 1960.

RUDLER G. , *Technique de la critique et de l'histoire littéraire*, Oxford, 1923; Slatkine, 1979.

SCHERER J., *Le Livre de* Mallarmé, Gallimard, 1957.

TADIE J.-Y., Les Cahiers d'esquisses de Marcel Proust, *Proustiana*, Padoue, 1973.

Introduction générale à *A la Recherche du temps perdu*, Bibliothèque de la Pléiade, Gallimard, 1987.

Proust, Belfond, 1983.

THIBAUDET A., *Réflexions sur la critique*, Gallimard, 1939.

VALERY P., *La Jeune Parque*, édition Nadal, Club du meilleur livre, 1957.

结束语

BLOOM H., *Agon: Towards a Theory of Revisionism*, Oxford University Press, 1982.

The Anxiety of Influence, Oxford University Press, 1973.

CULLER J., *On Deconstruction*, Londres, Routledge and Kegan Paul, 1983.

DELFAU G. et ROCHE A., *Histoire Littérature*, Seuil, 1977.

HAY L. (sous la direction de —), *Avant—Texte, Texte, Après—Texte*, Edition du CNRS, 1982.

HILLIS MILLER J., *Fiction and Repetition*, Oxford, 1982.

MAN P. de, *Allegories of Reading*, Yale University Press, New Haven, Connecticut, 1979.

NORRIS C., *Deconstruction: Theory and Practice*, Londres, Methuen, 1982.

PRAZ M., *Mnemosyne: The Parallel between Literature and the Visual Arts*, Princeton University Press, 1970, trad. fr. Salvy, 1986.